학습자와 교수자 모두를 위한 영문법지침서

영문법 대계

A Compendium of English Grammar

김강석 지음
영문학박사 이정희 감수

영문법 주요 개념부터 용어까지 올바른 정의
기초에서 고급까지 문법사항의 체계적·유기적 서술
풍부한 예문을 통한 문법·독해·작문 동시학습
연습문제를 통한 완벽한 복습

머리말

　영어를 익히기 위해서 기본적으로 공부해야 하는 것이 영문법이라고 할 수 있다. 영문법은 바로 영어의 듣기, 읽기, 쓰기, 말하기를 위한 규칙이자 원리이기 때문이다. 우리가 영문법을 공부하는 목적은 영문법 그 자체를 잘 알기 위해서라기보다는 영어를 더 잘 듣고, 읽고, 쓰고, 말할 줄 알기 위해서이다. 그러므로 영문법에 관한 책은 단지 영문법을 위한 영문법만을 서술해서는 안 되며 또한 특정 시험을 위한 문법공식을 나열한 것이어서도 안 된다.
　진정한 영문법서란 그 안에 듣기, 읽기, 쓰기, 말하기에 대한 규칙과 기본용법에 대한 설명이 모두 들어있어야 한다. 그러므로 영문법은 그렇게 간단하거나 쉽다고 할 수가 없다.

　학창시절 영어 포기자였던 나는 학교를 졸업 후 수험과 문학 공부를 위해 영어공부를 다시 시작했다. 하지만 기존의 영문법 학습서들을 통하여 영어를 공부하면서 수많은 시간을 들여도 시험성적은 크게 나아지지 않았고 영문학 원서를 제대로 읽을 수 있는 수준에는 결코 도달할 수가 없었다. 그리하여 직접 영어를 찾아 나서기로 작정하였다. 먼저 나 자신이 쉽게 알아볼 수 있는 영문법 정리 노트를 만들어 보기로 하고 국내외의 이론서, 논문, 잡지, 사전 등을 참조하여 영문법을 총정리하여 보았다. 그리고 본격적으로 영어를 연구하고 가르치면서 기존의 영어학습서를 통해서는 일반 학습자가 영문법을 제대로 이해하는 데 한계가 있을 수밖에 없음을 알았다. 또 영어를 가르치는 분들도 그 학습서들의 한계를 넘어서지 못하는 경우가 많음을 알 수 있었다. 정리 노트의 분량이 차츰 늘어가면서 문득 나와 같은 처지에 있는 모든 영어학습자들이 보이지 않는 그 한계를 넘어 포기하지 않고 끝까지 읽어낼 수 있는 영문법 책이 있으면 좋겠다는 생각을 하게 되었다. 그리고 이제 그 오래고 숨이 가빴던 영어를 찾아가는 여정의 상세한 기록을 본서에 담아 내놓는다.

　본서의 특징으로는 다음과 같은 것들이 있다.
　첫 번째로, 본서는 영문법의 주요개념과 용어의 정확하고 바른 정의 내지 개념 정립을 하고자 노력하였다. 즉, 영어공부에 가장 기본이 되는 것임에도 불구하고 기존의 대부분의 영문법 학습서들이 놓치거나 잘못 설명하고 있는 영문법의 주요개념과 용어의 뜻을 바르고 정확하게 서술하여 학습자들이 영문법의 주요개념이나 용어로 인한 혼란에서 벗어날 수 있도록 하였다.

  두 번째로, 올바른 개념·용어 속에서 이끌어낸 세부 문법사항들을 기초에서 고급까지 체계적이고도 유기적으로 서술하여 누구라도 바르고 쉽게 영문법(영어)을 이해할 수 있도록 하였다. 본서의 효율적인 활용을 위해 영어 초심자로서 본서를 처음 읽을 때는 우선 본문만을 읽고, 어느 정도의 영어 실력을 갖추었거나 본서를 2회 이상 읽을 때는 '덧붙임' 부분과 '참고' 부분까지 읽기를 권한다.

  세 번째로, 문법사항과 관련한 글말(문어) 및 입말(구어)의 예문을 풍부히 싣고 충실한 해석을 달아 예문을 통해서 읽기, 쓰기, 그리고 말하기까지도 한꺼번에 익힐 수 있도록 하였다.

  네 번째로, 각 장의 뒤에 둔 복습용 연습문제(REVIEW EXERCISES) 부분에서는 본문의 내용을 복습, 정리하는 것은 물론, 여러 시험유형을 익힐 수 있도록 수능, 대학편입, 대학원, 고시, 공무원시험의 기출문제 및 문법 관련 토익(TOEIC) 유형의 문제를 엄선하여 본문을 토대로 하여 상세한 해설과 해석을 붙였다.

  절대 적지 않은 분량의 원고를 꼼꼼히 살펴보아 주시고 고귀한 조언의 말씀과 격려를 해주신 존경하는 이정희 박사님께 머리 숙여 감사를 드린다. 그리고 본서를 멋진 모습으로 출간해 주신 밥북 주계수 대표와 편집·교정하느라 많은 고생을 하신 편집부 윤정현 과장님 등 출판사 직원께 깊은 감사를 드린다. 끝으로 독자 여러분의 많은 지도와 편달을 부탁드리는 바이다.

2017년 새로운 봄에
김 강 석

감수의 변 ■

　외국어(영어)를 습득하는데 제일 좋은 방법은 바로 습득하고자 하는 나라에 가서 생활하며 공부하는 것이다. 왜냐하면 외국어 공부는 첫째 듣기(listening)부터 해야 하기 때문이다.
　말을 알아듣게 되면 말하기(speaking)는 쉽게 배울 수가 있다. 듣기와 말하기가 되면 읽기(reading)를 하게 되는데 이는 글자를 배우는 순서이다. 글자를 알고 나면 쓰기(writing)를 하게 된다. 즉 말로 하는 것을 문장으로 기록하는 작문이 필요하게 된다. 그러나 누구나 다 외국에 직접 가서 외국어를 공부하기는 어렵다. 그리고 원어민이 아닌 이상 우리는 외국인으로서 우리만의 방법으로 필요한 만큼의 외국어를 배우면 된다 할 것이다. 우리의 외국어 공부는 읽기와 쓰기가 선행되는 것이 보통이므로 올바른 읽기와 쓰기를 위해서 문법적 지식은 필수적이다. 읽기와 쓰기가 완벽하게 된다면 듣기와 말하기는 약간의 실전 훈련만 있다면 쉬이 해낼 수가 있기 때문이다.

　그렇다면 우리는 영어를 습득하기 위해 영문법을 어떻게 배워야 할 것인가. 영문법 원서를 볼 것인가, 그 번역서를 볼 것인가, 아니면 우리가 직접 만든 영문법 책을 통하여 배울 것인가. 이제 막 영어를 배우려는 사람에게 영문법 원서를 보라는 것은 어불성설이 될 것이며 또, 명성 있는 영문법 원서들을 아무리 잘 번역한다고 하여도 한국인인 우리가 외국인으로서 영어를 배우는 데 있어서 어려워하는 점을 속 시원하게 설명해주지도 못한다 할 것이다. 이것이 바로 한국어를 사용하는 우리에게 알맞은 영문법 지침서가 달리 필요한 이유라고 할 것이다. 번역서이든, 직접 쓴 것이든 아직껏 우리는 제대로 된 영문법 지침서를 갖지 못했다. 그만큼 시중에는 수많은 영문법 학습서들이 있지만 초급에서 고급을 아우르면서도 이해도가 높은 책을 찾기가 어렵다는 말이다. 그러던 차에 김강석 선생의 원고를 읽어가면서 그 내용의 폭과 질 면에서 우리의 좋은 영문법 지침서가 될 만하다고 생각되었다. 이에 몇 군데를 보완하여 출판을 격려하였다.

　본서의 저자인 김강석 선생은 영어를 전공하지는 않았다. 그저 자신이 좋아하는 문학을 하면서 영문학에도 관심을 가지게 되어, 오랫동안 영어를 공부해오면서 효율적으로 영어를 완성하는 방법을 터득한 경우이다. 그것은 바로 영문법의 바른 숙지를 통해서라고 그는 단호히 말한다. 그리하여 김강석 선생은 영어공부에 어려움을 느끼는 사람들이 영문법을 바르고 쉽게 이해하고 활용할 수 있도록 이 책 '영문법 대계'를 내놓았다. 어려운 연구 여건 속에서 이처럼 훌륭한 책을 완성하기까지의 노고를 치하하는 바이다. 국내의 어떤 다른 영문법 학습서보다 독학은 물론 영어 실력[읽기, 쓰기, 말하기]을 증진시킬 수 있는 가장 효율적인 책이라고 확신한다. 중학생, 고등학생, 대학생, 수험생과 일반인은 물론 영어를 가르치는 선생님들께도 필독서로 추천한다.

2017년 5월

감수자 영문학박사 이정희

일러두기 ■

1. 본서에서는 기존의 한자 문법용어를 되도록 이면 우리말로 바꾸거나 겸용했다.

예) 구어 → 입말   문어, 문장어 → 글말   구어체 → 입말체   문어체 → 글말체

* '일상어'는 입말의 의미로 '일상체'는 입말체의 의미로 사용하기도 했다.

도치 → 어순 바꿈   삽입어구 → 끼움어구

2. 약어

본서에서 사용된 약어로는 다음과 같은 것들이 있다.

cf.: 라틴어 confer (비교·참조하시오)   etc.: 라틴어 et cetera (기타 등등)

ex: example (예, 보기)

opp.: opposite (반대말, 반의어)   syn.: synonym (같은 말, 동의어)

v.: verb (동사)   vi.: intransitive verb (자동사)   vt.: transitive verb (타동사)

n.: noun (명사)   pron.: pronoun (대명사)   int.: interjection (감탄사)

a. 또는 adj.: adjective (형용사)   ad.: adverb (부사)

S 또는 s: subject (주어)   O 또는 o: object (목적어)   C 또는 c: complement (보어)

D.O: Direct Object (직접목적어)   I.O: Indirect Object (간접목적어)

O.C: Objective Complement (목적격보어)

p.: page(페이지, 쪽)   pp.: p.의 복수 (복수의 페이지)

p.p.: past participle (과거분사)

〈영〉 또는 (영): 영국   〈미〉 또는 (미): 미국   〈법〉: 법률   〈약〉: 약어, 약자

3. [ ] 안의 숫자는 본권(제1권) 외의 권의 수를 표시한다.

예) 380[1] 〈제1권의 380쪽〉, 26[2] 〈제2권의 26쪽〉, 365[3] 〈제3권의 365쪽〉

4. 참고문헌

- Hornby, Albert Sydney. Guide to patterns and usage in English. London. Oxford University Press. 1975
- Randolph Quirk, Sidney Greenbaum, Geoffrey Leech, and Jan Svartvik. A Comprehensive Grammar of The English Language. London & New York. Longman. 1985
- Martin Hewings. Advanced Grammar in Use. Cambridge university Press. 1999
- Raymond Murphy. Grammar in use. New York. Cambridge university. 1994
- Swan, Michael. Practical English Usage. Oxford. Oxford university Press. 1995
- Strumpf, Michael. Douglas, Auriel. 2004. The Grammar Bible. Henry Holt & Co.
- 동아출판사 출판부. 영어정설. 서울. 동아출판사. 1962
- 안현필. 삼위일체 강의. 서울. 대영당. 1984
- 장재진. MAN to MAN 종합영어. 서울. 도서출판 맨투맨. 1994
- 한국비교언어학연구소. 국어로 배우는 영어. 서울. 우리말. 1992
- 이재옥. 고급영문법. 서울. 소망. 1994.
- 구희산. 영어음성학. 서울. 한국문화사. 1998
- 김영석. 영어형태론. 서울. 한국문화사. 1998
- 문용. 영어품사론. 서울. 한국문화사. 1998
- 정국. 영어음운론. 서울. 한국문화사. 1998
- 류진. 영어구문론. 서울. 백만사. 2004
- 박태호. 정문고시영어. 서울. 정문사. 1992
- 성기근. 프린시피아 고시영문법. 서울. 유풍출판사. 2000

- 송수찬. 꼭 알아야 할 고급영어문법. 서울. (주) 아이비김영·도서출판 Kim & Book. 2009
- 김규진. 영어합성어 구문연구. 성균관대 대학원 석사학위논문. 2003
- 김혜경. 영어의 합성어 형성 −하이픈 연결 합성어를 중심으로− 단국대대학원 박사학위논문. 2004
- 임홍빈 외. 바른 국어생활과 문법. 서울. 한국방송통신대학교출판부. 2005
- Longman. Longman Dictionary of Contemporary English. Longman. 1998
- Hornby, A. S., Wehmeier, Sally. Oxford Advanced Learner's Dictionary. Oxford University Press. 2000.
- 시사영어사 사전편찬실. 시사엘리트 영한사전. 서울. 시사영어사. 1999
  　　　　　　　　　　시사엘리트 한영사전. 서울. 시사영어사. 1999
- 민중서림편집국. 엣센스 영한사전. 서울. 민중서림. 1996
  　　　　　　　　엣센스 한영사전. 서울. 민중서림. 1996
- 금성출판사 사전팀. 뉴에이스 영한사전. 서울. 금성출판사. 2006
- 두산동아사서편집국. 프라임영한사전. 서울. 두산동아. 2004
- 국립국어연구원. 표준국어대사전. 서울. 두산동아. 1999

차례

제16장 관계사(Relative)

1. 앞말	11
2. 관계대명사 (relative pronoun)	20
3. 관계형용사 (relative adjective)	59
4. 관계부사 (relative adverb)	63
5. 복합관계사 (Compound Relative)	76
− REVIEW EXERCISES −	87
= 해설·정답 =	91

제17장 접속사(Conjunction)

1. 앞말	98
2. 접속사의 쓰임새	101
3. 종속접속사의 쓰임새	120
− REVIEW EXERCISES −	171
= 해설·정답 =	174

제18장 전치사(Preposition)

1. 앞말	179
2. 전치사의 용법	201
3. 주요 전치사의 쓰임새	250
− REVIEW EXERCISES −	319
= 해설·정답 =	322

제19장 기타(The others) I

1. 의문문 (Interrogative Sentence)   326
2. 부정문(Negative Sentence)   347
3. 감탄문과 기원문   365
4. 강조(Emphasis)   368
5. 무생물 주어 구문(Inanimate Subject)   375
6. 어순 바꿈(Inversion)   382
7. 생략(Ellipsis)   391
8. 대용형 (Pro-form)   398
9. 끼움어구 (Parenthesis)   404
10. 글다듬기   406
11. 문장부호   414
- REVIEW EXERCISES -   425
= 해설·정답 =   427

제20장 기타(The others) II

1. 단어 (Word)   430
2. 발음 (Pronunciation)   469
3. 악센트 (Accent) [강세와 억양]   501
4. 끊어 읽기 (Breath group)   515

제16장 관계사(Relative)

1. 앞말

(1) 뜻

관계사(關係詞)란 종속절의 하나인 형용사절 내에서 대명사, 형용사, 부사로 쓰이면서 동시에 그 형용사절을 이끌어 주절에 연결하는 접속사의 기능을 겸하는 말을 가리킨다. 연결어 중의 하나이다.

■ **종속절 (Subordinate Clause)**

A. 종속절의 뜻

종속절(從屬節)이란 두 절이 한 문장 (복문)을 이룰 때 주된 절 (= 주절)에 대해 종속되는 절을 말한다. 이에는 주절 속에서 주어, 보어, 목적어가 되어 하나의 명사와 같은 역할을 하는 절인 **명사절**, 주절의 특정어구(선행사)를 수식하는 절인 **형용사절**과 주절에 대하여 시간, 장소·방향, 원인·이유, 목적, 결과, 양보, 조건 등을 나타내어 주절과는 독립적으로 쓰이는 절인 **부사절**이 있다.

B. 종속절의 종류

(A) 명사절 (noun clause) ☞ p. 120 (명사절을 이끄는 종속접속사)에서

문장 내에서 명사가 올 자리 (주어, 목적어, 보어, 동격어의 자리)에 명사를 대신해서 쓰이는 절을 말한다. 우리말에서는 서술어에 의존명사 [것] 또는 명사형 어미 [-ㅁ, -기]가 결합하여 명사의 역할을 하는 데 대하여, 영어에서는 접속사 (that, whether, if)나 의문사가 결합하여 명사의 역할을 한다.

A) that절

명사가 올 자리에 that절이 오는 경우이다. [that + s + v]

Ⓐ that절이 주어절이 되는 경우
He will pass the exam. + It is certain.
→ That he will pass the exam is certain. 그가 시험에 합격할 것이 확실하다.
(= It is certain that he will pass the exam.)

Ⓑ that절이 명사보어절이 되는 경우
▶ that절은 명사 보어 자리에 올 수 있다. 형용사보어절은 없다.
My plan is it. + I am going to Europe this summer.
→ My plan is that I am going to Europe this summer.
나의 계획은 이번 여름에 유럽에 가는 것이다.
The trouble is that the country's wealth is not fairly distributed between the rich and the poor.
문제는 국가의 재정이 부자들과 빈자들 사이에 공정하게 분배되지 않는다는 것이다.

Ⓒ that절이 목적(어)절이 되는 경우
I know it. + He is honest.
→ I know that he is honest. 나는 그가 정직하다는 것을 알고 있다.
I believe (that) you'll succeed in it. 나는 네가 그 일에 성공하리라는 것을 믿는다.

Ⓓ that절이 전치사의 목적절이 되는 경우
▶ 전치사 in, except, but, save만이 that절을 그 목적어로 취할 수 있다.
I was fortunate in that I had friends to help me.
나는 나 자신을 도와줄 친구들이 있었다는 점에서 운이 좋았다.
The boy knows nothing about her save that the girl came from Seoul.
소년은 그 소녀가 서울에서 왔다는 것을 빼고는 그녀에 대해 아무것도 모른다.

Ⓔ that절이 동격절이 되는 경우
종속접속사 that은 chance, fact, hope, idea, possibility, probability, rumor, suggestion, thought 등의 추상성을 갖는 명사와 동일함을 나타내는 명사절 (동격절)을 이끌 수 있다.
The fact that he is honest is known to everybody.
그가 정직하다는 것은 누구에게나 알려져 있다. (누구나 알고 있다.)
Is there any possibility that he will pass the exam?
그가 시험에 합격할 가능성이 있나요?

B) whether절

명사가 올 자리에 의문사가 없는 간접의문절이 오는 경우이다. whether절은 선택적인 의미를 갖는다. [whether + s + v ~] ☞ p. 332 (간접의문문) 참조

Ⓐ whether절이 주어절이 되는 경우

Will she come (or not)? + It is another question.
→ **Whether** she will come or not is another question.
그녀가 오고 안 오고는 것은 차원이 다른 문제이다.
(= It is another question **whether** she will come or not.)

Ⓑ whether절이 보어절이 되는 경우

The question is + Will he come (or not)?
→ The question is **whether** he will come (or not).
문제는 그가 올 것이냐 안 올 것이냐이다.
(= The question is **whether or not** he will come.)

Ⓒ whether절이 목적절이 되는 경우

I don't know it. + Will she come or not?
→ I don't know **whether** she will come (or not).
나는 그녀가 올 것인지(안 올 것인지)를 모른다.
(= I don't know **whether or not** she will come.)

Ⓓ whether절이 전치사의 목적절이 되는 경우
▶ that절과는 달리 whether절은 일반적으로 전치사의 목적절로 사용될 수 있다.

Our success depends upon it. + Will you support us (or not)?
→ Our success depends upon **whether** you will support us (or not).
우리의 성공은 당신이 우리를 돕느냐 않느냐에 달려있다.

Ⓔ whether절이 서술 형용사의 보충절이 되는 경우

I am doubtful. + Is it true?
→ I am doubtful **whether** it is true. 나는 그것이 사실인지가 의문스럽다.

Ⓕ whether절이 주절의 명사와 동일함을 나타내는 동격절이 되는 경우
▶ whether절도 that절과 마찬가지로 추상성을 갖는 명사의 동격절로 올 수 있다.

There is some doubt (as to) **whether** he will be elected.
그가 당선될지 어떨지는 다소 불확실하다.

C) if절

때때로 if절이 whether절의 의미로 사용되기도 한다. 다만, whether가 이끄는 명사절은 주어절, 보어절, 목적절, 전치사의 목적절, 동격절 등으로 두루 쓰이지만 if절은 목적절로만 쓰인다. 특히, 간접의문문에서 ask, doubt, know, see, learn, tell, try, wonder 등의 목적절을 이끄는 whether절의 대용으로 쓸 경우가 가장 일반적인 경우이다. [if + s + v]

He asked if I knew Sam-sun. 그는 내가 삼순을 알고 있는지를 물었다.
I doubt if such a thing is of any practical use. 나는 그런 것이 과연 실익이 있을지 의문이다.
I am not sure if she is going to the movies this Saturday night.
그녀가 이번 주 토요일 저녁에 영화 보러 갈는지는 확실치 않다.
Do you know if this bus goes to Seoul station? 이 버스는 서울역을 가나요?

D) 의문사절

명사의 자리에 오는 who, what, how, when, where, why 등의 의문사가 있는 간접의문절을 말한다. [의문사 (who, what, how, when, where, why) + s + v]

Ⓐ 의문사절이 주어절이 되는 경우

What does he mean? + It isn't clear.
→ What he means isnt' clear. 그가 말하려는 뜻이 무엇인지 분명치 않다.
(= It isn't clear what he means.)

Ⓑ 의문사절이 명사보어절이 경우

The question is + When does the bell ring?
→ The question is when the bell rings. 문제는 종이 언제 울리느냐이다.

Ⓒ 의문사절이 목적절이 되는 경우

I don't know it. + Which book did he read?
→ I don't know which book he read. 나는 그가 어떤 책을 읽었는지를 모른다.

Ⓓ 의문사절이 전치사의 목적절이 되는 경우

The police questioned me about it. + Where was he?
→ The police questioned me about where he was.
경찰은 그가 어디에 있는지에 대해 나에게 물었다.

Ⓔ 의문사절이 주절의 명사와 동일함을 나타내는 동격절이 되는 경우

▶ who, which, what, how, when, where, wether 등의 의문사가 이끄는 절도 that절이나 whether 절과 마찬가지

로 추상성을 갖는 명사의 동격절로 쓰일 수 있다. ☞ p. 86[2] 참조

I have no idea how I should deal with this situation.
이 사태에 어떻게 대처해야 할지 나는 아무런 생각이 나지 않는다.

E) 기타

Ⓐ 명사절인 whether절이나, 의문사절 뒤에 오는 종속절에 should, can, could가 있으면 「의문사 + 부정사」의 형태로 바꿀 수 있다.

He told me when I should come. 그는 내가 언제 올 수 있는지를 물었다.
→ He told me when to come.

Ⓑ 의문사절이 있는 의문문
a. 의문사가 글 가운데에 있는 경우

He knows whom I love.
→ Does he know whom I love? 그는 내가 누구를 사랑하는지를 알까요?
※ 의문사절은 그대로 두고 주절만을 의문문으로 만든 형식으로서 yes나 no의 대답을 요구하는 의문문이다.
ex) know, ask, tell, hear, remember, etc.

b. 의문사가 글머리에 있는 경우

He thinks whom I love.
→ Who(m) does he think I love? 그는 내가 누구를 사랑한다고 생각하는 것일까요?
※ 주절을 의문문으로 만들고, 의문사절의 의문사가 앞으로 나온 형식으로서 yes, no의 대답이 아닌 구체적 대상을 나타내는 대답을 원할 때 쓰는 의문문이다.
 ex) think, guess, imagine, believe, suppose, etc.

(B) 형용사절 (adjective clause)

절의 형태로 주절 속의 특정한 말 [어, 구, 절]을 수식할 때 이 수식하는 절을 형용사절 (또는 관계사절)이라고 한다. 형용사절 앞에는 대명사, 형용사, 부사의 역할을 하면서 동시에 형용사절을 이끌어 주절에 연결하는 역할을 하는 말을 쓰게 되는데 이를 관계사(關係詞)라 한다. 이때 형용사절의 수식을 받는 주절 속의 특정 어·구·절은 관계사절의 앞에 위치하게 되므로 선행사(先行詞)라 한다. 관계사가 형용사절 내에서 어느 품사의 역할을 하느냐에 따라서 관계대명사절, 관계형용사절, 관계부사절로 나뉜다.

A) 관계대명사절

형용사절 속에서 대명사로 쓰이면서 동시에 그 형용사절을 이끌어 주절(의 선행사)에 연결하는 기능을 하는 말을 관계대명사라 하고, 이에 이끌리는 절을 관계대명사절이라 한다.

I love the girl. + The girl is kind.
→ I love the girl who is kind. 나는 다정한 그녀를 사랑한다.
　　　　선행사　관계대명사절

※ 여기서 who는 명사 〈The girl〉을 대신하는 대명사로 쓰이면서 형용사절을 주절 (선행사 the girl)에 연결하는 역할을 하고 있다.

B) 관계형용사절
형용사절 속에서 형용사로 쓰이면서 동시에 그 형용사절을 이끌어 주절의 특정 어구(선행사)에 연결하는 기능을 하는 말을 관계형용사라 하고, 이에 이끌리는 절을 관계형용사절이라 한다.
I'm looking for a house. + Its fence is made of wood.
→ I'm looking for a house whose fence is made of wood.
　　　　　　　　선행사　　　　　관계형용사절
나는 울타리가 나무로 된 집을 구하고 있다.
※ 여기서 whose는 소유격 대명사 Its를 대신하는 형용사로 쓰이면서 형용사절을 이끌어 주절 (선행사 a house)에 연결하는 역할을 하고 있다.

C) 관계 부사절
형용사절 속에서 부사로 쓰이면서 동시에 그 형용사절을 이끌어 주절에 연결하는 기능을 하는 말을 관계부사라 하고, 이에 이끌리는 절을 관계 부사절이라고 한다.
This is the house. + He was born in the house.
→ This is the house where he was born. 이곳이 그가 태어난 집이다.
　　　　　선행사　　　관계부사절
※ 여기서 where는 부사구 〈in the house〉를 대신하는 부사로 쓰이면서 형용사절을 이끌어 주절 (선행사 the house)에 연결하는 역할을 하고 있다.

(C) 부사절(adverbial clause) ☞ p. 130 (부사절을 이끄는 종속접속사)에서
부사절이란 문장에서 부사가 올 자리에 이를 대신해 놓이는 시간, 장소·방향, 원인·이유, 목적, 결과, 양보, 조건, 비교·대조, 양태 (모습·상태) 등의 뜻을 나타내는 종속접속사가 이끄는 절을 말한다.
I had just fallen asleep when someone knocked at the door.
내가 막 잠이 들었을 때 누군가가 문을 두드렸다.
Jane was absent because she was ill. 제인은 아파서 결석했다.
Do as you would be done by. 자기가 남에게 바라는 대로 남에게 해주어라.

C. 종속절을 이끄는 말
두 문장을 하나의 문장 (복문)으로 만들 경우 종속되는 문장 앞에는 그것을 이끄는 말을 써주게 되는데 이에는 종속접속사와 관계사가 있다.

(A) 종속접속사

종속절인 명사절과 부사절 앞에 붙이는 말을 종속접속사라 한다. 종속접속사는 일정한 문장 앞에 놓여 그 문장을 하나의 단어 (명사나 부사)와 같이 묶어주는 역할을 한다.

A) 명사절을 이끄는 종속접속사

명사의 역할을 하는 절 (주어절, 보어절, 목적절)을 이끄는 말을 가리킨다.

ex) that, whether, if, but, 의문사 (what, when, where, why, which, etc.)

B) 부사절을 이끄는 종속접속사

부사의 역할을 하는 절을 이끄는 말을 가리킨다.

ex) when, while, as, before, after, since, until, where, because, that, if, even, though, etc.

(B) 관계사

대명사, 형용사, 부사의 역할을 하면서 종속절의 하나인 형용사절을 이끈다.

A) 관계대명사절을 이끄는 관계사

ex) **who, which, that, what, as, but, than**

B) 관계형용사절을 이끄는 관계사

ex) **whose, what, which**

C) 관계부사절을 이끄는 관계사

ex) **when, where, why, how, that**

(2) 종류

관계사의 종류에는 형용사절 내에서 관계사가 어떤 품사로 쓰이느냐에 따라 대명사로 쓰이는 경우의 **관계대명사**, 형용사로 쓰이는 경우의 **관계형용사**, 부사로 쓰이는 경우의 **관계부사**가 있다.

(3) 관계사의 용법

관계사가 쓰이는 방법에는 관계사절이 앞의 선행사를 수식하는 제한적용법(制限的用法)과 관계사가 선행사를 받아서 그것에 관해 보충·설명하는 비제한적용법(非制限的用法)이 있다.

(4) 관계사와 선행사

1) 의의

관계사절의 수식을 받는 주절 속의 특정 어·구·절은 관계사의 앞에 위치하게 되므로 관계사절 의 **선행사(先行詞, an antecedent)**라고 한다.

I love the girl who is kind. 〈'the girl'이 관계사절 'who is kind'의 선행사이다.〉
       선행사   관계사절

2) 관계사절의 선행사로 할 수 없는 경우

① 고유명사 등 오직 하나밖에 없는 것은 제한적용법의 관계사절의 선행사로 할 수 없다. 즉, 관계사절에 의해 제한되는 의미가 오직 하나에만 해당하는 것은 아니기 때문이다.

Kim Dol-soe who grows rice is my hometown friend. (x)

※ '쌀을 재배하는 사람' = '김 돌쇠'가 되어야 하는데 그렇지는 못하므로 이와 같이 쓸 수 없다.

Kim Dol-soe, who grows rice, is my hometown friend. (o)

김돌쇠는 벼농사를 짓는데, 나의 고향 친구이다.

② 완전히 특정되지 않는 한 「소유격 + 명사」는 제한적용법의 관계사절의 선행사가 될 수 없다. 비제한적용법의 관계사절의 선행사로는 가능하다.

My book that I bought yesterday is very interesting. (x)

My book, which I bought yesterday, is very interesting. (o)

③ 재귀대명사나 앞의 명사를 받는 대명사(명사 = 대명사일 때)를 비제한적용법의 관계사절의 선행사로 할 수 없다.

Sam-sun takes care of herself, who is very independent. (x)

Sam-sun, **who** is very independent, takes care of herself. (o)

            삼순은 독립심이 아주 강해서 자신을 스스로 돌본다.

<u>Sam-sun</u> said that <u>she</u>, **who** is very independent, could take care of herself. (x)

* 다만, 여기서 Sam-sun과 she가 다른 사람일 경우에는 이와 같이 써도 된다.

<u>Sam-sun</u>, **who** is very independent, said that she could take care of herself. (o)

④ 「부정한정사 (every, any, no, each 등) + 명사」는 비제한적용법의 관계사절의 선행사로 할 수 없다. 비제한적용법은 특정한 것에 대한 설명을 덧붙이는 것이기 때문이다.

I thank <u>**every** person</u>, who attended this meeting. (x)

I thank <u>**every** person</u> **who** attended this meeting. (o)

               이 모임에 참석하신 모든 분께 감사드립니다.

⑤ 선행사가 포함된 주절 부분에 부정어가 있을 경우 비제한적용법의 관계사절의 선행사로 할 수 없다. 비제한적용법은 특정의 사실 (존재)을 설명하는 경우이기 때문이다.

She **doesn't** like the man, who is too talkative. (x)

He **never** listened to a thing, which I told him. (x)

She, **who** was very pretty, **didn't** like the ugly man. (o)

           그녀는 매우 예뻤는데, 그 못생긴 남자를 좋아하지 않았다.

※ 이 같은 경우 주어가 부정범위 밖에 있으므로 주어를 선행사로 하는 비한정적용법의 관계대명사를 쓸 수 있다.

2. 관계대명사 (relative pronoun)

(1) 의의

형용사절 내에서 명사나 대명사를 대신하는 대명사로 쓰이면서 형용사절을 주절의 특정 어구(= 선행사)에 연결하는 기능을 하는 말을 관계대명사(關係代名詞)라 한다. 관계대명사는 형용사절 내에서 대명사로 쓰이면서 동시에 그 형용사절을 이끌어 주절의 수식하는 말 즉, 선행사를 꾸며주는 접속사의 기능을 겸한다.

ex) I like a girl. + She is very considerate.

→ I like a girl **and she** is very considerate.

→ I like a girl **who** is very considerate.   나는 이해심이 아주 많은 여자를 좋아한다.
　　　선행사　　관계대명사 who가 이끄는 형용사절

※ 여기서 who는 she를 대신하는 대명사로 쓰이는 동시에 등위접속사 and의 기능을 겸하면서 두 절을 연결하고 있다.

(2) 종류

1) 사람을 선행사로 하는 관계대명사

who(주격), whom(목적격), whose(소유격)

2) 사물 (동물·물건)을 선행사로 하는 관계대명사

which(주격, 목적격), whose [또는 of which](소유격)

3) 「사람 + 사물」을 선행사로 하는 관계대명사

that(주격, 목적격)

4) 선행사를 포함하는 관계대명사

what(주격, 목적격)

(3) 관계대명사의 격(格)

관계대명사는 형용사절 내의 주어, 목적어, 소유격 대명사를 대신하여 쓰이는 대명사로서 일반대명사와 마찬가지로 절 속에서 다른 말(동사, 주어, 명사, 전치사)에 대하여 가지는 자격인 격(格)의 변화가 있다.

선행사	주격	소유격	목적격
사람	who	whose	whom
동물·사물	which	whose/ of which	which
사람·동물·사물	that	없음	that
사물 (선행사 포함)	what	없음	what

1) 주격

주어를 대신하여 쓰이는 관계대명사는 주격을 쓴다. 주격 관계대명사는 단수, 복수 모두 같은 형태를 쓴다.

He wants to marry a girl. + She is very considerate.

→ He wants to marry a girl who is very considerate.

그는 대단히 이해심 깊은 여자와 결혼하고 싶어 한다.

※ 여기서 who는 주어인 대명사 She를 대신하면서 두 절을 연결하고 있으므로 주격의 관계대명사이다.

He has many books. + They are very rare.

→ He has many books which are very rare. 그는 아주 진귀한 책들을 많이 갖고 있다.

※ 여기서 which는 주어인 대명사 They를 대신하면서 두 절을 연결하고 있으므로 주격의 관계대명사이다.

2) 소유격

소유격 대명사를 대신하는 관계대명사는 소유격을 쓴다. 이 소유격 관계대명사는 뒤의 명사를 수식하는 형용사의 역할을 하므로 관계형용사가 된다.

Andrew has a sister. + Her name is Emily.

→ Andrew has a sister whose name is Emily.

앤드류는 (그녀의) 이름이 에밀리인 여동생이 하나 있다.

※ 여기서 whose는 소유격 대명사 Her를 대신하면서 두 절을 연결하고 있으므로 소유격 관계대명사 (= 관계형용사)이다.

That house is mine. + Its gate is green.

→ That house whose gate is green is mine.

(그것의) 대문이 초록인 저 집이 나의 집이다.

※ 여기서 whose는 소유격 대명사 Its를 대신하면서 두 절을 연결하고 있으므로 소유격 관계대명사 (= 관계형용사)이다.

3) 목적격

목적어를 대신하여 쓰이는 관계대명사는 목적격을 쓴다. 전치사의 목적어를 대신하는 관계대명사 역시 목적격을 쓴다.

The movie was deeply moving. + I saw it yesterday.

→ The movie (which) I saw yesterday was deeply moving. 〈목적격〉

내가 어제 본 영화는 아주 감동적이었다.

※ 여기서 which는 목적어인 대명사 it을 대신하면서 두 절을 연결하고 있으므로 목적격 관계대명사다.

She is the very woman. + I am looking for her.

→ She is the very woman whom I am looking for. 〈전치사의 목적어로서의 목적격〉

그녀가 바로 내가 찾던 여자이다.

※ 여기서 whom은 전치사 for의 목적어인 대명사 her를 대신하면서 두 절을 연결하고 있으므로 목적격 관계대명사다.

■ 참고

1. 명사 (선행사)를 그것의 부분을 나타내는 대명사구 [수량대명사 + of + 목적격 대명사]로 수식하는 경우에는 대명사구의 목적격 대명사는 목적격 관계대명사의 형태로 바꾸어야 한다.

I have two roommates. + Both of them are American.

→ I have two roommates, both of whom are American.

나는 두 명의 같은 방 친구가 있는 데 둘 다 미국인이다.

> He has a lot of books. + He has read most of them.
> → He has a lot of books, most of which he has read.
> 그는 많은 책을 갖고 있는데 그것들의 대부분을 읽었다.
>
> ### 2. 끼움절과 관계대명사의 격
> 관계대명사의 격은 끼움절의 영향을 받지 않는다. 즉, 관계대명사 다음에 'S + think, believe, guess, imagine, suppose, say, know, be certain, be sure'나 'as you know' 등의 끼움절이 오더라도 관계대명사의 격에는 아무 변화를 주지 못하고 그 뒤에 계속되는 부분에 의해 관계대명사의 격이 결정된다. 끼움절은 생략이 가능하다.
> He is the man. + I think that he is honest.
> → He is the man who (I think) is honest. 그는 (내가 보기에) 정직한 사람이다.
> ※ 여기서 'I think'는 끼움절로서 who는 think의 목적어가 아니고 is의 주어이므로 who대신 whom을 쓰면 안 된다.
>   '…선행사 + 주격 관계대명사 + (끼움절) + V~'의 끼움절은 생략할 수 있다.
> He is the man. + I think him to be honest.
> → He is the man whom I think to be honest. 그는 내가 정직하다고 생각하는 사람이다.
> ※ '…선행사 + 목적격 관계대명사 + 절 + O.C (to 부정사구 등) ~'의 절은 끼움절이 아니므로 생략하지 못한다.

(4) 관계대명사절의 동사의 수
주격 관계대명사가 이끄는 관계사절의 동사는 선행사의 수에 일치시킨다.

I like the child who lives in the house.   나는 그 집에 살고 있는 그 아이를 좋아한다.
I like the children who live in the house.   나는 그 집에 살고 있는 아이들을 좋아한다.

■ 「one of + 복수 명사 + 관계대명사 + v」에서 동사(v)의 수
1. 이때의 선행사는 복수 명사로 보아 관계대명사절의 동사는 복수 동사를 취하는 것이 원칙이다.
She is one of those people who have passed the examination.
그녀는 그 시험에 합격한 사람 중의 한 명이다.
Monet is one of those legendary artists who rank first.
모네는 최고의 반열에 올라 있는 전설적인 미술가 중의 한 사람이다.

2. 예외
(1) 복수의 명사·대명사 중에 one에 특히 관심을 가지고 말할 경우 관계사절이 one을 수식하

는 것으로 하여 단수 동사를 쓰기도 한다. 이 경우 해석은 '~중의 한 사람'의 뜻 아닌 '~들 중 …인 사람'의 뜻이 된다.

He is **one** of those journalists who **is** always trying to dig the dirt on famous people.
그는 기자 중 언제나 유명인의 추문이나 캐고 다니는 그런 작자다.

There is not **one of us** but **wishes** to help you.
우리 중에 너를 돕고 싶어 하지 않는 사람은 한 명도 없다.

(2) 「the only one of + 복수 (대)명사 + 관계대명사」의 경우에는 the only one을 선행사로 보아 관계 대명사절의 동사는 단수로 한다.

She is **the only one of** those who **has passed** the examination.
그녀는 그들 중 시험에 합격한 유일한 사람이다.

He was **the only one of** his brothers that **was** interested in politics.
그는 그의 형제 중 정치에 관심이 있었던 유일한 사람이었다.

(5) 관계대명사의 용법

1) 제한적 용법 (restrictive use)

관계대명사절이 앞의 선행사를 수식하는 용법을 말한다.

① 제한적용법의 선행사는 관계사절이 가리키는 것의 전부를 나타내는 것은 아니다. 관계대명사 앞에는 콤마가 없고 뒤에서부터 올려서 번역한다.

She has <u>three sons</u> <u>who</u> became a teacher. 〈주격〉

그녀는 교사가 된 아들 셋을 두고 있다

※ 교사가 된 세 아들 이외의 아들이 또 있을 수 있다.

<u>The baseball game</u> <u>(which was)</u> yesterday was very impressive. 〈주격〉

어제 벌어진 야구경기는 매우 인상적이었다.

※ which가 주격이라도 동사가 be동사일 경우에는 'which + be'는 생략 가능하다.

<u>The novel</u> was moving. + I read <u>the novel</u> yesterday.

→ <u>The novel</u> <u>(which)</u> I read yesterday was moving. 〈목적격〉

He gave his wife <u>that part</u> of his property <u>(which)</u> he had cherished most. 〈목적격〉　　그는 자기 재산 중에서 가장 소중히 간직했던 부분을 그의 아내에게 주었다.

※ 여기의 'that part'의 that은 지시형용사이며 which에서 떨어진 선행사가 part임을 명시하고 있다. 'that [those] + 명사'를 선행사로 할 때는 관계대명사 which를 쓰는 것이 보통이다.

② 선행사가 사람 자체가 아니라 신분, 지위, 성격 등을 나타내는 경우에는 which 또는 that을 사용한다.

He is no longer <u>the timid fellow</u> **which [that]** he used to be. 〈주격(보어)〉

그는 더 이상 예전의 겁쟁이가 아니다.

2) 비제한적용법 (non-restrictive use)

선행사를 한정·수식하는 것이 아니고 선행사를 받아서 그것에 관해 보충(추가정보의 제공)·설명하는 용법이다. 이때 선행사는 관계사절이 가리키는 것의 전부를 나타낸다. 계속적용법(continuative use)이라고도 한다. 보통은 관계대명사 앞에 콤마가 온다. 번역은 앞에서부터 내려 번역한다.

He has <u>three sons</u>, **who** became a teacher. 〈아들이 셋임〉

그는 아들 셋을 두고 있는데 그들은 (모두) 교사가 되었다.

I asked her <u>a question</u>, **which** she answered in detail.

내가 그녀에게 질문하자 그녀는 그 질문에 상세하게 대답했다.

▷ 비제한적용법의 관계대명사는 「접속사 + (인칭) 대명사」(예: and he ~)로 바꿀 수는 있으나 생략할 수 없고, that을 대신 쓸 수도 없다. 접속사는 문맥에 따라 and, but, because, for, if, though, when 등을 쓸 수 있다.

He had three sons, **who** became a teacher.
→ He had three sons, **and they all** became a teacher.
I recommended Tom, **whom** they didn't employ.
→ I recommended Tom, **but they** didn't employ him.
나는 톰을 추천했는데 그들은 그를 고용하지 않았다.
They praised the boy, **who** was diligent.
→ They praised the boy, **for (= because)** he was diligent.
그들은 그 소년을 칭찬했다. 왜냐면 그 소년이 근면했기 때문이다.

> Mr. Kim, **who** was living in Daejeon, met his wife for the first time.
> → Mr. Kim, **when he** was living in Daejeon, met his wife for the first time.
> 김 선생이 대전에 살고 있을 때 그의 아내를 처음 만났다.

■ 덧붙임

1. 관계대명사 that, what은 비제한적용법에 쓰이지 않는다.
2. 가주어 it을 선행사로 하여 비제한적용법으로 할 수 없다.
3. 전치사의 목적어로 쓰인 관계대명사는 목적격을 사용하며, 「전치사 + that」은 사용할 수 없다. 즉, that은 전치사의 목적격 관계대명사로 쓰지 못한다.
4. 제한적 용법의 목적격 관계대명사는 생략할 수 있으나, 비제한적용법의 목적격 관계대명사는 생략할 수 없다. 즉, 콤마 뒤에 오는 목적격 관계대명사는 생략할 수 없다.

   This is the person (who) I met yesterday. 〈제한적 용법〉
   이분이 내가 어제 만났던 사람입니다.

   I bought a computer a year ago, which I have seldom used. 〈비제한적용법〉
   1년 전에 컴퓨터를 한 대 샀는데, 나는 지금껏 그것을 거의 사용하지 않았다.

5. 「부정대명사 (all, none 등) of + 관계대명사」의 형식으로 선행사를 받을 때는 반드시 비제한적 용법으로 한다.

   Moreover, there are multiple tasks, **none of which** are easy.
   게다가, 많은 과제가 있는데 그 어느 것도 쉬운 것이 없다.

   Air pollution results from a variety of causes, not **all of which** are within human control.
   대기오염은 다양한 원인으로 발생하는데 그 모두를 인간이 제어하지는 못한다.

6. 'there be + 주어'의 '주어'가 관계대명사로 될 경우 비제한적용법으로 할 수 없다.

   They talked about the problem, **which there had been** the day before. (x)
   They talked about the problem **that there had been** the day before. (o)
   그들은 그 전날에 있었던 문제에 관해 이야기를 나누었다.

(6) 관계대명사 who, whose, whom

선행사가 사람인 경우에 사용하며, 관계사절 내에서 무엇으로 쓰이느냐에 따라서 주격이면 who, 소유격이면 whose, 목적격이면 whom을 사용한다.

1) 관계대명사 who

① 제한적 용법

❶ 주격으로 《~하는, ~한, ~인 (사람)》

I have a friend. + He lives in Busan.
→ I have a friend who lives in Busan.   나는 부산에 살고 있는 친구가 한 명 있다.

※ 관계대명사절의 동사의 수는 선행사의 수에 일치시킨다.

I have many friends who live in Busan.   나는 부산에 사는 친구들이 많이 있다.

My mother was the only one who trusted me.
　　　　　　　　　　　　　　　　　나의 어머니는 나를 신뢰하신 유일한 분이셨다.

He is not a man who will betray his friend.   그는 친구를 저버릴 그런 사람이 아니다.

There's a person (who) wants to see you.   어떤 사람이 당신을 뵙고 싶어 합니다.

※ 주격의 관계대명사 (who)는 생략하지 않는 것이 원칙인데, 이처럼 'There is ~'구문이나, 'it ~ that'의 강조 구문에서 that을 대신하여 쓰는 who는 생략하기도 한다.

It is he (who) told me the story.   그 이야기를 해 준 이는 그 사람입니다.

Anyone who wants to come is welcome.   오고 싶어 사람은 누구라도 환영한다.

❷ 목적격으로

▶ who는 입말체에서 때때로 whom 대신에 사용되는 수가 있으나, 보통은 생략된다.

This is the person (who) I met yesterday.   이분이 내가 어제 만났던 사람입니다.

This is the person who(m) you must know.
　　　　　　　　　　　　　　　　　이쪽은 당신이 틀림없이 알고 있는 분입니다.

❸ 'It is + 강조 어구 + who'의 강조 구문으로 《~하는 것은 (바로)》

It's I **who** am wrong. 잘못이 있는 사람은 바로 접니다.

It was Jack **who** broke the flowerpot. 그 화분을 깨뜨린 사람은 바로 잭이었다.

❹ those, he와 더불어

▶ 'those who'를 쓰는 것이 보통이고, 'he who'는 옛말 투이다.

<u>Those</u> **who** have powerful information dominate the world in the age of information technology.

　　　　　　　　　　정보기술 (IT)의 시대에는 강력한 정보를 가진 자가 세상을 지배한다.

<u>Those</u> of us **who** lose loved ones will experience terrible grief.

　　　　　　　　　　우리 중 사랑하는 사람을 잃은 사람은 끔찍한 슬픔을 경험할 것이다

Heaven helps <u>those</u> **who** help themselves.

　　　　　　　　　　하늘은 스스로 노력하는 사람을 도와준다. – 속담 –

<u>He</u> **who** is born a fool is never cured. 타고난 바보는 고칠 수 없다. – 속담 –

② 비제한적용법 《그리고 그 사람은; 그러나 그 사람은》

▶ 격식을 차린 용법이며 이때의 who는 생략하지 않는다.

I saw <u>one</u> of my old friends, **who** recognized me at once.

　　　　　　　　　　나는 옛 친구 중에 한 친구를 만났는데 걔는 즉시 나를 알아보았다.

<u>Her boy friend</u>, **who** is living in the country, often writes to her.

　　　　　　　　　　그녀의 남자친구는 시골에 살고 있는데, 그녀에게 자주 편지를 쓴다.

※ 끼움절로 쓰인 관계대명사는 격식을 차린 용법으로 '그리고 그 사람은'의 뜻이 아니라 '(그 사람은) ~하는데'의 뜻이 된다.

<u>That man</u>, **who** is a liar, is trusted by nobody.

　　　　　　　　　　그 사람은 거짓말쟁이라서 아무에게도 신용이 없다.

Not to mention <u>my own family</u>, **who are** sure to think I'm ill.

우리 가족들마저 내가 아프다고 생각들 하는 게 분명해. – '안네의 일기 (The diary of a young girl

Anne Frank)' 중에 —

> ▷ 선행사가 개인에 중점을 두느냐 단체에 중점을 두느냐에 따라서 그 동사를 단수나 복수로 할 수 있는 army, family, attendance, audience, band, class, club, committee, crowed, group, jury, orchestra, party, public, staff, team 등의 집합명사일 때 단수를 나타낼 경우에는 'which + 단수 동사'를, 복수를 나타낼 경우에는 'who + 복수 동사'를 쓴다.
>
> He wrote to his family, **which is** in the country.
> 그는 가족에게 편지를 썼는데 그의 가족은 시골에 있다.

③ 선행사를 내포하여 명사절을 이끄는 용법으로 《(…하는) 그 사람》

▶ 관계대명사 자체에 선행사를 내포하여 수식하는 선행사가 없어 명사절로 쓰이는 경우이다. 다만, 이때의 명사절도 그 본성은 자체에 선행사를 내포하여 스스로를 수식하는 형용사절이라고 할 수가 있다.

(He) **Who** never climbs will never fall.

오르지 않는 자는 결코 떨어지는 일도 없을 것이다.

I am **who [what]** you are looking for. 내가 바로 당신이 찾고 있는 사람입니다.

※ 이 who는 what으로 대체할 수 있다.

④ 주격의 복합관계대명사의 의미로 쓰이는 경우

who가 주격의 복합관계대명사 whoever의 의미로 쓰이기도 한다.

<u>Who is not for you</u> is against you.

당신에게 찬성하지 않는 사람은 (누구나) 반대하고 있는 것이다.

<u>Who is born a fool</u> is never cured.　　타고난 바보는 누구도 고치지 못한다. — 속담 —

■ 참고

1. 동물, 배, 다리, 초자연적인 존재(천사, 요정)는 의인화하여 who를 쓸 수 있다.

I bought <u>a cute little cat</u> the other day, to my surprise, **who** caught a big mouse.
나는 며칠 전에 작고 귀여운 고양이 한 마리를 샀는데, 놀랍게도 그것이 커다란 쥐 한 마리를 잡았다.

> This beautiful <u>stone arch bridge</u>, **who** was built more than 200 years ago, has been designated as a local tangible cultural property.
> 이 아름다운 무지개형 돌다리는 놓여진지 200년이 넘었는데 현재는 지방유형문화재로 지정되어 있다.
>
> 2. 'It ~ that …' 강조 구문으로 주어를 강조할 경우 that 대신에 who를 쓸 수 있다.
> ☞ p. 371 참조
> It is <u>I</u> who am to blame. 잘못이 있는 사람은 바로 접니다.
>
> 3. who의 생략
> (1) 'There is [was] ~' 구문이나 'It is [was] ~ that …' 강조 구문의 that 대신 쓴 who는 생략하기도 한다.
> There's somebody at the door (who) wants to see you.
> 문간에 당신을 만나고자 하는 사람이 와 있습니다.
> It is my sister (who) wants to see you.
> 너를 만나보고 싶어 하는 사람은 바로 내 여동생이다.
>
> (2) 끼움절 앞에서 who가 생략될 경우가 있다.
> They gave attention to the children (who) they believed were clever.
> 그들은 영리하다고 여기는 아이들에게 주의를 기울였다.
>
> (3) 주격이라도 형용사절속의 동사가 be동사일 때 'who + be'를 생략할 수 있다.
> The girl (who is) playing the piano on the stage is my sister.
> 무대에서 피아노를 치고 있는 소녀는 내 여동생이다.

2) 관계대명사 whose

who, which의 소유격으로 쓰인다.

※ 대명사 whose는 who, which의 소유격으로서 whose 다음의 명사를 수식하는 형용사 구실을 하면서 형용사절을 이끌어 주절에 연결하는 역할을 한다. 사람 및 사물에 쓴다.

▶ 본서에서는 관계형용사로 다루기로 한다. (p. 60)

3) 관계대명사 whom

who의 목적격으로서 관계대명사절 내에서 동사나 전치사의 목적어로 쓰인다.

① 제한적 용법 《~하는 바의 (사람)》

I know the girl. + He calls **her** Stella.
→ I know <u>the girl</u> **whom** he calls Stella. 〈calls의 목적어〉

나는 그가 스텔라라고 부르는 소녀를 알고 있다.

She is the very woman. + I am looking <u>for her</u>. 그녀는 바로 내가 찾던 여자다.
→ She is <u>the very woman</u> (**whom**) I am looking for. 〈전치사 for의 목적어〉
(= She is <u>the very woman</u> **for whom** I am looking.)
※ 이와 같이 전치사의 목적어인 관계대명사 whom은 「전치사 + whom」의 형태로 쓸 수 있다.

This is Mr. Kim Sam-sik. + I told you <u>of [또는 about] him</u> the other day.
→ This is <u>Mr. Kim Sam-sik</u> **whom** I told you of the other day.

〈전치사 of의 목적어〉

This is <u>Mr. Kim Sam-sik</u> **of whom** I told you the other day.

이분이 제가 일전에 말씀드렸던 김삼식 씨입니다.

② 비제한적용법 《그리고 그 사람을 ~》

This is <u>Mr. John Brown</u>, **whom** [**who**] you have heard much about.
이분이 존 브라운 씨입니다. (이 분에 대한) 말은 많이 들으셨겠습니다만.
The boy was happy to meet the baseball players, **whom** he had only seen on TV. 그 소년은 텔레비전에서만 보았던 야구선수들을 만나서 행복했다.

③ 선행사 없이 《(~하는) 바의 사람》

You may give **whom** you please. 네가 주고 싶은 사람에게 주어도 좋다.
※ whom 자체에 선행사를 내포하여 명사절과 같이 쓰이는 경우이다.

Whom the God love die young. — Byron — 신의 사랑을 받는 사람들은 일찍 죽는다.
※ whom 앞에 those가 생략된 형태이다. (= Those whom ~)

■ 참고

1. 목적격 관계대명사 whom의 생략

   제한적 용법에서 동사의 목적어로서의 whom은 생략할 수 있고, 전치사의 목적어로서 whom은 전치사와 떨어져서 쓸 경우 생략할 수 있다.

(1) 동사의 목적어로서의 whom은 생략할 수 있다. 특히 입말체에서는 흔히 생략한다.

   I know the girl (whom) he calls Stella.
   One of the men (whom) I trusted betrayed me. 내가 믿었던 사람들 중의 한 명이 나를 배신했다.

(2) 전치사의 목적어로서의 whom은 전치사를 뒤로 돌리고 생략하는 경우가 많다.

   She is the girl to whom I gave a rose. 그녀가 바로 내가 장미 한 송이를 준 소녀이다.
   ※ 이와 같이 전치사와 함께 쓸 경우는 whom을 생략하지 못한다.
   She is the girl (whom) I gave a rose to.
   ※ 이와 같이 따로 떨어져 쓸 경우 whom을 생략하는 것이 가능하다.
   The player (whom) I competed with was an agreeable fellow.
   나와 겨뤘던 그 선수는 인정할 만한 상대였다.

2. 제한적 용법의 who나 whom은 that으로 바꿔 쓸 수 있다.

   I have a friend who lives in Busan. → I have a friend that lives in Busan.
   The girl whom I met yesterday is very kind.
   → The girl that I met yesterday is very kind.

3. 비제한적용법에서는 whom을 생략하지 못하며 that으로 바꿔 쓰지도 못한다.

4. 목적격으로서의 whom과 입말체

(1) 입말체에서는 who의 목적격으로서 문장 또는 절의 맨 처음에 올 때, 그리고 whom to (do)에는 whom 대신 흔히 who가 쓰인다. 「전치사 + whom」의 경우의 전치사는 문장 끝으로 옮겨간다.

   Who shall I see? 제가 누구를 만나야 할까요?
   I know who(m) you met. 나는 네가 누구를 만났는지 알고 있다.
   Tell me who(m) to talk to. 누구에게 말해야 좋을지 말씀해주세요.
   Who was the letter addressed to? 그 편지는 누구 앞으로 돼 있었나?
   Who are you looking for? 누구를 찾으십니까?
   Who do you want to speak to? 〈전화에서〉 누구를 바꿔드릴까요?
   Who is it by? 그것의 작자가 누구죠?

> **(2) whom 앞에 전치사가 올 때는 입말체라도 who를 쓰지 않는 것이 보통이다.**
> Who's the man **to whom** you were talking? 당신과 이야기하고 있었던 남자는 누구입니까?

(7) 관계대명사 which

which의 선행사는 원칙적으로 사물 또는 동물이다. 그리고, 선행사가 crowed, children, minority, majority 등과 같이 인간의 집단을 나타낼 때도 which로 받는다. 소유격은 of which나 whose이다. 비제한적용법에서는 구, 절이나 형용사를 선행사로 하기도 한다.

1) 제한적 용법

보통 사물을 나타내는 명사를 선행사로 하는 형용사절을 이끌며 제한적 용법에서 주격과 목적격의 which는 that으로 바꾸어 쓸 수 있다.

① (전치사 없이) 주격, 목적격으로 《~하는 [한] (바의) 것》

주격이나 목적격의 which는 that과 바꿔 쓸 수 있으며, 목적격의 which는 입말체(대화체)에서는 흔히 생략한다.

He has a fountain pen. + It is very expensive.
→ He has a fountain pen **which** is very expensive. 〈주격 (주어)〉

　　　　　　　　　　　　　　　　　　　　　그는 아주 값비싼 만년필을 하나 갖고 있다.

The baseball game (**which** was) yesterday was very impressive. 〈주격 (주어)〉

　　　　　　　　　　　　　　　　　　　　　어제 벌어진 야구경기는 매우 인상적이었다.

※ which가 주격이라도 동사가 be동사일 경우에는 'which + be'는 생략할 수 있다.

That must be done **which** can be done. 〈주격(주어)〉

　　　　　　　　　　　　　　　　　　　　　할 수 있는 일이라면 해야만 한다.

※ 여기서 'That'은 지시대명사로서 'which'의 선행사이다. 'That which'와 같은 형태는 딱딱하게 느껴지므로 대신 what을 쓰는 것이 보통이다. (= What can be done must be done.)

He instructed the crowds which were very poor. 〈주격(주어)〉

　　　　　　　　　　　　　　　　　　　　　그는 매우 가난한 민중들을 가르쳤다.

※ 사람의 집단을 나타내는 'the crowds'는 who가 아니라 which로 받아야 한다.

He is no longer the timid fellow which he used to be. 〈주격(보어)〉

　　　　　　　　　　　　　　　　　　　　　그는 더 이상 예전의 겁쟁이가 아니다.

※ 선행사가 사람 자체가 아니라 **신분, 지위, 성격 등을 나타내는 경우**에는 who가 아니라 which 또는 that을 사용한다.
　I am not the man which I was. 나는 이제 예전의 내가 아니다.
　He is not the man which his father wants him to be.
　지금의 그는 그의 아버지가 되기를 바라는 그런 사람이 못 된다.

The movie was moving. + I watched the movie yesterday.

→ The movie (which) I watched yesterday was moving. 〈목적격〉

That which Don Quixote took for a giant was really a big windmill. 〈목적격〉

　　　　　　　　　　　　　　　　　　　돈키호테가 거인으로 생각한 것은 실제는 커다란 풍차였다.

② 「선행사 + which + S + V + 전치사」 또는 「선행사 + 전치사 + which + S + V」의 형태로 전치사의 목적격으로 쓰여

This is the house. + I was born in the house.

→ This is the house in which I was born.

※ '전치사 + which'의 형태로 쓰는 경우에는 which를 생략하지 못한다.

This is the house (which) I was born in.　　　　　이곳이 내가 태어난 집이다.

※ 전치사를 which와 떨어져서 뒤에 두는 경우에는 which를 생략할 수 있다.

This is the house (that) I was born in.

※ which 대신에 that을 쓰는 경우 전치사와 같이 쓸 수 없고 전치사는 뒤에 둔다. 이때의 that은 전치사의 목적격으로서 생략이 가능하다.

We must consider the circumstances in which he was driven to commit a crime.　　　　　　　　　우리는 그가 죄를 범하기에 이른 주위 사정들을 고려해야 한다.

Have you ever thought of the circumstances in which we are placed?
당신은 우리가 처해 있는 환경들을 생각해 본 일이 있습니까?

This is the way in which he carries out his undertakings
이것이 그가 맡은 일들을 수행하는 방식이다.

This is the book about which I spoke yesterday.
이것이 어제 내가 말한 그 책이다.

Every fuel has its own particular temperature at which it begin to burn.
모든 연료는 타기 시작하는 그것만의 특정한 온도를 가지고 있다.

Gongju is the town from which he comes.   공주가 그의 출신지이다.

This is the restaurant of which I spoke.   이곳이 내가 말한 그 음식점이다.

※ 여기서 'of which'의 'which'는 소유격 관계대명사가 아니라 전치사 of의 목적어로 쓰인 경우이다.

(= This is the restaurant which I spoke of.)

This is the book which he is looking for.   이것이 그가 찾고 있는 책이다.

(= This is the book for which he is looking.)

That is the job on which the committee spends a great deal of time.
그것이 위원회가 많은 시간을 소비하고 있는 일이다.

That plain through which this river flows is very fertile.
이 강이 흘러 지나가는 저 평원은 매우 비옥하다.

Most of the future CEOs had a good understanding of the industries to which their companies belonged.
예비 중소기업 CEO들은 자신들의 회사가 속한 업종에 대해 잘 알고 있었다.

I need something with which to write.   나는 쓸 것(필기도구)이 필요하다.

That is something with which we must always be concerned.
그것이 우리가 항상 염려해야 하는 것이다

③ 「of + which」의 형태로 소유격으로 쓰여

소유격으로 쓰는 of which는 소유대명사 whose로 대용할 수 있다.

She has a yellow cat. + The eyes of it are green.

→ She has a yellow cat the eyes of which are green.

그녀는 초록색 눈을 가진 노란색 털의 고양이 한 마리를 갖고 있다.

She has a yellow cat of which the eyes are green.

She has a yellow cat whose eyes are green.

This is the flower. + I don't know the name of the flower.

→ This is the flower the name of which I don't know.

이것은 내가 그 이름을 모르는 꽃이다.

This is the flower of which the name I don't know.

This is the flower which I don't know the name of.

This is the flower of which I don't know the name.

This is the flower whose name I don't know.

2) 비제한적용법

비제한적용법의 which는 주격, 목적격 모두 that으로 바꿔 쓸 수 없다.

① 명사(사물)나 구를 선행사로 하여 주격, 목적격으로 쓰일 경우 《그리고 그것은 (을); 그런데 [그러나] 그것은(을)》

My smartphone, which was made in Korea, works very well.

내 스마트폰은 한국산인데 아주 잘 작동한다.

The group, which comprises over 100 civic groups, blamed the government.

100여 개의 시민단체로 구성된 그 단체는 정부를 비난했다.

※ chestra, public, staff, team 등의 집합명사가 단수의 의미를 나타낼 경우에는 'which + 단수동사'로 받는다.

She is no stranger to Korea, which she visited in April.

  그녀는 한국방문이 이번이 처음이 아니며, 지난 4월에(도) 방문했다.

He tried to repair his car, which he found very difficult.

  그는 자신의 자동차를 고치려고 해보았으나 그것이 어렵다는 것을 알았다.

He bought a new car, for which he paid quite a lot.
(= He bought a new car, which he paid quite a lot for.)

  그는 새 자동차를 샀는데 그것에 돈을 꽤 많이 주었다.

His mother has ten children, of which he is the eldest [oldest].

  그의 어머니는 열 명의 아이들을 두었는데, 그가 맏이이다.

※ 'ten children'은 인간의 집단을 나타내므로 여기서는 whom이 아니라 which로 받아야 한다.

② 절이나 문장 전체를 선행사로 하여 주격, 목적격으로 쓰일 경우 《그리고 그것은; 그리고 그 때문에》

I can't speak English, which often makes me uncomfortable. 〈주격〉

  저는 영어를 못합니다. 그것 때문에 제가 자주 불편함을 느낍니다.

Which you may hardly believe, I passed the examination. 〈목적격〉

  그걸 네가 거의 믿지 못할지 모르지만, 내가 시험에 합격했다.

③ 사람을 나타내는 보어인 명사나 형용사를 선행사로 하여 주격, 목적격으로 쓰일 경우 《~이지만 그것은(을)》

She has become a teacher, which she has wanted to be.

  그녀는 교사가 되었다. 그것은 그녀가 원했던 직업이다.

※ 이때의 which는 뒤의 be동사의 보어이다. 선행사가 사람을 나타내는 명사인 경우에는 사람 자신이 아니라 **지위, 성격, 인품, 직업** 따위를 가리킨다. 이때에는 which 대신 who를 쓰지 못한다.

 He is an intellectual, who his wife is not. (×)
 He is an intellectual, which his wife is not. (○)
 그는 지성인이지만 그녀의 아내는 그렇지 않다.

You are very smart, which I am not.　　너야 매우 약삭빠르지만 나는 그렇지가 못해.
They thought him shy, which he was, and dull, which was not.
그들은 그가 소심하다고 생각했고, 그것은 사실이었다. 그리고 그가 둔감하다고 했으나 그건 사실이 아니었다. – James Hilton, Time and Time Again (시간은 또다시) 중에 –

④ 앞 문장의 동사(구)를 선행사로 하는 경우
　　She fainted, which she did often.　　그녀는 실신했다. 종종 그런 일이 있었다.
　　He beckoned (to) me to come in, which I did not.
　　　　　　　　　　　　　　　그가 내게 들어오라고 손짓했으나 나는 들어가지 않았다.

3) 관계대명사 which의 생략

① 제한적 용법의 which가 관계사절의 목적어 또는 보어로 되어 있는 경우에는 생략할 수 있다.
　　The story (which) I read yesterday was moving. 〈read의 목적어〉
　　Peter is no longer the timid fellow (which) he used to be. 〈be의 보어〉

② 주격이라도 형용사절 내의 동사가 be동사일 경우에는 'which + be'의 생략이 가능하다.
　　The basketball game (which was) yesterday was very interesting.
　　　　　　　　　　　　　　　　　　어제 있었던 농구경기는 매우 재미있었다.

③ 주격이라도 끼움절 앞의 which가 생략될 때가 있다.
　　I bought a novel (which) I thought would be of interest. 〈I thought는 끼움절〉
　　　　　　　　　　　　　　　　　내 생각에 재미있을 것 같은 소설을 한 권 샀다.

④ 입말체에서는 전치사를 관계사절 끝으로 돌리고 which를 생략하는 경향이다.
　　This is the house I lived in as a little boy. 〈house와 I 사이에 which를 생략한 것〉
　　　　　　　　　　　　　　　　　　여기가 내가 꼬마 아이였을 때 살던 집이다.

4) 관용어구

- that which ~: ~하는 [한] 바의 * 보통은 'the one ~'을 쓴다.

"Which book do you mean?"   어느 책 말인가?

- "That which [The one] I spoke to you on the phone about yesterday."

     어제 너에게 전화로 말한 그것 말이야.

"What are you talking about?"   무엇에 관한 말씀을 하시는 겁니까?

- "That which I told you about yesterday."   어제 너에게 이야기한 것 말이야.

※ 이 경우 'that which ~' 보다는 'what ~'를 쓰는 것이 보통이다.

(8) 관계대명사 that

who(m), which의 대용으로 선행사가 사람, 동물, 사물이 다 될 수 있으며, 주격과 목적격의 형태가 같고 소유격으로는 쓰지 않는다. 제한적 용법만 있고 비제한적용법은 없으며, 전치사의 목적격으로 쓰일 경우 분리해서 쓰이고 전치사와는 함께 쓸 수 없다.

1) 제한적 용법에만 사용하며 선행사가 사람, 사물 (동물포함)인 경우에 모두 쓸 수 있다.

There was that in her eyes that made her meaning clear. 〈주격〉

     그녀의 눈 속에는 그녀가 말하고자 하는 것이 고스란히 담겨 있었다.

※ 여기서 앞의 that은 'there be ~'구문의 주어로서 지시대명사이다. 이와 같이 관계대명사 that이 지시대명사 that을 선행사로 할 때 지시대명사 that은 사물을 가리키며 사람에는 that을 쓰지 못한다. 다만, those는 사람을 가리킬 수 있다.

I like that who is honest. (×)

I like those who are honest. (○) 나는 정직한 사람들을 좋아한다.

Have you seen my book that was on the table? 〈주격〉

     책상 위에 있던 내 책 못 봤어요?

A man and his dog that were passing by were injured. 〈주격〉

길을 지나가던 한 남자와 그의 개가 부상을 당했다.

※ 선행사로 「사람 + 사물 (동물)」의 형태가 올 경우에는 반드시 that을 쓴다.

There's a man (that) wants to see you. 〈주격〉

당신을 만나고 싶어 하는 한 남자가 있습니다.

※ 주격의 that은 There is ~, What is ~, Who is ~ 등의 뒤에서 생략되기도 한다.
  There is no child (that) does not like playthings. 장난감을 좋아하지 않는 아이는 없다.
  What is the factor (that) affects their decision? 그들의 결정에 영향을 미치는 요소는 무엇인가?
  Who is the author (that) wrote this book? 이 책을 쓴 저자는 누구인가?

He is not the man (that) he was ten years ago. 〈주격 (보어)〉

지금의 그는 10년 전의 그가 아니다.

※ that이 관계사절 속의 보어인 경우 흔히 생략하며, 선행사가 사람일지라도 who로 대용하지 않는다.

Behave yourself like an adult (that) you are. 〈주격 (보어)〉

어른이면 어른답게 행동하시오.

This is the book (that) I bought yesterday. 〈목적격〉   이것은 어제 내가 산 책이다.

※ 목적격의 관계대명사 that은 생략할 수 있다. 특히 입말체에서는 흔히 생략한다.

This is the house (that) I was born in. 〈목적격(전치사의 목적어)〉

※ that 앞에는 전치사를 쓸 수 없다. that을 전치사의 목적어로 쓸 경우에는 전치사를 관계사절의 뒤에
  둔다. 이때 that은 생략할 수 있다.

Is this the book (that) you spoke of? 〈목적격 (전치사의 목적어)〉

이것이 네가 말한 그 책이냐?

Fool that I was! 〈주격 (보어)〉   나는 정말 바보였구나! (= What a fool I was!)

※ 이와 같은 감탄문의 선행사인 단수 명사에는 관사를 붙이지 않는 것이 보통이다.

2) which나 who (또는 whom)를 대신해서 쓴다.

The novel (that 또는 which) I read yesterday was moving. 〈목적격〉

The man **that** [또는 **who**] is speaking to us is our principal. 〈주격〉

지금 우리에게 말씀하고 계시는 분은 우리 교장 선생님이다.

The woman **that** [또는 **whom**] I saw playing the piano was my wife. 〈목적격〉

피아노 연주를 하는 것을 내가 바라본 여인은 나의 아내였다.

The man **that** [또는 **who(m)**] you are talking about happens to be my friend.

네가 지금 얘기하고 있는 사람은 바로 내 친구다. 〈목적격 (전치사의 목적어)〉

He has a fountain pen **that** [또는 **which**] is very expensive. 〈주격〉

3) 선행사가 the + 최상급, the + 서수, the very, the only, the same 등의 수식을 받는 경우에는 that만을 쓸 수 있다.

I was <u>the only man</u> **that** knew his secret. 〈주격〉

그의 비밀을 알고 있는 사람은 나뿐이었다.

He seemed to be <u>the last official</u> **that** would take a bribe. 〈주격〉

그는 결코 뇌물을 받을 공무원으로는 보이지 않았다.

This is <u>the very thing</u> **that** I want. 〈목적격〉

이것이야말로 바로 내가 원하는 [찾는] 것이다.

This is <u>the same bicycle</u> **that** I lost the other day. 〈목적격〉

이것은 내가 지난번 잃어버린 그 자전거이다.

He was <u>the first man</u> **that** I got acquainted **with** in Seoul. 〈전치사의 목적어〉

그는 내가 서울에 있을 때 처음으로 알게 된 사람이다.

This is <u>the very book</u> **that** I have been looking **for**. 〈전치사의 목적어〉

이것이야말로 내가 지금껏 찾고 있던 바로 그 책이다.

▷ 입말체에서는 선행사가 (the) only, (the) first, (the) last, all 등으로 한정되어 있어도 그 선행사가 사람인 경우 who, whom을 쓰기도 한다.
She was <u>the only one</u> **who** trusted me. 그녀는 나를 신뢰한 유일한 사람이었다.

4) 선행사가 some, any, no, all, (a) few, every, little, much 등에 의하여 수식 되거나, 선행사가 all, none, anyone, everybody, nobody, anything, everything, nothing, something 등일 때도 that만을 쓸 수 있다.

All things are difficult that are done reluctantly. 〈주격〉

　　　　　　　　　　　　　　　　마지못해서 하는 것은 무슨 일이나 어렵다.

All is well that ends well. 〈주격〉　　　　끝이 좋으면 모든 게 좋다. – 속담 –

He did everything that was possible to help her. 〈주격〉

　　　　　　　　　　　　　　　　그는 그녀를 도울 수 있는 일이라면 무엇이든 했다.

This is all that matters. 〈주격〉　　관계가 되는 것은 (중요한 것은) 다만 이것뿐이다.

Everyone was there that was anybody. 〈주격〉

　　　　　　　　　　　　　　　　한자리깨나 한다는 사람들은 모두 거기에 있었다.

Nobody that knows him will believe him. 〈주격〉

　　　　　　　　　　　　　　　　그를 아는 그 누구도 그를 믿지 않는다.

Nothing should be done in a hurry that can be done slowly. 〈주격〉

　　　　　　　　　　차근차근히 하여야 하는 일이라면 어떤 일이라도 서둘러 해서는 되지 않는다.

There is something that must be considered. 〈주격〉　고려되어야 할 것이 좀 있다.

Is there anyone that can speak Korean? 〈주격〉　한국어를 할 줄 아시는 분 계십니까?

Anyone that wants to come is welcome. 〈주격〉　오고 싶은 사람은 누구든지 환영한다.

That's all that I wanted to know. 〈주격〉　내가 알고 싶었던 것은 그것이 전부이다.

I will do anything that I can (do). 〈목적격〉　나는 내가 할 수 있는 어떤 것도 할 것이다.

Not all the enterprises that he operated were successful. 〈목적격〉

　　　　　　　　　　　　　　　　그가 경영한 사업이 모두 성공적인 것은 아니었다.

He bought every book that he had heard of. 〈목적격(전치사의 목적어)〉

　　　　　　　　　　　　　　　　그는 그가 이름을 들어 본 책은 모두 샀다.

5) 'there be ~'구문의 주어를 선행사로 하는 경우에는 that만을 쓸 수 있다. 이때의 that은 생략할 수 있다.

The professor taught us the relation (that) there is between politics and money. 그 교수는 정치와 돈 사이의 관계를 우리에게 가르쳐 주었다.
I've told you all (that) there is to tell. 나는 너에게 할 말을 다 했다.

6) 의문대명사 who가 선행사가 되는 경우 관계대명사 who대신 that을 쓰는 것이 보통이다. 동일어의 반복은 어감이 좋지 않기 때문이다.

Who that knows him will hate him? 그를 아는 사람이라면 누가 그를 싫어하겠는가?
Who that has conscience can do such a thing?
상식을 가진 사람이라면 (과연) 누가 그런 일을 할 수 있단 말인가?

7) 「that + be」의 형태로 인명과 함께

Mrs. Brown, Miss White that was. 브라운 부인 즉 화이트 양이었던.
Miss Green, Mrs. Snow that is to be. 스노오씨 부인이 될 그린 양.

■ 덧붙임

1. 「부정관사 (a, an) + 명사」가 특정한 것이 아닌 보통명사를 나타낼 때는 that의 선행사가 될 수 없다. 관계대명사 that은 특정된 것을 수식하기 때문이다.

He has a fountain pen that is very expensive. (x)

2. 관계대명사가 주격 보어일 때는 선행사가 사람이라도 that을 쓴다. 이 that은 생략 가능하다.

I realized that she was not the same young girl that she was ten years ago.
나는 그녀가 10년 전과 같은 어린 소녀가 아니라는 것을 알았다.
※ '~ that she was ~'에서 that은 was의 보어로 선행사가 사람이라도 who를 사용치 않는다.

3. 선행사인 the man, the woman, the boy, the girl 등이 그 사람 자체를 가리키지 않고 그 사람의 지위, 직업, 성격 등을 가리킬 때는 that, which를 모두 쓰는데, that은 제한적용법에만 쓰이고, which는 제한적용법, 비제한적용법에 다 쓰인다.

She is no longer the shy girl that [which] she was ten years ago.
그녀는 더 이상 10년 전의 수줍은 많은 소녀가 아니다.
He is a gentleman, which his brother is not. 그는 신사이지만 그의 동생은 그렇지 못하다.

4. 사람을 받는 관계대명사절이 끼움절의 형태인 경우 관계대명사로 that을 쓸 수 없다.
Professor Carpenter, who [that (x)] teaches Korean history, is erudite on Korean history.
카펜터 교수는 한국사를 가르치는데 한국의 역사에 매우 해박하다.
Miss Yellow, whom [that (x)] I met yesterday, is a very fat.
내가 어제 만난 옐로우 양은 매우 뚱뚱하다.

5. 관계대명사 that의 생략
목적격으로 쓰인 that은 흔히 생략하며, 주격이라도 관계사절이 there is로 시작될 때엔 흔히 생략한다.
This is the hat (that) I bought yesterday. 〈목적격〉 이것은 어제 내가 산 모자이다.
These are good books (that) there are on English grammar. 〈주격〉
영문법에 대한 것으로서 이것들은 좋은 책들이다.

---

(9) 관계대명사 what

관계대명사 what은 형용사절을 이끄는 다른 관계대명사와 달리 명사절을 이끈다. 다만 이때의 명사절도 모습은 명사절의 형태이지만 그 본성은 자체에 선행사를 내포하여 스스로를 수식하는 형용사절이라고 할 수가 있다. 사물에만 쓰며 'the thing(s) which'로 바꿔 쓸 수 있다.

1) 그 자체로서 선행사를 포함하고 있어 항상 명사절을 이끈다. 《~하는 것 [일]; ~하는 무엇이든》

We must do the thing. + It is right.
→ We must do the thing which is right.
→ We must do what is right.   우리는 옳은 일을 해야 한다.
What is one man's eat is another man's poison. 〈주어절 속의 주어〉
　　　　　어떤 사람에게는 먹을 수 있는 것이 어떤 사람에게는 독이다.

※ 관계대명사 what이 이끄는 주어절에 따르는 동사는 단수로 한다.

What I want is freedom. 〈주어절 속의 목적어〉　　　내가 원하는 것은 자유이다.

That's not what I meant to say. 〈보어절 속의 say의 목적어〉

그것은 내가 하고자 했던 말이 아니다.

This is just what I have been looking for. 〈보어절 속의 전치사 for의 목적어〉

이것이 (바로) 내가 찾고 있던 것이다

Things are not what they seem. 〈보어절 속의 보어〉　　사물은 겉보기와는 다른 법이다.

I could hardly understand what he wanted to do. 〈목적어절 속의 do의 목적어〉

나는 그가 하고 싶어 하는 것에 대해 거의 이해할 수가 없었다.

I'll do what I can do for you. 〈목적어절 속의 목적어〉

너를 위해 할 수 있는 일이라면 나는 무엇이라도 할 것이다.

My mother made me what I am now. 〈목적보어절 속의 보어〉

나의 어머니가 지금의 나를 있게 하셨다.

He is proud of what he has. 〈전치사의 목적어〉　　그는 자기 재산을 자랑한다.

They lived in the land of what is now Gong-ju. 〈전치사(동격의 of)의 목적어〉

그들은 현재의 공주 지역에서 살았다.

※ what is now + 장소 명(~): 현재 ~인(현재는 어느 곳인)

This is what he calls elegance. 〈끼움절속의 목적어〉　　이것이 소위 우아함이라는 것이다.

2) 주격과 목적격의 형태가 같으며 소유격은 없다.

「what + 동사」이면 주격으로 쓰인 경우이고, 「what + 주어 + 동사」이면 목적격으로 쓰인 경우이다.

I will do what I think is right. 〈주격〉　　나는 내가 옳다고 생각하는 것을 할 것이다.

What you say doesn't make any sense to me. 〈목적격〉

네가 하는 말을 나는 이해할 수가 없다.

This is what I wanted to have. 〈목적격〉　　이것이 내가 갖고 싶어 했던 것이다.

3) 단·복수가 같은 형태이다.

We shall not need any more water; **what** we have is quite sufficient.
  우리는 물이 더 이상 필요하지 않을 것 같습니다. 우리가 갖고 있는 것이 아주 충분합니다.

We shall not need any more chairs; **what** we have are quite sufficient.
  의자가 더 이상 필요치 않을 것 같습니다. 우리가 갖고 있는 것이 아주 충분합니다.

What we need most is [are] books. 우리가 가장 필요로 하는 것은 책입니다.

※ 'what절 + be + 주격 보어'의 꼴일 때는 그 주격 보어가 복수여도 be동사는 원칙적으로 단수를 쓴다.

4) 기타

① 끼움절을 이끌 경우 《게다가; (더욱) ~한 것은; 소위[이른바]》

The book is interesting and, **what is more**, very instructive.
  그 책은 재미있고, **게다가** 매우 교훈적이다.

Thomas is a fine athlete; **(what is) more important**, he is a good musician. 토마스는 훌륭한 운동선수이지만, **더욱 중요한 것은** 그가 뛰어난 음악인이라는 사실이다.

It began to rain and, **what is worse**, we lost our way in the dark.
  비가 내리기 시작했고 **설상가상으로** 우리는 어둠 속에서 길까지 잃었다.

He is **what we called** a bookworm. 그는 소위 책벌레다.

② 양보 부사절 속의 주어로 쓰일 경우

Come **what** may [will], I will not break my word.
  어떤 일이 있어도 저는 약속을 저버리지 않겠습니다.

5) 관계사 what이 들어가는 관용어구

- but what ~ : 〈부정문에서〉 ~하지 않는

Not a day **but what** it rains. 비가 오지 않는 날이 하루도 없다.

- for what [all (미)] I care. [= for anything I care.] 나는 아무래도 상관없지만
- for what [all (미)] I know. [= for anything I know.] 잘은 모르지만; 내가 아는 바로는

- **for what it is worth** (사실 여부는 확실치 않지만) 그건 그렇다 치고

For what it's worth, Sam told me that quite the opposite was true.

사실인지 어떤지는 모르겠으나 샘의 이야기로는 그 정반대가 맞다는 것이다.

- **have (got) what it takes** 〈입말체〉 ~에 필요한 자질을 갖고 있다.

He's really got what it takes to achieve the rank.

그는 정말 그 지위에 오를 자질이 있다.

- **I know what.** (제안 등을 하려고 할 때) 내게 좋은 생각이 있다.
- **I know not what ~:** (알지 못할) 어떤 ~

Following I knew not what impulse, I ran out of the room.

왠지 모를 충동에 이끌려 나는 그 방에서 뛰쳐나왔다.

- **I (will) tell you what.** 저 말이야; 실은 말이지; 이야기할 게 있는데.
- **let others say what they will** 남이야 뭐라 하든

Let others say what they will, I still believe him.

남이야 뭐라 하든 나는 여전히 그를 믿어.

- **Like what?** 예를 들면? (= For example?)
- **or what** 〈흔히 부정·조건문에서〉 아니면 그 밖에 [다른] 무엇

I don't know whether I've offended her, or what.

내가 그녀의 기분을 해쳤는지 아니면 그 밖의 무슨 이유가 있는지 잘 모르겠다.

Are you trying to fool me, or what?

네가 나를 놀리자는 것이냐, 아니면 무엇하자는 것이냐?

- **So what?** 그래서 어떻다는 것인가?; 그런 건 상관없지 않은가?
- **You what?** 뭐라고 하셨죠? (한 번 더 말해 주세요); (놀람·당황) 뭐라고요?
- **That's what it's all about.** 결국 그렇게 된 것입니다.
- **what by ~(,) and what by ~:** (수단, 방법) ~하기도 하고 ~을 하기도 해서

What by policy, and what by force, he is always accomplishes his purpose.

술책을 쓰기도 하고 폭력을 쓰기도 해서 그는 언제나 그의 목적을 달성했다.

- A is to B what [as] C is to D   A가 B에 갖는 관계는 C가 D에 갖는 관계와 같다.

Leaves are to the plant what(or as) lungs are to the animal.

잎이 식물에 대해 갖는 관계는 폐가 동물에 대해 갖는 관계와 같다.

- what matter   중요한 것은

What matter is not what he has but what he is.

중요한 것은 사람의 재산이 아니라 사람의 인격이다.

- what one has done   one의 행위, 업적

I respect him for what he is, not for what he has done.

나는 그의 행실 [업적] 때문이 아니라 그의 인품 때문에 그를 존경한다.

- what's [= what was] what   진상, 실정; 사물의 이치, 사리

I want to know what's what.   나는 진상을 알고 싶다.

- What would I not give to ~?   ~을 위해서라면 무엇인들 못 하겠나.

What would I not give to be with her?

그녀와 함께 있기 위해서라면 내가 무엇인들 못 하겠는가?

- What you see is what you get.

보시는 대로입니다; 〈미, 가게 등〉 상품은 전시된 것과 동일합니다.

(10) 유사관계대명사 (quasi-relative pronoun)

선행사가 특정의 수식어구 (ex: so, such 등)와 함께 쓰일 때 그 수식어구와 대응하여 쓰임으로써 관계대명사의 역할을 하는 말을 가리킨다. 즉, 선행사에 해당하는 말에 특정의 수식어구가 쓰인 경우 접속사인 as, than, but이 그 접속사절 속에서 주어나 목적어의 역할을 할 때가 있는데, 이때의 as 등이 관계대명사와 같은 역할을 하므로 **유사관계대명사(類似關係代詞)** 또는 **의사관계대명사(擬似關係代名詞)**라고 한다.

1) 관계대명사 as

① 제한적 용법

선행사에 as, so, such, the same 등이 있을 때 쓴다. 《~(와) 같은; ~하는 바의》

※ 관계사 which, who 등이 as, such, the same과 상관관계에 서면 as로 변한다.

She is **as** young a teacher **as** ever taught at our school. 〈주격〉

그녀는 여태까지 우리 학교에서 가르쳤던 선생님 중 가장 젊은 선생님이다.

There are **as** good fish in the sea **as** ever came out of it. 〈주격〉

바닷속에는 여태까지 잡혀 나왔던 것 못지않게 많은 물고기가 있다. – 속담 –

(기회는 [여자는/ 남자는] 많다.)

Such man as praise you to your face are apt to speak ill of you behind your back. 〈주격〉   눈앞에서 칭찬하는 사람은 등 뒤에서 악담하기 일쑤다.

You should read **as** many books **as** you can while you are young. 〈목적격〉

젊어서는 될 수 있는 대로 많은 책을 읽어야 한다.

He could not make **so** much profit from the enterprise **as** people thought. 〈목적격〉   그는 그 사업에서 사람들이 생각하는 만큼의 이익은 얻지 못했다.

I have never heard **such** stories **as** he tells. 〈목적격〉

나는 그가 말하는 그러한 이야기는 한 번도 들어 본 적이 없다.

This is **the same** book **as** I lost. 〈목적격〉

이것은 내가 잃어버린 책과 같은 (종류의) 책이다.

cf.) This is **the same** book **that** I lost. 〈목적격〉 이것은 내가 잃어버린 (바로 그) 책이다.

※ 위의 두 예와 같이 같은 종류의 물건을 나타내는 경우에는 as를, 그 물건 자체를 나타내면 that을 쓰는 것이 보통이었으나, 현재 그러한 구별은 거의 의미가 없어져 as, that을 어느 경우에나 쓰는 것이 보편화하였다. 그리고 「the same ~ that s + v」에서 that절의 동사를 생략하는 경우에는 as만을 쓴다.

He has the same book **that** I have.

그는 내가 가지고 있는 책과 같은 책을 가지고 있다.

= He has the same book **as** I. 〈동사 have를 생략하는 경우에는 as만을 쓴다.〉

> ■ such ~ as와 such ~ that
>
> 'such ~ as'의 as는 관계대명사이므로 as 이하에서 주어나 목적어가 없어야 한다. 그러나, 'such ~ that'의 that은 접속사이므로 that 이하는 완전한 문장이 온다.
>
> Mary is **such** a kind <u>girl</u> **as** everybody likes. 〈as는 like의 목적어인 목적격 관계대명사〉
> 메리는 모든 사람이 좋아할 정도로 상냥한 아가씨이다.
> ※ 여기서 as는 likes의 목적어로서 목적격 관계대명사이다.
> Mary is **such** a kind girl **that** everybody likes her.
> 〈that은 결과의 부사절을 이끄는 접속사〉
> 메리는 매우 상냥한 아가씨라서 모든 사람이 그녀를 좋아한다.

② 비제한적용법

문장 전체를 선행사로 받을 때 쓴다. 《그것은 ~이지만; 그거야 ~이긴 하다.》

▶ 비제한적용법의 as는 (앞) 문장 전체를 선행사로 하는 것이 보통이며, 선행사인 문장을 as가 이끄는 절 뒤에 놓기도 한다.

<u>I did the work very hard</u>, **as** [which] was my duty. 〈주격〉

나는 그 일을 매우 열심히 했다. 그것이 나의 책무이긴 했지만 말이다.

<u>Time is not a merciful master</u>, **as** we all know. 〈목적격〉

시간은 자비로운 주인은 아니다, 주지의 사실이지만.

As I had expected, <u>she did not come</u>. 〈목적격〉

예상했던 일이었지만, 그녀는 오지 않았다.

③ 관용적 표현

• **as is usual (with ~)** (~이) 흔히 그러하듯이 (= as is often the case (with ~))

As is often the case (with him), he is late today.

흔히 그러하듯이 그는 오늘도 지각이다.

• **as was to be expected** 예상했던 대로

As was to be expected, the new government was like lighting not one but many fuses to many enterprising, aspiring caudillos.

예상했던 대로 진취적이고 야심적인 많은 군사지도자에게 새 정부는 하나가 아닌 여러 도화선에 불

을 붙인 것과 같았다.

2) 관계대명사 but

선행사가 no, never, not, few, hardly, scarcely 등의 수식을 받거나 nobody, none, who 등이 선행사일 경우 주격의 관계대명사로 사용된다. 관계사절 자체는 부정의 뜻을 나타내지만, 문장 전체는 강한 긍정을 나타낸다. 《~하지 않는 (바의) 사람 [무엇]》

There is no one but [who] wishes to succeed.   성공하는 것을 바라지 않는 사람은 없다
(= Who is there but wishes to succeed? / Who is there that does not wish to succeed?).

There were few people but wept to see it.
　　　　　　　　　　　　　　　　　　그것을 보고서 울지 않는 사람이 거의 없었다.

Nobody is there but has his faults. (= who ~ not)   결점이 없는 사람은 없다.
(= Nobody but has his faults.)

None came to his house but were welcome. (= who ~ not)
　　　　　　　　　　　　　　　　　그의 집에 오는 사람은 누구나 환영받았다.

Who is there but commits errors?   실수를 범하지 않는 사람이 누가 있는가?

3) 관계대명사 than

① 선행사에 more나 비교급이 있을 때 주격 또는 목적격 관계대명사로 사용된다.

There were fewer applicants than might have been expected. 〈주격〉
　　　　　　　　　　　　　　　　　　　　예상했던 것보다 지원자가 적었다.

You had better not tell him more than is necessary. 〈more 자체가 선행사, 주격〉
　　　　　　　　　　　　　　　　그 사람에게 필요 이상의 것은 말하지 않는 것이 좋겠다.

There came more people than the hall could seat. 〈목적격〉
　　　　　　　　　　　　　　　그 강당이 수용할 수 있는 인원보다 더 많은 사람이 왔다.

He writes with a worse pen than I write with. 〈목적격(전치사의 목적어)〉
　　　　　　　　　　　　　　　　그는 내가 갖고 쓰는 펜보다 못한 펜을 가지고 글을 쓴다.

② 선행사가 생략되었거나 불분명하여 주절의 내용으로 추정해야 할 경우도 있다.

He offered more **than** could be expected.

그는 기대할 수 있었던 것보다 많은 것을 내놓았다.

He hesitated more **than** was necessary. 그는 필요 이상으로 주저했다.

> ■ **that, as, but이 관계(대명)사인가 접속사인가의 구별**
> 관계사, 접속사 양쪽으로 쓰이는 that, as, but 등이 어느 용법으로 사용되었는지의 구분은 그것을 생략한 나머지 부분이 완전한 문장이 성립하느냐 아니하느냐에 의한다. 즉, 그것을 생략한 나머지 부분이 완전한 문장이면 접속사이고, 그렇지 않으면 관계대명사이다.
> Nobody knew the fact **that** he was a king. 아무도 그가 왕이라는 사실을 몰랐다.
> ※ that 이하는 완전한 문장이므로 that은 접속사이다.
> This is the very book **that** I wanted. 이것이 내가 원했던 바로 그 책이다.
> ※ wanted의 목적어가 없어 완전한 문장이 아니므로 that은 목적격 관계대명사이다.

(11) 관계대명사와 전치사

1) 전치사의 위치

관계대명사가 전치사 about, at, for, from, in, of, to, with, without 등의 목적어일 때는 전치사를 관계대명사 앞에 함께 놓아 「전치사 + 관계대명사」의 형태로 쓰거나, 절의 끝에 따로 놓아 「관계대명사 + ~ + 전치사」의 형태로 쓸 수 있다. 단, 이들 전치사와 관계대명사 that은 반드시 따로 놓아 쓴다.

She is the girl **to whom** [who (x)] I gave a red rose.

그녀는 내가 빨간 장미 한 송이를 준 소녀이다.

= She is the girl (**whom**) I gave a red rose **to**.

She is the girl (**that**) I gave a red rose **to**.

Is this the book **of which** you spoke? 이것이 네가 말한 그 책이냐?

= Is this the book **which** you spoke **of**?

Is this the book (**that**) you spoke **of**?

2) 「전치사 + 관계대명사 (whom, which)」의 형태로만 쓰는 경우

① around, besides, between, beyond, down, during, except, like, near, opposite, outside, toward, up, as to, because of, in front of 등의 목적어로 쓰일 경우

It is named after the river **around which** the region is situated.
그것은 그 지역을 휘돌아 흘러가는 강의 이름을 따서 이름 지어졌다.

There is one table, **around which** Tom and Jane are seated.
탁자가 하나 있고 톰과 제인이 그 둘레에 앉아있다.

He looked at the sea **beyond which** he could not go.
그로서는 더 이상은 나아 갈 수 없는 바다를 바라보았다.

The period **during which** people learned to smelt iron is called Iron Age.
인류가 철을 녹이는 것을 터득하게 되었던 시기를 철기시대라고 부른다.

He had found a refuge in the town **near which** his friend dwelt.
그는 친구가 살고 있는 마을 근처에 은신처를 마련했다.

The man **opposite whom** she was sitting had tears in his eyes.
그녀와 마주하고 앉아있는 그 남자의 눈에는 눈물이 맺혀 있었다.

This is the goal **toward which** we are striving.
이것이 우리가 이루려 노력하고 있는 목표다.

It is time for a decision **as to whom** you are going to support.
네가 누구를 지지할 것인가를 결정해야 할 때다.

They beat him very harshly, **because of which** he got ill.
그들은 그를 매우 호되게 때렸다. 그것으로 인해 그는 병을 얻었다.

He needs an audience **in front of whom** he can perform his convictions.
그는 그의 신념들을 실행해 보여줄 청중을 필요로 한다.

② 부정수량 대명사 [all, half, both, one, two, some, any, each, none, (a) few, many, much, either, neither, etc] + of + whom, which

I have a lot of girl friends. + One of them is Sam-sun.

→ I have a lot of girl friends, one **of whom** is Sam-sun.

내게는 여자 친구가 많은데, 그중 한 명이 삼순이다.

There are two books here, **both of which** are good.

여기 두 권의 책이 있는데 둘 다 좋다.

She has three sons. + All of them are married.

→ She has three sons, **all of whom** are married.

그녀는 아들이 셋 있는 데 그들은 모두 결혼했다.

He has a lot of books. + He has read most of them.

→ He has a lot of books, **most of which** has read.

그는 많은 책을 갖고 있는데 그것의 대부분을 읽었다.

■ 덧붙임

1. 「부정수량 대명사 + of which [whom]」가 비제한적용법의 관계사절의 주어일 경우 부정수량 대명사를 주어로 하고 of which를 그 앞에 놓을 수 있다.

    I bought two English grammar books, **both of which** [of which both (○)] are very good.
    내가 두 권의 영문법 책을 샀는데 두 권 모두 다 아주 좋다.

2. 「부정수량 대명사 + of which」가 비제한적용법의 관계사절의 목적어일 경우에는 「of which + 부정 수량대명사」의 형태로 쓰지 못한다. 그렇게 하는 경우에는 단지 대명사가 연속되는 것이 되어 비문법적인 것이 되기 때문이다.

    I have two English grammar books, <u>**both of which** [of which both (x)]</u> I can recommend you.
    내가 두 권의 영문법 책을 가지고 있는데 두 권 모두 너에게 권해 줄 수 있다.

    (= I have two English grammar books, **of which** I can recommend you **both**.)

3) 「관계대명사 + ~ + 전치사」의 형태로만 쓰는 경우

① 관계대명사가 that인 경우

This is the house **that** I live **in**. 이곳이 내가 사는 집이다.

The company **that** he works **in** is very famous in Korea.

그가 근무하는 회사는 한국에서 아주 유명하다.

② 관계대명사가 목적격 관계대명사 whom 대신에 쓰인 who인 경우

　　This is Mr. Kim Sam-sik **who** I told you **of** the other day.
　　She had no person **who** she could talk **with** about the matter.
　　　　　　　그녀는 그 문제에 관하여 같이 상의할 수 있는 (상의할 만한) 사람이 전혀 없었다.

③ 관계대명사를 생략한 경우

　　He is the man (**whom** 생략) I gave the money **to**.　　그는 내가 돈을 준 사람이다.
　　This is the house (**which** 생략) I was born **in**.　　이곳이 내가 태어난 집이다.

④ 전치사가 동사구의 일부로서 뭉쳐 쓰는 것일 경우

　　ex) ask for, be afraid of, be fond of, be proud of, laugh at, look after, think of, look forward to, look up to, put up with etc.

　　It was the very thing (**that**) he was afraid of.　　그것이 바로 그가 두려워하는 것이다.
　　Playing the guitar is an amusement (**which**) he is particularly fond of.
　　　　　　　기타를 치는 것이 그가 특히 좋아하는 재밋거리이다.
　　He is a son (**whom**) his parents are proud of.
　　　　　　　그는 그의 부모님이 자랑스러워하는 아들이다.
　　Today has been the heat **which** I cannot put up with.　　오늘은 참을 수 없이 더웠다.

(12) 관계대명사의 생략

다음의 경우는 관계대명사의 생략이 가능하나 정식의 글에서는 생략하지 않는 것이 좋다.

1) whom, which, that이 타동사의 목적어이거나 전치사의 목적어일 때

　　She is the girl (**whom** or **who**) I love very much.
　　　　　　　그녀는 내가 너무도 사랑하는 여자이다.
　　Spring is the season (**which**) I like best.　　봄은 내가 제일 좋아하는 계절이다.

Have you seen the car (**which**, **that**) he bought? 　　그가 산 자동차 보았니?
He is the man (**whom**) she traveled **with**. 　　그는 그녀가 교제하고 있는 남자다.

2) 보어로 쓰일 때

I am not the man (**that**, **which**) I used to be. 〈주격 보어〉 　　나는 예전의 내가 아니다.
I am not the fool (**that**) you think me to be. 〈목적격 보어〉
　　나는 네가 생각하는 것처럼 그렇게 바보가 아니다.

3) 관계대명사 다음에 there is, there are로 계속될 때

This is one of the tallest mountains (**that**) there are in this country.
　　이 산은 이 나라에서 가장 높은 산 중의 하나이다.
I've told you all (**that**) there is to tell. 　　나는 너에게 할 말을 다 했다.

4) 주절이 there is, here is, it is, who is, what is 등으로 시작되는 문장에서

Here is the car (**that**, **which**) I bought yesterday. 　　이게 내가 어제 산 자동차야.
It is you (**that**, **who**) are in the wrong. 　　잘못이 있는 사람은 바로 너다.

※ 이렇게 'it be ~ that' 강조 구문의 that이나 that 대신에 쓰인 관계대명사는 생략할 수 있기는 하지만 생략하지 않는 것이 보통이다.

Who is it (**that**) said so? 　　그렇게 말한 사람이 누구요?
What is it (**that**) has happened to him? 　　그에게 생긴 일이 대체 무엇이냐?
What is the matter (**that**) hurts you? 　　당신을 괴롭히는 문제가 무엇인가요?

5) 관계대명사 바로 다음에 끼움절이 나올 때

My mother (**who**) <u>I thought</u> was very healthy suddenly fell ill.
　　내 생각에는 매우 건강하셨던 어머니께서 갑자기 병이 나셨다.
He is the man (**who**) <u>I hear</u> is to be her husband.
　　내가 듣기로는 그 남자는 그녀의 남편이 될 사람이다.

6) 「관계대명사 + be + ~ing 또는 ~ed」에서 '관계대명사 + be'의 생략

'주격 관계대명사 + be'는 앞에 콤마가 있든 없든 생략할 수 있으며 생략 시에는 반드시 둘을 함께 생략한다.

The larger pear (**which is**) ripening on the tree looks tempting.

나무에 달려 익어가는 저 큼지막한 배는 먹음직스러워 보인다.

Who is that man (**who is, that is**) standing beside her?

그녀 옆에 서 있는 저 남자는 누구인가요?

> ▷ **선행사가 부정명사 (부정관사·부정한정사 + 명사)이거나 관계사절이 본질적·고유의 특성을 나타낼 경우에는 '주격 관계대명사 + be'를 생략할 수 없다.**
>
> A pear **which is** ripening on the tree looks tempting. (o)
> 나무에 달려 익어가는 배는 먹음직스러워 보인다.
> The pear (**which is**) ripening on the tree looks tempting. (o)
> 나무에 달려 익어가는 저 배가 먹음직스러워 보인다.
> Who is that man **who is tall** beside her? (o)   그녀 옆에 있는 키가 큰 저 남자는 누구죠?
> ※ who is tall은 'that man'의 본질적·고유의 특성을 나타내므로 who is를 생략할 수 없다.
> Who is that man **tall** beside her? (x)

7) 관계대명사를 생략하지 못하는 경우

① 비제한적용법 (관계대명사 앞에 콤마가 있을 경우)

This is Mr. Kim, **who(m)** I was telling you about.

이 분이 김 선생님입니다. 제가 전에 말씀드렸던 그분입니다.

The computer, **which** I have bought, is very expensive.

내가 컴퓨터를 샀는데, 그것은 아주 비싼 것이다.

② 「전치사 + 관계대명사」의 형태로 쓸 경우

There is little **of which** to be proud.   그것에는 대해서는 자랑스러울 것이 거의 없다.

A difference, if any, would be that Lady Justice is blindfolded, whereas

Haechi has big, bright eyes **with which** it can distinguish good and evil.
차이점이 있다면, 정의의 여신이 눈가리개를 하고 있는 반면에 해치(Haechi)는 선과 악을 구별할 수 있는 크고 밝은 눈을 가지고 있다는 것이다.

■ 참고

1. 관계대명사의 이중제한 (double restriction)

관계대명사가 이끄는 2개의 형용사절이 등위접속사 (and, but, or) 없이 하나의 선행사를 동시에 꾸며주는 경우를 말한다. **이중수식**이라고도 한다. 목적격인 처음의 관계대명사는 흔히 생략한다.

You are <u>the only student</u> <u>(that, whom)</u> <u>I know</u> <u>that [who]</u> can speak Korean.
너는 내가 알고 있는 학생 중에 한국말을 할 줄 아는 유일한 학생이다.

There is <u>no one</u> <u>(that, whom)</u> <u>we know</u> <u>that [who]</u> can do such a thing.
우리가 아는 사람 중에는 그와 같은 일을 할 수 있는 사람은 아무도 없다.

Whether you are writing an extended definition or relying primarily on some other modes of development, always remember to define <u>any words or terms</u> <u>(that, which) you use</u> <u>that</u> may be unfamiliar to your readers.
확장된 정의를 쓰던 주로 다른 개발한 양식에 의존하든지 간에 당신이 사용하지만, 독자에게는 친숙하지 않을지도 모르는 단어나 용어를 정의 내릴 것을 항상 기억하라.

2. 관계사절의 대용 어구

다음과 같은 말들이 관계사절을 대신하여 사용될 수 있다.

(1) 부정사구

최상급, next, only, 서수 등이 붙은 명사를 수식하는 to 부정사는 주격 관계사절로 고쳐 쓸 수 있다.

The best thing **to do** would be to run away. 할 수 있는 최선은 도망치는 것이리라.
→ The best thing **that you [we] can do** would be to run away.

The last guest **to arrive** was Laura. 마지막으로 도착한 손님은 로라였다.
→ The last guest **that [who] arrived** was Laura.

(2) 분사, 분사구문

People **wishing to succeed** must be honest first of all. 〈현재분사〉
성공을 바라는 사람이라면 우선 정직해야 한다.
(= People **who wish to succeed** must be honest first of all.)

> At the end of the street there is a path <u>leading to the river</u>. 〈현재분사〉
> 그 거리의 끝에는 강으로 가는 길이 나 있다.
> The computer <u>broken by Jack</u> is being repaired by a mechanic. 〈과거분사〉
> 잭이 망가뜨린 컴퓨터가 정비사에 의해 수리되는 중이다.
> (= The computer **which** was broken by Jack is being repaired by a mechanic.)
> My childhood friend, <u>living in the country</u>, is a poet. 〈분사구문〉
> 나의 죽마고우는 시골에 사는데 시인이다.
> (= My childhood friend, **who** is living in the country, is a poet.)
>
> **(3) 전치사구**
> The man <u>in the room</u> is Tom. 방 안에 있는 사람은 톰이다.
> (= The man **who is in the room** is Tom.)
> The giraffe <u>with long neck</u> can eat leaves at the tops of high trees.
> 기린은 긴 목을 갖고 있어서 키 큰 나무의 꼭대기에 있는 나뭇잎을 먹을 수 있다.
> (= The giraffe **whose neck is long** can eat leaves at the tops of high trees.)
>
> **(4) 동격 어구**
> Mr. Kim Sam-sik, **our teacher**, is a Korean. 우리 선생님이신 김삼식 씨는 한국 사람이다.
> (= Mr. Kim Sam-sik, **who is our teacher**, is a Korean.)

3. 관계형용사 (relative adjective)

(1) 의의

형용사절 안에서는 형용사로 쓰이면서 동시에 그 형용사절을 주절에 연결하는 기능을 하는 말을 관계형용사(關係形容詞)라 한다.

(2) 쓰임새

1) 관계형용사 whose

사람이나 물건에 다 같이 쓸 수 있다. 특히, 물건에 대하여 쓰는 것은 글말체이다.

① 제한적 용법 《그 사람 [물건]의; ~가 [을]; ~하는 바의》

A boy was lived in the hut. + His name is Huck.

→ A boy **whose** name was Huck lived in the hut.

I'm looking for a house. + Its fence is made of wood.

→ I'm looking for a house **whose** fence is made of wood.

> ▷ 「whose + 명사」는 선행사가 사물일 경우에 「the + 명사 + of which」나 「of which + the + 명사」로 바꿔 쓸 수가 있다. 다만, whose 대신 of which가 들어가는 표현은 문법적으로는 틀리지 않으나 틀에 맞춘 딱딱한 표현이 될 수 있다. 글말에서 주로 사용하고 입말에서는 잘 사용하지 않는다.
>
> The house **whose** gate is made of wood is my house.
> 대문이 나무로 만들어진 그 집이 나의 집이다.
> = The house **the gate of which** is made of wood is my house.
> The house **of which the gate** is made of wood is my house.

② 비제한적용법 《그리고 [그러나]; 그 사람 [물건]의; ~가 [을]》

My friend is a doctor of laws. + His major was law.

→ My friend, **whose** major was law, is a doctor of laws.

내 친구는 전공이 법학인데 법학 박사이다.

The WFP(World Food Program) is an international organization, **whose** goal is to put an end to hunger around the world.

유엔 세계식량계획은 국제기구이며, 기구의 목적은 전 세계의 기아를 근절시키는 것이다.

Driven out in 1795, he was restored by Lucien Bonaparte, during **whose** time of office he served as secretary to the prefecture of the Upper Marne.

그는 1795년에 해임되었다가 뤼시앙 보나파르트에 의해 복직되었다. 재임 동안 그는 북부 마른(the Upper Marne) 주(州)의 지사를 역임했다.

2) 관계형용사 what

간접의문절의 의문형용사 what이 의문의 뜻이 아닌 'all the ~'의 의미로 뒤에 오는 명사를 수식할 때 이를 관계사의 역할을 한다고 보아 관계형용사 what이라고 한다. 이때의 what은 명사절을 이끈다. 다만, 관계형용사 what이 이끄는 명사절도 실질은 관계대명사 what과 마찬가지로 자체에 선행사를 내포하여 스스로를 수식하는 형용사절이라고 할 수가 있다.

① what + 명사 + s + v ~ 《~한 것은 모두 (all the ~ that); 어떠한 ~도; 전부의》

My best friend Chil-bok gave me all the money. + He had that money.
→ My best friend Chil-bok gave me what money he had.
  나의 가장 친한 친구인 칠복이가 자신이 갖고 있던 돈을 모두 나에게 주었다.

I will give you what help I can. 내가 할 수 있는 한 네게 모든 원조를 하겠다.
Take what supplies you need. 필요한 물건은 모두 다 가져가세요.
I have what books he wrote. 나는 그가 쓴 책을 모두 가지고 있다.

② what + few [little] + 명사 + S + V ~ 《~한 (인) 얼마 안 되는 모든 무엇 (명사)》

I'll lend you what few books I have on the subject.
  그 주제에 관해 제가 갖고 있는 책이 많지는 않지만 모두 빌려드리죠.
She saves what little money that she earns.
  그녀는 그녀가 버는 얼마 안 되는 돈을 모두 다 저축한다.

3) 관계형용사 which

명사를 수식하면서 명사절(제한적 용법)이나 대등절(비제한적용법)]을 이끌 때의 which를 말한다. 이때의 명사절 역시 선행사를 포함하는 형용사절이라 할 수 있다.

16장 관계사(Relative)

① 제한적 용법 《어느 ~이나(이든) (= whichever); 어떤 ~이라도 (= no matter what)》

제한적 용법의 관계형용사 which는 명사절이나 양보의 부사절을 이끈다.

You may take any book. + You like the book.

→ You may take which book you like.   네가 좋아하는 어느 책이라도 가져가도 좋다.

Try which method you may, you will not be able to change her mind.

　　　　　　　　　네가 어떠한 방법을 쓰더라도 그녀의 마음을 돌리게 할 수는 없을 것이다.

② 비제한적용법 […, which + 명사 ~] 《그리고 그 ~》

비제한적용법의 관계형용사 which는 선행사의 내용을 종합하여 나타내는 명사 앞에 붙여서 사용한다.

I said nothing. + That fact made her angry.

※ 여기서 **that**은 지시형용사인데 지시형용사가 관계사로 바뀔 때는 관계형용사가 된다.

→ I said nothing, which fact made her angry.

　　　　　　　　　나는 아무것도 말하지 않았는데, 그 사실이 그녀를 화나게 했다.

(= I said nothing, and [so] that fact made him angry.)

He is rich, which I am not.   그는 부자다, 하지만 나는 (부자가) 아니다.

She spoke to me in Japanese, which language I did not understand.

　　　　　　　　　그녀가 나에게 일본어로 말했는데 나는 그 말을 알아듣지 못했다.

He was elected chairman, which post he filled with success.

　　　　　　　　　그는 의장으로 선출되어 그 직책을 성공적으로 수행했다.

We went to Seoul Station. + We parted at Seoul Station.

→ We went to Seoul Station, at which place we parted.

　　　　　　　　　우리는 서울역까지 가서 그곳에서 헤어졌다.

She kept to her bed for three months, by which time she was restored.

　　　　　　　　　그녀는 석 달 동안 자리에 누워 있었는데 그때쯤 되자 그녀는 회복되었다.

The bear spent a hundred days in a cave, **during which** time she had to eat only garlics and wormwoods.

그 곰은 동굴 속에서 100일을 보냈는데, 그동안 그 곰은 마늘과 쑥만을 먹어야 했다.

4) 복합 관계형용사

「which[whose, what] + -ever + 명사」로서 관계형용사로 쓰이는 경우이다. ☞ p. 80 에서

4. 관계부사 (relative adverb)

(1) 뜻

형용사절 내에서 부사구를 대신하는 부사로 쓰이면서 형용사절을 이끌어 주절에 연결하는 기능을 하는 말을 관계부사(關係副詞)라 하고, 이에 이끌리는 형용사절을 관계 부사절이라고 한다. 구체적으로는 형용사절을 이끌어 주절의 시간, 장소, 이유, 방법 등을 나타내는 어구(선행사)를 수식하는 when, where, why, how를 가리킨다.

(2) 기능과 용법

1) 관계부사는 형용사절 내에서 부사로 쓰이면서 형용사절을 이끌어 주절에 연결하는 역할을 한다.

This is the house. + I was born in the house.
→ This is the house **and** I was born **in it**.
→ This is the house **where** I was born. 〈관계부사〉   이곳이 내가 태어난 집이다.

2) 관계부사의 제한적 용법과 비제한적용법

① 관계부사의 제한적 용법

선행사가 어떤 때, 장소, 이유, 방법인지를 설명·수식하는 용법으로서 선행사 앞에 콤마가 없다. 제한적용법의 관계부사가 이끄는 절은 형용사절이 되며 뒤에서부터 앞으로 해석한다. 제한적 용법의 관계부사는 「전치사 + 관계대명사」의 형태로 바꿔 쓸 수 있다.

I don't know the time. + The accident happened at the time.
→ I don't know the time **when** the accident happened.

나는 그 사건이 일어난 때를(일어난 때가 언제인지) 모른다.

(= I don't know the time **at which** the accident happened.)

This is the way. + I have done it in this way.
→ This is **how** I have done it.   이런 (방)식으로 나는 그것을 했다.

This is the way **how** I have done it. (×)

※ 관계부사 how를 쓸 경우에는 반드시 그 선행사 (the way)를 생략한다. 선행사 (the way)를 살리려면 관계부사 how를 반드시 생략한다. 즉, 선행사와 관계부사 how를 동시에는 쓰지 않는다. 선행사를 생략하여 쓰는 how가 이끄는 절은 형용사절이 아니라 명사절이 된다.

② 관계부사의 비제한적용법

특정한 때, 장소를 나타내는 선행사를 보충·설명하는 용법이다. 관계부사 앞에 콤마(,)가 있는 경우로 앞에서부터 뒤로 차례대로 해석한다. 이 용법으로는 when, where만이 쓰이며, 관계사절 내에서의 의미에 따라 「접속사 (and, but, for 등) + 부사(then, there 등)」로 바꿔 쓸 수 있다.

Wait till six, **when** he will back. (= and then)

여섯 시까지 기다려봐. 그러고 나면 그가 돌아올 것이다.

We went to the Rome, **where** we stayed for three days. (= and there)

우리는 로마에 갔는데, 그곳에서 3일 동안을 머물렀다.

3) 제한적 용법으로 쓰인 모든 관계부사 대신 that을 사용할 수 있다. 특히 when 대신에 많이 쓰이며, that은 다시 생략할 수 있다.

I don't know the time **when** he will come back.　　나는 그가 언제쯤 돌아올지를 모른다.
→ I don't know the time (**that**) he will come back.

This is the place **where** I was born.　　　　　　이곳이 내가 태어난 곳이다.
→ This is the place (**that**) I was born.

The reason **why** I can't go is because I'm busy.
　　　　　　　　　　　　　　　　　　　　　　내가 갈 수가 없는 이유는 바쁘기 때문이다.
→ The reason (**that**) I can't go is because I'm busy

This is the way I did it.　　　　　　　　　　　이런 식으로 나는 그것을 했다.
→ This is the way (**that**) I did it.

4) 관계부사의 선행사는 생략할 수 있다. 즉, 관계부사는 시간, 장소, 방법, 이유 등과 같은 알 수 있는 내용의 선행사를 수식하므로 흔히 선행사를 생략한 채 사용한다. 이때 관계사절은 의문사절(명사절)의 형식으로 나타나나, 의문의 뜻은 드러내지 않으므로 선행사를 내포하는 관계부사절로 본다.

That was just (the time) **when** he was leaving.
　　　　　　　　　　　　　　　　　　　　　　그때는 마침 그가 떠나려고 할 때였다.
That's (the point) **where** we disagree.　　　그것이 우리 의견이 맞지 않는 점이다.
This is **why** I refuse to go.　　　　　　　　이것이 내가 가기를 거절하는 이유이다.
That is **how** it happened.　　　　　　　　　그렇게 해서 그 일이 일어나게 된 것이다.

■ **관계부사와 관계대명사의 차이**

1. 관계부사는 형용사절 내에서 부사구를 대신하는 부사로 쓰이는 데 대해, 관계대명사는 형용사절 내의 명사 (주어, 보어, 목적어)를 대신하는 대명사로 쓰인다.

　This is the house. + Jack was born in the house. 〈in the house (부사구)→ where〉
　→ This is the house **where** Jack was born. 〈관계부사〉

This is the house. + Mark built the house. 〈the house (명사) → that [또는 which]〉
→ This is the house that [which] Mark built. 〈관계대명사〉 이것이 마크가 지은 집이다.

2. 관계부사 대신 쓰인 that을 생략해도 그 이하 문장은 완전하다. 그러나 관계대명사 대신의 that을 생략할 때에는 그 이하가 문장이 성립되지 않거나 불완전해진다.
He told me the way (that) he had succeeded. 〈관계부사〉
그는 그가 성공한 방법을 나에게 말해 주었다.
※ 이 경우 '접속사 + 부사'의 역할을 하는 that을 생략해도 이하의 문장은 완전하다.
She has a son that became a teacher. 〈관계대명사〉 그녀는 교사가 된 아들이 하나 있다.
※ 이 경우 주어 역할을 하는 that을 생략하면 그 이하만으로는 문장이 성립되지 않게 된다.

(3) 종류

when, where, why, how가 관계부사로 쓰인다.

관계부사	선행사	전치사 + 관계대명사	예문
when	time, day, month, year 등의 시간 명사	in [at, on, during] which	~ the day (when) I was born.
where	place, house 등의 (보통의) 장소 명사	in [at, on, to] which	~ the house where I was lived.
why	the reason(이유)	for which	~ reason (why) I went there.
how	the way(방법) / ×	in which	~ the way I did it. / ~ (×) how I did it.

(4) 각 관계부사의 쓰임새

1) 관계부사 when

선행사가 **때**를 나타내는 말(time, day, morning, week, year 등)일 때 쓴다. in [on, at, during] which로 바꿔 쓸 수 있다.

① 제한적 용법 《~하는 [한, 인, 할] 때》

I don't know the time. + He met her at the time.
→ I don't know the time when he met her.
　　　　　　　　　　　　　　　　　　나는 그가 그녀를 만난 때를 알지 못한다.
　I don't know the time at which he met her.
Now is the time when we have to make a decision. (= at which)
　　　　　　　　　　　　　　　　　　지금이야말로 우리가 결단을 내려야 할 때다.
The time will come when you will regret it. (= at which)
　　　　　　　　　　　　　　　　　　네가 그 일을 후회할 때가 올 것이다.
※ 제한적 용법의 관계부사 when은 생략할 수도 있으나 선행사와 떨어져 쓸 경우에는 생략할 수 없다.
　He was out of his house on the day (when) the accident happened.
　그 사고가 있었던 날 그는 집 밖에 나와 있었다.
　The day will come when I will succeed. 내가 성공할 날이 올 것이다.

There are occasions [times] when joking is not permissible. (= at which)
　　　　　　　　　　　　　　　　　　농담이라도 용납되지 않을 경우(때)가 있다.
It snowed heavily (in) the morning (when) she was born. (= in which)
　　　　　　　　　　　　　　　　　　그녀가 태어난 아침엔 큰 눈이 왔다. * 선행사의 전치사를 생략하기도 함.
Monday is the day when I am busiest. (= on which)
　　　　　　　　　　　　　　　　　　월요일은 내가 가장 바쁜 날이다.
I was born in the year when the Seoul Olympic games were held.
(= in which)　　　　　　　　　　　나는 서울올림픽 경기대회가 열린 해에 태어났다.
Do you remember the time when we first met? (= at which)
　　　　　　　　　　　　　　　　　　너는 우리가 처음으로 만난 그때를 기억하니?

② 비제한적용법 (계속적 용법) 《(~하면, ~하는데) 그때》

I was born in 1988, when the Seoul Olympic games were held.
　　　　　　　　　　　　나는 1988년에 태어났는데 그 해에 서울올림픽 경기대회가 개최되었다.

= I was born in 1988, **and then** the Seoul Olympic games were held.

  I was born in 1988, **and** the Seoul Olympic games were held **then**.

He started to learn English in 2002, **when** he was thirty five years old.
        그는 2002년부터 영어를 배우기 시작했는데 그때는 그가 서른다섯 살이었다.

③ 기타

❶ 선행사 없이 《~할(일) 때》

이때의 관계부사는 선행사를 포함하고 있다고 보는 것이 보통이다. 이처럼 선행사가 생략되거나 포함한다고 볼 수 있는 관계 부사절은 명사절이 된다. 이하의 where, why, how도 마찬가지이다.

Sunday is (the day) **when** I am not so busy. 일요일은 내가 그리 바쁘지 않은 날이다.

That is (the period) **when** I lived there.
        그건 (그런 일이 있었던 것은) 내가 그곳에 살고 있었던 무렵의 일이다.

That was just (the time) **when** I was leaving.
        그때는 마침 내가 막 떠나려고 할 때였다.

Do you remember (the time) **when** we first met?
        너는 우리가 처음으로 만난 때를 기억하니?

❷ 때를 강조하는 'it ~ that' 강조 구문에서 that 대신에

We first met three years ago.   우리는 3년 전에 처음 만났다.

→ **It** was three years ago **that** we first met.

→ **It** was three years ago **when** we first met.
        우리가 처음으로 만난 것은 바로 3년 전이었다.

2) 관계부사 where

선행사가 **장소**를 나타내는 말(place, house, city, country 등)일 때 쓴다. in [at, on, to] which로 바꿔 쓸 수 있다.

① 제한적 용법 《(장소·경우 등) ~하는(한)》

This is the school. + I study in the school.
→ This is the school where I study.　　　　　이곳이 내가 공부하고 있는 학교다.
　This is the school which I study in.
　This is the school in which I study.
Tell me the place where you want to go now. (= to which)
　　　　　　　　　　　　　　　　　　　지금 네가 가고자 하는 곳을 말해봐라.
Do you know the village where she is living? (= at which)
　　　　　　　　　　　　　　　　　　　넌 그녀가 살고 있는 동네를 아니?
There are many cases where the rule does not apply. (= to which)
　　　　　　　　　　　　　　　　　　　그 규칙이 적용되지 않는 경우도 많이 있다.

■ 덧붙임

1. case, circumstance, point, situation 등 직접적으로 '장소'를 나타내지는 않는다 하더라도 크게 보아 장소적 의미를 부여할 수 있는 말들이 선행사일 때에도 where를 쓸 수 있다.

There are cases where honesty doesn't pay. 정직해서 오히려 손해 볼 경우들이 있다.
I fully agree that there is no circumstance where tobacco would be of benefit to human health.
나는 담배가 사람의 건강에 도움이 될 경우는 없을 것이라는 데에 충분히 동의한다.
We have finally get to the point where we can solve this problem.
우리는 마침내 이 문제를 해결할 수 있는 단계에 도달했다.
The United States is in a situation where it has no choice but to resolve the North Korean nuclear issue through dialogue.
미국은 북한 핵 문제를 대화를 통하여 풀 수밖에 없는 상황에 있다.
This is the point where he refused to yield. 이것이 그가 양도하기를 거부하는 점이다.

2. 특정 장소 (고유지명)는 제한적 용법의 관계부사의 선행사로 하지 않는 것이 보통이다. 비제한적 용법의 관계부사의 선행사로 쓰는 것은 괜찮다.

I had been to New York where my friend lives last month. (x)
→ I had been to **New York** last month, where my friend lives. (o)
나는 지난달에 뉴욕에 다녀왔는데 그곳에는 내 친구가 살고 있다.

16장 관계사(Relative)

3. 제한적 용법의 관계부사 when이나 why는 종종 생략하는 데 반하여 where는 생략하지 않는 것이 보통이다. 만약, 생략할 경우에는 그 (where) 속에 내포되어 있던 전치사를 나타내 주어야 한다.

This is the house **where** he was born. 이곳이 그가 태어난 집이다.
→ This is the house he was born in.

---

② 비제한적용법 《그리고 거기서(로) (= and there); 왜냐하면 거기서(는)》

They arrived at the hotel, **where** they stayed two days.
그들은 그 호텔에 도착하여 거기서 이틀을 묵었다.

I long for that village, **where** I spent most of my childhood.
나는 그 동네가 그립다. 그곳은 내가 유년시절의 대부분을 보낸 곳이다.

③ 기타 (선행사가 없거나 생략하여) 《~하는 장소(= the place where); ~한 점(= the point where)》

This is **where** we used to play. 〈보어절〉   이곳이 우리가 놀던 곳이다.
That's **where** you are wrong. 〈보어절〉   그것이 네가 잘못된 점이다.
He came out from **where** he was hiding. 〈전치사의 목적절〉
그는 숨어있던 곳에서 나왔다.
She walked back to **where** she had been sitting. 〈전치사의 목적절〉
그녀는 앉아있었던 자리로 되돌아갔다.

■ 참고 - when이나 where가 관계대명사적으로 쓰일 경우

1. 관계대명사적으로 쓰이는 when

when이 전치사의 뒤에 놓여 그 목적어로서 대명사의 역할을 하면서 절을 이끄는 용법으로 쓰일 경우가 있다. 전치사를 제외하면 비제한적용법의 관계부사 when과 동일하다. 《그때》

Sun-hui left for Seoul last week, since when I have heard nothing.
순희는 지난주에 서울로 떠났는데 그 뒤 아무 소식도 없다.

> We came a week ago, since when the weather has been fine.
> 우린 일주일 전에 왔는데 그때부터 계속 날씨가 좋았다.
>
> ### 2. 관계대명사적으로 쓰이는 where
> where가 전치사의 목적어로서 대명사의 역할을 하면서 절을 이끄는 경우이다. 입말체에서 쓴다. 관계대명사 which에 상응하는 용법이다. 보통은 선행사에 해당하는 것 또는 where를 생략한다.
> 《~하는(한) 바의 (장소) (= which)》
> This is the company **where** he works **at**. 이곳이 그가 근무하고 있는 회사이다.
> That is the place **where** he comes <u>from</u>. 그곳이 그의 고향이다
> (= That is **where** he comes from. / That is the place he comes from.)

3) 관계부사 why

선행사가 이유 (reason)일 때 쓴다. for which로 바꿔 쓸 수는 있으나 실제적으로는 거의 쓰지 않고 있다. 관계부사 why는 생략이 가능하며 비제한적용법은 없다.

① 제한적 용법으로만 쓴다. 《~한 이유》

That is the reason. + He was absent for that reason.

→ That is (the reason) **why** he was absent.   그런 이유로 그는 결석했다.

That is the reason **which** he was absent **for**.

That is the reason **for which** he was absent. (△)

※ 'for which'의 형태로는 거의 쓰지 않는다.

That is the reason **that** he was absent.

The reason **why** he did it is complicated.   그가 그 그것을 한 이유는 복잡하다.

There is no reason **why** I should be here (all) by myself.

나만 혼자 여기 있어야 할 이유는 없다.

I see no reason **why** South and North Korea cannot hold human rights dialogues, as well as broad consultations on humanitarian issues.
나는 남북한이 인권에 관한 대화는 물론 인도적 문제에 대한 폭넓은 회담도 개최하지 못할 이유는 결코 없다고 본다.

Do you know the reason **why** she is crying? 무슨 이유로 그녀가 우는지 아세요?

② 기타 (선행사가 없거나 생략하여)

이때 why가 이끄는 관계사절은 의문사절 (명사절)의 형식으로 나타나나, 의문의 뜻은 드러내지 않으므로 선행사를 내포하는 관계부사절로 본다. 특히 'This [That] is …'의 구문에 많이 쓰인다. 《 ~하는 이유》

This is **why** I refuse to go. 이것이 내가 가기를 거절하는 이유이다.

Sunny is very talkative. That is **why** I don't like her.
써니는 매우 말이 많다. 그런 이유로 난 그녀를 싫어한다.

Why Catherine left was because she was unhappy.
캐서린이 떠난 것은 행복하지 않았기 때문이었다.

4) 관계부사 how

선행사가 the way일 때 쓴다. the way나 how 중의 하나를 생략해서 쓰며 the way와 how를 동시에는 쓰지 않는 것이 일반적이다. 《~의 자초지종; ~이라고 하는 사정; 어떻게 해서든지》

This is <u>the way</u>. + I did it <u>in this way</u>.

→ This is **how** I did it. 이런 식으로 나는 그것을 했다.

   This is the way which I did it **in**.

   This is the way **in which** he did it.

   This is the way **how** I did it. (x) 〈the way나 how 중 하나를 (반드시) 생략한다.〉

   This is the way (**that**) I did it.

   ※ how대신 that을 쓸 경우에는 선행사(the way)와 같이 쓸 수 있다. 다만, 생략하는 것이 보통이다.

This is **how** she smiled at me. 이런 식으로 그녀는 나를 보고 빙긋 웃었지요.

My friend asked me **how** he could become good at Korean.
내 친구가 나에게 한국어를 잘할 수 있는 방법을 물었다.

She was outraged at **the way** she had been treated.

그녀는 자기가 받은 처우에 대해 격분했다.

5) that이 관계부사로 쓰일 경우

때, 장소, 이유, 방법을 나타내는 명사를 선행사로 하여 관계부사로 쓰이는 경우로 at [in, on] which, when, where, why의 대용으로 쓰거나 'the way that'처럼 쓴다. 제한적 용법으로만 쓰며 비제한적용법으로는 쓰지 않는다. 관계부사로 쓰는 that은 생략하는 것이 보통이다.

Things like that are apt to occur anywhere (**that**) people gather.

그런 일은 사람들이 모이는 곳이면 어디서나 생기기가 쉽다.

That was the second time (**that**) we met. 그것이 우리가 만난 두 번째였다.

It was snowing (on) the day (**that**) he entered the boot camp.

그가 신병훈련소에 입소한 날은 눈이 오고 있었다.

Sam-sun earned 20,000 won each Saturday **that** she worked part-time.

삼순은 토요일에 시간제 일 (아르바이트)을 할 때마다 이만 원을 벌었다.

That's the reason (**that**) I came to see you. 그것 때문에 내가 너를 만나러 왔다.

I would not behave in the way (**that**) you and other people did.

나는 당신과 다른 사람들이 했던 식으로 행동하지는 않을 것입니다.

■ 참고

1. 관계사 whence [hwens]

옛말이나 문장어 (신문·정치)에 쓰인다.

(1) 관계대명사 whence 《(전치사의 목적어로 쓰여) ~하는 (바의)》

the source <u>from</u> **whence** it springs 그것이 나오는 바의 근원

the source <u>from</u> **whence** the river comes 그 강의 수원

(2) 관계부사 whence 《(~하는) 거기서부터; (~하는 [한]) 그곳에; 그 때문에》
　　The cozy relations between politics and business is the source **whence** these corruptions spring. 정경유착이 이러한 부패가 생겨나는 근원이다.
　　Go whither you will, you will return **whence** you came.
　　어느 쪽으로 간다 해도 출발한 곳으로 돌아오게 된다.

2. 관계부사 whither [hwíðəːr]
　옛말이나 문장어(신문·정치)에 쓰인다.

(1) 제한적 용법 《~하는(한) 바의 (장소) (= in [to] which)》
　　the country **whither** they were bound 그들이 가기로 한 나라

(2) 비제한적용법 《그리고 거기에》
　　They started for Rome, **whither** they arrived at dawn.
　　그들은 로마를 향해 출발하여, 새벽에 그곳에 도착했다.

(3) 선행사 없이 《어디든지 ~하는 곳으로》
　　Go **whither** you please. 어디든지 가고 싶은 곳으로 가라.

(4) 양보의 부사절에 쓰여 《어느 쪽으로 ~해도(할지라도)》
　　Go **whither** you will, they will be welcome. 네가 어디로 간다 해도 그들은 환영할 것이다.

(5) 관계부사가 있는 문장에서의 생략

관계부사나 선행사 중 어느 한쪽이 없어도 뜻이 분명한 경우에는 둘 중 하나를 생략할 수 있다.

1) 선행사의 생략

　the time, the place, the reason, the way 등의 <u>일반적인 선행사</u>는 생략할 수 있다.
　다만, 특정한 장소, 때를 나타내는 선행사는 생략하지 못한다.
　You may come <u>(the time)</u> when I'm free.　　너는 내가 시간이 있을 때 (네가) 오면 좋겠다.

The book is (the place) **where** you left it the other day.

그 책은 일전에 네가 두고 온 그 자리에 그대로 있다.

I can't tell (the reason) **why** they have gone abroad.

나는 그들이 해외로 간 이유를 모른다.

I want to know (the way 완전 생략) **how** you study English.

나는 네가 어떤 식으로 영어를 공부하는지 알고 싶다.

It was 10:00 p.m. **when** we reached Anmyondo.

우리가 안면도에 도착한 것은 밤 열 시가 되어서였다.

※ '10:00 p.m.'은 특정시각을 나타내므로 생략이 불가하다.

This is the stream **where** I used to swim. 이곳은 내가 헤엄을 치곤 했던 냇가이다.

※ 'the stream'은 특정 장소를 나타내므로 생략이 불가하다.

2) 관계부사의 생략

관계부사 앞에 the time, the place, the reason, the way 등의 일반적 선행사가 오면 관계부사를 생략하거나 that으로 바꿔 쓸 수 있다. 그러나, 일반적 선행사가 아닌 구체적인 명사가 오면 관계부사의 생략도, that으로 바꾸는 것도 허용되지 않는다.

I don't know the time (when, that) he will come back.

나는 그가 언제쯤 돌아올지를 모른다.

The place (where, that) we met was encircled by a rose.

우리가 만난 장소는 장미로 둘러싸인 곳이었다.

I know the reason (why, that) you like her. 나는 네가 왜 그녀를 좋아하는지 안다.

He asked me the way (how) I had solved the problem. 〈how는 필수적으로 생략〉

그는 내가 그 문제를 해결한 방법을 물었다.

There are times **when** the rich feel lonesome.

부자들도 고독(감)을 느끼는 때가 있다. → 부자들도 때론 고독(감)을 느낀다.

※ 일반시간이라도 선행사가 (the) times, (the) cases인 경우 when, where는 생략 불가하다.
 (the) times, (the) cases는 일반성보다는 더 구체성을 나타내기 때문이다.

It was <u>10:00 p.m.</u> when we reached Anmyondo. 〈특정 시간, 생략 불가〉

This is <u>the stream</u> where I used to swim. 〈특정 장소, 생략 불가〉

It was <u>10:00 p.m.</u> that we reached Anmyondo. (×) 〈특정 시간, that으로의 교체 불가〉

(6) 복합관계부사

선행사와 관계부사를 겸하여 때, 장소, 정도, 방법을 나타내는 부사절을 이끄는 whenever, wherever, however를 가리켜 이르는 말이다. ☞ p. 83에서

5. 복합관계사 (Compound Relative)

다음의 복합관계대명사, 복합 관계형용사, 복합관계부사를 통칭하여 복합관계사(複合關係詞)라 한다.

(1) 복합관계대명사 (Compound Relative Pronoun)

1) 의의

「관계대명사 who, which, what + ever」의 형태로서 '선행사 + 관계대명사'의 역할을 하는 말인 whoever, whichever, whatever를 가리켜 복합관계대명사(複合關係代名詞)라 한다.

2) 복합관계대명사의 격

주 격	소 유 격	목 적 격
whoever = anyone who	whosever = anyone whose	whomever = anyone whom
whichever = anything which	사용치 않음	whichever = anything which
whatever = anything that	사용치 않음	whatever = anything that

3) 복합관계대명사의 다른 모습

복합관계대명사	명사절을 이끌 경우	양보 부사절을 이끌 경우
whoever	anyone who	no matter who
whosever	anyone whose	no matter whose
whomever	anyone whom	no matter whom
whichever	anything that	no matter which
whatever	anything that	no matter what

4) 쓰임새

복합관계대명사는 관계사절 내에서 주어, 목적어, 보어로 쓰이며, 선행사를 포함하는 명사절이 나 양보 부사절을 이끈다. 이때의 명사절 역시 복합관계사가 선행사를 내포한 것으로 본질적으로는 형용사절이다.

① whoever / whomever

사람에 사용한다.

❶ 명사절을 이끄는 경우 ~ 《하는 누구든지(= anyone who); ~하는 누구라도 (anyone whom)》

Anyone wants to succeed. + He must work hard.

→ **Anyone who** wants to succeed must work hard.

→ **Whoever** wants to succeed must work hard.

　　　　　　　　　성공하기를 원하는 사람은 누구든지 열심히 일해야 한다.

You may invite anyone. + You like him.

→ You may invite **anyone whom** you like.

→ You may invite **whomever** you like.

　　　　　　　　　네가 좋아하는 사람은 누구든지 초대하여도 좋다.

Whoever becomes president, the U.S. government will keep negotiating with North Korea.

　　　　　　　　　대통령이 누가 되든지 간에 미국 정부는 북한과의 협상을 지속할 것입니다.

Give it to anyone. + He wants it.

→ Give it to **anyone who** wants it.　　누구든지 그것을 원하는 사람에게 주어라.

→ Give it to **whoever** wants it.

They cannot believe that a terrible event has occurred, and they want to blame **whoever** was responsible.

그들은 끔찍한 사건이 일어났다는 것을 믿을 수가 없어서 누구든 책임이 있는 사람을 탓하고 싶어 한다.

You can vote for **whomever** you want in the general election.

　　　　　　　　　총선거에서는 당신이 원하는 사람 누구에게라도 투표할 수 있다.

❷ 양보의 부사절을 이끄는 경우 《누가 ~하더라도(= no matter who); 누구를 ~하더라도 (= no matter whom)》

조동사 may를 같이 쓰는 것이 보통이다.

Whoever may come, don't open the door.　　누가 오든지 간에 문을 열어 주지 마라.

(= **No matter who may** come, don't open the door.)

Whomever you may ask, the question will never be answered.

　　　　　　　　　누구에게 물어보든지 간에 그 질문에는 결코 답하지 못할 것이다.

(= **No matter whom** you may ask, the question will never be answered.)

② whichever

사물에 쓰며 선택적 의미를 갖는다. 특히, 선택의 뜻을 갖는 choose, select 등의 동사와 잘 쓰인다.

❶ 명사절을 이끄는 경우 《~하는 어느 것[쪽]이든지 (= any thing that, anything which [that])》

He asked her to take **whichever** she liked best. (= anything that)
그는 그녀에게 가장 좋아하는 어느 것이라도 가지라고 말했다.
Whichever you select is all right with me.
당신이 고르는 것은 어느 것이라도 저에게는 좋습니다.

❷ 양보의 부사절을 이끄는 경우 《어느 것을 ~하더라도 [할지라도] (= no matter which)》

조동사 may를 같이 쓰는 것이 보통이다.
Whichever you may take, you will be satisfied.
어느 쪽을 택하시더라도 만족하실 겁니다.
(= **No matter which** you may take, you will be satisfied.)
Whichever the case may be, the way teachers look down on their students who have low grades is indeed producing negative results.
어떠한 경우일지라도 선생님들이 성적이 낮은 그들의 학생들을 무시하는 방식은 확실히 부정적인 결과를 낳고 있다.

③ whatever

사물에 쓰며 선택적 의미를 갖지 않는다.

❶ 명사절을 이끄는 경우 《~하는 것은 무엇이든지 (= anything that)》

I will give you <u>anything</u>. + You want <u>it</u>.
→ I will give you **anything that** you want.
→ I will give you **whatever** you want.   네가 원하는 것은 무엇이든지 주겠다.

16장 관계사(Relative)   79

He says **whatever** I do is OK with him. 그는 내가 하는 것은 무엇이든지 좋다고 말한다.

Whatever brings about happiness has utility, according to the doctrine of utilitarianism. 공리주의 원칙에 따르면 행복을 가져오는 것은 무엇이든지 유익함이 있다.

❷ 양보의 부사절을 이끄는 경우 《무엇을 ~하더라도; ~할지라도 (= no matter what)》
조동사 may를 같이 쓰는 것이 보통이다.

Whatever may happen, I will not give up this plan.

무슨 일이 있어도 나는 이 계획을 포기하지 않을 것이다.

(= **No matter what may** happen, I will not give up this plan.)

(2) 복합 관계형용사 (Compound Relative Adjective)

「관계형용사 whose, what, which + ever」의 형태로서 뒤에 오는 명사를 수식하면서 명사절이나 양보의 부사절을 이끄는 말인 whosever, whatever, whichever를 복합 관계형사(複合 關係形容詞)라 한다.

1) whosever + 명사

① 명사절을 이끄는 경우 《누구의 ~이든지 간에 (= anyone whose)》

whosever보다는 anyone whose의 형태로 쓰는 것이 보통이다.

Anyone whose IQ is in the top 2 percent of the population.

+ They can join the society.

→ **Anyone whose** IQ is in the top 2 percent of the population can join the society.

→ <u>**Whosever** IQ is in the top 2 percent of the population</u> can join the society.
〈주어절〉

전체인구대비 상위 2%의 IQ를 가진 사람이라면 누구나 그 협회에 가입할 수 있다.

I'll give this prize **to whosever** story is interesting. 〈전치사의 목적어절〉

　　　　　　　　　　　　　　나는 누구의 이야기든지 간에 재미가 있으면 이 상을 주겠다.

② 양보의 부사절을 이끄는 경우 《누구의 ~이라 할지라도 (= no matter whose)》

whosever보다는 no matter whose의 형태로 쓰는 것이 보통이다.

Whosever book it is, I mean to have it.

　　　　　　　　　　　　　그것이 누구의 책이라 할지라도 나는 그것을 손에 넣을 작정이다.

(= **No matter whose** book it is, I mean to have it.)

The speech sounds the same **no matter whose** mouth it comes out of.

　　　　　　　　　　　　　누구의 입에서 나오든지 간에 그 말은 똑같은 얘기로 들린다.

2) whatever + 명사(~)

① 명사절을 이끄는 경우 《(~하는) 무엇이든 (any + 명사 + that); 어떤 ~이라도 (any + 명사 + that)》

I will pay **whatever** price is asked of me.

　　　　　　　　　　　　　　　　어떠한 가격을 요구하더라도 나는 지불할 것이다.

(= I will pay **any** price **that** is asked of me.)

The president asked Congress for authority to take **whatever** steps he deemed necessary, including the use of force. (= any steps that)

대통령은 무력의 사용을 포함한 필요하다고 여기는 어떠한 조치라도 취할 수 있는 권한을 의회에 요청했다.

Paint the wall **whatever** color you like.

　　　　　　　　　　　　　　　　　그 담장을 네가 좋아하는 무슨 색깔로든 칠해라.

Let us help them prepare themselves for **whatever** path they seek.

　　　　　　　　　　　그들이 어떤 길을 모색하든지 간에 그들이 채비할 수 있도록 도웁시다.

② 양보의 부사절을 이끄는 경우 《어떤 ~이라도; 설사 ~이라도》

Whatever decision you make, the result will be the same.

당신이 어떤 결정을 내리던 그 결과는 마찬가지가 될 것이다.

(= **No matter what** decision you make, the result will be the same.)

Whatever nonsense the newspapers print, some people always believe it.

신문에 터무니없는 기사가 실릴지라도 언제나 그것을 믿는 사람들은 있다.

(= **No matter what** nonsense the newspapers print, some people always believe it.)

No matter what temptation there might be, keep on your right.

어떤 유혹이 있을지라도 정도를 지켜라.

Some defendants commit offences or otherwise breach bail conditions **whatever** conditions may be imposed on them by the courts.

그들에게 법원이 어떤 형태의 벌을 부과한다 할지라도 범죄를 저지르든지 아니면 보석 조건을 위반하는 피고인들도 있다.

3) whichever + 명사(~)

① 명사절을 이끄는 경우 《(~하는) 어느 것 (쪽)이든지 (= any + 명사 + that)》

You may take **whichever** book you like.

네가 좋아하는 책을 어느 것이든 가져가도 좋다.

(= You may take any book that you like.)

You can take **whichever** plane is most convenient for you.

어느 비행기이든 당신에게 가장 편한 비행기를 탈 수 있습니다.

Do well **whichever** work you start once.   한번 시작한 일은 무엇이든지 간에 잘해라.

Whichever country it is, national history education at elementary, middle and high schools could turn a blind eye to or distorts the fact to some extent to help (to) elevate the pride of their people.

어느 나라든 초.중.고교의 국사교육은 국민의 자긍심을 높이기 위해 어느 정도는 사실에 눈감거나 사실을 왜곡할 수가 있다.

Young people these days must naturally look for jobs in **whichever** fields are most desirable and high-paying if they want to make a decent living.
요즘의 젊은이들이 풍족한 삶을 만들고 싶다면, 그것이 어떤 분야이든 당연히 가장 전망 있고 높은 보수를 받는 분야의 직업을 찾아야 한다.

② 양보의 부사절을 이끄는 경우 《어느 것[쪽]을 ~하든(지)》

Whichever situation you are at, never say die.

어떤 상황에 부닥치든지 죽는 소리하지 마라.

(= **No matter which** situation you are at, never say die.)

Whichever books you choose, I will give it to you.

어느 책을 골라잡든 그것을 너한테 주겠다.

It takes two hours, **whichever** route you take.

네가 어느 길을 택하든 두 시간이 걸린다.

Whichever the industry (is), it can survive only when it transforms itself by adapting to a changing environment.
어떤 업종이든지 변화하는 환경에 적응함으로써 자기 변신을 할 때만이 생존할 수 있다.

(3) 복합관계부사 (Compound Relative Adverb)

「관계부사 when, where, how + ever」의 형태로 '선행사 + 관계부사'의 역할을 하여 때, 장소, 정도, 방법의 의미를 나타내는 부사절이나, 때, 장소, 정도, 방법에 관한 양보의 부사절을 이끄는 말인 whenever, wherever, however를 가리켜 복합관계부사(複合關係副詞)라 한다.

1) whenever
   ① 때의 부사절을 이끌어 《~할 때는 언제나 (= at any time when); 언제든지 (= every time when)》
   Come **whenever** it is convenient for you.   네가 편리한 때에 언제든 와라.
   (= Come at any **time when** it is convenient for you.)
   Let me know whenever you come.   오실 때는 언제든지 알려 주십시오.
   Whenever I disagree with them, I try to understand why they think that way.
        저는 그들과 의견이 충돌할 때는 언제나 그들이 왜 그렇게 생각하는지를 이해하려고 노력합니다.

   ② 양보의 부사절을 이끌어 《언제 ~하더라도 [할지라도] (= no matter when may)》
   You will find me home **whenever** you call.
        네가 언제 찾아오든지 간에 나는 집에 있을 것이다.
   (= You will find me home **no matter** when you may call.)
   Whenever I go to see him, I find him out.   언제 찾아가더라도 그는 외출하고 없다.

2) wherever
   ① 장소의 부사절을 이끌어 《(~하는 곳은) 어디든지 (= at [to] any place where[that])》
   You can go at <u>any place</u> <u>where</u> you want.
   → You can go **wherever** you want.   네가 가고 싶은 곳이 어디든지 가도 된다.
   Sit at <u>any place</u> <u>where</u> you like.
   → Sit **wherever** you like.   앉고 싶은 곳 어디든지 (아무 데나) 앉으세요.
   She catches the public eye **wherever** she goes with her outstanding fashion style.   그녀는 어디를 가든지 간에 눈에 띄는 패션 감각으로 대중의 이목을 사로잡는다.

   ② 양보의 부사절을 이끌어 《어디에(로, 서) ~하더라도(할지라도) (= no matter where)》
   조동사 may를 함께 쓰는 것이 보통이다.

Wherever he is[may be], he thinks of her. 그는 어디에 있든지 그녀를 생각한다.
(= **No matter where** he may be, he thinks of her)
Wherever you may live, be healthy. 어느 곳에서 지내더라도 건강해라.
(= **Wherever** you may live, be healthy.)

Wherever, whenever and in whatever form slavery occurs, we unreservedly condemn it, and are committed to eliminating it.
- Fiona Mactaggart -

어디서든 언제든 그리고 어떠한 형태일지라도 노예제도 (노동착취)가 발생한다면, 우리는 서슴없이 그것을 규탄하고, 일소하는 데 전념해야 합니다.

3) however

① 정도, 양보의 부사절을 이끌어

however가 '아무리 ~할지라도 [해도]; 아무리 ~라도'의 뜻을 나타내는 경우로 「however + 형용사, 부사 + s + (may) + v ~」의 형식을 쓴다. 입말체에서는 이 경우 may를 쓰지 않는 것이 보통이다.

However humble it may be, there is no place like home.
아무리 허름할지라도 내 집만 한 곳은 없다.
= No matter humble it may be, there is no place like home.
  Be it ever so humble, there is no place like home.

However difficult the work may be, I will go through with it.
그 일이 아무리 어렵더라도 나는 해내고야 말 것이다.

However great the pitfalls (are), we must do our best to succeed.
위험이 아무리 클지라도, 우리는 성공을 위해 최선을 다해야 한다.

※ however가 수식하는 형용사가 be동사의 보어이고 그 주어가 추상적인 명사일 때, be동사를 생략할 때가 있다.

However loudly he cried, he could not make himself heard.
아무리 큰 소리로 외쳐도 그의 외침은 미치지를 못했다.

② 방법, 양보의 부사절을 이끌어

however가 '어떤 (방)식으로 ~하더라도'의 뜻을 나타내는 경우로 「however + s + (may) + v ~」의 형식을 쓴다. 이때 however는 동사를 직접 수식한다.

However we do it, the result will be the same.

어떤 식으로 하더라도 결과는 마찬가지일 것이다.

However we (may) go, we must get there by one.

어떤 방법으로 가든, 한 시까지는 거기에 도착해야 한다.

I did my best, so I have no regrets **however** it turns out.

최선을 다했기 때문에 그 결과가 어떻게 (어떤 식으로) 나오든지 간에 나는 후회는 없다.

> ▷ 입말체에서는 ①이나 ②의 경우 모두 no matter how를 더 많이 쓴다.
> **No matter how** difficult the work may be, I will go through with it.
> I gave it my best (shot), so I have no regrets **no matter how** it turns out.

– REVIEW EXERCISES –

1. Fill in the blank (A) and (B) with a suitable relative.

   (적당한 관계사로 빈칸 (A)와 (B)를 채워라.)

   If a man (A) _____ you met the night before and (B) _____ made the worst impression on you loses no time in telephoning you the very next morning, be as busy as possible. [공무원 7급]

2. Fill in the blank (A), (B), (C) and (D) with a suitable relative.

   (A) _____ you need now is neither medicine nor rest. You need something (B) _____ makes you wish to get well. Is there anything (C) _____ you are particularly interested in? Is there anything (D) _____ strengthens your will to live?

3. 다음 중 어법상 옳지 않은 것은? [공무원 9급]

   (A) Please explain to me how to join a tennis club.

   (B) She never listens to the advice which I give it to her.

   (C) My father was in hospital for six weeks during the summer.

   (D) The fact that she is a foreigner makes it difficult for her to get job.

4. 문법적으로 옳지 않은 것은? [공무원 7급]

   (A) She runs on average 15miles a day, whatever the circumstance, whatever the weather.

   (B) Everybody who goes into this region, whomever they are, is at risk of being taken hostage.

   (C) He moved carefully over what remained of partition walls.

(D) Whichever fitness classes you opt for, trained instructors are there to help you.

5. 밑줄 친부분 중 어법상 옳지 않은 것은?

One of my patients was self-made man (A) <u>used to getting his way</u>. A cynic, he never trusted his workers to do their jobs. He always double-checked them, and this often led to conflict and angry outbursts. But he believed his temper had contributed to his success. One autumn afternoon a motorist (B) <u>cut him off</u> as he rushed from one job site to another. Ordinarily he would have leaned on the horn. But suddenly he felt as though a red-hot poker (C) <u>were being thrust</u> into his chest. He barely managed to drive to the nearest hospital, (D) <u>which he was admitted</u> to the coronary-care unit.

6. Which of the following sentence is correct?

(A) I am the one who am responsible.
(B) I am the ones who are responsible.
(C) I am the one who is responsible.
(D) I am the one who are responsible.

※ **Choose the one word or phrase that best completes the sentence.**

7. A number of non-polluting sources of energy, _____ solar energy, wind power, and hydrogen, show great promise for the future.

(A) and they are
(B) among which are
(C) of which they are
(D) some of which there are

※ Identify one underlined word or phrase that should be corrected or rewritten.

8. Hairy leaves and stems enable desert plants to capture, absorb, and retain
   (A)   (B)
   whichever moisture is in the air.
   (C)   (D)

※ 다음 밑줄 친부분 중, 어법상 틀린 것은? [9 ~11]

9. In general, one's memories of any period necessarily weaken (A) as one moves away from it. One is constantly learning new facts, and old ones have to drop out to (B) make way for them. At twenty, I could have written the history of my school days with an accuracy which would be quite impossible now. But it can also happen that one's memories grow (C) much sharper even after a long passage of time. This is (D) because one is looking at the past with fresh eyes and can isolate and, as it were, notice facts which previously existed undifferentiated among a mass of others. There are things (E) what in a sense I remembered, but which did not strike me as strange or interesting until quite recently. [수능]

10. Schubert spent his whole life (A) in poverty. But he had one noble purpose in life. That was (B) to write down the beautiful musical thoughts which seemed to flow from his brain in an endless rush of melody. As (C) one of the most productive composers, Schubert wrote music (D) as freely as one would write a friendly letter. He just produced (E) which was in him, and brought us a rich treasure of music. [수능]

11. To be a mathematician you don't need an expensive laboratory. The typical equipment of a mathematician (A) is a blackboard and chalk. It is better to do mathematics on a blackboard (B) than on a piece of paper

16장 관계사(Relative)

because chalk is easier to erase, and mathematical research is often filled with mistakes. One more thing you need to do is to join a club (C) <u>devotes</u> to mathematics. Not many mathematicians can work alone; they need to talk about what they are doing. If you want to be a mathematician, you had better (D) <u>expose</u> your new ideas to the criticism of others. It is so easy to include hidden assumptions (E) <u>that</u> you do not see but that are obvious to others. [수능]

= 해설·정답 =

1. 【해설】
a man을 수식하는 2개의 형용사절이 등위접속사 and로 연결되어 있는 경우이다.
(A) 이하에서는 met의 목적어가 없고 사람을 나타내는 목적격의 관계대명사가 필요하므로 whom이 와야 하고, (B) 이하에서는 형용사절을 이끄는 주어가 없으므로 사람을 나타내는 주격 관계대명사 who가 필요하다. 제한적 용법의 목적격 관계대명사 whom은 생략할 수 있으므로 (A)의 whom은 생략할 수 있다.
[해석] 그 전날 밤 당신이 만났고, 또 당신에게 최악의 인상을 심어준 사람이 바로 다음 날 아침에 지체 없이 전화한다면, 가능한 한 바쁘다고 해라.
〈정답〉 (A) whom (B) who

2. 【해설】
(A)에는 선행사를 내포하여 주어가 되는 관계대명사(what)가 필요하고, (B), (D)에는 선행사 something과 anything을 수식하는 주격의 관계대명사가 필요하다. (C)에는 전치사 in의 목적어로서 선행사 anything을 수식하는 목적격 관계대명사가 필요하다. 주격이든 목적격이든 선행사가 ~thing인 경우에는 관계대명사 that으로만 수식할 수 있다.
[해석] 지금 네가 필요한 것은 약도 휴식도 아니다. 너에게 회복하기를 바라는 마음을 갖게 만들어줄 무언가가 필요한 것이다. 네가 특별히 관심이 있는 것이 있는가?, 살고자 하는 너의 의지를 강화해줄 무엇인가가 있는가?
〈정답〉 (A) What (B) that (C) that (D) that

3. 【해설】
(A) explain은 우리말 해석상 4형식 동사로 보이나, 'to + 간접목적어'의 형태로 쓰며 (3형식), 4형식으로 쓰지 않는다. 사람이 어디에 오든지 간에 사람 앞에 꼭 to를 붙인다. 'how to ~'의 명사구가 목적어이다. '테니스 동호회에 어떻게 가입할 수 있는지를 저

에게 설명해 주세요?'

(B) 이때의 which는 선행사 the advice를 수식하는 관계사형용사절을 이끄는 목적격 관계대명사로서 목적어를 겸하므로 목적어 it을 다시 써서는 안 된다. '그녀는 내가 하는 충고를 결코 듣지 않는다.'

(C) 전치사 for는 '~(시간) 동안에'의 뜻으로 그때까지 소요된 기간을 나타낸다. 보통, 「for + 수사 + 명사(기간)」의 형태로 쓰인다. 전치사 during은 특정 기간의 동작, 상태를 표시할 때 쓴다. 「during + 한정사(the, those 등) + 특정 기간」의 형태로 쓰인다. 장소의 부사구를 시간의 부사구보다 앞에 두며, 시간적으로 짧은 부사구를 앞에 긴 부사구를 뒤에 쓴다. '나의 아버지는 여름에 6주 동안 병원에 계셨다.'

(D) 'that she is a foreigner'는 The fact의 동격절인 명사절이다. 동격의 명사절과 형용사절(관계사절)의 차이는 동격의 명절은 명사와 동일함을 나타내는 접속사(that)가 이끄는 완전한 문장이고, 형용사절은 관계사가 문장 속의 한 요소(주어, 목적어 등) 역할을 하면서 그 절을 이끌어 앞의 말(선행사)를 수식한다는 점에서 서로 다르다. 가목적어 it을 두고 부정사구의 목적어(for her to get job)를 목적격 보어(difficult)의 뒤로 돌린 문장이다. '그녀가 외국인이라는 사실이 그녀가 직업을 얻는 것을 어렵게 만들고 있다.'

〈정답〉 (B)

4. 【해설】

(A) 여기서 whatever는 복합관계대명사로서 양보의 부사절을 이끌고 있다. the circumstance와 the weather 뒤에 각각 'may be(또는 is)'가 생략되어 있다. '어떤 상황이든, 어떤 날씨이든 간에 그녀는 하루 평균 15마일을 달린다.'

(B) whomever 자리에는 목적격 관계대명사가 아니라 are의 주격 보어인 주격의 관계대명사가 필요하다. 그러므로 whomever를 whoever로 고쳐야 한다. at (the) risk of(~의 위험을 무릅쓰고, ~의 위험이 있는). '그들이 누구이든지 간에 이 지역으로 들어가는 사람은 누구도 인질로 잡힐 위험이 있다.'

(C) what 이하는 관계 대명사절로서 전치사 over의 목적절인 명사절이다. remain of ~

(~이 남아있다). 선행사와 주어를 겸하는 관계대명사 what이 온 것은 타당하다. 그는 칸막이벽들이 남아있는 것 (곳)을 넘어 조심스럽게 이동했다.'

(D) Whichever는 fitness classes를 수식하면서 양보 부사절을 이끄는 복합관계 형용사이다. 전치사 for의 목적어인 Whichever fitness classes가 앞으로 나온 경우이다. opt for(vi. 선택하다) '당신이 어떤 건강강좌를 선택하든, 그곳에는 훈련된 강사가 당신을 도와주기 위해 있습니다.'

〈정답〉(B)

5. 【해설】
   (A) be used to ~ing(~하는 데 익숙하다). used 앞에 who was가 생략되어 있다.
   (B) 「타동사 + 부사」 형태의 타동사구의 목적어로 명사가 올 때는 부사의 앞이나 뒤에 다 놓을 수 있으나 대명사가 올 때는 부사 앞에 둔다. cut off (베어내다; 중단하다, 가로막다; 넘어뜨리다).
   (C) 「as if [though] + 가정법 과거」는 '(사실은 그렇지 않은데) 마치 ~인 것처럼'의 뜻을 나타낸다. 이때의 'as if[though]' 앞의 주문의 동사 시제는 현재나 과거를 모두 쓴다. 여기서는 가정법의 수동태 진행형을 사용했다.
   (D) which 자리에는 관계대명사가 아니라 관계사절 내의 부사어를 대신하고 선행사(hospital)를 보충·설명하는 비제한적용법의 관계부사가 와야 문맥상 옳게 된다. 그러므로 where가 들어가야 적당하다. 이때의 where는 to which로 바꿔 쓸 수 있다. 'be admitted to the hospital'(병원에 입원하다.)

[해석] 나의 환자 중에 한 명은 자기방식대로 하는 데 익숙했던 자수성가한 사람이었다. 냉소적인 사람이었던 그는 결코 자기 직원들이 그들의 일을 (성실히 잘) 할 것으로 신뢰하지 않았다. 그는 항상 그들을 두 번씩 확인했고, 그래서 이것이 종종 갈등과 분노의 폭발을 초래했다. 그러나 그는 자신의 성격이 자신의 성공에 기여해 왔다고 믿었다. 어느 가을 오후에 그가 한 작업장에서 다른 작업장으로 급히 가고 있는데 한 운전자가 그의 진로를 가로막았다. 여느 때 같으면 그는 경적에 의지했을 것이다(경적을 울렸을 것이다). 그러나 갑자기 그는 마치 붉게 달은 부젓가락이 그의 가슴 안

으로 뚫고 들어오고 있는 것 같은 것을 느꼈다. 그는 가까스로 가장 가까운 병원까지 운전해서 갔고, 그 병원 심장 병동에 입원했다.

⟨정답⟩ (D)

6. 【해설】

단수인 I의 보어로 올 수 있는 것은 the one (= the person). 관계사절의 동사 수는 선행사의 수에 일치시키므로, 선행사(the one)가 단수이므로 동사도 단수 (is)이어야 한다. '내가 책임져야 할 사람이다.'

⟨정답⟩ (C)

7. 【해설】

(A) 등위접속사 and 뒤에 절이 오고 있으므로 그 앞에도 절이 와야 하는데 오지 않았으므로 맞지 않는다. 또한 이때에는 동사 show의 앞에도 접속사가 와야 하는 데 오지 않고 있으므로 답이 될 수 없다.

(B) solar energy, wind power, and hydrogen이 주어, are가 동사. 즉, 'solar energy, wind power, and hydrogen are among them.'에서 'among them'은 부사구로서 보어로 쓰이고 있는데, 앞 문장을 받기 위해 them을 관계대명사로 바꿔서 'among which'를 앞에 내세우고 주어와 동사가 자리를 바꾼 경우이다.

(C) 'of which they are solar energy, wind power, and hydrogen'을 'they are solar energy, wind power, and hydrogen of them'으로 고쳐보면 뜻이 통하지 않는 잘못된 문법구조임을 알 수 있다.

(D) there를 없애고 'some of which'로 하면 맞는 문장이 될 수 있다.

[해석] 다수의 오염을 발생시키지 않는 에너지원들은 - 그중에는 태양 에너지, 수력, 수소가 있다 - 미래에 대해 큰 장래성을 보여준다.

⟨정답⟩ (B)

8. 【해설】

(A) 털이 있는 잎

(B) 'enable + 목적어 + to do' (…에게 ~을 가능하게 하다.)

(C) 복합관계 형용사. '무엇이든지 간에'의 뜻으로는 선택적 의미를 갖지 않는 whatever가 적당하다.

(D) in the air (공기 중에).

[해석] 털이 있는 잎과 줄기는 사막 식물들이 공기 중에 있는 수분은 무엇이든지 간에 포착, 흡수하고 저장할 수 있도록 하게 한다.

〈정답〉 (C)

9. 【해설】

(A) as는 여기서 시간 관계 접속사로서 적당하다.

(B) 'to make way for him. (그에게 자리를 양보하기 위해)'는 to 부정사의 부사적 용법. 부정사이므로 원형인 make는 타당하다.

(C) much는 비교급 (sharper)을 수식할 수 있다.

(D) 여기서 because는 이유관계를 나타내는 보어절 (명사절)로 쓰였다. because를 명사절을 이끄는 접속사로 쓰는 것은 입말체적 용법이고 정식으로는 (글말체) that을 쓴다. 즉, 'This is because ~'는 'The reason is that ~'으로 고칠 수 있다. 'This is because ~'는 앞 문장에 대한 이유·원인을 나타낸다. (이는 ~이기 때문이다.)

(E) what 이하는 선행사 things를 수식하는 형용사절이다. 그런데 선행사가 있으므로 선행사를 포함하는 관계대명사 what은 부적절하고 that이나 which를 써야 한다. 뒤의 등위절에 which가 오고 있으므로 (E)에는 which가 더 어울린다. 앞의 which는 목적격 관계대명사이고, 뒤의 which는 주격 관계대명사이다.

[해석] 일반적으로 어떤 기간에 대한 사람의 기억은 그것 (그 기간)으로부터 멀어짐에 따라 필연적으로 약해지게 된다. 사람들은 끊임없이 새로운 것들을 배우고, 옛것들은 그 새로운 것들에게 자리를 양보하기 위해 사라져야만 한다. 스무 살 때 나는 지금이라면 전혀 불가능할 정확성을 가지고 내 학창시절의 역사를 글로 쓸 수 있었을 것이다.

그러나, 사람의 기억력은 많은 시간이 지난 후에도 훨씬 더 예리해지는 일이 일어날 수도 있다. 이것은 새로운 시각으로 과거를 보고, 이전에는 수많은 다른 것들 속에서 구분되지 않은 채로 존재했던 사실들을 분리시킬 수가, 즉, (수많은 다른 것들 속에서 구분되지 않은 채로 존재했던 사실들을 따로 구별하여) 알아차릴 수가 있기 때문이다. 어떤 의미에서 보니 내가 기억은 했지만 아주 최근까지 특이하다거나 흥미롭게는 여겨지지 않았던 것들이 있다.

〈정답〉(E)

10. 【해설】

(A) in poverty (가난하게)는 '전치사 + 추상 명사'가 부사로 쓰이는 경우이다. 동사 spent를 수식한다.

(B) 'to write down'이하 melody까지는 to 부정사가 be동사(여기서는 was)를 보충하여 주어(여기서는 that)를 설명해 주는 주격 보어로 쓰인 경우로서 to 부정사의 명사적 용법 중의 하나이다. (~하는 것이다.); write down (써 두다, 적다, 기록하다.)

(C) one of the most productive composers(가장 많은 곡을 쓴 작곡가 중의 한 명)와 Schubert는 동격.

(D) 동사 wrote를 수식하는 부사가 필요하므로 비교를 나타내는 'as ~ as' 사이에 부사 freely가 오는 것은 타당하다.

(E) 'which was in him.'은 produced의 목적어. which는 간접의문문인 명사절을 이끌 수 있으나 기타의 경우는 명사절을 이끌 수가 없는데 여기서는 간접의문문(간접의문절)이 아니므로 부적격이다. 선행사를 내포하여 명사절을 이끌 수 있는 관계대명사 what이 와야 적절한 문장이 된다.

[해석] 슈베르트는 전 생애를 가난하게 보냈다. 그러나 그는 인생에 있어서 한 가지 고귀한 목적을 가지고 있었다. 그것은 끊임없이 음률이 솟구치는 그의 머리에서 흘러나오는 것으로 보이는 아름다운 생각들을 적는 것 (= 작곡)이었다. 가장 많은 작곡을 한 작곡가의 한 사람으로서 슈베르트는 사람들이 다정한 편지를 쓰는 것처럼 자유롭게 음악을 작곡했다. 그의 마음속에 있는 것을 그대로 작곡했으며 우리에게 고귀한 보

석과도 같은 음악을 선사해 주었다.

〈정답〉 (E)

11. 【해설】

(A) 주어 The typical equipment of a mathematician는 단수이므로 is가 적당하다.

(B) 앞에 better가 있으므로 상관적으로 쓰이는 than이 적당하다.

(C) 이하는 형용사절이 되어야 하며 '수학에 전념하다.'의 뜻을 나타내는 'which is devoted to mathematics'가 되어야 한다. 'be devoted to ~' (~에 헌신 [전념]하다.)는 수동태 형식이지만 능동의 뜻을 나타낸다. devoting을 쓰면 현재진행형이 되어 의미상 맞지 않는다.

(D) 'had better + 동사원형'이 되어야 하므로 expose는 적당하다.

(E) that ~ but (등위접속사) that ~'의 두 개의 형용사절이 선행사 hidden assumptions를 수식하고 있는 형태이다. 앞의 that은 목적격 관계대명사이고 뒤의 that은 주격 관계대명사이다. 특정 사실에 대한 난이(難易)의 판단을 나타내는 서술 형용사로서의 easy는 'It be + 서술 형용사 + (for 목적) to 부정사'의 형태로만 쓰인다.

[해석] 수학자가 되기 위하여 비싼 실험실이 필요하지는 않다. 수학자의 전형적인 장비는 칠판과 분필이다. 분필은 보다 쉽게 지울 수 있고 수학적인 연구는 흔히 실수로 가득 차 있기 때문에 종이 위보다는 칠판 위에서 수학을 하는 것이 더 낫다. 한 가지 더 필요로 하는 것은 수학에 전념하는 동호회에 가입하는 것이다. 혼자서 작업할 수 있는 수학자는 많지 않다. 그들은 자신들이 하는 것에 관해 토론할 필요가 있다. 수학자가 되기를 원한다면 (자신의) 새로운 생각을 다른 사람들의 비판에 노출시키는 편이 낫다. 자신은 보지 못하지만 다른 사람들에게는 환히 보이는 숨어있는 가정들을 (새로운 생각 속에) 포함하고 있기가 대단히 쉽다.

〈정답〉 (C)

제17장 접속사(Conjunction)

1. 앞말

(1) 뜻

접속사(接續詞)는 단어와 단어, 구와 구, 문장과 문장을 연결하거나 문장을 한 단어와 같이 묶어주는 역할을 하는 단어의 갈래 (품사)이다. 즉, 접속사는 문장을 한 단어와 같이 묶어주거나 문장성분들을 서로 연결하여줌으로써 말을 간결하고 일관성 있게 이어 나가게 하는 역할을 한다. 영어의 연결어 중의 하나이다.

(2) 접속사의 종류

1) 형태상의 분류

① 단일접속사 (simple conjunction)

한 단어로 된 접속사를 말한다. 단순접속사라고도 한다.

ex) and, but, or, if, that, when 등

② 상관접속사 (correlative conjunction)

일정한 관련을 나타내는 두 어구가 어떤 말을 사이에 두고 쓰여 접속사의 역할을 하는 것을 말한다. 〈떨어져서 쓰임〉

ex) both A and B, either A or B, neither A nor B, not only A but also B 등

③ 무리 접속사 (group conjunction)

둘 이상의 단어가 결합하여 하나의 접속사의 역할을 하는 것을 말한다. 〈붙어서 쓰임〉

ex) as if, in order that, as soon as, as well as 등

2) 기능상의 분류

① 등위접속사 (coordinate conjunction)

단어와 단어, 구와 구, 문장 (절)과 문장 (절) 등 문법적으로 대등한 것을 연결하여주는 말을 가리킨다. 대등한 어구나 대등문 (중문)을 만드는 역할을 한다.

ex) and, but, for, or, nor, so, yet, etc.

② 종속접속사 (subordinate conjunction)

종속절 앞에 사용되는 접속사를 말한다. 즉, 명사와 같은 역할을 하는 절 (명사절)이나 부사와 같은 역할을 하는 절 (부사절)을 만들기 위해 일정한 문장 앞에 붙이는 말을 종속접속사라 한다. 종속접속사는 일정한 문장 앞에 놓여 그 문장을 하나의 단어 (명사나 부사)와 같이 묶어주는 역할을 한다.

ex) that, if, whether; when, while, until, where, if, for, because, as, though, etc.

<u>That he will pass the exam</u> is certain.　　　그가 시험에 합격할 것이 확실하다.

※ 여기서 that은 한 문장 (종속절)을 하나의 명사와 같이 만들어 주어서, 주절의 주어가 되어 단일한 명사처럼 쓰이게 하는 역할을 하고 있다. 즉, 명사절 (주어절)을 이끄는 종속접속사로 쓰이고 있다.

I will wait here <u>until you come back</u>.

나는 **당신이 돌아올 때까지** 여기서 기다리겠습니다.

※ 여기서 until은 한 문장 (종속절)을 하나의 부사와 같이 만들어서, 주절에 대하여 하나의 부사의 역할을 하게 하고 있다. 즉, 부사절을 이끄는 종속접속사로 쓰이고 있다.

■ 접속사와 접속부사

A. 접속부사는 부사이다. 즉, 접속부사는 부사로서 이어지는 문장의 동사나 문장 전체를 수식하는 역할을 하면서 부수적으로 두 문장을 연결하는 역할을 할 뿐이다. 이에 반해 접속사는 대등한 관계로 두 절을 연결하거나 (등위접속사), 주절에 대한 종속절임을 나타내면서 절 (주절)과 절 (종속절)을 이어주는 역할을 하는 것이 주기능이다.

I was very tired, so I went to bed early. 〈등위접속사〉
너무 피곤했다. 그래서 나는 일찍 잠자리에 들었다.

※ 앞의 문장에 콤마를 하고 so가 단독으로 '그래서, 그러므로, ~이므로'의 (결과의) 뜻을 나타내면서 문장을 이끌 때는 등위접속사이다. 〈입말체〉

Speak louder so (that) everybody can hear you. 〈부사절을 이끄는 종속접속사〉
모두에게 들리도록 더 큰 소리로 말하세요.

※ '~하도록, ~하기 위하여'의 (목적의) 뜻으로 앞 문장(절)에 대하여 콤마 없이 절을 이끌 때는 목적의 부사절을 이끄는 종속접속사이다. so that의 that이 생략된 경우이다. 〈미, 입말체〉

She was sick; and so couldn't go to school. 〈접속부사〉
그녀는 아팠다. 그래서 학교에 갈 수 없었다.

※ so 앞의 문장에 피리어드나 세미콜론이 있고 'and so'의 형태로 쓰여 '그래서, 그러므로, ~이므로'의 뜻을 나타낼 때는 접속부사이다. 이때의 so는 그 주기능이 두 문장을 연결하는 것에 있지 않고 (그러므로 접속부사 앞에는 and, but 등의 등위접속사를 쓰는 것이 보통임) 동사를 수식 (couldn't go)하는 것에 있다는 점에서 등위접속사로 쓰일 경우의 so와는 구별된다.

B. 접속부사는 부사이지만 문장을 연결하는 접속사의 역할을 겸하므로 그것이 속하는 문장의 앞에 와서 두 문장을 이어주는 것이 보통이나, 때에 따라서는 문장 가운데나 문장의 뒷부분에 놓기도 한다. 이에 반해 등위접속사는 반드시 앞의 절 (등위절)과 대등한 관계로 놓인 뒤의 절 (등위절) 앞에 놓인다. 등위접속사가 이끄는 절과 그 앞의 등위절의 순서를 바꿔 쓰지는 못한다. 종속접속사도 그것이 이끄는 종속절 앞에 놓인다.

I have not yet passed the primary examination. However, I shall keep trying.
〈접속부사: 문두〉 나는 아직 1차 시험에 합격한 적이 없다. 그래도 나는 계속해 볼 것이다.

You are quite right; I cannot, however, approve of it. 〈접속부사: 문장 가운데〉
당신 말이 꼭 맞다. 그렇다 해도 나는 그것을 승인할 수 없다.

I hate this kind of wok. I will do this time, however. 〈접속부사: 문장의 뒤〉
나는 이런 일이 정말 싫다. 하지만, 이번만은 하겠다.

I'd like to go, but I don't think I can make it. 〈등위접속사: 대등절의 앞〉
저야 가고는 싶은데 형편이 안 될 것 같아요.

→ But I don't think I can make it, I'd like to go. (x)

I was very tired, so I went to bed early. 〈등위접속사: 대등절의 앞〉

나는 너무 피곤했다. 그래서 일찍 잠자리에 들었다.
→ **So** I went to bed early, I was very tired. (x)

That he will pass the exam is certain. 〈종속절 (명사절)을 이끄는 종속접속사: 종속절의 앞〉
그가 시험에 합격할 것이 확실하다.

I don't know **whether** she will come or not. 〈종속절(명사절)을 이끄는 종속접속사: 종속절의 앞〉
나는 그녀가 올지 안 올지를 모른다.

Tom was absent **because** he was ill. 〈종속절(부사절)을 이끄는 종속접속사: 종속절의 앞〉
톰은 아파서 결석했다.
→ **Because** Tom was ill, he was absent. (o)

C. 접속부사는 두 개의 문장과 문장을 연결하는 역할을 한다. 이에 반해 접속사는 하나의 문장에서 절과 절을 연결하는 역할을 한다. 그러므로 접속부사는 피리어드 [마침표](.)로 끝난 문장 뒤에 그대로 쓰거나 연결성을 나타내기 위해 그 앞에 세미콜론(;)을 찍는다(비격식체에서는 세미콜론 대신 콤마를 찍기도 한다). 반면, 절과 절을 연결하는 등위접속사 앞에는 콤마를 찍는 것이 원칙이며, 종속접속사는 하나의 문장 속에서 일정한 문장성분이 되므로 종속접속사 앞에 콤마를 찍지 못한다. 다만, 부사절을 이끄는 종속접속사절을 주절 앞에 쓸 경우에는 종속절과 주절 사이에 콤마를 찍는 것이 원칙이다.

She was sick. **Therefore**, he didn't go to school. 〈접속부사〉
그녀는 아팠다. 그래서 학교에 가지 않았다.

I was very tired, **so** I went to bed early. 〈등위접속사〉
나는 너무 피곤했다. 그래서 일찍 잠자리에 들었다.

She usually stays inside **when** it rains. 〈종속접속사〉
비가 올 때는 그녀는 대개 집에 있다.
→ **When** it rains, she usually stays inside. (o)

2. 접속사의 쓰임새

(1) 등위접속사

등위접속사(等位接續詞)란 문법적으로 대등한 단어와 단어, 구와 구, 절과 절 사이에 놓여

이들을 연결하는 말을 가리킨다. 등위접속사 앞에는 콤마를 하는 것이 보통이었으나 현재는 하지 않기도 한다. 등위(상관)접속사에 의해 같은 문법범주에 속하는 단어, 구, 문장이 연결되어 있는 문장을 병렬 구문(parallelism) 또는 병치 구문(parallelism)이라고 한다.

1) 등위접속사 and

대명사, 명사, 형용사, 부사 등의 단어 및 구, 절을 대등하게 연결한다. 이때 and 앞·뒤의 단어, 구, 문장이 원칙적으로 같은 문법범주에 속하는 것이어야 한다. (병렬 구문) 등위접속사 and 앞에는 콤마를 하지 않는 것이 일반적이다.

① A와 (과) B; A이고 B

You and I are good friends. 〈대명사 and 대명사〉   너와 나는 좋은 친구 사이이다.

※ 다른 인칭을 열거할 때는 2인칭, 3인칭, 1인칭의 순서가 원칙이지만 자신의 책임, 잘못 등을 말할 때는 I를 앞에 쓰기도 한다.
I and you are to blame for it. 그것은 나와 너의 잘못이다.

You, he, and I are good friends. 〈대명사 and 대명사〉

너와 걔, 그리고 나는 좋은 친구들이다.

※ 동등한 어구가 셋 이상일 때 각 어구 사이를 콤마로 끊고, 마지막 어구 앞에, **and**를 쓰는 것이 원칙이다. 다만, A and B and C로 쓰면 열거의 뜻이 강해진다. 이 경우 A, and B, and C로 쓸 수도 있다.
She speaks and reads and writes English equally well.
그녀는 영어를 말하기도, 읽기도 또 쓰기도 똑같이 잘한다.
I like apples, oranges, and pears. 나는 사과, 오렌지, 그리고 배를 좋아한다.

She unites beauty and intelligence. 〈명사 and 명사〉   그녀는 미모와 지성을 겸비했다.
He speaks and reads Korean. 〈동사 and 동사〉   그는 한국어를 말하고 읽는다.
We were cold and hungry. 〈형용사 and 형용사〉   우리는 춥고 배고팠다.
The Geum river winds in and out. 〈부사 and 부사〉   금강은 굽이굽이 휘돌면서 흐른다.
I worked hard by day and by night. 〈부사구 and 부사구〉   나는 밤낮으로 열심히 일했다.

To profess **and** to practice are very different things. 〈부정사 and 부정사〉
말로 하는 것과 실천한다는 것은 아주 다른 것이다.

Saying **and** doing are quite different things. 〈동명사 and 동명사〉
말하는 것과 행하는 것은 전혀 다른 것이다.

Winter is over **and** spring has come. 〈절 and 절〉   겨울이 가고 봄이 왔다.

She wants to go to Paris **and** he wants to go to Jejudo. 〈절 and 절〉
그녀는 파리에 가고 싶어 하고 그는 제주도에 가고 싶어 한다.

※ 절과 절을 and로 연결할 경우 and 다음에 오는 절이 앞의 절과 같은 주어, 동사이면 종종 생략한다.
I want to learn French and (I want to 생략) read French novels.
나는 프랑스어를 배우고 싶고 프랑스 소설들도 읽고 싶다.

■ **참고 – 접속사 and의 구체적 쓰임새**

1. 순접 관계로 연결 《그리고, 그러자; 그래서; 그러면; 그러고는》

The president proposes **and** Congress disposes. 대통령은 제안하고 의회는 처리한다.
He said so **and** went out. 그는 그렇게 말하고는 나가 버렸다.

2. 역접 관계로 연결 《~이면서도, 그러면서도; 그런데도》

She promised to come **and** didn't. 그녀는 오겠다는 약속을 해 놓고서 오지 않았다.
(He is) So rich, **and** lives like a beggar. (그는) 그리도 부자이면서도 걸인 같은 생활을 하고 있다.

3. 보충·강조를 나타내어 《그리고, 게다가, 그 위에; 더구나; 정말》

He did it, **and** did it well. 그는 그 일을 해냈다. 게다가 훌륭히 해냈다.
You, **and** not I, are to go. 가야 할 사람은 내가 아니라 너다.
How could you talk like that, **and** your father present?
더군다나 너의 아버지도 계셨는데 네가 어떻게 그와 같이 말할 수 있었단 말이냐?

4. 시간적 동시성을 나타내어 《게다가, 그리고 또한, 동시에》

They walked **and** talked. 그들은 걸으면서 이야기했다.

5. 시간적 전후 관계를 나타내어 《그리고, 그리하여; 그 뒤; 그러자》

He took off his hat **and** bowed. 그는 모자를 벗고 (허리를 굽혀) 인사를 했다.

6. 반복, 강조적 의미로 같은 낱말의 연결

again and again 몇 번이고   hours and hours 몇 시간이고
years and years ago 여러 해 전에   for ever and ever 영원히
We walked two and two. 우린 두 사람씩 나란히 걸었다.
I know him through and through. 나는 그에 대해 속속들이 잘 알고 있다.
There are men and men. 사람이라 해도 각양각색이다.

※ 'there are ~.'의 문장 속에서 같은 복수 명사를 연결하여 여러 가지의, 갖가지의 뜻으로 종류, 변화 등을 나타낸다.

There are dogs and dogs, some mean, some friendly.
개도 종류가 가지가지여서 성질 고약한 놈도 있고 순한 놈도 있다.
There are bargains and bargains, so watch out.
특가품 [할인품목]에도 여러 가지가 있으니 주의해라.

7. 말 뗌 말(도입어)로 쓰여 놀람·의심 따위를 나타내어 《아니, 정말로 ~》

And you actually did it? 아니, 네가 정말 그걸 한 거니?
And you walked all the way! 아니, 정말로 줄곧 걸어서 왔단 말야!

8. sit, lie 따위의 상태를 나타내는 동사와 다른 동사를 연결하여

▶ 이때 뒤의 동사가 현재분사의 뜻을 나타낸다. 《~하면서》
She sat **and** looked at the sea for hours. 그녀는 몇 시간이나 바다를 바라보면서 앉아 있었다.
He lay down **and** daydreamed. 그는 즐거운 공상을 하면서 누워 있었다.

9. 명령문(…) + and ~ 《…해라, 그러면 ~할 것이다. (= If you +v …, ~)》

Talk of the devil, **and** he will appear.
귀신 얘기를 하면 귀신이 나올게다. [호랑이도 제 말 하면 온다.]

10. 「원형 동사 (come, go, mind, run, send, try, wait, write, be sure 등) + and + 원형 동사」의 형태로 명령, 요청 등을 나타내어 《~하러, ~하기 위하여》

▶ 이때의 '원형 동사 + and + 원형 동사'는 목적을 나타내는 부사적 용법의 to 부정사의 구실을 한다. 다만, 실제적으로 to 부정사로 바꿔 쓸 수 있는 것은 아니다.

Come and see me tomorrow. 내일 찾아오게. (= Come to see me tomorrow.)
※ 〈미〉에서는 go, come 뒤의 and를 생략하기도 한다.
Come see me tomorrow.
Go (and) see for yourself. 네가 직접 가서 확인해 보아라.
Run and fetch it, will you? 어서(달려) 가서 그것을 가지고 오세요?
Try and do it better." 그것을 좀 더 잘 해봐라. (= Try to do it better.)
"Yes, sir. I will try and do it better next time."
예, 알겠습니다. 다음엔 더 잘하도록 하겠습니다.
Mind and call to me. 잊지 말고 내게 전화해라.
Wait and see. 기다려 봐라. / 두고 봐라.
Be sure and close the door. 반드시 문을 잠그도록 해라.
(= Be sure to close the door.)

11. 「명사 + and + 명사」가 하나의 사람, 사물, 단일개념을 나타내는 경우

bread and butter 버터를 바른 빵   coffee and milk 우유를 탄 커피
a cup and saucer 받침 접시에 얹은 컵   a needle and thread 실을 꿴 바늘
a hook and line 바늘이 달린 낚싯줄   a watch and chain 줄 달린 시계
a coach and four 말 4마리가 끄는 역마차   a horse and cart 말 마차
curry and rice 카레라이스(카레 밥)
ham and eggs 햄에그(햄에다 달걀프라이를 곁들인 음식)
fish and chips 생선 감자튀김(생선튀김에 감자튀김을 곁들인 음식)
pen and ink 펜(또는 잉크), 필기 용구   a skirt and blouse 여성정장
a suit and tie 남성정장   a trial and error 시행착오
wheeling and dealing 계책, 권모술수
He is an eminent philosopher and mathematician. 그는 뛰어난 철학자이자 수학자이다.

12. 형용사 + and + 형용사

▶ 앞의 형용사가 뒤의 형용사에 대해 부사적으로 쓰이거나, 강조어로 쓰인다. 특히 nice, fine, good, rare 등의 형용사는 강조어 very (매우)의 의미로 잘 쓰인다.

He was **black and blue** all over after falling out of the tree.
그는 나무에서 떨어져 온몸이 **시퍼렇게 멍이 들었다.**
It is **nice and cool**. **기분 좋을 만큼** [또는 **아주**] 시원하다.
You can't lay down **hard and fast** rules. **변경할 수 없는**(= 극히 엄격한) 규칙은 정할 수 없다.
He searched **high and low** for it. 그는 **사방으로**(= 샅샅이) 그것을 찾아다녔다.

We are **rare and hungry.** (= We are very hungry.) 우리는 **몹시** 배고프다.
I want grapes **good and ripe.** 나는 **아주 잘 익은** 포도가 먹고 싶다.
I was **fine and startled** when I saw you. 나는 당신을 보았을 때 **무척이나 놀랐다.**
She is **fine and tall.** 그녀는 **날씬하게 [또는 매우] 키가 크다.**
He was **good and tired.** 그는 **대단히 피곤했다.** (= He was very tired.)
It is **nice and warm.** 날씨가 **매우 따뜻하다.** (= It is very warm.)

13. 수의 연결어로서

Two and three is [are, make(s), equal(s)] five. 2 더하기 3은 5이다.
one hundred and twenty-one 121

※ 100단위 이상의 수에서 100의 자리 다음에 and를 쓰는 것이 원칙이다. 100의 자리가 0이면 1000의 자리 다음에 and가 온다. 그러나, 년도·전화번호 등에는 and를 넣지 않는다.

one thousand and one: 1001
cf.) 2009년: two thousand nine year   2016년: twenty sixteen year
My telephone number is 123-4560
→ My telephone number is one two three (dash) four five six zero [또는 O].

2) 등위접속사 but

등위접속사로서의 but은 일반적으로 서로 반대되는 의미의 단어, 구, 문장을 대등하게 연결한다.

① 앞의 낱말, 구, 문장(절)과 반대 또는 대조되는 낱말, 구, 문장(절)을 이끌어 《그러나; 그런데; 그렇지만, 하지만》

a kind **but** strict teacher 상냥하나 엄격한 선생님

I'd like to go, **but** I don't think I can make it.

저야 가고는 싶은데 형편이 안 될 것 같아요.

Things had been bad enough, **but** the worst was yet to come.

사태는 이미 나빠질 대로 나빠졌지만, 최악의 사태는 아직 오지 않았다.

② 〈입말에서〉 선행하는 서술의 이유를 설명하여 《왜냐하면 (= because)》

I'm sorry I am late, **but** there's a lot of traffic on the road.
늦어서 죄송합니다. 차가 막혀서 그렇게 되었습니다.

I'm sorry, **but** she just stepped out. 죄송하지만 그녀는 방금 나갔습니다.

③ Indeed [Though, No doubt, To be sure], (it is) true, of course, may, not 등이 들어 있는 절 뒤에서 양보의 뜻을 나타내어 《비록 …이기는 하지만 ~하다.》

Indeed it is a good plan, **but** it is hard to practice.
그것은 비록 좋은 계획이지만 실행하기는 어렵다.

This is not much, **but** I hope you will like it.
이거 변변치 못하지만, 마음에 드시면 다행이겠습니다.

④ 감탄사, 감동 표현 등의 뒤에 와서 <u>별 뜻 없이 쓰이는 경우</u>

Heavens, **but** it rains! 세상에나, 비가 오잖아!

My, **but** you're nice. 야, 참 당신 멋지네요.

Excuse me, **but** will you show me the way to the city call?
죄송하지만 시청으로 가는 길을 가리켜 주시겠습니까?

⑤ 감탄사나 이의제기, 화제전환의 말로 글머리에 써서 《야, 어머나; 그럼, 자》

"He has succeeded!" 그가 성공했대! – "**But** that's great [amazing]!" 야, 대단한데!

You speak like your father. **But** exactly.
너는 너의 아버지처럼 말하는구나. 야, 정말 똑같구나.

But now to the next question. 자, 이제 다음 질문입니다.

3) 등위접속사 or

등위접속사로서의 or는 둘 또는 그 이상의 어, 구, 절을 선택적 관계로 연결할 때 쓴다.

① 긍정문, 의문문에서 선택의 의미를 나타내어 《또는, 혹은; …이나 ~; 그렇지 않으면》

주어가 or로 연결되어 있는 경우, 동사는 주어가 모두 단수일 때에는 단수, 복수일 때에는 복수 취급하고, 인칭, 수가 일치하지 않는 경우에는 가까운 쪽의 주어에 일치시킨다.

Tom or I am to go. 톰이나 내가 가게 되어 있다.

Elizabeth Taylor, Audrey Hepburn, Jodie Foster or Kate Winslet are my favorite actresses.

엘리자베스 테일러, 오드리 헵번, 조디 포스터나 케이트 윈즐릿은 내가 가장 좋아하는 여배우들이다.

※ or로 연결된 단수의 주어는 단수 동사로 받는 것이 원칙이나 선택적이 아니라 종합적으로 볼 때는 복수 동사로 받는다.

We are anxious about whether you listen to us or whether you don't.

우리가 하는 말을 당신이 들어줄 것인지 아닌지가 걱정이네요.

I have no brothers or sisters. 나는 형제들도 자매들도 없다.

(= I have no brothers and no sisters.)

※ 부정어와 함께 쓰이면 '어느 쪽도 ~ 아니다.'로 전부 부정을 나타낸다.

I don't want any tea or coffee. 나는 홍차도 커피도 마시고 싶지 않다.

He is not witty or brilliant. 그는 재치도 없고 머리가 좋지도 않다.

Which do you like better, apples or oranges?

사과나 오렌지 중 어느 것을 더 좋아합니까?

Will you have tea or coffee?

※ 상승조(↗) or 하강조(↘)의 경우에는 '홍차를 드시겠습니까, 아니면 커피를 드시겠습니까?'의 뜻이지 만 상승조(↗) or 상승조(↗)인 경우에는 '홍차나 커피를 (아니면 다른 것을) 드시겠습니까?'라는 뜻이 된다.

② 명령문(…) + or [or else, otherwise] ~ 《…해라, 그렇지 않으면 ~할 것이다. (= If you ~ not / Unless you …)》

Study hard, or you will fail. 공부를 열심히 해라, 그렇지 않으면 낙제할 것이다.

= If you don't study hard, you will fail.

Unless you study hard, you will fail.

Go away, **or** I'll call the police. 꺼져라, 그렇지 않으면 경찰을 부르겠다.

③ 앞말을 설명하는 (동격의) 어구를 이끌어 《즉, 다시 말하면(= that is to say, namely, so to speak)》

acrophobia, **or** fear of great heights
고소(高所) 공포증, 다시 말해 아주 높은 곳을 무서워하는 것

He has been studying astronomy, **or** the study of stars.
그는 천문학, 즉 별에 관한 학문을 연구해오고 있는 중이다.

④ (종종 or rather 형태로) 앞말을 정정, 보충하여 《…이라기보다는 차라리 [오히려] ~; 아니 ~》

He is cautious, **or rather** timid. 그는 신중하다기보다는 차라리 소심하다.
She is, **or** was, a very beautiful woman. 그녀는 대단한 미인이다, 아니, 미인이었다.
He is enjoying himself, **or** at least he appears to be enjoying himself.
그는 즐겁게 지내고 있다. 아니 적어도 즐겁게 지내고 있는 것처럼 보인다.
She is eighteen already. **Or** is she? 그녀는 벌써 열여덟 살이다. 아니 그런가?

⑤ 대등한 명사, 형용사, 동사, 구 등을 양보의 의미로 연결하여 《…이든 ~이든》

Online **or** offline, libel, insults and smearing are subject to prosecution.
온라인상이든 오프라인상이든 명예훼손, 모욕행위이나 비방행위는 소추 대상이다.
Rich **or** poor, Human life must come first.
부유하든 가난하든 사람의 생명이 최우선되어야 한다.
Sink **or** swim, I am determined to go to Paris.
죽어서 가든 살아서 가든 [잘 안되든 잘되든] 간에 나는 파리에 갈 작정이다.

17장 접속사(Conjunction)

⑥ 불확실함, 부정확함의 뜻을 나타내어 《대략 ~쯤 [정도], 약 ~, 거의; ~ 내지, ~ 이나》

    a mile **or** so 1마일 정도; 약 1마일

    in a day **or** two 하루나 이틀 지나면   in two **or** three days 2, 3일 안에

    there **or** thereabout(s) 그 주변 어디에; 어딘가 그 주변에

    I have heard it **somewhere or another**.   나는 그것을 **어디에선가** 들은 일이 있다.

⑦ 조건 (= if not) 《만약 그렇지 않으면》

    I am engaged, **or** I would accept.

                          제가 약속이 있습니다. 만약 그렇지 않으면 받아들이겠습니다만.

4) 등위접속사 nor

부정어 (neither, no, not)와 함께 쓰여 전부 부정을 나타내는 등위(상관)접속사이다.

① 긍정문 뒤에 또는 글머리에서 《그리고 [그래서] ~않다. (= and ~ not)》

    The book is over my head, **nor** have I read it.

                          그 책은 내게는 너무 어려워서 읽어본 적이 없다.

※ 접속사 nor의 앞에는 부정문이 오는 것이 보통이지만, 앞의 절이 부정문이 아니라도 부정을 뜻하는 내용이면 뒤의 절을 nor로 연결할 수가 있다.

    She sat motionless, **nor** did I make a move.

    그녀는 꼼짝 않고 앉아 있었고 나도 또한 꼼짝하지 않았다.

~. **Nor** will any institutional attempt to remedy social ills fully promise the eradication of social corruptions.

~다. 그리고 사회악을 완전히 치유하기 위한 기관 차원에서의 어떠한 노력도 사회적 부패의 근절을 약속해주진 못한다.

※ nor가 문두에 오면 주어와 동사 [조동사]가 서로 자리를 바꾼다.

Nor is this all.   그리고 또한 이것뿐이 아니다.

※ 여러 말을 앞에 나열한 뒤, 뒤에 다시 나열할 때 쓴다. 논설 등의 중간에 쓴다.

② neither A nor B 《A도 또한 B도 아니다 [않다]. (= not either A or B / not both A and B)》

부정어 neither와 함께 상관접속사로 쓰이는 경우이다.

I neither smoke **nor** drink.   나는 담배도 피우지 않고 술도 마시지 않는다.
(= I don't either smoke or drink. / I don't both smoke and drink.)
Neither he **nor** I am wrong.   그도 나도 잘못이 없다.
※ 동사는 그 동시에 가장 가까운 주어와 일치시킨다.

③ not[no] A, nor B(절) 《A도 …하지 않고, B도 또한 ~하지 않다.》

not[no]과 함께 상관접속사로 쓰이는 경우이다. 이때의 nor 다음에는 어순바꿈 구문이 온다.

I don't know his name, **nor** do I know where he lives.
    나는 그의 이름도 모르고 그가 어디에 사는지도 역시 모른다.
I said I had **not** seen it, **nor** had I.
    내가 그것을 보지 못했다고 말했고, 정말로 보지 못했다.
He has **no** parents **nor** home.   그는 부모도 집도 없다.

5) 등위접속사 for

앞서 말한 사실에 대하여 **부가적으로** 그 이유나 근거를 댈 때 사용한다. 《…다, 왜냐하면 ~이니까 [하니까]; …다, ~한 걸 보니》

▶ '상태·결과, for +이유·판단의 근거'의 형태로 쓰며, 등위접속사이므로 문두에는 쓸 수 없으며 (주절에 선행하지 못함) for 앞에는 콤마(,)나 세미콜론(;)을 찍는다. 글말에서 쓰며 입말체나 대화에서는 잘 쓰지 않는다.

It must have rained last night, **for** the ground is wet.
    어젯밤에 비가 내린 것이 틀림없다. 왜냐하면 땅이 젖어있기 때문이다.
She must be ill, **for** she looks pale.
    수척해 보이는 모습을 보아하니 그녀는 아픈 것이 틀림없다.

6) 등위접속사 so

'그래서, 그러므로, 따라서' 등의 뜻으로 등위접속사로 쓰인다.

I was very tired, **so** I went to bed early.

           너무 피곤했다. 그래서 나는 일찍 잠자리에 들었다.

It began to rain, (and) **so** I could not go out.

          그때 비가 내리기 시작했다. 따라서 나는 외출할 수가 없었다.

7) 등위접속사 yet

yet은 '그런데도 (불구하고), 하지만, 그래도'의 뜻으로 등위접속사로 쓰인다. 종종 although, though의 부사절과 상관적으로 쓰이는 일이 있다.

I'm tired, **yet** I can't sleep.   난 피곤하다. 그런데도 잠이 오지를 않는다.

She seems happy, **yet** [still] she is troubled.   그녀는 행복해 보이지만 걱정이 많다.

Though he is poor, **yet** he is satisfied with his situation.

          그는 비록 가난하지만 (그래도) 자기 처지에 만족하고 있다.

(2) 상관접속사

상관접속사(相關接續詞)란 일정한 관계를 나타내는 두 어구가 어떤 단어, 구, 절을 사이에 두고 놓여 연결기능을 하는 말을 가리킨다. 이때 앞에 오는 것은 한정사나 부정어 등의 어구이고 뒤에 오는 것은 종속접속사나 등위접속사이다.

 ※ 상관접속사에는 일정한 한정사나 부정어와 함께 부사절을 이끄는 경우(so ~ that 등)와 일정한 한정사나 부정어와 함께 등위절을 이끄는 경우(both A and B 등)가 있다. 후자의 경우 즉, 대등한 단어·구·절을 연결시키는 경우의 한정사나 부정어와 등위접속사를 통칭하여 **등위상관접속사**라고도 한다. 이곳에서는 등위상관접속사만 다루기로 하고 부사절을 이끄는 상관접속사는 다음의 '부사절을 이끄는 종속접속사' 부분에서 다루기로 한다.

1) both A and B

등위상관접속사로서 A와 B 둘 다, A도 B도, A뿐 아니라 B도의 뜻을 나타낸다.

▶ A와 B에는 대등한 관계의 어구가 들어가며 (A에 절이 들어가는 경우는 거의 없음), 'both A and B'의 수는 보통 A, B를 합쳐서 계산한다.

With Brexit, **both** the U.K. **and** Europe are losing a lot more than a partnership. 〈주어와 주어의 대등한 연결〉 ※ Brexit : Britain Exit의 약어

브렉시트(영국의 EU 탈퇴)로 인해 영국과 유럽 모두 다 동반자관계 이상의 많은 것을 잃고 있다.

He is **both** my friend **and** my opponent. 〈보어와 보어의 대등한 연결〉

그는 나의 친구이자 적수이다.

I like **both** Geum-sun **and** Sam-sun. 〈목적어와 목적어의 대등한 연결〉

나는 금순이와 삼순이를 둘 다 좋아한다.

The small baby can **both** talk **and** walk. 〈동사 (술어)와 동사 (술어)의 대등한 연결〉

그 작은 아기는 말도 할 줄 알고 걸을 줄도 안다.

Sam-sik **both** loves Geum-sun **and** wants to marry her. 〈술부와 술부의 대등한 연결〉

삼식은 금순을 사랑하며 결혼하고 싶어 한다.

This book is **both** useful **and** amusing. 〈형용사 (보어)와 형용사 (보어)의 대등한 연결〉

이 책은 유익하기도 하고 재미도 있다.

This article sell well **both** at home **and** abroad. 〈부사(구)와 부사(구)의 대등한 연결〉

이 물건은 국내에서도 국외에서도 잘 팔린다.

■ 덧붙임

1. 'both A and B'가 주어로 쓰인 경우에는 복수로 취급한다.

   <u>Both</u> <u>brother</u> <u>and</u> <u>sister</u> <u>are</u> bright. 오누이가 둘 다 총명하다.

2. 보어인 'both A (사람) and B (사람)'는 한 사람을 나타낸다.

   He is <u>**both** my friend **and** my opponent</u>. 그는 나의 친구이자 적수이다.

3. 두 가지가 합쳐져 하나를 형성하는 것일 경우에는 그 둘을 both A and B로 나타내지 않는다.

   Both oxygen and hydrogen make water. (x)
   Oxygen and hydrogen make water. (O) 산소와 수소가 물을 만든다 (구성한다).

17장 접속사(Conjunction)

4. and가 plus의 의미일 때에는 both를 함께 쓰지 못한다.

Two and two both is four. (x)

5. 하나의 명사를 수식하는 2개의 형용사를 both A and B의 형태로 쓰지 못한다.

They are both honest and diligent students. (x)

6. both A and B의 같은 뜻의 표현으로는 at once A and B, A and B alike가 있다.

Enlargement was at once a great challenge and a great opportunity for Europe.
유럽연합 확대는 유럽에게는 거대한 도전이자 기회였다.
So poverty is a call to action, for the poor and the wealthy alike.
그러므로 빈곤은 가난한 사람과 부유한 사람 모두에게 행동을 요구한다.

7. 'both A and B'의 부정형은 'neither A nor B'이다.

I can speak **neither** French **nor** English.
나는 프랑스어도 (뿐만 아니라) 영어도 하지 못한다.

8. both A and B와 together는 같이 쓸 수 없다. 중복적 표현이 되기 때문이다.

Both Tom **and** Jack did the work together. (x)

9. both A and B 구문에 respectively를 같이 쓰지 못한다.

Both Tom and Jack are very honest respectively. (x)
Tom and Jack are very honest respectively. (o) 톰과 잭은 둘 다 매우 정직하다.

10. 기타 (해석에 주의를 요하는 경우)

Both Tom **and** Jane got divorced. 톰도 제인도 이혼했다. 〈톰과 제인 둘은 부부가 아님〉
cf.) Tom and Jane got divorced. 〈부부였던〉 톰과 제인은 이혼했다.

---

2) either A or B

등위상관접속사로서 'A 또는 B 둘 중 하나(= A or B)'의 뜻으로 A와 B 사이에서의 선택 관계를 나타낸다.

▶ either A or B가 주어가 될 경우 동사는 B의 인칭과 수에 일치시킨다.

Either you **or** I am wrong. 너 아니면 나 둘 중 한 사람은 잘못이다.

※ 동사는 일반적으로 뒤의 주어에 맞추나, 어조가 좋지 않은 경우가 되므로 'Either you are wrong or I am.'과 같이 쓰는 경우가 많다.

You must either say or die.
        너는 말을 하든지 아니면 죽든가 해야 한다. (말하지 않으면 죽이겠다.)
You can do it either here or at home.   여기서 그것을 하든 집에서 하든 상관없다.
Either you are lying or I am dreaming.
       네가 거짓말을 하고 있거나, 그렇지 않으면 내가 꿈을 꾸고 있거나 둘 중(의) 하나다.
He cannot either read or write.   그는 (글을) 읽지도 쓰지도 못한다.

※ 'either A or B'의 부정은 전부 부정이 된다. (= neither A nor B)

■ 덧붙임

1. 'either A or B'에서 A와 B는 원칙적으로 동일한 품사 또는 문법적으로 동등한 요소가 와야 한다. (병치법)

She went either to London or Paris. (×)
She went to either London or Paris. (○) 그녀는 런던 아니면 파리에 갔다.
She went either to London or to Paris. (○)

2. 'either A or B'가 주어일 경우 부정문으로 하지 못한다.

Either you or I am not wrong. (×)
→ Nither you nor I am wrong. (○) 너도나도 잘못이 아니다.

3. 'either … or ~'는 두 개의 것에 관하여 쓰는 것이 보통이지만, 때로는 셋 이상의 것에 관하여 쓰기도 한다.

To succeed, you need either talent, (or) good luck, or money.
성공하는 데는 재능이든지, 행운이든지, 돈이 있지 않고서는 안 된다.

---

3) neither A nor B

등위상관접속사로서 'A도 B도 둘 다 ~이 아니다. (= not either A or B)'의 뜻으로 양자 부정의 표현이다. 'both ~ and …'에 대응하는 부정의 표현이다.

▶ neither A nor B의 A와 B에는 대등한 관계의 어구가 들어가며, 'neither A nor B'가 주어가 되면 동사는 B의 인칭과 수에 일치시킨다. 다만, 입말에서는 A와 B를 합쳐서 복수인 경우 복수형 동사를 쓰는 경우가 많다.

Neither you **nor** I am wrong. 너도나도 잘못이 없다.
(= Neither I nor you are wrong.)

They could **neither** advance **nor** retreat. 그들은 전진할 수도 후퇴할 수도 없었다.

The novel **neither** excites the emotions **nor** stimulates the imagination.
그 소설은 감동을 주지도 않고 상상력을 자극하지도 못한다.

The outcome was **neither** one **nor** the other. 그 결과는 이도저도 아니었다.

His illness is getting **neither** better **nor** worse. 그의 병세는 그저 그만한 상태다.

■ 덧붙임

1. neither가 본동사 앞에 오고 nor 뒤에 절이 오는 경우 절은 어순 바꿈 구문 (도치 구문)으로 한다.

   I neither hate him **nor** <u>do I think</u> he's stupid.
   나는 그를 미워하지 않고 멍청하다고도 생각하지 않는다.

2. 'neither … nor ~'는 두 개의 어구를 연결할 때 쓰는 것이 보통이지만, 때로는 <u>둘 이상의 어구</u>를 연결할 때 쓰기도 한다.

   He **neither** gambles, (**nor**) drinks, **nor** smokes.
   그는 도박도 하지 않거니와 술도 담배도 하지 않는다.

   Neither Korean, **nor** Japan, **nor** China would want to get into a bitter fight with Washington. 한국이나 일본, 중국 모두 워싱턴 (미국)과 심각한 대립관계에 빠지는 것을 원치 않을 것이다.

   I have **neither** time, **nor** patience, **nor** the inclination, **nor** the right to do that.
   나는 그것을 할 만한 시간도 인내력도 의사도 그리고 권한도 없다.

---

4) not A but B

등위상관접속사로서 'A가 아니라 B이다.'의 뜻을 나타낸다.

▶ 'not A but B'가 주어가 될 경우 동사는 B의 인칭과 수에 일치시킨다. 'A가 아니라 B이다.'의 뜻으로

「B(,) and not A」처럼도 쓸 수 있다.

It is **not** I **but** you who are to blame. 　　비난받아야 할 사람은 내가 아니라 너다.
(= You, and not I, are to blame.)

Not you, **but** I am wrong. 　　네가 아니라 내가 잘못이다.

He is **not** an adult **but** a child. 　　그는 아이이지 어른이 아니다.
(= He is a child and not an adult.)

He did **not** go to the office **but** stayed at home. 　　그는 회사에 가지 않고 집에 있었다.

He did**n't** come to help **but** to hinder us.
　　그는 우리를 도우러 온 게 아니라 방해하러 온 것 같았다.

5) not only A but (also) B

등위상관접속사로서 'A뿐만 아니라 B도 (= B as well as A)'의 뜻을 나타낸다.

▶ 'not only A but (also) B'가 주어로 사용될 경우 동사는 B의 인칭과 수에 일치시킨다. not only가 문두에 오면 그 뒤에 오는 절은 주어와 동사가 서로 자리를 바꾼다.

She is **not only** beautiful **but also** intelligent.
　　그녀는 용모가 아름다울 뿐만 아니라 똑똑하기도 하다.

He is well-known **not only** in Korea, **but** all over the world.
　　그는 한국 내에서뿐만 아니라 세계적으로도 유명하다.

Not only you **but also** he is in danger. 　　너뿐만 아니라 그도 위험에 빠져있다.

Not only was she a star of the stage, **but (also)** of the screen.
　　그녀는 무대 (연극)에서 뿐만 아니라 영화에서도 인기인 (스타)이었다.

■ 덧붙임

1. not only가 절 앞에 올 때는 also가 생략되거나 but에서 분리되어 적절한 위치로 가기도 하고, but also가 완전히 생략되기도 한다.

Not only did he give everyone gifts **but** invited them to a dinner party **also**.
그는 모든 이들에게 선물을 주었을 뿐만 아니라 저녁 식사에 초대까지 했다.

Not only did he bring wine, he bought flowers.
그는 포도주를 가져왔을 뿐만 아니라 꽃도 사 왔다.

2. 또한, but (also)가 절 앞에 올 경우 but 대신에 피리어드 (.)나 세미콜론 (;)을 쓰기도 한다.

Not only did he hear it. (또는 ;) He (he) saw it as well.
그는 그것의 소리를 들었을 뿐만이 아니다. 그는 그것을 보기까지도 했다.

---

(3) 무리[군] 접속사의 쓰임새
둘 이상의 단어가 한데 어울려 쓰여 하나의 접속사와 같은 역할을 하는 것을 말한다.

1) as soon as ~
'~하자마자 곧'의 뜻을 나타내어 시간의 부사절을 이끄는 종속접속사로 쓰인다.

As soon as I opened the door, the lights went out.
　　　　　　　　　　　　　　　　　　　　　내가 문을 열자마자 불이 나갔다.
(= The moment I opened the door, the lights went out.)
He went home **as soon as** he got the phone call.　그는 전화를 받자마자 집으로 갔다.

2) (A) as well as B
'B뿐만 아니라 A도; B는 물론 A도; B도 A도; B와 마찬가지로 (같을 정도로) 잘'의 뜻으로 등위접속사로 쓰이거나 비교 관계를 나타내는 부사절을 이끄는 종속접속사로 쓰인다.
▶ 'A as well as B'가 주어가 될 경우 동사는 A의 인칭과 수에 일치시키는 것이 원칙이다.

You **as well as** I are responsible for this.　나뿐만 아니라 너도 이것에 책임이 있다.
Knowledge of English is useful for business **as well as** travel.
　　　　　　　　　　　　　　영어를 알면 여행에서뿐만 아니라 사업에서도 유용하다.
You should consider all aspects of your decision, negative **as well as** positive.
　　　당신이 하는 결정의 모든 측면, 즉 긍정적인 면뿐 아니라 부정적인 면도 고려해야만 한다.
This may not work out **as well as** I thought.　이것은 생각만큼 잘되지 않는 것 같다.

3) as [so] long as ~

'~하는 한, ~하기만 하면; ~하는 동안에는(= while)'의 뜻을 나타내어 때, 조건'의 부사절을 이끄는 종속접속사로 쓰인다.

As [So] long as you feel that way about it, I can't agree with you.
네가 그것에 대해 그런 식으로 생각하는 한 나는 너에게 동의할 수 없다.

It doesn't matter whether it's black or white cat **as long as** it catches a mouse. 검은 고양이든 흰 고양이든 쥐를 잡기만 하면 아무 문제가 되지 않는다. – 鄧小平(덩샤오핑) –

Let us part friends, **as long as** we are going to part anyway.
어차피 우리가 헤어질 바에는 친구로 헤어지자.

As long as you live, keep learning how to live.
살아있는 동안 계속해서 사는 법을 배워라.

You shall want for nothing **as long as** I live.
내가 살아있는 한 당신에게 부족한 것이 없게 해주리다.

4) as [so] far as ~

'~하는 한; ~하는 한 멀리'의 뜻을 나타내어 정도, 범위, 거리 등을 나타내는 부사절을 이끄는 나타내는 종속접속사로 쓰인다.

As [So] far as I know, he is trustworthy.   내가 아는 한 그는 믿음이 가는 사람이다.
I run **as far as** I could.   나는 될 수 있는 대로 멀리까지 달렸다.
That's **as far as** you can go.   그게 당신(의) 한계예요.
All the problems have been ironed out, **as far as** we can see.
저희가 보기에는 모든 문제가 해결되었습니다.

I am second to none **as far as** excercise is concerned.
나는 운동에 관한 한 누구에게도 뒤지지 않는다. (둘째가라면 서러워한다.)

Go straight ahead **as far as** you can go and make a right.

똑바로 쭉 끝까지 가다가 오른쪽으로 돌아가세요.

> ▷ as far as는 명사 (지명)를 동반하여 전치사적으로 쓰여 '~까지'의 뜻을 나타내기도 한다.
> "Where is this bus bound for?" 이 버스는 어디 행입니까?
> – "It's going **as far as** Seoul Station." 서울역까지 갑니다.
> We went together **as far as** Daejeon, we parted there.
> 우리는 대전까지는 함께 갔고 거기서 헤어졌다.

3. 종속접속사의 쓰임새

영어문장에서 종속절 앞에는 주절과 구별됨을 나타내기 위해 일정한 말을 써 주어야 하는데 이때 사용되는 것이 종속접속사이다. 종속접속사는 종속절 [명사절, 부사절]을 한 단어와 같이 묶어주는 결속기능과 그것이 이끄는 절의 뜻을 대표하여 나타내는 기능을 한다. 종속접속사는 명사절과 부사절을 이끈다.

(1) 명사절을 이끄는 종속접속사

명사절이란 명사의 역할을 하는 절을 가리킨다. 명사절을 이끄는 종속접속사는 바로 주어절, 목적어절, 보어절, 동격절을 이끄는 접속사를 말하며 이에는 that, if, whether, but 등이 있다.

1) that

접속사 that은 '~하는 것; ~(이)라는 것; ~하다 [한다]는 것'의 뜻을 나타내어 명사절을 이끄는 종속접속사로 쓰인다.

① 주어절을 이끌어

that절이 한 문장의 주어가 된다. 이때의 동사는 단수를 사용한다. that절을 주어로 하는 문장은 문장의 간결성에 어긋나므로 흔히 that절을 뒤로 돌리고 가주어 it을 두어 'It …that ~'의 형태로 쓴다. 'It … that ~'구문의 that은 생략하기도 한다.

That he will pass the exam is certain.   그가 시험에 합격할 것이 확실하다.
(= It is certain (that) he will pass the exam.)
That mother did not scold me surprised me.
　　　　　　　　　　　　　　　　어머니께서 나를 꾸중하시지 않는 것이 놀라웠다.
It never occurred to me (that) she was my friend's girlfriend.
　　　　　　　　　　　　　　　나는 그녀가 내 친구의 여자 친구라고는 생각지도 못했다.
It is odd (that) he hasn't let us know.   그가 우리에게 알리지 않고 있는 것은 이상하다.

> ▷ 「It is + 형용사 [명사] + that절」에서 'It is'를 생략하여 쓰기도 한다.
> (It is) Odd that he should be such a marvelous scholar.
> 그가 그렇게 굉장한 학자라니 묘한 일이다.

② 보어절을 이끌어

▶ that절이 주격 보어가 된다. 이때의 that은 종종 생략한다.

The trouble is that we are short of time.
　　　　　　　　　　　　　　　　　　문제는 우리가 시간이 부족하다는 것이다.
The reason he's been so successful is that he works so hard.
　　　　　　　　　　　　　　　그가 성공한 원인은 그만큼 열심히 일했기 때문이다
One of the reasons that fewer people are getting married is that there are many obstacles in front of them.
　　　　결혼하는 사람이 감소하는 이유 중 한 가지는 그들 앞에 많은 장애물이 존재하기 때문이다.
The plain fact is, he has been cheating us.
　　　　　　　　　　　　　　　　　　분명한 사실은 그가 우리를 속여 왔다는 것이다.

※ 이처럼 that을 생략하고 콤마(,)를 붙이기도 하고, that도 콤마도 없이 be동사의 뒤에 직접 절을 계

17장 접속사(Conjunction)

속시키는 경우도 있다.
The point is, I can't do anything with him.
요점은 내가 그와는 아무것도 할 수 없다는 것이다.
The difficulty is I can't do it. 곤란한 점은 나는 그것을 할 수 없다는 것이다.

③ 목적어절을 이끌어

that절이 목적어가 된다.

❶ 타동사의 목적(어)절을 이끌어

타동사의 목적절을 이끄는 that은 생략할 수 있지만(특히, believe, expect, hope, know, say, suppose, think, wish 등의 사실을 전제로 하지 않는 **비사실 동사**), admit, agree, assert, assume, hold, learn, maintain, reckon, report, state, suggest 등의 사실을 전제로 하는 **사실 동사**의 경우나, 타동사의 목적절이 2개 이상일 경우 그 두 번째 이후의 that은 생략하지 않는 것이 보통이다.

I believe (that) you'll get on in the world. 나는 네가 출세하리라고 믿는다.
He says (that) he cannot do it today, but that he can tomorrow.
그는 그것을 오늘은 할 수 없고 내일은 할 수 있다고 말한다.
I take it that he will be succeed. 나는 그가 성공하리라고 본다.

※ 이처럼 목적절이 되는 that 앞에 가목적어 'it'을 두기도 한다.
  I take (it) for granted **that** he will be succeed. 나는 그가 당연히 성공할 것으로 생각한다.

It's fallacious to assume that they will agree.
그들이 동의하리라 추정하는 것은 잘못된 것이다.
I heard that there is a very beautiful island in the East Sea called "Dokdo".
동해에는 "독도"라고 불리는 매우 아름다운 섬이 있다고 들었습니다.
UNICEF reported that Korean children are most exposed to death by traffic accidents among OECD countries.
유니세프 (유엔아동기금)은 한국 어린이들이 OECD (경제협력개발기구) 국가 중에서 교통사고로 인한 사망에 가장 많이 노출되어 있다고 공표했다.

> ▷ 4형식의 직접목적어절을 이끄는 that은 생략하지 않는다.
> He warned me that I should be more careful.
> 그는 내가 좀 더 조심성 있어야 한다고 훈계했다.

❷ 전치사의 목적절을 이끌어

전치사 in과 except만이 that절을 그 목적어로 취할 수 있다.

Unlike the other seasons, autumn is special in that it makes people itch to write poems in one way or another.

다른 계절들과는 다르게, 가을은 사람들이 어떻게든 시를 쓰고 싶어서 좀이 쑤시게 만든다는 점에서 특별하다.

She remembered nothing about him except that he was tall.

그녀는 그가 키가 컸다는 것 외에는 그에 대해 아무것도 기억하지 못했다.

④ 동격절을 이끌어

that절이 chance, doubt, evidence, fact, hope, idea, possibility, probability, risk, question, rumor, suggestion, thought 등 추상성을 갖는 명사와 동일함을 나타내는 명사의 역할을 한다. 이때의 that은 생략 가능하다.

The fact that the earth rotates is apparent to everybody.

지구가 자전한다는 사실은 누구에게나 명백하다.

Washington is wary of the possibility that spent fuel rods can be used to extract plutonium that can be used in making nuclear weapons.

워싱턴은 사용한 핵연료봉이 핵무기를 만드는 데 사용될 수 있는 플루토늄을 추출하는데 사용되어질 수 있는 가능성에 대해 경계하고 있다.

The probability that we may fail in the struggle ought not to deter us from the support of a cause we believe to be just. - Abraham Lincoln -

우리가 싸움에서 질 가능성이 있다고 해서 우리가 정당하다고 믿는 이상을 지켜나가는 일을 단념해서는 안 됩니다.

There is no question **but that** heart failure had caused his death.

　　　　　　　　　　심장마비가 그의 죽음의 원인인 것은 의심의 여지가 없다.

※ 예문에서와같이 명사에 부정어가 있는 경우 흔히 'but that'과 같이 쓰기도 하는데 이때의 but 은 강조의 뜻을 나타내기 위해 관용적으로 사용하는 형식 어에 불과하다.

> ▷ (주의) that 이하가 '주어와 목적어가 있는 완전한 절'이 아니면 동격절이 아니다. 즉, 주어가 없으면 that은 주격 관계대명사이고, 목적어가 없으면 that은 목적격 관계대명사이다.
> Do you know the news that he brought? 당신은 그가 가져온 소식을 압니까?
> ※ 여기에서 that 이하가 '주어 + 동사'로 되어 있고 목적어가 없으므로 that은 목적격 관계대명사이다.

⑤ 서술 형용사의 보충어로서

많은 서술 형용사들이 that절을 그 보충어로 취한다. 이때의 that절은 목적절인 명사절의 성격을 띤다. ☞ p. 355[2] 참조

He is afraid **that** he makes a speech in public.

　　　　　　　　　　　　　　　　　　　그는 사람들 앞에서 말하는 것을 겁낸다.

I am desirous **that** we all (should) be happy.　　난 우리가 모두 행복하기를 원한다.

2) whether

if와 같은 의미로 간접의문문 형식의 명사절을 이끄는 종속접속사이다. 보통 'whether ~ or not'의 형태로 쓰이며, whether가 이끄는 명사절은 주어절, 보어절, 목적어절, 전치사의 목적어절, 동격절 등에 두루 쓰인다.

It is irrelevant. + Is he under twenty (or) not?

→ **Whether** he's under twenty (or not) is irrelevant. 〈주어절〉

　　　　　　　　　　　　　　　　그가 스무 살 아래이고 아니고는 상관이 없다.

(= It is irrelevant whether he's under twenty (or not).)

※ 의문사가 없는 의문문이 명사 자리에 결합할 경우 접속사 whether가 연결의 의미를 나타내며 의문문의 형식은 평서문의 형식이 된다.

The question is it. + Is he honest?

→ The question is **whether** he is honest (or not.) 〈보어절〉

문제는 그가 정직하느냐 (아니냐) 이다.

(= The question is **whether or not** he is honest.)

I don't know it. + Will she come?

→ I don't know **whether** she will come or not. 〈목적어절〉

나는 그녀가 올지 안 올지를 모른다.

= I don't know **if** she will come. 〈목적어절의 whether대신 if 가능〉

I don't know **whether or not** she will come.

※ 이처럼 whether 바로 다음에 or not을 쓰기도 하는데 이때의 whether는 if로 바꿔 쓸 수 없다. 그리고 이 경우 not 대신에 no를 쓰기도 한다.

I don't know **whether or no** she will come.

I am doubtful of it. + Is it true?

→ I am doubtful (as to) **whether** it is true. 〈형용사의 보충절〉

나는 그것이 사실인지가 의문스럽다.

I am concerned about it. + Have they signed the contract?

→ I am concerned about **whether** they have signed the contract.

나는 그들이 그 계약에 서명했는지 (안 했는지)가 궁금하다. 〈전치사의 목적절〉

Our success depends upon **whether** you will support us (or not).

우리의 성공은 네가 우리를 돕느냐 않느냐에 달려있다. 〈전치사의 목적절〉

There is some doubt (as to) **whether** he will be elected. 〈동격절〉

그가 당선될지 어떨지는 다소 불확실하다.

3) if

간접의문문 형식의 목적절을 이끄는 종속접속사로 쓰인다. 즉, if절은 ask, doubt, know, learn, see, tell, try, wonder 등과 같은 동사의 목적(어)절로 쓰인다. 《~인지 아닌지》

I asked if he knew Korean. 나는 그가 한국말을 할 줄 아는지를 물었다.

I doubt if such a thing is of any practical use.
나는 그런 것이 과연 실익이 있을지 의문이다.

※ **doubt**는 그 목적어로 긍정의 평서문에서는 if절이나 whether절이 오며, 부정문이나 의문문에서는 that절이 온다.
I doubt if [whether] he will succeed. 나는 그가 성공할지 의문이다.
I don't doubt that he will succeed. 나는 그가 성공할 것을 믿어 의심치 않는다.
Do you doubt that I did it? 너는 내가 그것을 했다고 의심하는 것이냐?

I wonder if she is at home. 그녀가 과연 집에 있을지 모르겠다[궁금하다].

■ 덧붙임

1. **whether**가 이끄는 명사절은 주어절, 보어절, 목적(어)절, 전치사의 목적(어)절, 동격절에 두루 쓰이는 것에 반해, **if**가 이끄는 명사절은 목적절로만 쓰고 주어절이나 보어절, 전치사의 목적절, 동격절 등에는 사용치 않는 것이 원칙이다. 다만, 서술 형용사의 보충절이나 아래 5.와 같은 구문에서 진주어절로는 사용된다. 다만, 실상에서는 if절을 주어절이나 보어절로 많이 사용하고 있다.

   If (x) [→ **Whether** (o)] she likes the present is not clear.
   그녀가 그 선물을 좋아하는지 분명치 않다.
   My main problem is if (x) [→ **whether** (o)] I should wait for her a little longer.
   나의 주된 고민은 그녀를 좀 더 기다려야 하느냐이다.

2. 목적절의 경우에도 의문의 뜻을 나타내는 경우를 제외하고는 원칙적으로 if절을 사용하지 않는다.

   He asked whether [if (o)] I knew Sam-sun. 그는 내가 삼순을 알고 있는지를 물었다.
   We discussed whether [if (x)] we should closed the shop.
   우리는 가게 문을 닫아야 할 것인지(말지)를 의논했다.

3. 목적절이라도 if절에는 'or not'을 결합시키지 않는 것이 보통이지만 미국에서는 'or not'을 결합시키기도 한다. 이 경우 if절의 뒤에 결합시키며 if의 바로 뒤에는 결합시키지 않는다.

   He asked if [whether] I knew Sam-sun or not. 그는 내가 삼순을 아는지 모르는지를 물었다.
   → He asked if or not I knew Sam-sun. (x)
   　 He asked whether or not I knew Sam-sun. (o)

4. 전치사의 목적절로는 if절을 사용하지 않는다.

It depends on if he arrives in time. (x)
→ It all depends on whether he arrives in time. (o)
그것은 그가 제시간에 도착하느냐의 여부에 달려있다.

5. be not sure, be not certain, be not clear, be doubtful 등으로 쓰는 것과 같이 특수한 사실을 나타내는 서술 형용사의 용법에서 서술 형용사가 부정이나 의문의 뜻을 드러내는 경우 그 보충절 내지 진주어절에는 흔히 whether절이나 if절이 온다. ☞ p. 356[2] 참조

I am not sure if [whether] she is going to the movies this Saturday night.
그녀가 이번 주 토요일 저녁에 영화 보러 갈는지는 확실치 않다.
It is not clear if [whether] he will attend. 그가 참석할지는 분명치 않다.
It's doubtful if [whether] the rumor is true or not. 그 소문이 사실인지 어떤지가 의심스럽다.

---

4) but

① 종종 but that [what (입말체)]의 형태로

❶ 주절에 deny, doubt, hinder, impossible, question, wonder 등이 부정되었을 경우 종속접속사로서 명사절 (목적절)을 이끈다. 현재는 그냥 that만을 쓴다. 《~하다는 것, ~이라는 것》

I do not deny (but) that I love her.   내가 그녀를 사랑한다는 것을 부정하지 않는다.
※ 여기서 but은 단지 강조어에 불과하다.
I don't doubt [There is no doubt] (but) that you will achieve it.
                        당신이 그것을 해낼 것을 믿어 의심치 않는다.
Nothing will hinder (but) that I will accomplish my purpose.
                        어떠한 것도 내가 목적을 이루는 것을 방해할 수는 없을 것이다.

❷ believe, expect, fear, know, say, tell, see, think, be sure 따위의 부정문, 수사의문문 뒤에서 종속접속사로 쓰여 명사절을 이끌기도 한다. 현재는 그냥 that만을 쓰는 것이 보통이다. 《~이 아니란 것을 (that ~not), ~않(는)다는 것을》

I am not sure but it is all true.   아무래도 그것은 모두 사실일 것이다.

17장 접속사(Conjunction)   127

Who knows (but) that he may be right?

그가 옳지 않다는 것을 누가 알 것인가? (= 어쩌면 그가 옳을지도 모른다.)

How can I tell (but) that you will do the same thing?

당신이 똑같은 일을 저지르지 않으리라는 것을 내가 어떻게 장담할 수 있겠는가?

② it is impossible, is it possible의 뒤에서 《~이 아니라고》

It was impossible but she should hear it.   그녀가 그것을 듣지 않았을 리가 없다

How is it possible but that we should sit back?

우리가 어찌 가만히 있지 않을 수 있겠는가?

5) 기타 명사절을 이끄는 종속접속사의 역할을 하는 것들

의문사가 간접의문절을 이끌 경우나 관계사가 주어절이나 보어절, 목적절을 이끌 경우에는 명사절을 이끄는 종속접속사의 역할을 한다.

① who, what, where, why, how, which, when 등의 의문사가 절 (간접의문절)을 이끌어 주어, 보어, 동격, 목적어 (전치사의 목적어, 서술 형용사의 목적어 포함)로 쓰일 경우 ☞ p. 332 (간접의문문) 참조

Do you know who that man is?   저 남자가 누구인지 아십니까?

When he did it is important to us.

그가 언제 그것을 했느냐 하는 것은 우리에게 중요하다.

Tell me which you would like best.   어느 것이 제일 마음에 드는지 말해 보세요.

Your success in life will depend on how well you do your work.

인생의 성공은 얼마나 훌륭히 자기의 일을 해내느냐에 달려있다. 〈전치사의 목적어〉

He had no idea how he should deal with the situation. 〈동격〉

그에게는 그 사태에 어떻게 대처해야 할지 아무런 방안이 없었다.

I am not clear where she went. 〈서술 형용사의 보충절〉

그녀가 어디로 갔는지가 분명치 않다.

② 선행사가 생략된 형태로 쓸 경우의 관계부사, 그리고 선행사를 포함한 것으로 보는 관계대명사 what, 복합관계대명사나 복합관계 형용사가 주어절, 보어절, 목적어절을 이끌 경우

This is why I refuse to go.   이것이 내가 가기를 거절하는 이유이다.
Do you remember when we first met?   너는 우리가 처음으로 만난 때를 기억하니?
Whatever I have is yours.   내가 가진 것은 무엇이든(모두) 네 것이다.
Take whichever you want.   네가 원하는 것을 어느 것이든 골라잡아라.

■ **형용사절을 이끄는 종속접속사**

원칙적으로 형용사절을 이끌 수 있는 것은 관계사이다. 즉, 대명사, 형용사, 부사의 기능을 겸하면서 종속절인 형용사절을 이끌어 주절의 관련 어구(선행사)를 수식하는 역할을 하는 말이 관계사이다. 다만, 관계사와는 달리 그것이 이끄는 절 속에서 일정한 품사의 역할을 겸하는 것도 아니면서 그 앞에 오는 명사를 수식하는 것(종속접속사)들도 있다.

 ex) when, as, before, after, but, lest, as if[though], etc.
He dreamed of his home when he was a boy. 그는 어린 시절의 고향의 꿈을 꾸었다.
I can imagine her astonishment when he asked her to marry him.
그 사람이 그녀에게 자기와 결혼해 달라고 했을 때 그녀가 놀랐을 것이야 상상이 간다.
his habit as I know it 내가 알고 있는 그의 버릇
There are few such children as he (is). 그 머슴애와 같은 아이는 매우 드물다.
The year before he graduated from university, he passed the Higher Civil Service Examination. 그는 대학을 졸업하기 전해에 고등고시에 합격했다.
A few minutes after he (had) finished his homework, he went to bed.
숙제를 끝낸 지 몇 분 뒤에 그는 잠자리에 들었다.
There is no question [doubt] but all will come right.
모두가 잘되리라는 것은 틀림이 없다.
There is a danger lest the provisions (should) fail. 식량이 떨어질 위험성이 있다.
I have a curious feeling as though your face were familiar to me.
- William Somerset Maugham의 'Red' 중에 -
내게는 당신의 얼굴이 친숙한 듯한 묘한 기분이 드는군요.
※ as though절이나 as if절 안에는 가정법(동사)을 쓰는 것이 보통이지만 입말체에서는 직설법도 사용한다.

(2) 부사절을 이끄는 종속접속사

부사절이란 문장에서 부사가 올 자리에 온 절로서, 부사절을 이끄는 종속접속사는 종속절인 부사절을 주절과 이어주고, 또, 부사절을 하나의 부사처럼 묶어주는 역할을 한다. 이때의 접속사는 시간, 장소, 원인, 목적, 결과, 양보, 조건 등을 나타내는 부사의 역할을 하면서 절을 이끈다.

1) 때 (시간)의 부사절을 이끄는 종속접속사

① 접속사 when

when은 특정한 때를 나타내고, while은 기간을 나타내는 것이 보통이다.

❶ ~할 때, ~할 때는

I'll tell him **when** he comes home.　　　　그가 집에 돌아오면 그때 그에게 말하겠다.

※ 시간의 부사절에는 미래형을 쓰지 않고 대신 현재형이나 현재 완료형을 쓴다.

When it rains, she usually stays inside.　　　　비가 올 때는 그녀는 대개 집에 있다.

❷ (~할 때 바로) 그때

주절이 진행형 또는 과거 완료형으로 되어 있는 경우에 이러한 뜻을 나타낸다.

I was standing there lost in thought **when** I was called from behind.
　　　　　　　　　　　　내가 생각에 잠긴 채 거기에 서 있을 때 뒤에서 누가 나를 불렀다.

I had just fallen asleep **when** someone knocked at the door.
　　　　　　　　　　　　내가 막 잠이 들었을 때 누군가가 문을 두드렸다.

❸ 할 때는 언제나 (= whenever)

When she goes out, she takes her dog with her.
　　　　　　　　　　　　그녀는 외출할 때면 언제나 개를 데리고 나간다.

She blushes **when** you praise her.　　　　그녀는 칭찬받으면 언제나 얼굴이 붉어진다.

❹ ~한 후 [하면] 곧

I'll come **when** I have had lunch. 점심을 먹고 나서 곧 가겠습니다.

Stop writing **when** the bell rings. 종이 울린 후 곧 쓰기를 멈춰라.

> ▷ when절은 시점을 나타내는 부사구와는 같이 쓰이지 않는다.
> At seven O'clock, Tom arrived **when** Jane left. (x)

■ 덧붙임

1. 종속접속사 when이 조건의 부사절을 이끄는 경우 《(만약) ~하면; ~하는 경우에는 (= if)》

I'll give it to you **when** you say 'please.' '제발'(please)이라고 말하면 그걸 네게 주지.

When you finish your paper, be sure there are no mistakes.
답안지를 다 썼으면 틀림이 없나 확인해라.

Liberty is useless **when** it does not need to action.
자유는 행동으로 이어지지 않는다면 무익한 것이다.

2. 종속접속사 when이 양보의 부사절을 이끄는 경우
《~에도 불구하고(= (al)though); ~을 생각해 보면 (= considering that)》

I have only three dishes **when** I need five. 접시 다섯 개가 필요한데 세 개밖에 없다.

She is always complaining **when** there's no reason to do so.
그럴 이유가 없음에도 불구하고 그녀는 늘 불평하고 있다.

The heat didn't ease **when** the sun went down.
해가 졌는데도 (불구하고) 더위는 누그러지지 않았다.

Why are you here **when** you should be in school?
너는 지금 학교에 있어야 할 터인데 왜 여기에 있느냐?

3. 종속접속사 when이 이유의 부사절을 이끄는 경우 《~하므로 (= since)》

I cannot go **when** I haven't been invited. 초청받지 못했으므로 나는 갈 수가 없다.

His spirits rose **when** he saw her. 그녀를 만나서 그는 기분이 밝아졌다.

② 접속사 while 《~하는 동안; ~하면서; ~하는 한 (= as long as)》

동작이나 상태가 계속되고 있는 시간 (기간)을 나타내는 부사절을 이끈다. while절 안에는 진행형이 많이 쓰이며, 절을 이끈다는 점에서 시간명사를 수반하는 전치사

This contract does not preclude my being employed by others **at the same time that I am working for you**.
이 계약은 내가 당신을 위해 일하는 것과 동시에 다른 사람들에게 고용되는 것을 배제하지 않는다.
During the time Mr. Kim had no job, his family lived from hand to mouth.
김 씨가 실직했을 동안에, 그의 가족은 그날 벌어 그날 먹는 생활을 하였다.

(2) 명사

the instant [moment] ~ (~하자마자), every time (that) ~ (~할 때마다), the next time (that) ~ (다음번에 ~할 때)
I recognized her **the moment** I saw her. 나는 그녀를 보자마자 알아보았다.
"**Every time** I get in a boat I get seasick." 전 배를 탈 때마다 뱃멀미를 해요.
- "You feel well **the instant** you set foot on land." 뭍을 밟으면 바로 좋아질 겁니다.
I'll see you around the town **the next time** you come to see me.
다음번에 저를 만나러 오시면 시내를 안내해 드리겠습니다.

(3) 부사

directly [immediately, instantly] (that) ~ : ~하자마자 (곧) (= as soon as)
Immediately [Directly, Instantly] she got home, she went to bed.
그녀는 집에 오자마자 곧 잠자리에 들었다.
Get up **directly** the alarm rings. 자명종 [경보기]이 울리면 바로 일어나라.

2) 장소, 방향의 부사절을 이끄는 종속접속사 [where]

관계부사 where와의 차이점은 선행사가 없이 부사적으로 쓰인다는 점이다.

① 장소: ~하는 곳에 [곳에서, 곳으로]

I am living **where** my parents used to live.
나는 지금 내 부모님이 살았던 집에서 살고 있다.
I never go **where** I am not wanted. 나는 갈 곳이 아니면 결코 가지 않는다.
There is honey **where** bees are.
꿀벌이 있는 곳에는 반드시 꿀이 있다. [모든 일에는 원인이나 이유가 다 있다.]

during과 다르다.

While you are sleeping, your heart is beating.
　　　　　　　　　　　　　　　당신이 잠을 자고 있는 동안에도 당신의 심장은 뛰고 있다.

While I was putting my bookshelves in order, I found a snap of my middle school days.　　책장을 정리하던 중 나는 중학교 시절의 스냅사진 한 장을 발견했다.

I fell asleep while (I was) reading.　　나는 책을 읽는 동안에(읽다가) 잠들어버렸다.

※ 주절의 주어와 일치할 경우 종속절의 주어와 be동사를 생략할 수 있다.
　　You shouldn't speak while (you are) eating. 식사 중에 떠들면 안 돼.

How can I leave them while [when] they are in such a trouble?
　그들이 저렇게 어려움을 당하고 있는데 [있거늘] 내가 어떻게 그들을 모른 채 내버려 둘 수 있겠는가?

Make hay while the sun shines.　햇볕이 났을 때 건초를 만들어라. (기회를 놓치지 마라.)

She came to the door while I was ringing the bell.
　　　　　　　　　　　　　　　　　　　내가 초인종을 누르자마자 그녀가 현관으로 나왔다.

While there is life, there is hope.　　　　　　살아있는 한 희망은 있다.

> ▷ while절은 '계속'의 의미를 나타내는 부사구와는 같이 쓰이지 않는다.
> Mary stayed at home while she was sick for a week. (×)

■ 덧붙임

1. while이 주절의 뒤에서 반대·비교·대조의 부사절을 이끌 경우 《그런데; 한편(으로는)》

You are too young, while I am too old. 당신은 너무 어리고 반면에 나는 나이를 너무 먹었다.
(= While you are too young, I am too old.)
Some are rich, while others are poor. 어떤 사람들은 부유하고 한편 어떤 사람들은 가난하다.

2. while이 문두에 놓여 양보의 부사절을 이끌 경우 《~할지라도(= although), ~라고는 해도, ~하지만서도》

While they don't agree, they continue to be friends.
그들은 의견이 서로 다르기는 해도 변함없이 친하게 지낸다.
While I admit that the problems are difficult, I don't agree that they cannot be solved.
나는 그 문제가 어렵다는 것을 인정은 하지만, 해결할 수 없다는 데에는 동의하지 않는다.

3. while이 입말체에서 등위접속사적으로 쓰일 경우 《그리고; 그 위에, 게다가》

One sang, another danced, **while** the third played the piano.
한 사람은 노래하고, 또 한 사람은 춤을 추고, 그리고 세 번째 사람은 피아노를 쳤다.
The floor was littered with bits of paper, **while** books strewed on the desk.
방바닥에는 종잇조각들이 흩어져 있었고, 게다가 책상 위에는 책들이 어지러이 흩어져 있었다.

4. 동사 while 《보통 away를 동반하여》 한가로이 [마음 편히, 즐겁게] 시간을 보내다.》

I **whiled** away my holiday watching TV. 나는 TV를 보면서 빈둥거리며 휴일을 보냈다.
I **whiled** away the hours of waiting him by looking at the shops.
나는 그를 기다리는 시간 동안을 여기저기 가게를 들여다보며 보냈다.

---

③ 접속사 as

❶ ~하면서; ~하자마자; ~하는 동안 (= while)

▶ when, while보다 동시성이 더 강하다. (함께 동작)

He studied **as** he listened to music.   그는 음악을 들으면서 공부를 했다.
As time passes, one's sorrows become thin.   세월이 흘러가면서 슬픔도 옅어진다.
As he entered the classroom, the students applauded.
그가 교실에 들어서자 학생들은 박수를 쳤다.
As I was coming here, I met her.   여기 오다가 나는 그녀를 만났다.

❷ 「as …, so ~」의 형태로 《~…와 동시에 ~하다; …에 따라서 ~하다.》

▶ 이때의 so는 (접속) 부사이다.

As the door was open, **so** he appeared.   문이 열림과 동시에 그가 나타났다.
As it became darker, **so** the temperature gradually went down.
날이 어두워짐에 따라서 기온이 점점 내려갔다.

④ 접속사 before 《~하기 전에; ~에 앞서; ~하고 나서야》

I got up (thirty minutes) **before** the sun rose.   나는 해뜨기 (30분) 전에 일어났다.

Before you speak, we know what you will say.
네가 말하지 않더라도 네가 하고자 하는 말이 무언지를 우리는 알고 있다.

I read the book three times **before** I understand it.
나는 그 책을 세 번이나 읽고 나서야 (겨우) 이해했다.

It was long **before** she came. 오랜 시간이 지난 뒤에야 그녀가 왔다.

I had not waited long **before** he came. 얼마 기다리지 않아서 그가 왔다.

It will be long **before** we meet again. 한참 지나야 우리가 다시 만나게 되겠군요.

※ before가 이끄는 절이 의미상으로는 미래에 관한 내용이라 할지라도 그 동사는 현재형을 쓴다. (시간 부사절의 특칙)

We must finish this work before he comes. 우리는 그가 오기 전에 이 일을 끝내야만 한다.

You must sow **before** you can reap. 미리 씨를 뿌려야 거둘 수 있다. – 속담 –

■ 덧붙임

1. till은 '~까지'의 뜻으로 계속의 뜻을 나타내고, before는 '~보다 이전에'의 뜻이지만 부정문에서는 before와 till은 구별이 없이 같은 의미로 쓰인다. 《까지》

We shall not start **before** [or till] he comes home.
우린 그가 집에 올 때까지는 시작하지 않을 것이다.
He won't go away **till** [or **before**] you promise to help him.
네가 그를 도와주겠다고 약속할 때까지 그는 떠나지 않을 것이다.

2. before에 이끌리는 절이 미래의 일을 나타내는 경우에는 현재형을 쓰고, 미래완료 대신에는 현재 완료형을 쓴다. (시간 부사절의 특칙)

It must be done before it rains. 비가 오기 전에 그 일이 되어져야만 한다.
I cannot leave here before I have finished the work.
나는 이 일을 끝마칠 때까지는 이곳을 떠날 수 없다.

3. before가 이끄는 절이 과거의 일일 경우에 주절은 과거나 과거완료 어느 것도 무방하다.

The train (had) left before I got to the station.
내가 역에 도착하기 전에 열차는 (이미) 떠났다.

4. 해석에 주의를 요하는 before가 이끄는 구문

(1) It was A (기간) + before + s + B (과거시제 동사) 《A 하고서야 B 했다.》

It was ten days before he came back. 열흘이 지나고 나서야 그가 돌아왔다.
It was not long before he came. 오래지 않아 그가 왔다.

(2) It will be A (기간) + before + s + B (현재시제 동사) 《A 한 후에야 B 할 것이다.》

It will be some time before she comes. 조금 있어야 그녀가 올 것이다.
It will not be long before the sun rises. 조금 있으면 해가 뜰 것이다.
(= Before long the sun will rise.)

(3) S + had not p.p. + A (기간, 거리) + before [when] + B (과거) 《채 A 하지도 못해서 B 했다.》

I had not been ill for a weeks before went to hospital.
나는 병이 난지 일주일도 안 되어 병원에 입원했다.
I had not waited long before he came. 오래지 않아 그가 왔다.
cf.) I had waited long before he came. 오래 기다린 뒤에야 그가 왔다.
We had not gone very far when it began to rain.
우리가 얼마 가지도 못해서 비가 오기 시작했다.

5. 기타

(1) before가 이끄는 부사절이 will, would와 함께 양보의 뜻을 나타내는 경우 《~하기보다는 오히려 (= rather than)》

I will die before I submit. 굴복하느니 차라리 죽겠다.
I would die of hunger before I steal. 도둑질하느니 차라리 굶어 죽겠다.

(2) before가 형용사절을 이끌 경우 《~하기 전의》

The year before they were married he often wrote a letter to her.
그들이 결혼하기 전해에 그는 그녀에게 자주 편지를 썼다.

---

⑤ 접속사 after 《~한 뒤에; 나중에》

after가 이끄는 부사절에서는 미래시제나 미래완료시제 대신 현재시제나 현재 완료시제를 쓴다. (시간 부사절의 특칙) 또, after 그 자체만으로도 앞, 뒤의 관계를 알 수 있으므로 완료형 대신 단순 시제(현재형·과거형)를 쓰는 것이 원칙이나 실제로는 완료형 (= 대과거 시제)도 많이 쓰는 편이다.

After he comes, I shall start. 나는 그가 온 뒤에 떠날 예정이다.
I will help you **after** I have finished this work [**after** I finish this work].
이 일을 마치고 나서 당신을 도와드리겠습니다.
You'll be sorry **after** you have done it. 네가 그것을 하고 난 뒤에는 후회할 것이다.
Shut the stable door **after** the horse is stolen.
말을 도둑맞고 난 후에 그 튼튼한 마구간 문을 잠그라. [소 잃고 외양간 고친다.]

⑥ 접속사 since

과거의 일이 말하고 있는 그 시점까지도 계속됨을 나타낼 때 쓰는 종속접속사로서, since가 이끄는 종속절은 주절보다 한 시점 앞선 시제를 사용하는 것이 일반적이다. since절은 부정문으로는 쓰지 않는다.

❶ 주절의 완료형에 뒤이어 《~한 후(지금까지); ~한 이래》

▶ 과거의 일정 시점부터 현재까지의 계속의 관념을 나타낸다. 보통은 현재 완료시제와 함께 쓰이며, since절에는 과거형의 동사가 오는 것이 보통이나 완료형을 쓰기도 한다.

We've been friends (ever) **since** we met at school. 우리는 학창시절부터 친구이다.
He <u>has worked [has been working]</u> **since** he left school.
그는 학교를 졸업한 이후에 줄곧 일을 해왔다.
I have learned a lot **since** I have been here.
나는 이곳에 오고 난 후로 많은 것을 배웠다.

※ since절 안의 동사는 보통 과거형이지만, 현재도 계속 중인 일의 동작·상태가 시작되는 시점과 관계되는 경우에는 현재완료도 쓴다.

I had not seen him since he <u>went [had gone]</u> to Seoul.
나는 그가 서울에 가버리고 난 후에는 그를 만나지 못했다.

※ 과거 일정 시점까지의 계속을 나타낼 경우 주절에 과거완료를 쓸 수 있으며, since절에는 과거나 과거완료를 모두 쓸 수 있다.

❷ 「It be … since ~」의 형태로 일이 시작되는 과거의 시점을 나타내어 《~한지(…년째가 되다.》
  ▶ 비인칭 주어 it으로 시작하는 문장에는 완료시제를 사용하지 않는 것이 보통이나 〈미〉 입말체에서는 완료형도 흔하게 사용한다. 그리고 since절에는 과거 동사를 쓰는 것이 보통이나 완료형을 쓰기도 한다.

It is three years **since** I met her. 내가 그녀를 만난 지 3년이 되었다.
(= Three years have passed **since** I met her.)
It is [has been] three years **since** I left school. 내가 학교를 나온 지 3년이 되었다.
It had been so long **since** we had seen each other.
　　　　　　　　　　　　　　　　　　　　우리는 정말 오래간만에 만났었다.
How long is it **since** I saw you last? 지난번 뵌 이래 얼마나 될까요?

⑦ until [till]

till은 until만큼 자주 쓰이지 않으며 시적 표현에 사용된다. 주절에는 계속적 의미를 지니는 동사(continue, keep, last, remain, stay, wait 등)가, until [till]절에는 비계속적 의미를 지니는 동사가 오는 것이 보통이다.

❶ 때의 계속의 뜻으로 《~할 때까지, ~까지》

I will love you **till** the seas run dry.
　　　　　　　　　　　　　　바다가 모두 마를 때까지도 나는 당신을 사랑하겠소.
Let's wait **until** the rain stops. 비가 그칠 때까지 기다리자.
Please keep wearing your belt **until** the plane comes to a complete stop.
　　　　　　　　　　비행기가 완전히 멈출 때까지 안전띠를 계속 매고 계시기 바랍니다.

❷ 부정어와 함께 (not … until ~) 《~하여 비로소 (…하다); ~까지 …않다.》

We do not know the value of health **until** we lose it.
　　　　　　　　　우리는 건강을 잃고 나서야 비로소 건강의 소중함 [가치]을 알게 된다.

= It is not until we lose it [health] that we know the value of health [it].)

Not until we lose it [health] that do we know the value of health [it].

I waited for an hour **until** he arrived.　　　1시간을 기다리고 나서야 그가 도착했다.

It was not **till** the next day came that we learned the truth.

그 이튿날이 되어서야 우리는 그 진상을 알게 되었다.

■ until, till과 by, before와의 차이

by는 '~까지'의 뜻으로 기한을 나타내며, before는 '~이전에, ~하기 전에'의 뜻으로 until [till]과 같은 '계속'의 뜻은 갖지 않는다.
Can you finish your work **by** tomorrow? 내일까지 당신의 일을 끝낼 수 있겠습니까?
Think well **before** you decide. 결정하기 전에 잘 생각해라.

---

⑧ as soon as 《~하자마자; ~하는 대로 (바로)》

주절과 종속절의 시제가 같은 것이 보통이다. 다만, 주절의 시제가 미래일 경우 종속절의 현재시제나 현재 완료시제는 미래나 미래완료를 나타내며(시간부사절의 특칙), 주절의 시제가 과거일 경우 종속절의 과거는 과거나 과거완료(대과거)를 나타낸다.

She came back **as soon as** she (had) heard of it.

그녀는 그 소식을 듣자마자 돌아왔다.

= **The moment [The instant, The minute]** she heard of it, she came back.

She had **hardly [scarcely, no sooner]** heard of it **before [when, than]** she came back.

Hardly [Scarcely] had heard of it **before** she came back.

I'll take care of your computer **as soon as** I'm through with what I'm doing now.　　지금 제가 하고 있는 일이 끝나는 대로 바로 당신 컴퓨터를 봐 드리겠습니다.

You may go home **as soon as** you have finished it.

당신은 그 일을 마치는 대로 바로 돌아가도 좋습니다.

■ 참고

1. as soon as가 조건의 부사절을 이끄는 경우 (= if)

As soon as everybody is quiet we can start today's lesson.
다들 조용히 해야, 오늘 수업을 시작하겠다.
As soon as I get the hang of this machine, I'll be able to work faster.
이 기계의 사용법을 알기만 하면 제가 좀 더 빨리 일을 할 수가 있을 텐데요.

2. as soon ~ as … 《…보다는 차라리 ~하다.》

You could as soon write an epic as drive a car.
너는 운전을 하느니 차라리 시를 쓰는 게 낫겠다. (운전이 형편없으니 운전을 하지 마라.)

3. as soon as possible [maybe] 《될 수 있는 대로 빨리, 한시바삐》

If any of our products are defective, please let us know as soon as possible.
만약 저희 제품에 결함이 있다면 가능한 한 빨리 알려 주십시오.
Please contact me as soon as possible to discuss this urgent matter.
이 긴급한 문제에 대해 의논하고 싶으니 가능하면 빨리 연락 주십시오.

⑨ no sooner ~ than … 《~하자마자 …하다.》

as soon as와는 달리 주절(no sooner ~)과 종속절(than …)의 시제가 다르게 나타난다. 주절은 대과거 시제, 종속절은 과거시제가 되는 것이 보통이다. no sooner가 문두에 오면 주어와 동사 (조동사)가 자리를 바꾼다.

We had no sooner sat down than the movie began.
우리가 자리에 앉자마자 영화가 시작되었다.
(= No sooner had we sat down than the movie began.)
No sooner had she seen me than she burst into cry.
그녀는 나를 보자(마자) 울음을 터뜨렸다.
No sooner said than done. 〈속어〉   말이 떨어지기가 무섭게 실행되었다.

⑩ had hardly [scarcely] p.p. ~ when [before] + s + v (과거) 《~하자마자; ~하자 곧》

'no sooner ~ than'과 같은 의미로 쓰이며 그것과 마찬가지로 주절은 대과거 시제, 종속절은 과거시제가 되는 것이 보통이다.

We **had hardly** started **when** it began to rain.

우리가 출발하자마자 비가 내리기 시작했다.

(= Hardly had we started when it began to rain.)

※ 이처럼 hardly를 글머리에 쓰는 것은 글말에서이다.

The player **had hardly** enter the batter's box **when** the audience in the ballpark began to make fun of him.

그 선수가 타자석에 들어서자(마자) 야구장의 관중들은 야유를 보내기 시작했다.

⑪ by the time (that) 《완료의 기한》~할 때까지(는); ~할 때 즈음》

어떤 일의 완료의 기한이나 시점을 나타내는 시간부사절을 이끄는 접속사로 사용된다. 주절과 by the time이 이끄는 부사절의 시제는 같은 것이 보통이다. 다만 완료상태를 강조하기 위해 주절에 동시제의 완료형을 쓰기도 한다.

I shall have finished it **by the time** (that) you **come** back.

당신이 돌아올 때까지는 나는 그것을 끝내 놓고 있을 것입니다.

※ by the time에 따르는 that절이 미래·미래완료의 뜻일 때 그 시제는 각기 현재형·현재 완료형으로 대신한다.

By the time (that) this letter **reaches** you I will have left the country.

이 편지가 당신에게 도착할 즈음이면 저는 이 나라를 떠나 있을 것입니다.

Various surveys show that the public still lives in fear that the social insurance system will be broke **by the time** they need it.

각종 조사에 따르면 국민은 자신들이 연금을 필요로 할 때가 될 즈음이면 사회보장제도가 붕괴할 것인가를 여전히 우려하고 있는 것으로 나타났다.

■ 참고

1. 시간부사절을 이끄는 접속사 앞에 붙는 강조 어구

(1) (not) + 강조어 [just, only, even] + 시간 접속사 [as, until, when, before, after, since]

Just as I was going out, a friend of mine came to see me.
마침 외출하려고 하는데 친구가 찾아왔다.

He'd (= had) had the foresight to sell his house just before house prices came down.
그는 선견지명이 있어서 집값이 떨어지기 바로 직전에 집을 팔았다.

A man is truly happy only when he is in good health.
사람은 건강할 때만이 참으로 행복하다.

Candidates had been jostling for position even before the leadership became vacant.
지도자 자리가 비기도 전에 후보들이 유리한 자리를 차지하려고 다투고 있었다.

It is just three years since I saw you last. 당신을 마지막으로 본지도 꼭 3년이 되었습니다.
(= Just three years have passed since I saw you last.)

(2) (not) + 강조어 [right] + 시간 접속사 [until, when, before, after]

I'll go right after I finish this work. 이 일을 마친 후 바로 가겠습니다.

(3) 강조어 [ever] + 시간 접속사 [since]

We've been friends ever since we met at school. 우리는 학창시절부터 친구이다.

Ever since he was young, Sam-sik wanted to be a carpenter.
삼식은 어렸을 때부터 줄곧 목수가 되고 싶어 했다.

(4) 강조어 [long, immediately, directly] + 시간 접속사 [before, after]

I had my eye on this bike long before I bought it.
나는 이 자전거를 사기 오래전부터 눈독을 들이고 있었다.

Immediately after she received the telephone, she turned pale.
그녀는 그 전화를 받은 직후 얼굴이 창백해졌다.

2. 시간 접속사 구실을 하는 어구

(1) 전치사구

(at) the moment that ~ (~하는 순간에, ~하자마자), by the time (that) ~ (~할 때까지에는, ~할 즘(무렵)에), (at) the same time that ~ (~과 동시에), during the time (that) ~ (~ 동안에)

Sorry! At the moment you called I was in the bath.
미안해! 네가 전화했을 때, 나는 목욕 중이었어.

Where the fire had been, we saw nothing but blackened ruins.
불이 난 곳에서 우리는 검게 탄 폐허만을 볼 수 있을 뿐이었다.

Where there is a will, there is a way.   뜻이 있는 곳에 길이 있다. [정신일도 하사불성]

② 방향: ~한 곳으로; ~하는 곳은 어디든지 (= wherever)

Go **where** [**wherever**] you like.   어디든지 당신이 가고 싶은 데로 가시오.

3) 원인, 이유의 부사절을 이끄는 종속접속사

① 접속사 because

원인·이유를 나타내는 접속사(as, since, for 등) 중 가장 강한 뜻의 원인·이유를 직접적으로 나타낼 때 사용되는 종속접속사이다.

❶ 주절에 서술된 결과, 상태를 있게 한 직접원인(사건)을 말하는 경우에 《~ 때문에 (해서); ~이니까》

▶ 앞에 콤마가 없고, 보통 뒤에서부터 올려 해석한다.

The picnic was put off **because** it was rainy.   비가 와서 소풍이 연기되었다.

(= **Because** it was rainy, the picnic wat put off.)

cf.) It's morning **because** the birds are singing. (x)   새가 지저귀므로 아침이다. (x)

※ 새가 지저귀는 것은 '아침'의 한 현상일 수 있을 뿐 '아침'의 '직접(적) 원인'은 될 수 없으므로 because를 쓸 수 없다.

Do not hold me so cheap[in contempt] **only because** I have nothing.
단지 내가 가진 것이 없다고 해서 그따위로 깔보지 마라.

※ 종종 because 앞에 just, only, merely, simply, chiefly, partly 등과 같은 정도부사가 놓이기도 한다.

It is **because** you have behaved so badly that you must be punished.
네가 벌을 받아야 하는 것은 너무나 버릇없이 굴었기 때문이다. 〈It ~ that 강조 구문〉

❷ 주절의 사실을 주장하는 이유나 주절과 같은 사실 판단을 하는 근거를 설명하는 경우에 《~때문에 (= for), ~으로 보건대》

▶ 앞에 콤마를 두고, 보통 앞에서부터 내려 해석한다. because 앞에 콤마나 세미콜론을 두는 경우에는 등위접속사 for와 마찬가지로 주절에 대한 이유·근거를 나타낸다.

Sam-wol could not go to school, **because [for]** she had to take care of the baby. 삼월이는 학교에 갈 수가 없었다. (왜냐하면) 그녀는 아기를 돌봐야 했기 때문이었다.

He must do something important, **because [for]** he makes good money. 그는 무언가 중요한 일을 하고 있음에 틀림이 없다. 왜냐하면 많은 급여를 받기 때문이다.

■ 등위접속사 for와 종속접속사 because

1. for가 등위접속사로서 그 앞의 문장 (대등절)의 사실에 대한 <u>판단근거나 행위에 대한 이유를 부가적으로 설명</u>할 때 쓰는데 대하여, because는 종속접속사로서 주절 (결과)에 대한 <u>직접원인 (사건)</u>이나 어떠한 판단이나 행위를 하게 된 이유를 말할 때 쓴다. 즉, for는 글말에서 등위접속사로서 앞의 등위절에 대한 이유를 덧붙일 때만 쓰고(앞에 콤마나 세미콜론을 한다.) 입말체 (대화)에서는 잘 쓰지 않으나 쓸 경우에는 because와 구별 없이 사용하고 있다.

It's morning, **for** the birds are singing. 아침이다. 새들이 지저귀는 걸 보니.
※ 새가 지저귀는 것은 '아침'이라고 판단할 수 있는 근거가 될 수 있으므로 for는 사용 가능하나, 새가 지저귀는 것이 아침의 직접원인은 아니므로 because는 사용할 수 없다.

It must have rained last night, **for** the ground is wet.
어젯밤에 비가 내린 것이 틀림없다. 땅이 젖어있는 것을 보면.
※ 땅이 젖어있는 것은 비가 왔다고 판단할 수 있는 근거가 될 수 있으므로 for는 사용 가능하나, 땅이 젖어있는 것이 비가 내린 결과는 될 수 있어도 직접원인(사건)은 아니므로 because는 사용할 수 없다.

He must do something important, **because [for]** he makes good money.
※ 이처럼 판단의 근거, 행위의 이유를 나타낼 때는 for나 because 둘 다 사용 가능하다'.

I did it, **because[for]** he told me to. 나는 그가 시켜서 그 일을 했다.

2. because는 종속접속사로서 문두에 쓸 수 있지만 for는 대등접속사이므로 문두에 쓸 수 없다.

The picnic was put off **because** it was rainy.
→ **Because** it was rainy, the picnic was put off. (o)
I could not go to school, **for** I had to take care of the baby.
→ **For** I had to take care of the baby, I could not go to school. (x)

❸ 부정문의 주절과 함께 콤마 없이 써서 《~이어서 …하는 것은 아니다; ~라고 해서 …하는 것은 아니다.》

I didn't call **because** I wanted to see her.
내가 그녀를 만나고 싶어서 방문한 것은 아니었다.

You should not look down upon them simply **because** they are poor.
단지 가난하다는 것만으로 그들을 멸시해서는 안 된다.

Just because I'm not quick on the uptake, it doesn't mean I'm stupid.
단지 내가 이해가 빠르지 않다고 해서, 나를 바보라고 생각지는 마라.

❹ Why로 시작되는 의문문의 대답의 첫머리에 써서 《왜냐하면》

"Why were you absent from school yesterday?" 너 어제 왜 결석했니?
– "**Because** I was sick in bed." 몸이 아파서 누워 있었어.

> ▷ because절을 의문문이나 명령문의 원인의 부사절로는 쓰지 않는다. 다만, as절이나 since절은 쓸 수 있다.
> Because you know me well, what do you think I should do? (x)
> Because you know me well, try to understand. (x)
> As [Since] you know me well, what do you think I should do? (o)
> 너는 나를 잘 아니까 내가 무엇을 해야 한다고 생각해?
> As [Since] you know me well, try to understand. (o) 너는 나를 잘 아니까, 이해해줘.

❺ 「not because [that] …, but because [that] ~」의 형태로 《…때문이 아니라 ~때문이다; …라는 [하다는] 것이 아니고 ~인 것이다.》

I gave it up **not because** I disliked it, **but because** I could not do it.
내가 그것을 포기한 것은 그것이 싫었기 때문이 아니라 할 수 없었기 때문이다.

I scold you **not that** I hate you, **but that** I love you.
내가 너를 꾸짖는 것은 너를 미워하기 때문이 아니라 사랑하기 때문이다.

(It is) **Not that** I like to go, **but that** I have to go.
내가 가고 싶어서가 아니라 가야만 하기 때문이다.

17장 접속사(Conjunction)

⑤ as / since

as나 since는 because 만큼 강한 인과관계를 나타내지 않고 부차적인 원인·이유에 쓰며 흔히 주절 앞에 놓인다. 글에서보다는 대화에서 많이 쓰며 since의 주절에는 완료형이 오는 것이 보통이다.

❶ 접속사 as

▶ because는 직접적이고 주된 원인·이유를 나타낼 때 쓰지만, as는 가볍고 부차적인 이유를 말할 때 쓴다. 미국에서는 as대신 because나 since를 쓰는 경향이다. 《~이므로, ~이기 때문에》

i. 문두에 쓰여

As I had nothing to do, I read the newspaper over and over again.

나는 할 일이 없었기에 신문을 몇 번씩이나 읽었다.

As you are leaving last, please turn out the lights.

네가 맨 나중에 나오니까, 불 좀 꺼줄래.

ii. 「형용사, 부사 + as ~」의 형태로

Young **as** he was, it is not strange that he should have acted so foolishly.

그는 나이가 어렸으므로 그런 어리석은 짓을 했다 해도 이상한 일은 아니다.

Careless **as** she was, she could never pass a driver's licence test.

그녀는 신중치 못해서 운전면허시험에 결코 합격할 수가 없었다.

❷ 접속사 since

▶ since는 사실을 전제로 하거나, 이미 잘 알려진 원인·이유 등을 말할 때 사용되며 그 의미나 용법은 as나 다름없다. (~이므로, ~이기 때문에) 특히, 미국에서는 as보다 since를 자주 쓴다.

Since he left at noon, he should have arrived there by this time.

그는 정오에 출발했으니까 지금쯤은 그곳에 도착했을 것이다.

I've come to take a last look at you(,) **since** I am not going to see you for some time. 얼마 동안 뵙지 못할 것 같아서 끝으로 뵙고 인사드리려고 왔습니다.

> ▷ 주의
>
> **(1) why로 시작하는 의문문에 대한 대답에서는 since를 쓰지 않는다.**
> "Why were you absent from school yesterday?"
> – "Because [Since×] I was sick."
>
> **(2) 이유를 강조할 경우의 'It ~ that' 강조 구문에는 because를 쓰고 since는 쓰지 않는다.**
> It was because [since×] Tom arrived that Jane left.
> 제인이 떠난 것은 톰이 도착했기 때문이었다.
>
> **(3) since는 because와는 달리 only, partly, simply 따위로 수식할 수 없다.**

⑥ **now that** 《'~인 이상, (이제) ~이니까' (= seeing that, considering that)》

가벼운 원인을 나타낸다. 글머리에 쓸 수 있다.

Now (that) I have finished school, I must live independently of my parents. 학교를 졸업한 이상 나는 이제 부모님에게서 독립해 살아야만 한다.

I feel easier **now that** I have got what I had to say off my chest.
가슴에 쌓아 두었던 말을 다 하고 나니 내 속이 후련하다.

The room feels empty **now that** all the guests have left.
손님들이 다 떠나버리고 나니 방이 휑한 느낌이 든다.

⑦ **seeing (that)** 《~이므로; ~을 고려하면(considering)》

이유, 조건, 양보 등의 부사절을 이끄는 접속사로 쓰인다. 글머리에 쓸 수 있다.

Seeing that you keep sneezing continuously, you must have caught a cold. 계속해서 재채기하시는 걸 보니 감기 걸리셨나 보군요.

Her Korean is not bad, **seeing that** she has learned it only for a year.
배운 지 1년밖에 되지 않은 것을 고려하면 그녀의 한국어 (실력)는 나쁘지 않다.

⑧ in that 《~이므로 (= since, because); ~이라는 점에서》

글말에서 쓴다. 주절 뒤에 놓는 것이 원칙이다.

My loan application was rejected **in that** [= because] I forgot to fill part of it out.
    내가 서류 일부분을 깜박 잊고 작성하지 않았기 때문에 내가 낸 대출신청이 거부당했다.

The conclusion is wrong **in that** it is based on false premises.
    잘못된 전제에 근거하고 있다는 점에서 그 결론은 틀렸다.

⑨ 접속사 whereas 《~이므로 (= since)》

공문서의 전문(前文)에서 because, since의 의미로 쓰인다.

Whereas freedom is an inalienable right of human beings, it should be not violated.   자유는 인간의 절대적 권리이므로 침해되어서는 안 된다.

Whereas(,) Manufacturer wishes to appoint Distributor the exclusive distributor for the products (as hereinafter defined) in the territory of Korea.

Wheres(,) Distributor wishes to accept such appointment as exclusives distributor. In consideration of the mutual covenants contained herein, the parties hereto agree as follows.

제조업자는 판매권자를 (이하에 기술하는) 제품에 대한 한국 내 독점판매자로 선정하기를 원하고, 판매권자는 독점판매자로 지정을 받는 것을 희망하기에, 이 속에 포함된 상호의 계약 내용을 고려하여, 당사자들은 이것에 관해 다음과 같이 약정한다.

4) 목적의 부사절을 이끄는 종속접속사

① 접속사 that

❶ 「(so, in order) that + 주어 + may 등 ~」의 형태로 《~하기 위하여, ~하도록》

▶ that절 안에 may [might]를 쓰는 것은 격식을 차린 표현이며, 보통은 can[could], will[would] 을 쓴다. that은 흔히 생략하며, 그럴 경우에는 so, in order를 생략하지 않는다.

I worked hard **so that** my family could live in comfort.

　　　　　　　　　　　　　　나는 우리 가족이 편안히 살 수 있도록 열심히 일했다.

Speak louder **so (that)** everybody can hear you.

　　　　　　　　　　　　　　　　　모두에게 들리도록 더 큰 소리로 말하세요.

She starved (herself) to death **in order that** her children might be fed.

　　　　　　　　　　　　　그녀는 자신의 아이들을 먹이기 위해 자신은 굶어서 죽었다.

❷ 「(so) that + 주어 + may 등 + not ~」의 형태로 《~하지 않기 위하여, ~하지 않도록》

I got up early **that** I might [could, should] **not** miss the first train.

　　　　　　　　　　　　　　　나는 첫 기차를 놓치지 않기 위해서 일찍 일어났다.

(= I got up early lest I should miss the first train.)

He took a taxi **so that** he wouldn't be late for [at] school.

　　　　　　　　　　　　　　　그는 학교에 지각하지 않기 위해서 택시를 탔다.

She tried to walk quietly, **so that** they would **not** hear her.

　　　　　　　　그녀는 그들이 발소리를 듣지 못하게 하기 위해 소리 나지 않게 걸으려고 애썼다.

② lest 《~하지 않게; ~하면 안 되므로(for fear that ~)》

「lest + s + should + 동사원형」의 형태로 부정의 목적의 부사절을 이끌기도 한다. 이러한 것은 글말에서 쓰며 입말에서는 so that[in order that]~ not, so as not to~, for fear that~ 등을 쓴다. 미국에서는 should를 생략하여 쓰기도 한다.

I will note it **lest** I should forget (it).　　잊어버리지 않도록 그것을 적어 두어야겠다.

She turned her head away **lest** he should see her tears.

　　　　　　　　　　　　　　　그에게 눈물을 보이지 않으려고 그녀는 얼굴을 돌렸다.

Take your umbrella with you **lest [for fear]** it (should) rain.

　　　　　　　　　　　　비가 오면 (= 비를 맞으면) 안 되니까 우산을 가지고 가라.

- **lest가 fear, be anxious, be afraid 따위와 함께 쓰여 명사절을 이끌 경우**

《~하지나 않을까 하고 (= that ~)》 ※ 현대영어에서는 that을 쓴다.

He is in constant fear lest the scandal (should) come to light.
그는 추문 (스캔들)이 폭로되지 않을까 하고 노심초사하고 있다.
She was anxious lest she should be late for school. 그녀는 지각할까 봐 초조했다.
I am afraid lest I should miss the last bus. 나는 막차를 놓치지 않을까 걱정이다.

5) 결과의 부사절을 이끄는 종속접속사

① 접속사 that

❶ so + A (형용사, 부사) + that + s + v《매우 A 해서 s는 v 하다.》

▶ so와 함께 상관접속사로 쓰이는 경우이다.

I ate **so** little **that** I am hardly satisfied.

너무 조금 먹어서 그런지 먹은 듯 만 듯하다.

He was **so** tired **that** he was dozing off behind the wheel.

그는 너무 피로해서 꾸벅꾸벅 졸면서 운전을 했다.

The novel is **so** easy **that** a child can read it.

그 소설은 너무 쉬운 문체로 씌어서 어린아이라도 읽을 수 있다.

(= The novel is easy enough for a child to red.)

The meeting became **so** disorderly **that** the speaker had to shout into the microphone. 그 회의는 매우 무질서해져서 연설자는 마이크에 대고 큰 소리를 내야 했다.

❷ so + A (형용사, 부사) + that + s + 조동사 + not + R (동사원형)《너무 A 해서 ~할 수 없다.》 = too + 형용사 + (for 목적격) + to–R (to 부정사)

I'm so tired **(that)** I can**not** go any further.   너무 지쳐서 나는 더 이상 갈 수가 없다.

(= I'm too tired to go any further.)

It is **so** dark **that** I can't see my hand before me.

너무 어두워 눈앞의 내 손조차 볼 수가 없다. (내 손조차 볼 수 없을 정도로 매우 어둡다.)

The matter weighed **so** heavily on my mind **that** I could **not** get to sleep.
그 문제가 내 마음을 너무도 무겁게 눌러서 나는 잠들 수가 없었다.

No man is so old **that** he may **not** learn.
사람이 나이가 너무 많아서 못 배운다는 법은 없다.

= No man is so old **but** (that) he may learn. 〈글말적〉

※ 여기서 but은 부정의 주절의 so와 상관적으로 사용된 종속접속사이다.

No man is too old to learn.

❸ S + V + so + A (형용사, 부사) + a(n) + B (단수 명사) + that + s + v /
S + V + so + A (형용사, 부사) + B (복수 명사, 불가산명사) + that + s + v
《S가 매우 A 한 B여서(하여) s는 v 하다.》

He gave **so** witty an answer **that** everyone burst out laughing.
그가 아주 익살맞은 대답을 했기 때문에 모두가 웃음을 터뜨렸다.

It was **so** lovely [good] a day **that** we went out for a walk.
날씨가 아주 좋아서 우리는 산책하러 나갔다.

His parents give him **so** much money **that** he's got no motivation to get a job.
그의 부모가 돈을 많이 주기 때문에 그는 직업을 갖는 것에 대해 자극을 받지 않고 있다.

He makes **so** many wild allegations **that** no one will believe him.
그는 너무나 엉터리 같은 말들을 많이 하기 때문에 아무도 그를 믿으려고 하지 않는다.

❹ ···, so that + s + v ~ 《···하다. 그래서 ~하다; ···하기 때문에 ~하다.》

His father died suddenly, **so that** he had to leave school.
그의 아버지가 갑작스럽게 돌아가셨다. 그래서 그는 학교를 그만두어야만 했다.

They were short of fresh water, **so that** they drank as little as possible.
마실 수 있는 물이 부족했기 때문에 그들은 될 수 있는 대로 적게 물을 마셨다.

❺ S + V + such + a(n) + A (형용사, 부사) + 단수가산명사 (B) + that + s + v /
S + V + such + A (형용사, 부사) + 복수 명사/ 불가산명사 (B) + that + s + v
《대단히 A 한 B여서 s는 v 하다.》

▶ 입말체에서는 흔히 that을 생략한다.

He is **such** a kind man **that** everybody likes him.
　　　　　　　　　　　　　　　　그는 매우 인정 많은 사람이라 모두가 그를 좋아한다.
(= He is so kind a man that everybody likes him.)
This book is written in **such** simple English **that** beginners can under-stand it.　　　　　이 책은 아주 쉬운 영어로 쓰여 있어서 초보자도 이해할 수 있다.
These are **such** long assignments **that** I can't finish them.
　　　　　　　　이것들은 너무도 오래 걸리는 과제 (숙제)들 이라서 나는 그것을 끝낼 수가 없다.

② 접속사 but

주절이 부정문일 때 but이 필연의 결과나 부대 상황을 나타내는 부사절을 이끌기도 한다. 《…하면 반드시 ~하다; ~하지 않고서는 …않다.》
I **never** pass here **but** I think of her.　난 이곳을 지날 때면 늘 그녀를 생각하게 된다.
Justice is **never** done **but** some one will complain.
　　　　　　　　　　　　　　　　　공정하게 재판을 해도 반드시 불평하는 사람이 있다.
Scarcely a day passed **but** I thought her.
　　　　　　　　　　　　　　　　　나는 거의 하루도 빠짐없이 그녀를 생각했다.

③ 접속사 until / till

until [till]이 이끄는 부사절이 '~하여 결국 [마침내]; 그리고' 뜻으로 일의 결과를 나타낼 경우가 있다. 이때는 내리 번역된다.
I ran on and on **until** I was completely tired out.
　　　　　　　　　　　　　　　　　나는 쉬지 않고 계속 달려서 결국 완전히 녹초가 되었다.

Her sight became weaker and weaker, **till** she lost it.

그녀의 시력은 점점 약해져서 결국 보이지 않게 되었다.

The ship went farther and farther, **till** it was lost to sight.

배는 점점 멀어져서 마침내 시야에서 사라졌다.

■ 참고- 목적의 부사절과 결과의 부사절의 구별

1. 목적의 부사절에는 보통 may, can, will이 나타난다.

She is sitting in front of row **so (that)** she **may** hear every word of the lecture.
그녀는 강의를 잘 알아듣기 위하여 앞줄에 앉는다.

2. 결과의 부사절 앞에는 보통 콤마가 온다.

She sat in front of row, **so (that)** she heard every word of the lecture.
그녀는 앞줄에 앉았기 때문에 강의 내용을 잘 알아들었다.

3. 결과의 부사절은 문두에 올 수 없으나 목적의 부사절은 문두로 나올 수 있다.

So that I shouldn't worry, he phoned me on arrival.
내가 걱정을 하지 않도록 그는 도착하자마자 나에게 전화했다.

---

5) 양보의 부사절을 이끄는 종속접속사

① 접속사 although / though 《~에도 불구하고; 비록 ~이지만; ~일지라도》

접속사 though와 although는 거의 같은 의미로 쓰이나, although는 주로 사실을 서술하는 데 쓰고, though는 가정을 나타낼 경우에 많이 쓴다. although가 더욱 격식 있는 말이다. 또, although는 접속사로만 사용되나 though는 (접속)부사 및 접속사로 사용된다. although나 though절은 주절 앞이나 뒤에 모두 놓을 수 있으나, 주절보다 앞설 때는 대개 although를 쓴다.

Although she was young, she supported her family.

비록 그녀는 어렸지만 그녀의 가족을 부양했다.

(= She supported her family, although [though] she was young.)

Although (he is) poor, he is happy.   그는 비록 가난하지만 행복하다.

※ although가 이끄는 부사절의 주어가 주절과 같을 때, 그 주어 (대명사)와 be동사를 생략하는 것이 보통이나 though의 경우는 드물다.
Although [Though] (I was) terribly tired, I worked hard.
나는 대단히 피곤했지만 열심히 일했다.

She finished first **though [although]** she began last.
그녀는 제일 늦게 시작했지만, 제일 먼저 끝냈다.

Though the sore be healed, yet a scar may remain.
상처는 나을지라도 흉터는 남는다. — 속담 —

> ▷ though는 입말체에서 문미, 문중에 단독으로 부사 (접속부사)로도 쓰지만, although는 그렇게 쓰지 못한다. 《그러나, 그래도, 그렇지만, 하긴, 역시》
> I wish you had told me, **though**. 그렇다고는 하지만, 내게 이야기해 주었으면 좋았는데.
> After a while, **though**, she heard the same voice calling her.
> 그러나, 잠시 후에 그녀는 또 같은 목소리가 자기를 부르는 것을 들었다.
> It's very good. It's expensive, **though**. 그것은 아주 좋다. 그렇지만 비싸다.
> It was true, **though**. 그것은 역시 사실이었다.

② even though 《비록 ~이지만; ~일지라도》

though의 강조형으로서 although와 같은 의미이다. 다음의 even if가 주로 실제 사실이 아닌 가정적인 일을 전제한 양보의 의미를 나타내는 것에 비해 even though는 주로 사실을 전제한 양보의 뜻을 강하게 나타낼 때 쓴다. even although의 형태로 쓸 수 없고 부사로도 사용할 수 없다.

Even though he is a busy man, he always has time to write a reply to any letter he receives.
그는 바쁜 사람이지만 항상 시간을 내어 자기가 받는 편지에 답장을 쓴다.

Even though he said so, you need not believe him.
설령 그가 그렇게 말했다고 할지라도 네가 그를 믿을 필요는 없다.

She will come **even though** it is snowing. 눈이 올지라도 그녀는 올 것이다.

cf.) **Even though**, he can not be satisfied. (x) 〈이와 같이 부사처럼은 쓸 수 없음〉

③ even if

even though와 유사한 뜻을 나타내나 even though보다 가벼운 의미로 쓴다. (비록 ~이지만; 설령 ~일지라도) even though가 더 격식체이다. even if는 if의 강조형으로 if의 가정법절이나 조건절에 양보의 의미를 강조할 때 쓴다. 이때의 even은 종종 생략한다.

Even if he's rich, he's honest. 그는 부자일지라도 (최소한) 정직하다.
(= If he's rich, (at least) he's honest.)
Even if you don't like him, you have to help him.
　　　　　　　비록 네가 그를 좋아하지 않는다고 할지라도 너는 그를 도와주어야 한다.
Even if it rains, I will start. (비가 오지 않겠지만) 비가 온다 할지라도 나는 출발할 것이다.
I wouldn't sell my puppy **even if** [even though(x)] you gave me a million dollars.　　　네가 백만 달러(억만금)를 준다 해도 내 강아지는 팔지 않을 것이다.
(Even) If the sun were to rise in the west, I would never change my mind.　　　(설령) 해가 서쪽에서 뜬다 하더라도 내 마음은 결코 변치 않을 것이다.

> ▷ even if는 still에 의해 양보의 의미가 강해진다.
> **Even if** he's unreliable at times, he's **still** the best man for the job.
> 그는 비록 때때로 신뢰할 수 없지만, 여전히 그는 그 일에 최적임자다.

④ 접속사 if

종속접속사 if는 완전한 절과 함께 '비록 (설사) ~라 하더라도(일지라도)' 뜻으로 양보 부사절을 이끌거나, 생략문의 형태로 끼움구가 되어 양보 어구를 만들기도 한다.

I will finish it **if** it takes me all day.
　　　　　　　그 일을 하는데 하루 종일 걸리더라도 나는 그것을 마칠 것이다.
If she did say so, you needn't believe her.
　　　　　　　그녀가 그렇게 말했더라도 너는 그녀의 말을 믿을 필요는 없다.
She is a foolish, **if** pretty, girl.　　그녀는 비록 예쁘기는 하지만 맹한 여자이다.

⑤ **whether ~ or not** 《~이든 아니든 (간에)》

I will attend the meeting **whether** [**if**] it rains **or not**.

비가 오거나 말거나 나는 그 모임에 참석하겠다.

We <u>ought to</u> [**should**] observe the law **whether** we like it **or not**.

우리는 좋든 싫든 간에 법을 지켜야만 한다.

Whether he comes **or not** [= **Whether or not** he comes], I'll go.

그가 오든 말든 나는 갈 것이다.

⑥ **whoever** 등이 부사절을 이끌 경우

whoever, whatever, however, whenever, wherever 등의 복합관계사가 양보 부사절을 이끌기도 한다. 《어떻게[아무리]~하더라도 (= no matter + 의문사)》

Whoever may try, it cannot be done. 누가 해봐도 그것은 할 수 없다.

Whichever bus you take, you will come to the station.

어느 버스를 타도 역으로 갑니다.

Whatever he had done, he is still your friend and needs your help.

그가 무슨 짓을 했다 하더라도 그는 여전히 네 친구이고 너의 도움을 필요로 한다.

However difficult the work may be, I will go through with it.

그 일이 아무리 어렵더라도 나는 해내고야 말 것이다.

Whenever you may call on him, you'll find him reading something.

네가 언제든 그를 찾아가더라도 무엇인가를 읽고 있는 그를 보게 될 것이다.

Wherever you may go, you will not find a better place than your home.

어디를 간다 해도 자기 집보다 좋은 데는 없을 것이다.

⑦ **in spite of the fact that**

'~에도 불구하고'의 뜻을 나타내어 양보접속사 기능을 한다.

= despite (the fact) that / regardless of the fact that / notwithstanding (the fact) that

In spite of the fact that he was late for the meeting, the boss had nothing but praise for his last few months' performance.
그가 회의에 늦었음에도 불구하고 사장은 그의 최근 몇 달간의 업무성과를 칭찬하지 않을 수가 없었다.

He didn't get the job **despite (the fact) that** he had all the necessary qualifications. 그는 모든 필요한 자격을 갖추었음에도 불구하고 직장을 얻지 못했다.

She failed her driver's licence test again, **notwithstanding (the fact that)** she made every effort to pass the test.
그녀는 시험에 합격하기 위해 온갖 노력을 다했음에도 불구하고 운전면허시험에 또 떨어졌다.

⑧ that과 결합한 다음과 같은 분사가 양보의 접속사로 쓰일 수 있다. (= even if)

Granting [Granted] that he may not know it, that is no excuse for his conduct. 그가 그것을 알지 못한다고 할지라도 그것이 그의 행위에 대한 변명은 되지 않는다.

Granting that it is true [Granting it to be true], you are still in the wrong.
설령 그것이 사실이라 할지라도 여전히 네가 잘못이다.

Conceded that what you say is true, still there is much to be said for the other side.
네가 말하는 것이 사실이라고 인정할지라도 여전히 얘기해야 할 다른 부분이 많이 있다.

■ 참고— 기타의 양보 부사절

1. 동사원형 + where [when, what] + 절 《~를 하든지(하더라도)》
Go **where** he will, he will be welcomed. 그는 어디를 가든지 환영받을 것이다.
(= No matter where he may go/ Let him go where he will/ Wherever he may go)

2. 동사원형 + as + S + may [might, will, would] ~ 《(아무리) ~하더라도; ~해봤자》
Try **as** you may [will], you can never do it in a day. (= However hard you may try)
Try **as** she would, she couldn't open the door.
그녀는 아무리 애를 써 봤지만 그 문을 열 수가 없었다.

3. 형용사 [명사, 부사, 과거분사] + as [though] + s + v

(1) 형용사 + as [though] + s + v

<u>Rich as he is</u>, he cannot afford extravagance forever.
(= Rich **though** he is ~ / **Though** he is rich ~)
그가 아무리 부자라고 하더라도 언제나 자신의 낭비를 감당해낼 수는 없다.
Pretty **as** the rose is, it has many thorns. 장미는 예쁘지만 가시가 많다.
Poor **as** he was, he had won the general respect of the neighborhood.
그는 비록 가난하기는 했지만 이웃 사람들의 사심 없는 존경을 받았다.
cf.) <u>Poor as she is</u>, she works two hours overtime in the factory every day.
   (= As she is poor)
그녀는 형편이 아주 어려워서, 날마다 공장에서 2시간 초과근무로 일한다.

(2) (무관사) 명사 + as [though] + s + v

Woman **as** O-wol is, she is very bold. 오월이는 비록 여자이지만 아주 당차다.
<u>Coward as he was</u>, he could not bear such an insult.
(= Coward **though** he was / **Though** he was a coward)
그가 비록 겁쟁이였을지라도 그와 같은 모욕을 참을 수가 없었다.

(3) 부사 + as [though] + s + v

<u>Hard as he studied</u>, he failed in the exam. 그는 비록 열심히 공부했지만 그 시험에 떨어졌다.
(= **Though** he studied hard)
<u>Coarsely as he spoke</u>, he had an appearance of a gentleman.
(= **Though** he spoke coarsely) 그가 비록 거칠게 말을 하였지만 신사다운 모습이었다.
Much **as** I like you, I will not marry you.
당신을 많이 좋아하기는 하지만 저는 당신과 결혼할 생각은 없어요.

(4) 과거분사 + as [though] + s + v

<u>Startled as he was</u>, he didn't lose his balance.
(= Startled **though** he was / **Though** he was startled)
그는 비록 무척 놀랐으나 평정심을 잃지는 않았다.
Wounded **as** he was, he didn't wince at all.
그는 비록 부상을 당했으나 결코 움츠리지 않았다.

6) 조건의 부사절을 이끄는 종속접속사

① 접속사 if 《만약 (결과가)~한다면; 만일 ~이라면》

I'll go if you do.　　　　　　　　　　　　　　네가 간다면 나도 가겠다.

If he comes, I will tell him.　　　　　　　　그가 오면 나는 그에게 말하겠다.

※ 'If he will come'은 잘못이다. 미래나 미래완료를 나타내는 if조건부사절에는 현재형이나 현재완료형을 쓴다.

If you have finished your work, you can go home.

　　　　　　　　　　　　　　　　　　　　　네 일을 다 끝내면 집에 가도 좋다.

If you will have finished your work, ~ (x)

② only if 《~해야만》

▶ 어떤 일이 가능한 유일한 상황을 말할 때 쓴다.

The solutions will come **only if** the issues are approached on the basis of economic reasoning rather than politics.

　　그 쟁점들은 정치논리가 아닌 경제논리에 기초해서 접근해야만 그 해법을 찾을 수 있을 것이다.

Only if you go now, will Jane go.　　　　네가 지금 가야만 제인도 갈 것이다.

※ only if절이 선행할 경우에는 주절의 주어와 조동사를 도치시키는 것이 원칙이다.

> ▷ only if절은 의문문에 쓸 수 없다.
> Will Jane go **only if** you ask her to go? (x)
> Will Jane go if you ask her to go? (o) 당신이 요청하면 제인이 갈까요?

② 접속사 unless 《만약 ~하지 않는다면 (= if ~ not)》

unless 자체에 부정의 의미를 포함하고 있으므로 그 뒤에 부정어가 올 수 없다.

You'll miss the bus **unless** you walk more quickly.

　　　　　　　　　　　　　　　　　　더 빨리 걷지 않으면 버스를 놓치겠다.

(= You'll miss the bus **if** you do **not** walk more quickly.)

Finders are keepers **unless** title is proven.

소유권이 증명되지 않으면 찾아낸 사람의 것이다.

He would have been frozen to death **unless** we had found him.

우리가 그를 발견하지 않았다면 그는 얼어 죽었을 것이다.

Unless an individual displays generosity in all his dealings with people, he stands little chance of attending social recognition.

만약 한 개인이 사람들과의 모든 교제에 있어서 관대함을 보이지 않는다면 그는 사회적 인정을 받을 가망이 거의 없다.

■ unless와 if~ not의 차이

1. 'unless'가 이끄는 절은 그 일이 실제로 일어날 확률이 'if~ not'보다는 낮음의 뜻을 내포한다.

   You needn't call me **unless** there is something new.
   (거의 없겠지만) 뭔가 새로운 일이 없으면 내게 전화할 필요 없다.
   You needn't call me **if** there **isn't** anything new.
   (설사 무슨 일이 있더라도) 뭔가 새로운 일이 없는 한 내게 전화할 필요 없다.

2. 의문문에는 unless절을 쓰지 않는다.

   Will you call me **unless** there is something new? (x)

3. unless절에는 가정법을 쓰지 않는다.

   If I <u>were</u> not busy, I could go to the party. (o) 내가 바쁘지 않다면 그 모임에 갈 수 있을 텐데.
   <u>Unless</u> I <u>were</u> busy, I could go to the party. (x)
   If it **had not rained**, we **would have been** in time. (o)
   만일 비가 오지 않았더라면 우리는 제시간에 닿았을 텐데.
   <u>Unless</u> it <u>had rained</u>, we would have been in time. (x)

4. 'if ~ not'이 감정을 나타내는 서술 형용사 뒤에서 이유나 원인의 의미를 지니면 대신 unless를 사용하지 못한다.

   I will be <u>surprised</u> if he doesn't have an accident. (o)
   그가 사고를 당하지 아니한 것이 나는 놀라울 뿐이다.

※ I will be surprised **unless** he has an accident. (x)

5. unless절 안에는 any(-), ever, far, until, at all, yet, a bit, in years, can bear [stand], can help 등의 어구를 쓰지 못한다.

6. even이나 only를 unless 절 앞에 놓아 수식·강조할 수 없다.

③ 접속사 once 《일단 ~하면; ~하자마자》

Once the first trial is made, the rest is easy.

일단 첫발만 떼어 놓으면 그 뒤는 쉽다.

Once a beast has licked blood, it longs for forever.

짐승이 한 번 피 맛을 보면, 영원히 그것을 갈망한다.

Once the introductions were over, we got straight down to business.

소개가 끝나자마자 우리는 곧바로 일에 착수했다.

④ so that 《~만 한다면》

so that절을 조건부사절로 쓰는 것은 옛 어법이고 현재는 잘 쓰지 않는다.

You can do whatever you like, **so that** you injure no one but yourself.

너 자신 외에 아무에게도 피해를 주지 않기만 한다면 네가 좋아하는 어떠한 것이라도 해도 된다.

⑤ in case (that) + s + v 《만일 ~의 (할) 경우에; ~한 경우에 대비하여;~하면 안 되니까》 = in case of + 명사 [동명사] / in the event of + 명사 [동명사]

'in case (that) ~'는 if보다 '혹시, 만일'의 뜻을 강하게 드러내며, 특히 <u>미래에 일어날 지도 모를 부정적인 일에 대비한다는 뜻</u>을 나타낼 때 사용한다. 미국 일상어에서 주로 사용한다. 주절의 시제가 현재, 현재완료, 미래일 경우에 in case절에는 현재시제나 'should + 동사원형'이 오고, 주절의 시제가 과거, 과거완료일 경우 in case절에는 과거시제나 'should + 동사원형'이 온다.

In case I should fail, I would try again.

> 만일 내가 실패할 경우에 나는 다시 시도할 것이다.

You should insure your store in case there's a fire.

> 화재에 대비하여 가게를 보험에 드십시오.

I've brought my umbrella in case it should (may) rain.

> 나는 비가 내릴 경우에 대비하여 우산을 가지고 왔다.

In case of rain [= If it rains], the game will be called off.

> 만일 비가 내릴 경우 경기는 취소될 것이다.

In the event of fire, ring the alarm bell.   만일 불이 날 경우에는 알림 종을 울려라.

⑥ but that + 직설법 《~하지 않으면; ~이 없(었)다면 (= if ~ not, unless)》

▶ 'but that'이 이끄는 조건부사절은 보통 부정적인 뜻의 가정법 if절을 대신하여 쓰인다.

I would go abroad but that I am poor.   내가 가난하지만 않다면 해외여행을 갈 텐데.

But that I saw it, I could not have believed it.

> 내가 보지 않았다면 나도 믿지 못했을 거야.

Nothing would do but that I should do it.

> 내가 하지 않으면 도저히 수습이 안 될 것 같다.

What can I say but that I hope you may succeed?

> 성공하시라는 말 외에는 당신께 달리 드릴 말이 없군요.

⑦ on [under (미)] condition that 《~이라는 조건으로; 만약 ~한다면(~라는 조건이라면)》

가정법의 전제절이나 조건을 나타내는 부사절을 이끄는 종속접속사로 쓰인다.

I agree to the proposal on condition that you should bear the expenses.

> 네가 그 비용을 부담한다는 조건으로 나는 그 제안에 동의한다.

South Korea pledged energy aid to North Korea on the condition that it gives up its nuclear weapons ambitions.

> 남한은 핵무기 (개발) 야심의 포기를 조건으로 북한에 에너지 원조를 약속했다.

⑧ provided [providing] (that) 《~하는 조건이라면》
▶ if는 단지 조건을 나타내며, 그것의 실현 여부는 그리 문제 삼지 않음에 비하여 provided / providing은 조건의 실현 여부에 중점을 두는 경우에 쓴다. provided는 주로 글말에 쓰고 입말에서는 providing을 많이 쓴다.

Provided [Providing] (that) all your task is done, you may go home.
네 일이 다 끝나면 집에 가도 좋다.
You may do anything you like, **provided (that)** you do not give trouble to others. 다른 사람들에게 피해를 주지 않는다는 조건으로 네가 좋아하는 어떤 것을 해도 좋다.

⑨ considering [considered] (that) 《~을 고려하면; ~이므로》
'조건'이나 '이유'를 나타내는 부사절을 이끄는 종속접속사로 쓰인다.
Considering [= Seeing] (that) he was new to this business, he did very well. 이 일이 처음이었던 것을 감안한다면 그는 아주 잘했다.
She should be happy, **considering** how successful she is.
그녀가 어떻게 성공했는지를 생각해 보면, 그녀는 행복해야만 하는데.
Seeing that you lied to me, I can't trust you any longer.
네가 내가 거짓말을 했으니 나는 더 이상 널 못 믿겠다.

⑩ supposing [suppose] (that) 《만약 ~이라면, 비록 ~이라 할지라도》
위의 뜻으로 가정법이나 '조건', '양보' 등의 부사절을 이끄는 종속접속사로 쓰인다.

Supposing [Suppose] (that) you were in my place, what would you do?
만약 네가 내 입장이라면 너는 어떻게 하겠는가?
Suppose (that) she refuses my proposal of marriage, what shall I do?
그녀가 내 청혼을 거절하면 난 어떡하지.
Supposing [Admitting] (that) it is so, you are wrong.
설령 그렇다 하더라도 네가 잘못이다.

⑪ or (else) / otherwise 《그렇지 않으면》

명령문이나 '이유'를 나타내는 문장 뒤에서 부정조건의 결과를 나타낸다. 이때의 otherwise는 접속부사로 보는 것이 보통이다.

I am engaged, **or (else)** [**otherwise**] I would accept.
약속이 있습니다. 그렇지 않으면 받아들이겠습니다만.

I really needed to talk to somebody, **otherwise** I would have gone crazy.
난 정말로 누구에게라도 말을 하고 싶었다. 그렇지 않았더라면 난 미쳐버렸을 거다.

We should reduce our product cost, **otherwise** we are going to get into big trouble. 생산 비용을 줄이지 않으면 우리는 큰 어려움에 부딪히게 될 겁니다.

⑫ as long as 《~하는 동안; ~하기만 하면; ~하는 한》

'시간', '조건', '양태' 등의 부사절을 이끄는 종속접속사로 쓰인다.

I will never forget your kindness **as long as** I live.
제가 살아있는 한은[동안에는] 당신의 은혜를 결코 잊지 않을 겁니다.

As long as you're going, I'll go too. 네가 가기만 한다면 나도 가겠다.

He shall not have his own way **as long as** I am alive.
내가 살아있는 한은 그가 제멋대로 하도록 그냥 놔두지 않겠다.

⑬ so long as 《~ 하기만 한다면(= if only); ~하는 한》

'so long as'는 시간이나 조건의 부사절을 이끄는 종속접속사로 쓰인다. '~하는 동안 (while)'의 뜻만 있을 경우에는 as long as를 '~하기만 한다면' (if only)의 뜻으로도 쓰일 수 있으면 so long as 또는 as long as를 쓸 수 있다.

I don't care what you did **so [as] long as** you love me.
당신이 나를 사랑하기만 한다면 제게 당신의 과거는 상관없어요.

So long as you are innocent, you need not fear anything.
네가 죄가 없는 한 아무것도 두려워할 필요가 없다.

⑭ so [as] far as 《~만큼, ~하는 한》

'so [as] far as'는 정도의 한계조건을 나타내는 부사절을 이끄는 종속접속사로 쓰인다. 거리적 한계조건은 'as far as'만을 쓰며, 정도의 한계조건에 'so far as'를 쓰는 경우는 보통 뒤에 오는 말을 강조하거나 주절에 부정어가 있을 때이다.

So [As] far as I know, he is the last man to tell a lie.
내가 아는 한 그는 결코 거짓말을 할 사람이 아니다.

Progress has been very slow indeed, **so [as] far as** social life is concerned. 사회적 삶에 관한 한 진보는 정말로 매우 더디게 진행되어왔다.

So far as I am concerned, I have **nothing** to tell you.
나로서는 너에게 말할 것이 아무것도 없다.

So far as my knowledge goes, he is **not** an honest man.
내가 아는 한 그는 정직한 사람이 아니다.

He ran away **as far as** he could. 그는 될 수 있는 대로 멀리 도망쳤다.

As far as my eyes can reach, nothing can be seen but waters.
내 눈길이 미치는 한에서는 바다[바닷물]밖에 아무것도 보이지 않는다.

▷ 'as far as'는 '~까지'의 뜻으로 전치사적으로도 쓰인다.
I am going **as far as** Gongju. 저는 공주까지 갑니다.
I walked **as far as** ten miles. 나는 10마일이나 걸었다.

⑮ Grant [Granted, Granting] (that) 《만약 ~이라면; 만약 (설령) ~한다 할지라도》

조건이나 양보를 나타내는 접속사로 쓰인다.

Grant(ing) that it is true, how do you explain this?
만약 그게 사실이라면 당신은 이것을 어떻게 설명할거요?

(= Granting it to be true, how do you explain this?)

Granted (that) it is true, it doesn't matter to me.
설령 그것이 사실이라 할지라도 나는 아무 상관이 없다.

(= Grant(ing) it to be true, it doesn't matter to me.)

■ **조건접속사의 강조 어구**
- **only**: if, so long as, on condition (that), provided (that), in the event that, in case, etc.
- **just**: in the event that, in case, if, etc.
- **not**: so long as, even if, etc.

7) 비교, 대조, 정도의 뜻을 나타내는 부사절을 이끄는 종속접속사

① 접속사 as 《와 같이, ~만큼》

'as [so]… as ~'의 상관접속사의 형태로 동등비교절을 이끈다.

I can **as** quickly **as** you can.　　　　　　　나도 너만큼(처럼) 빨리 달릴 수 있다.

He is not **so** bad **as** he is reported to be.　그는 소문만큼 그렇게 나쁜 사람은 아니다.

His voice is **as** thin **as** he is fat.　　　　　그는 몸집은 뚱뚱한 데 비하여 목소리는 가냘프다.

It is not **so [as]** hard **as** you might think.　그것은 네가 생각하는 것만큼 어렵지 않다.

Reading is to the mind **as [what]** food is to the body.

음식물의 신체에 대한 관계는 독서의 정신에 대한 관계와 같다. (음식물이 신체에 필요하듯이 독서는 정신에 필요하다.)

(= **As [What]** food is to the body, **so** is reading to the mind.)

② 접속사 what

'as much as'의 의미로 '정도'나 '대조'를 나타내는 종속접속사로 쓰인다.

The lion is among beasts **what** the eagle is among birds.

　　　　　　　　　　　　사자가 짐승에 속하는 것은 독수리가 새에 속하는 것과 마찬가지다.

Air is to us **what** water is to fish.

　　　　　　　　　　　공기의 인간에 대한 관계는 물고기의 물에 대한 관계와 같다.

(= **What** water is to fish, so air is to us.)

④ 접속사 while / whereas 《~인데, ~인 반면, 그런데, ~이라 하나(= although)》

대조관계를 나타내는 부사절을 이끈다.

While many of these measures may be inconvenient, I know you will understand why they are necessary.
이러한 조처로 인해 불편을 겪으시겠지만 그리할 수밖에 없는 사정이 있음을 여러분께서는 부디 양해해 주시리라고 알겠습니다.

While the fire has hurt us financially, we're still on track to be profitable this year.
산불로 인해 금전적인 피해를 보았지만, 그래도 저희는 올해 예상대로 수익을 낼 것입니다.

His father is a farmer, **while** he is a professor.
그의 아버지는 농부인 반면에 그는 교수이다.

※ while (= whereas)은 종속접속사로서 문 중간에 놓여도 그 앞에 콤마가 오는 것이 원칙이다.
She is slender, **whereas** her sister is fat. 그녀는 날씬한 반면에 그녀의 여동생은 뚱뚱하다.

It's very wrong that some people have a surfeit of food, **while** others don't have any.
어떤 자들은 먹을 것이 배 터지게 넘쳐나지만 어떤 이들은 먹을 것이 아무것도 없다는 것은 너무도 잘못된 일이다.

They thought he was rather arrogant, **whereas** in fact he was just very shy. 그들은 그가 다소 건방지다고 생각했는데 사실은 그가 부끄럼이 아주 많을 뿐이었다.

⑤ 접속사 where 《~하는데; ~하는 데 반해 (= whereas; while); ~하는 한은 (= so far as)》

Where there are no democratic institutions, people may resort to direct action. 민주제도가 없는 곳에 [경우에] 사람들은 직접행동에 호소하는 일이 있다.

Where ignorance is bliss, 'tis (= it is) folly to be wise.
무식함이 자랑인 곳에 똑똑하다는 것은 어리석은 것이다.

Where money is concerned, he's as hard as nails.
돈에 관한 한 그는 매우 냉혹하다.

⑥ 접속사 but 《~하지 않을[못할] 만큼(that ~ not)》

not [no] so나 not such와 호응하여 '정도'를 나타내는 종속접속사로 쓰인다.

No one is so old **but** that he may learn.

나이가 너무 많아서 배우지 못할 사람은 없다. (배움에 나이는 중요치 않다.)

I am not such a fool **but** I know it. 내가 그것을 모를 정도로 바보는 아니다.

⑥ except that 《~라는 것 외에는; ~라는 것 빼고는 [말고는]》

'정도'의 부사절을 이끄는 종속접속사로 쓰인다. 주로 입말체에서 쓴다.

She remembered nothing about him **except that** his eyes was green.

그녀는 그의 눈이 초록이었다는 것 외에는 그에 대해 아무것도 기억하지 못했다.

That will do **except that** it is too short.

그것이 너무 짧다는 것 말고는 그 정도면 쓸 만하다.

8) 양태 (모양, 태도, 방법 등)의 뜻을 나타내는 부사절을 이끄는 종속접속사

① 접속사 as 《~대로; ~처럼(= in the way)》

You have only to do **as** you are told. 너는 하라는 대로만 하면 된다.

Do in Rome **as** the Romans do. 로마에서는 로마사람들이 하는 것처럼 행동해라.

Korea **as** she is. 현재의 한국

All was **as** it had been. 모든 것이 전과 다를 바 없었다.

※ 입말체에서는 as 대신에 흔히 like를 쓴다.

She was like (= as) she always was. 그녀는 여느 때와 다를 바가 없었다.

As it is, I cannot afford to buy it. 지금 같아서는 그것을 살 여유가 없다.

Living **as** I do so remote from town, I rarely have visitors.

이런 외진 시골에 살고 있다 보니 찾아오는 사람도 드물다.

This fish isn't cooked **as** I like it. 이 생선은 내가 좋아하는 대로 요리되지 않았다.

Take things **as** they are. 상황을 있는 그대로 받아들여라.

② as if 《마치 ~인 것처럼 (= as though)》

▶ as if절 안에는 가정법을 쓰는 것이 보통이지만 일상에서는 직설법을 쓰기도 한다.

I feel **as if** my heart <u>were</u> bursting. 내 심장이 터질 것만 같다.

He looked **as if** he <u>had known</u> her for years.
그는 마치 그녀를 몇 년 전부터 알고 있기나 한 듯이 보였다.

He speaks French **as if** he <u>were</u> a Frenchman.
그는 마치 프랑스사람인 것처럼 프랑스 말을 (잘) 한다.

③ (just) as …, so ~ 《…이듯이 ~하다; …인 것과 마찬가지로 ~하다.》

강조를 위해 as의 양태 부사절을 주절 앞에 두고 주절에 접속부사 so를 붙인 형식이다. 이때 so의 뒤에 오는 문장은 어순 바꿈 구문 [조동사 + 주어, be + 주어, do동사 + 주어 + 일반동사」의 형태로 쓰기도 하는데 이는 어법상 필수적인 것이 아니라 부사의 강조 형식에 따르는 관용적 표현이다.

As rust eats (into) iron, **so** care eats (into) the heart.
녹이 쇠를 삭게 하듯이 근심은 마음을 삭게 한다.

As I would not be a slave, **so** I would not be a master.
− Abraham Lincoln −
나는 노예가 되고 싶지 않으며 마찬가지로 나는 노예의 주인이 되고 싶지도 않다.

As food nourishes our body, **so** books nourish our mind.
음식물이 몸의 영양이 되는 것처럼 책은 마음의 영양이 된다.

As the lion is king of beasts, **so** is the eagle king of birds.
사자가 짐승의 왕인 것과 마찬가지로 독수리는 새의 왕이다.

As you sow, **so** shall you reap. 네가 뿌린 대로 네가 거둘 것이다. [인과응보]

■ 부사절에서의 '주어 + be동사'의 생략

when, while, if, as, as if, though, whether 등이 이끄는 부사절의 주어가 주절의 주어와 같고 동사가 be동사일 때는 '주어 + be동사'는 생략할 수 있다.

When (she was) young, she was very beautiful. 그녀는 젊었을 때 매우 아름다웠다.

I don't want to be disturbed **when** (I am) studying. 내가 공부할 때에는 방해받고 싶지 않다.

It is impossible to say how first the idea entered my brain; but **once** (it was) conceived, it haunted me day and night.

어떻게 해서 그 첫 번째 생각이 내 머리 속에 들어왔는지 (떠올랐는지)를 말하는 것은 불가능하다. 그러나, 일단 생각이 들면 그 생각은 종일 나의 뇌리를 떠나지 않았다.

Study hard, **while** (you are) young. 젊을 때 열심히 공부해라.

– REVIEW EXERCISES –

1. 다음 밑줄 친 말의 문법적 역할이 다른 하나는?

    (A) Tom was absent <u>because</u> he was ill.

    (B) Speak louder so <u>that</u> everybody can hear you.

    (C) She was sick. <u>Therefore</u>, he didn't go to school.

    (D) <u>When</u> it rains, she usually stays inside.

    (E) I don't know <u>whether</u> she will come or not.

2. 다음 문장 중 어법상 옳은 것은? [공무원 9급]

    (A) When have you heard the news?

    (B) He employed a man he thought was diligent.

    (C) The garden is all wet. It must rain last night.

    (D) While waiting, I began to feel strangely nervous.

3. Choose the sentence that is grammatically correct?

    (A) She went either to London or Paris.

    (B) Either you or I am not wrong.

    (C) He asked if or not I knew Sam-sun.

    (D) It all depends on if he arrives in time.

    (E) I am not sure if she is going to the movies this Saturday night.

4. Choose the one which is grammatically incorrect?

    (A) You needn't call me unless there is something new.

    (B) You needn't call me if there isn't anything new.

    (C) Unless I were busy, I could go to the party.

(D) If it had not rained, we would have been in time.

(E) I will be surprised if he doesn't have an accident.

5. 다음 밑줄 친부분 중 어법에 어긋나는 것은? [법원 9급]

   Many high school and college students (A) <u>take</u> a summer job. Summer jobs (B) <u>are seen</u> as good ways to get work experience, earn some money, and (C) <u>becoming</u> more familiar with the realities of the world outside of school and family. Common jobs for inexperienced high school students (D) <u>include</u> working as a salesperson in a shop.

6. 다음 밑줄 친부분 중 어법상 가장 어색한 것은? [법원 9급]

   The cockroach has been around for about 350 million years. (A) <u>Found</u> almost everywhere, it is a survivor of the dinosaur age. One reason that roaches have lasted so long is (B) <u>why</u> they are very fast and are able to elude enemies easily. Also, very few animals like to eat them because when (C) <u>attacked</u> they give off a terrible odor. If necessary, many of them can fly to save themselves. Not only (D) <u>have</u> roaches been around a long time, but chances are that they'll be on earth even after people are gone.

7. 밑줄 친부분 중 어색한 부분이 있는지를 찾아보고, 만약 있다면 그 부분은? [수능]

   In order to make their dream (A) <u>come true</u>, Mike and Amy decided (B) <u>not to waste</u> money. By living temporarily with Mike's parents and (C) <u>drastically cut</u> their leisure expenses, they hoped (D) <u>to save enough money</u> to buy a modest house in two years.

8. Choose the most suitable one to fill the blank?

   _____ appears considerably larger at the horizon than it does overhead is merely an optical illusion.

(A) The moon
(B) That the moon
(C) The moon which
(D) When the moon

※ Identify one underlined word or phrase that should be corrected or rewritten. [9~10]

9. Cruelly(A) as this may seem to Westerners, the myth of caste does give Indian society(B) a stability it might otherwise(C) lack and does make life bearable to the impoverished(D) low castes.

10. Eleanor was(A) undecided whether to go(B) to the authorities with the money or if she should keep it(C), but finally greed got(D) the better of her.

= 해설·정답 =

1. 【해설】

    (A) because는 부사절을 이끄는 종속접속사 (B) that은 부사절을 이끄는 종속접속사 (C) therefore는 부사이면서 두 문장을 연결하는 역할을 하는 접속부사 (D) when은 부사절을 이끄는 종속접속사 (E) whether는 명사절을 이끄는 종속접속사

    〈정답〉(C)

2. 【해설】

    (A) when은 일반적 과거를 나타내므로 특정 과거 표시 어구나 현재완료와는 같이 쓰지 않는 것이 원칙이다. 다만, 경험을 나타내는 현재완료와는 같이 쓸 수 있다. (ex: When have you been there? 언제 그곳에 가 본 적이 있습니까?)

    (B) 'He employed a man **who** (he thought) was diligent.'가 올바른 문장이다. who는 주격의 관계대명사이므로 생략하지 않는다. 'he thought'는 끼움절

    (C) 과거의 일에 대한 추측은 'must have p.p.(~이었[했]음에 틀림없다.)'이다. 'The garden is all wet; it must have rained last night.'로 고친다.

    (D) 때를 나타내는 분사구문이다. 'While I am waiting'에서 접속사와 현재분사만을 남기고 주어와 동사를 생략하여 분사구문으로 한 것이다. 부사절을 분사구문으로 만들 때 원칙적으로 종속접속사를 생략하지만, 분사만으로는 그 용법이 시간인지, 이유인지, 양보인지를 구별하기 쉽지 않거나, 분사의 의미를 더욱 명확히 드러내기 위해 분사 앞에 종속접속사를 쓰는 경우가 많다. 이때의 접속사로는 after, since, when, until, whenever, wherever, while 등이 있다. 3형식 동사로서 begin은 to 부정사나 동명사를 모두 그 목적어로 할 수 있다. 불완전 자동사 feel은 형용사를 주격 보어로 취한다. 따라서 (D)는 문법적으로 이상이 없다. '기다리는 동안에 이상하게도 불안한 느낌이 들기 시작했다.'

    〈정답〉(D)

3. 【해설】

(A) 등위 상관접속사는 원칙적으로 동일한 품사 또는 문법적으로 동등한 요소를 연결한다. 그러므로 여기서는 either를 전치사 to 다음에 놓거나, Paris 앞에 to를 넣어야 한다.

(B) 'either A or B'가 주어일 경우 부정문으로 하지 못한다. 'Nither you nor I am wrong.'으로 해야 한다.

(C) 목적(어)절의 if절에는 'or not'을 결합시키지 않는 것이 보통이지만 미국에서는 'or not'을 결합시키기도 한다. 그 경우에도 if절의 뒤에 결합시키며 if의 바로 뒤에는 결합시키지 않는다.

(D) 전치사의 목적(어)절로 whether절은 사용할 수 있으나 if절은 사용할 수 없다.

(E) if절은 서술 형용사의 보충어로 쓰여 목적절 (명사절)과 같은 역할을 할 수 있다. be not sure, be not certain, be not clear, be doubtful 등의 뒤에는 흔히 whether절이나 if절이 온다.

〈정답〉 (E)

4. 【해설】

(A), (B)는 이상이 없다. 'unless'와 'if ~not'은 '만약 ~이 아니라면'의 거의 같은 뜻으로 쓰기는 하나 unless가 이끄는 절은 그 일이 실제로 일어날 확률이 'if~ not'보다는 낮음의 뜻을 내포한다.

(C) unless절에는 가정법을 쓰지 않는다.

(D) 부정의 가정법 if절이 쓰인 가정법 과거완료 구문으로 이상이 없다.

(E) 'if ~ not'은 감정을 나타내는 서술 형용사 뒤에서 이유나 원인의 의미를 나타낼 수 있으나 unless는 그렇지 못하다.

〈정답〉 (C)

5. 【해설】

(A) 주어 Many high school and college students가 복수이므로 복수형의 동사가 오

는 것이 맞다.

(B) Summer jobs는 보여지는 대상이므로 수동태가 맞다.

(C) 'to get work experience, earn some money, and (등위접속사) ~'의 병치 구문이므로 get, earn과 같이 동사원형인 become이 와야 한다.

(D) Common jobs가 working as a salesperson in a shop을 포함하는 것이므로 능동태가 맞다.

[해석] 많은 고등학생과 대학생들은 여름 일자리를 갖는다. 여름 일자리들은 직장 경험을 얻고, 얼마간의 돈을 벌며, 학교와 가족 밖 세상의 현실들과 더 친숙해질 수 있는 좋은 방법으로 보인다. 경험이 없는 고등학생들을 위한 통상의 일자리들은 상점에서 판매원으로 일하는 것을 포함한다.

⟨정답⟩ (C)

6. [해설]

around는 여기서 형용사로서 '돌아다녀, 활동하여'의 뜻을 나타낸다.

(A) 발견되는 것이므로 found (They are found에서 They are를 생략하여 분사구문으로 한 것)를 쓴 것이다.

(B) be동사의 주격 보어가 놓여야 하므로 주격 보어의 명사절을 이끌 수 있는 that으로 바꿔야 한다.

(C) 'when they are attacked'에서 알 수 있는 '주어 + be'를 생략하고 분사만을 남긴 분사구문이다.

(D) 부정의 부사 어구 (Not only)를 강조하여 문두로 내보내고 주어와 동사의 자리를 바꾼 어순 바꿈 구문이다. 주어 (roaches)가 복수이므로 복수형태의 have가 맞다.

[해석] 바퀴벌레는 약 3억5천만 년 동안을 활동하여 왔다. 거의 모든 장소에서 발견되는데 그것은 공룡시대의 생존자이다. 바퀴벌레가 그렇게 오랫동안 생존을 지속해온 이유는 그것들이 매우 빠르고, 적들을 쉽게 피할 수 있기 때문이다. 또한, 그것들은 공격당했을 때 심한 악취를 발산하기 때문에 극소수의 동물들만이 그것들을 먹기 좋아한다. 필요한 경우에 그것들 중의 많은 수는 자신들을 지키기 위해 날 수 있다. 바퀴

벌레들은 긴 세월 동안 활동하여 왔을 뿐만 아니라 인간이 사라진 후에도 지상에 있을 가능성이 있다.

〈정답〉 (B)

7. 【해설】
(A) 여기서 come true는 make의 목적격 보어로서 원형 부정사가 온 것으로 알맞다. 'come true'(사실이 되다, 실현하다).
(B) to 부정사구의 부정은 그 앞에 부정어를 쓰므로 'not to waste'는 타당하다.
(C) 'By living ~ and (등위접속사) drastically cut ~.'의 구문에서 등위접속사 and의 전후에는 같은 문법범주의 어, 구, 절이 와야 하므로 전치사 by의 목적어로서 living 과 동일하게 동명사형인 cutting으로 해주어야 한다.
(D) hope는 그 목적어로 that절이나 to 부정사를 취할 수 있으므로 'to save ~'는 괜찮다. 'to buy ~'는 enough money를 수식하는 형용사구이다.

[해석] 꿈을 실현시키기 위하여 마이크와 에이미는 돈을 낭비하지 않기로 결심했다. 그들은 임시로 마이크의 부모님과 같이 살면서 여가 비용을 철저하게 줄여 2년 이내에 적당한 집을 살 돈을 모으기로 했다.

〈정답〉 (C)

8. 【해설】
예시문 전체의 동사는 is이고 빈칸 이하 overhead까지가 주부에 해당한다. appears라는 동사가 나오고 있으므로 명사절의 주부가 되어야 한다. appears의 주어와 그 앞에서 평서문의 주어절 (명사절)을 이끄는 접속사 that이 있어야 한다.

[해석] 달이 머리 위에서 보일 때보다 지평선에서 매우 더 커 보이는 것은 단지 착시일 뿐이다.

〈정답〉 (B)

9. 【해설】
   (A) 「명사, 형용사, 부사 + as [though] + s + v」의 양보 부사절 구문이다. seem의 보어로는 명사, 형용사가 올 수 있는 데 여기서는 형용사 cruel이 와야 한다.
   (B) 강조를 위해 사용한 형식조동사 do. 주어가 'the myth of caste'의 3인칭 단수이므로 does가 쓰였다.
   (C) otherwise는 접속부사로 글 가운데에도 올 수 있다. 'it might otherwise lack'은 선행사 stability를 수식하는 형용사절로서 it 앞에 목적격 관계대명사 that이 생략되었다. '카스트가 없었더라면 인도사회 (it)가 부족 됐을지도 모르는'
   (D) impoverished (빈곤한)

   [해석] 이것이 서구인들에게는 잔인한 것으로 보일지라도 카스트의 신화는 카스트가 없었더라면 인도사회가 부족 됐을지도 모르는 안정을 주고, 빈곤한 하층 카스트들에게 삶을 견딜만한 것으로 만들어 준다.

   〈정답〉(A)

10. 【해설】
    (A) 단수 주어에 단수 동사가 왔으므로 이상이 없다. undecided (미결의, 결단을 못 내리는)
    (B) 서술 형용사 undecided의 보충어로 「의문사 + to 부정사」가 온 경우이다 (가야 할지 아닐지).
    (C) 앞에 등위접속사 or가 오고 있으므로 or 뒤에도 앞부분과 같은 형태인 to 부정사구가 와야 한다. 그러므로 'if she should keep it'을 'to keep it'으로 고쳐야 한다.
    (D) get the better of ~ (~을 능가하다, ~을 이기다).

    [해석] 엘레나는 그 돈을 가지고 관계 당국에 가야 할지 아니면 그대로 가져야 할지를 결정하지 못했다. 그러나 결국 탐욕이 그녀를 이겼다.

    〈정답〉(C)

제18장 전치사(Preposition)

1. 앞말

(1) 뜻

전치사(前置詞)는 명사나 대명사 또는 명사 상당 어구 앞에 놓여 구를 이루어서 다른 말(명사, 동사, 형용사, 부사)과의 다양한 문법적 관계를 이루게 하는 단어의 갈래(품사)이다. 영어의 연결어 중의 하나이다.

(2) 전치사구의 역할

'전치사 + 명사' 형태의 구 자체를 전치사구라 부르며, 문장 속에서 보통은 부사구나 형용사구가 된다. 다만, 예외적으로 명사구 (주어)가 되는 경우가 있다.

1) 형용사구가 될 때
① 한정용법으로 쓰일 때

명사 뒤에 와서 그 명사를 수식하는 역할을 하는 경우이다.

the book on the desk (그) 책상 위에 있는 그 책

a man of ability 〈of ability = able〉 유능한 사람

the meeting of all members on April in Seoul 4월(의) 전(全) 회원(의) 서울모임

※ 여기서 전치사구 of all members, on April, in Seoul은 모두 the meeting을 수식하는 형용사구로 쓰이고 있다.

Let's drink a toast to his success.   그의 성공에 대한 축배를 듭시다.

② 서술용법으로 쓰일 때

be동사 뒤나 (가)목적어 뒤에서 주격 보어나 목적격 보어로 쓰일 때이다.

The matter is **of importance**. 〈주격 보어〉 　　　　　　　그 문제는 중요하다.

The tall building is **under construction**. 〈주격 보어〉 　　고층건물이 건설 중에 있다.

She was **in tears**. 〈주격 보어〉 　　　　　　　　　　　그녀는 울고 있었다.

I took it **for granted** that he passed the examination. 〈목적격 보어〉

　　　　　　　　　　　　　　　　　나는 그가 시험에 합격한 것이 당연하다고 생각했다.

We found her **in tears**. 〈목적격 보어〉　　우리는 그녀가 울고 있는 것을 발견했다 (알았다).

2) 부사구가 될 때

① 동사를 수식하는 경우

The sun <u>rises</u> in the east. 　　　　　　　　　　　해는 동쪽에서 뜬다.

Man shall not <u>live</u> by bread alone. 　　　　　　사람은 빵만으로는 살 수 없다.

She <u>looked</u> at him for a while. 　　　　　　　　그녀는 잠깐 그를 바라보았다.

※ 'at him'과 'for a while'은 둘 다 전치사구인 부사구로서 동사 looked를 수식하고 있다.

② 형용사를 수식하는 경우

❶ 한정적 용법의 형용사를 수식하는 경우

I have barely <u>enough</u> money for a taxi home.　나는 겨우 집에 갈 택시비만 남았다.

The flower <u>blooming</u> on the hill is edelweiss.

　　　　　　　　　　　　　　　　　　　　　　　언덕 위에 만발한 꽃은 에델바이스이다.

The train <u>bound</u> for Busan was derailed near Daejeon.

　　　　　　　　　　　　　　　　　　　　　　　부산행 열차가 대전 근방에서 탈선했다.

❷ 서술적 용법의 형용사를 수식하는 경우

She is <u>good</u> at singing.　　　　그녀는 노래를 잘한다. (= She is a good singer.)

Who shall be <u>responsible</u> for it?　　　　　　　이 책임은 누구에게 있는가?

Her eyes were full of tears. 그녀의 눈에는 눈물이 가득했다.

③ 부사를 수식하는 경우

I did so on purpose. 나는 일부러 그렇게 했다.

It began exactly at nine. 그것은 9시 정각에 시작되었다.

④ 문장 전체 수식하는 경우

By dint of your kind help, I could accomplish my task.
당신이 친절하게 도와준 덕분에 나는 일을 해낼 수가 있었습니다.

To my surprise, the old cabin remained unchanged.
놀랍게도 그 옛 오두막은 변치 않은 채 그대로 있었다.

3) 명사구가 될 때

때때로 시간이나 장소를 나타내는 전치사구를 주어로 쓰기도 한다.

Between six and seven will suit me. 〈주어〉
저는 6시에서 7시 사이가 좋을 것 같아요.

Under the big old tree was the best place for us to play. 〈주어〉
그 둥구나무 아래는 우리들이 놀기에 제일 좋은 장소였다.

■ 참고

1. 전치사가 만드는 동사구

전치사는 특정의 동사와 함께 구를 형성하여 하나의 타동사처럼 쓰이는 경우가 많다.
☞ p. 74[1] 등 제1장 동사 부분 참조

2. 전치사적 부사 (Prepositional Adverb)

전치사 중에서 그 목적어 없이 부사로도 쓰이는 것을 가리킨다. 많은 수의 전치사가 그 목적어 없이 부사로도 쓰이나 at, beside, from, for, into, of, till, until, with 등은 전치사로만 쓰이고 부사로는 쓰이지 않는다.

> Let's go along. 〈부사〉 쭉 가자.
> She lives in this house. 〈전치사〉 그녀는 이 집에서 산다.
> Come in, please. 〈부사〉 들어오십시오.
> He fell down the stairs. 〈전치사〉 그는 계단에서 굴러떨어졌다.
> Please sit down. 〈부사〉 앉으십시오.
> He has a hat on his head. 〈전치사〉 그는 머리에 모자를 쓰고 있다.
> He has a hat on. 〈부사〉 그는 모자를 쓰고 있다. (= He has on a hat.)
> He was climbing very slowly over the fence. 〈전치사〉 그는 아주 천천히 담을 기어 넘었다.
> He went over (the sea) to England. 〈부사〉 그는 바다를 건너서 영국에 갔다.
> He went out the room. 〈전치사〉 그는 그 방을 나갔다.
> She went out for a walk. 〈부사〉 그는 산책하러 밖으로 나갔다.
> His office is up the stairs. 〈전치사〉 그의 사무실은 위층에 있다.
> He jumped up from his chair. 〈부사〉 그는 그의 의자에서 벌떡 일어났다.
>
> **3. after, before, since, until 등은 바로 다음에 명사가 오면 전치사, 절이 오면 접속사가 된다.**
>
> He arrived after me. 〈전치사〉 그는 내 뒤에 도착했다.
> He arrived after I did. 〈접속사〉 그는 내가 도착하고 난 뒤에 도착했다.
> He arrived after. 〈부사〉 그는 나중에 도착했다.
> They have been happy since their marriage. 〈전치사〉
> 그들은 결혼 이후 지금까지 내내 행복하다.
> They have been happy since they were married. 〈접속사〉
> 그들은 결혼한 이후 지금까지 내내 행복하다.
> They have been happy ever since. 〈부사〉 그들은 지금까지 내내 행복하다.

(3) 전치사의 위치

전치사(preposition)는 「pre(앞에) + position(두는 것)」이라는 말뜻 그대로 그 목적어인 명사나 대명사의 바로 앞에 놓이는 것이 원칙이지만, 그 목적어와 분리되어 놓이는 경우가 있다.

1) 원칙

전치사의 목적어 즉, 명사나 대명사의 바로 앞에 놓인다.

The sun rises **in** the east. 해는 동쪽에서 떠오른다.
I bought a doll **for** her. 나는 그녀를 주려고 인형 하나를 샀다.

2) 예외 (전치사와 그 목적어와의 분리)

① 관계대명사가 전치사의 목적어인 경우 전치사가 관계대명사 앞에 놓일 수 있지만, 관계대명사를 생략하거나 그대로 둔 채로 전치사를 뒤로 돌리는 것이 보통이다. 특히, 관계대명사 that 앞에는 전치사를 쓸 수 없고 반드시 뒤로 돌린다.

She is the girl **whom** I spoke **to**. 그녀가 내가 말을 건넨 소녀이다.
(= She is the girl **to whom** I spoke.)
History is one of the subjects **which** I'm very fond **of**.
  역사는 내가 제일 좋아하는 과목 중의 하나다.
(= History is one of the subjects **of which** I'm very fond.)
I don't know **what** she is talking **about**.
  나는 그녀가 무슨 이야기를 하고 있는지 모르겠다.
This is the house **that** she was born **in**. 이곳이 그녀가 태어난 집이다.

② 전치사가 있는 타동사구가 수동태형으로 될 경우

She **takes good care of** my baby. 그녀는 우리 아기를 잘 돌본다.
→ My baby **is taken good care of** by her.
  우리 아기는 그녀에 의해 잘 돌보아진다.
We ought to **look into** the matter. 우리는 그 문제를 조사해야만 한다.
→ The matter ought to **be looked into**. 그 문제는 조사되어져야만 한다.

③ 「to 부정사 + 전치사」가 앞의 명사를 수식하는 형용사적 용법으로 쓰일 경우

I have no friend **to speak to**. 나는 이야기할 친구가 없다.
I have no house **to live in**. 나는 살 집이 없다.
I have nothing **to write with**. 나는 쓸 것 (필기도구)이 아무 것도 없습니다.

I have <u>many things</u> to talk about. 나는 이야기 할 게 많다.

I need <u>someone</u> to talk with. 나는 이야기를 나눌 누군가가 필요하다.

I have <u>no friend</u> to rely on. 나는 의지할 친구가 아무도 없다.

④ 의문대명사가 전치사의 목적어일 경우 전치사를 문미에 둔다.

<u>Whom [또는 Who]</u> are you waiting **for**? 누구를 기다리고 계십니까?

<u>Where</u> do you **come from**? 고향이 어디십니까?

<u>What train</u> do you go back **by**? 어떤 열차로 돌아가십니까?

(= **By** what train do you go back?)

> ▷ 전치사의 목적어인 whom이나 What이 문두에 오는 의문문에서는 전치사를 이들 의문대명사의 앞에 놓기도 한다. 다만, 동사구로 쓰이는 전치사의 경우는 동사에서 분리하여 의문대명사 앞에 놓지 않는다. 또한, 수동태의 의문문에서는 by whom을 문두에 놓는 것이 보통이다.
> <u>Who(m)</u> did you do that **for**? 당신은 누구를 위해 그것을 했습니까?
> (= **For whom** did you do that?)
> <u>Who(m)</u> are you **speaking of**? 누구를 말씀하시는 겁니까?
> <u>What</u> does she draw pictures **with**? 그녀는 무엇을 가지고 그림을 그립니까?
> (= **With what** does she draw pictures?)
> **By whom** was this book written? 이 책은 누가 쓴 건가요?

⑤ 강조하기 위해서 전치사의 목적어를 문두에 내놓을 경우

<u>Such a president</u> I look up **to**. 그런 훌륭한 대통령을 나는 존경한다.

<u>An air conditioner</u> I cannot do **without** in summer.

여름에 나는 냉방기 없이는 지낼 수가 없다.

(4) 전치사의 형태

1) 단순전치사 (simple preposition)

본래 한 개의 단어로 된 전치사를 말한다. 단일전치사라고도 한다.

ex) above, against, about, as, at, below, behind, but, beneath, despite, except, excepting, from, for, in, into, on, onto, over, since, to, till, without, etc.

2) 구전치사 (phrasal preposition)

두 개 이상의 단어가 결합되어 단순전치사처럼 사용되는 것을 말한다. 복합전치사(complex preposition)라고도 한다.

① 전치사 + 명사 + 전치사~

ex) at the mercy of, by means of, for the purpose of, for the sake of, for want of, in consequence of, in favor of, in front of, in place of, in spite of, on account of, on[in] behalf of, with[in] reference to, without regard to, etc.

■ '전치사 + 명사 + 전치사'형 구전치사의 쓰임 예

- at the mercy of ~ 《~의 처분[마음]대로, ~에 좌우되어》
  He threw himself at the mercy of the court and hoped for the best.
  그는 법정의 관대한 처분만을 바라며 최선의 판결이 나오기만을 희망했다.
  The ship was at the mercy of the wind and waves. 그 배는 바람과 파도에 이리저리 출렁댔다.
- at the risk of ~ 《~의 위험을 무릅쓰고, ~을 희생하여》
  He saved the child at the risk of his own life. 그는 생명의 위험을 무릅쓰고 그 아이를 구해냈다.
  They fought it out at the risk of their life. 그들은 사생 결단하고 끝까지 싸웠다.
- by means of ~ 《~에 의해서》
  Thoughts are expressed by means of words. 생각은 언어에 의하여 표현되어진다.
  (= We express our thoughts by means of words.)
  The piano was lifted by means of a crane. 그 피아노는 기중기에 의해서 들어 올려졌다.
- by dint of ~ 《~의 덕분에》
  By dint of your kind help, I could accomplish my task.
  당신이 친절하게 도와주신 덕분에 제가 일을 해낼 수 있었습니다.
  He succeeded by dint of hard work. 그는 열심히 일한 덕분에 성공했다.
- by way of ~ 《~을 경유하여; ~하기 위하여; ~으로서, ~인 셈으로》
  She went to London by way of Paris. 그녀는 파리를 경유하여 런던에 갔다.
  They are making inquires by way of learning the fact.

그들은 진실을 알아내기 위해 조사를 하고 있는 중이다.

I say this only **by way of** suggestion. 이건 내가 그냥 알아두라고 하는 소리인데.

He said something **by way of** an apology. 그는 사과하는 셈으로 뭐라고 말했다.

by way of exception 예외로서　　**by way of explanation** 설명으로서

by way of illustration 실례로서　　**by way of parenthesis** 말이 났으니 말이지

by way of prevention 예방법으로서; 방지하기 위하여

by way of rider 추가로, 첨부하여　　**by way of trial** 시험 삼아

- **for the purpose of** ~ 《~의 목적으로, ~을 위해》

I'm going to America **for the purpose of** studying English literature.
나는 영문학을 공부할 목적으로 미국에 갈 예정이다.

The investigation was made **for the purpose of** finding out what really went wrong.
잘못된 [고장이 난] 원인을 알아내기 위해 조사가 실시되었다.

- **for the sake[good, benefit, interest] of** ~ 《~을 위해서, ~의 이익을 위해서》

Sam-Sik works hard **for the sake of** making money. 삼식은 돈을 벌기 위해 열심히 일한다.

I am going to live in the country **for the sake of** my health.
나는 건강을 위해 시골에서 살 생각이다.

- **for want [lack, short] of** ~ 《~이 부족하여》

The meeting was adjourned **for want of** a quorum. 회의는 정족수의 미달로 연기되었다.

They will be released **for lack of** evidence. 그들은 증거부족으로 석방될 것이다.

Our team are paying the penalty **for short of** match practice.
우리 팀은 실전경험 부족으로 대가를 치르고 있다.

※ 'for want [lack, short] of~'는 부사구로만 쓰이며 형용사구 (보어)로는 사용되지 않는다.

　　He is for want of funds. (×)

　　He is **in want of** funds. (○) 그는 자금이 필요하다.

- **in accordance with** ~ 《~와 일치하여; ~에 따라서》

He acted **in accordance with** his words. 그는 그의 말과 일치되게 행동했다.

You should behave **in accordance with** your station in life.
사람은 자기 분수에 맞게 행동해야 한다.

- **in consequence of** ~ 《~의 결과로서 (= as a result of); ~때문에》

In consequence of the inflation of the currency, the prices of thing have greatly risen.
통화량 팽창의 결과로 물가가 대단히 상승했다.

The river flooded **in consequence of** the heavy rainfall. 폭우로 인해 강이 범람했다.

- **in front of** ~ 《~의 앞에; ~의 정면에》

He would park his car **in front of** my house.
그 사람은 늘 우리 집 앞에다 주차한단 말이야.

They cut **in front of** us. 그들은 우리 앞을 가로막고 나섰다.
- **in company [common] with ~** 《~와 함께; ~와 공통으로 (= in common with)》
I traveled as far as Daejeon **in company with** her. 나는 대전까지 그녀와 함께 갔다.
She doesn't have anything **in common with** her sister.
그녀는 그녀 여동생과는 공통점이 하나도 없다.
- **in favor of ~** 《~에 찬성하여; ~의 이익이 되도록; ~에게 발행 [지급]하는》
An overwhelming majority have voted **in favor of** the proposal.
압도적 다수가 그 제안에 찬성하는 표를 던졌다.
The luck is **in favor of** me. 나에게 운이 텄다.
draw a check **in favor of** Mr. Kim. 김 씨 앞으로 수표를 발행하다.
- **in honor of ~** 《~에 경의를 표하여, ~을 축하하여》
Vice-president gave a long speech **in honor of** the retiring president.
부사장은 사장의 퇴임을 기리는 일장 연설을 했다.
In honor of his success, we're going to have a big celebration.
그의 성공을 축하하기 위해 우리는 성대한 기념행사를 할 것이다.
- **in place of ~** 《~ 대신에》
In pantomime actors use gestures **in place of** words to convey ideas.
무언극 (팬터마임)에서 배우들은 의사를 전달하기 위해서 말 대신에 몸짓 (제스처)을 사용한다.
- **in spite of ~** 《~에도 불구하고; ~을 무릅쓰고》
In spite of the sensitive nature of the issue and various foreseeable problems, it is still obvious that the nation needs to start debating on euthanasia.
안락사가 극히 민감한 사안이고 여러 가지의 예상되는 문제점들이 있다 할지라도 우리나라도 이에 대한 논의를 시작할 필요가 있다는 것은 여전히 자명하다.
He went there **in spite of** bad weather. 그는 악천후를 무릅쓰고 그곳에 갔다.
- **in proportion to ~** 《~에 따라서; ~에 비례하여》
The air becomes cooler **in proportion to** the height of the ground.
공기는 지상에서의 높이에 따라서 더 차가워진다.
This pond is very long **in proportion to** its width. 이 연못은 그 폭에 비해서 매우 길다.
- **in terms of ~** 《~에 의하여, ~의 측면에서; ~의 말로》
She judges everyone **in terms of** her own standards.
그녀는 자기 자신만의 기준으로 사람을 판단한다.
He sees life **in terms of** money. 그는 돈의 관점에서 인생을 바라본다.
He referred to your work **in terms of** high praise.
그는 칭찬하는 말투로 자네 일에 대하여 언급했다네.
- **in the course of ~** 《~하는 동안에 (= during)》

in the course of today 오늘 중에
She changed her mind in the course of a day. 그녀는 하루 사이에 마음을 바꾸었다.
In the course of his long life he has seen many changes.
그는 긴 인생의 과정에서 많은 변화를 보아 왔다.
- in the light of ~ 《~에 비추어서 (= in view of)》
Review the plans in light of past experience. 과거의 경험에 비추어 그 계획들을 검토해라.
In the light of my experience, life is like a dream. 내가 살아보니 인생은 꿈과 같다.
- on [in] behalf of ~ 《~을 대신 [대표]하여; ~을 위하여》
I am speaking on behalf of my friend Kim Sam-Sik.
제 친구 김삼식을 대신해서 제가 말씀드리겠습니다.
On behalf of the office he conveyed a message of condolence.
그가 회사를 대표해서 애도의 뜻을 전했다 [조문했다].
A legal guardian must act on behalf of an interdict.
법정후견인이 금치산자를 대리해야 한다.
A lawyer argues on behalf of the accused. 변호인은 피고인을 위하여 변론한다.
- on account of ~ 《~로 인해, ~때문에》
The baseball game was put off on account of rain. 그 야구경기는 비로 연기되었다.
That company got into a fix on account of financial difficulty.
그 회사는 자금난으로 꼼짝 못 하고 있다
- with [in] reference to ~ 《~에 관하여》
I have nothing to do say with reference to this problem.
그 문제에 관하여 저는 아무런 할 말이 없습니다.
I am writing my personal history in [with] reference to my job application.
나는 취업 지원과 관련하여 이력서를 쓰고 있습니다.
- without regard to~ 《~에 관계없이》
All men are equal before law without regard to their station in life.
사람은 모두 그가 가진 신분과 관계없이 법 앞에 평등하다.
Our library is open to all persons without reference to age or sex.
저희 도서관은 나이 또는 성별과 관계없이 모든 사람에게 열려 있습니다.

② 부사 + 전치사 ~

부사가 전치사를 수식하거나 뒤의 전명구(전치사 + 명사)가 앞의 부사를 수식한다.

ex) according to ~ (~에 따라, ~에 의하여), along with ~ (~와 함께), as to ~ (~에 관하여는),

as for ~ (~에 관해서는, ~은 어떤가 하면), along about ~ (~ 쯤에), as from ~ (~부터), as of ~ (~현재로, ~부터), away from ~ (~로부터 떨어져), etc.

According to my understanding, he was to do it.
내가 알기로는, 그가 그것을 하기로 되어 있었다.

He came **along about** four o'clock. 그는 약 네 시경에 왔다.

May I come **along with** you to the movies?
너와 함께 영화 보러 같이 가도 괜찮겠니?

As from the following month, the regulation will cease to have effect.
다음 달부터 그 규정은 효력을 잃는다.

We are in agreement **as to** the essential points.
우리는 본질적인 점에 대해서는 의견이 일치하고 있다.

As for the reason for the accident, they still don't have a clue.
그 사건의 원인에 관해서는, 그들은 여전히 실마리 하나도 잡지 못하고 있다.

※ as for는 문두에 놓여 화제의 전환을 나타낼 때 쓴다.

According to the Worldwide iTunes Charts **as of** April 16, 2013 Gentleman ranked first on music charts in 32 countries.
2013년 4월 16일 현재의 전 세계 아이튠스 순위에 의하면 젠틀맨은 32개국 음원 순위에서 1위를 차지했다.

I will be one year older **as of** tomorrow. 난 내일부터 한 살이 더 먹게 돼.

The person in charge happens to be **away from** his desk just at the moment.
마침 담당자가 자리에 없습니다.

③ 전치사 + 전치사 ~

이중전치사 (double preposition)라고도 한다.

ex) but for ~ (~이 없다면, ~않다면), **except for** ~ (~를 제외하고서), **from behind** ~(~ 뒤에서), **from among** ~ (~의 가운데서), **from under** ~ (~ 아래에서), **in between** ~ (~ 중간에), **since before** ~ (~이전부터), **until [till] after** ~ (~ 후에까지), **up to** ~ (~까지), etc.

But for your help, I could not have succeeded.
네 도움이 없었다면 나는 성공하지 못했을 거야.

No admittance except for members. / Members only.   회원 외 입장 금지
She came out from behind the door.   그는 문 뒤쪽에서 나왔다.
He's [= has] lived there since before the war.   그는 전쟁 전부터 거기에 살고 있다.
We didn't get home till after midnight.   우리는 자정이 지나서야 집에 도착했다.
Her performance didn't really come up to her usual high standard.
그녀의 공연은 사실상으로 그녀의 평소의 높은 수준에 미치지 못했다.

④ 기타의 구전치사

ex) as regards ~ (~에 관해서는), ahead of ~ (~에 앞에), apart from ~ (~은 별문제로 하고), because of ~ (~때문에), close by ~ (~ 바로 곁에), close to ~ (~에 가까이에), contrary to ~ (~에 반하여), due to <입말> ~ (~ 때문에), far from ~ (~ 하기는커녕), for all ~ (~에도 불구 하고), instead of ~ (~대신에), judging from ~ (~으로 미루어 보건대), next to ~ (~의 곁에), out of ~ (~의 밖으로, ~에서 벗어나), thanks to ~ (~ 덕분에), with all ~ (~에도 불구하고), etc.

As regards the expense involved, it is no concern of yours.
거기에 드는 비용에 관하여는 네가 신경 쓸 바가 아니다.

Apart from the question of money, such a trip would be very tiring.
비용 문제는 차치하고서라도 그런 여행은 굉장히 피곤할 거야.

He graduated from the school one year ahead of me.
그는 나보다 1년 앞서 졸업했다.

He was ahead of his time.   그는 시대에 앞선 사람이었다.
Prices are variable according to the rate of exchange.
물가는 환율에 따라 변동할 수 있다.

Is there someplace close by where I might be able to stay?
근처에 묵을 만한 곳이 있을까요?

Her attitude was quite **contrary** to my expectations.
그녀의 그런 태도는 전혀 예상 밖이다. (= 그녀가 그런 태도로 나올 줄은 전혀 몰랐다.)

He failed in the examination **for all** his efforts.
그는 모든 노력을 다했음에도 불구하고 시험에 실패했다.

Due to the increase in sales in the first two quarters of this year, all employees will receive a raise in pay. 〈입말체〉
올 상반기의 매출 증가로 전 직원들의 임금이 인상될 것이다.

※ due to를 구전치사로 써서 부사적으로 사용하는 것은 입말체이다. 공식시험에서는 인정치 않고 있다.

Far from saving money, I can hardly make my living.
나는 저축은커녕 하루하루 먹고사는 생활도 제대로 못 할 지경이다.

Get to the point, **instead of** beating around the bush.
말을 빙빙 돌리지 말고 요점을 말해라.

She lives in the house **next to** ours. 그녀는 우리 옆집에 산다.
(= She lives next door to me.)

With all my faults she still loves me.
내가 결점이 많음에도 불구하고 그녀는 여전히 나를 사랑한다.

He is **out of** hearing. 그는 불러도 들리지 않는 곳에 있다.

Thanks to the lovely weather we had a bumper harvest this year.
좋은 날씨 덕택으로 올해는 대풍년이 들었다.

3) 전성 전치사 (derivative preposition)

다른 품사에서 전치사로 전용된 것을 말한다. 부사적 용법으로 사용된 절이 축소되어 전치사로 관용화된 형식이다. 파생전치사라고도 한다.

① 현재분사에서 온 전치사

ex) barring ~ (~이 없다면, ~을 제외하고는), concerning ~ (~에 관하여), considering ~ (~을 고려하면), excepting ~ (~을 제외하고), following ~ (~에 이어), including ~ (~을

포함하여), pending ~ (~중), regarding ~ (~에 관하여), respecting ~ (~에 관하여), touching ~(~에 관하여), etc.

An internal audit has found several irregularities **concerning** travel expense reports.　　내부 감사에서 출장비 지출 내역서와 관련해 몇 개의 부정행위를 밝혀냈다.

Following the lecture, the meeting was open to discussion.
　　　　　　　　　　　　　　　　강의에 이어서 회의는 자유 토론으로 들어갔다.

We must all obey the law, not **excepting** the judiciary.
　　　　　　　　　　　　　　　우리는 모두 법을 지켜야 한다. 법관이라도 예외일 수는 없다.

He was held in custody **pending** trial.　　그는 재판할 동안에 수감되어 있었다.

② 과거분사에서 온 전치사

ex) given ~ (~을 가정하면, ~을 고려하면), past ~ (~이 지나서)

He did a good job **given** the situation.　　그 상황을 고려하면 그는 잘했다.

Buses leave the station at five minutes **past** the hour, beginning at 5:00 a.m.　　　　　　　　　　　　　　버스는 오전 5시부터 매시 5분에 역을 출발한다.

We went **past** the freeway exit by mistake.
　　　　　　　　　　　　　　　　　우리는 실수로 그 고속도로 출구를 지나쳐 버렸다.

③ 형용사에서 온 전치사

ex) near ~ (~에 거의 가까이에), opposite ~ (~의 맞은편에), round ~ (~의 둘레에), like ~ (~처럼), minus ~ (~을 뺀), etc.

I took up my abode downtown **near** my office.
　　　　　　　　　　　　　　　　　　나는 회사 근처 도심지에 거처를 정했다.

a tour **round** the world　　　　　　　　　　　　　　　　세계 일주 여행
She swims **like** a fish.　　　그녀는 마치 물고기처럼 헤엄친다. (헤엄을 아주 잘 친다.)
He is just **like** his father.　　　　　　　　　　　　　　그는 아버지를 빼닮았다.
Five **minus** three is two.　　　　　　　　　　　　　　　5 빼기 3은 2이다.
She came **minus** his hat.　　　　　　　　　　　　그녀는 모자를 안 쓰고 왔다.

(5) 전치사의 목적어

1) 뜻

전치사의 뒤에 오는 말(명사, 명사 상당 어구)을 전치사의 목적어라고 한다. 본래 전치사는 연결어로서 명사 앞에 놓여 동사 등 다른 말과의 관계를 한정하는 역할을 하는데, 전치사에 의해 한정되는 목적 대상이 된다는 의미에서 전치사의 뒤에 오는 말을 전치사의 목적어라고 부른다. 원칙적으로 명사·대명사를 전치사의 목적어로 하지만, 절, 준동사 (동명사, 부정사, 과거분사), 형용사, 부사 등을 그 목적어로 하는 경우가 있다.

2) 형태

① 명사·대명사

전치사는 원칙적으로 명사·대명사를 그 목적어로 한다. 전치사의 목적어로 대명사가 오는 경우에는 목적격을 쓴다.

He walked **into** <u>the house</u> **with** <u>her</u>.   그는 그녀와 함께 그 집에 들어갔다.

② 절

❶ that 절

※ 전치사가 that절을 목적어로 취하는 경우는 in, except, but, save에 한하며, 이 경우 that을 생략하지 않는 것이 보통이다.

Men differ from brute **in** <u>that they can think and speak</u>.

인간은 생각하고 말할 수 있다는 점에서 짐승과 다르다.

She remembered nothing about him **except** <u>that his eyes were big</u>.

그녀는 그의 눈이 왕방울만 했다는 것 외에는 아무것도 기억하지 못했다.

Nothing would please her **but** <u>that I go along (with)</u>.

내가 함께 가주는 것 이외에 그녀를 기쁘게 해줄 길이 없는 것 같다.

The boy knows nothing about her **save** <u>that the girl came from Seoul</u>.

소년은 그 소녀가 서울에서 왔다는 것을 빼고는 그녀에 대해 아무것도 모른다.

■ 덧붙임

1. in, except, but, save 이외의 전치사가 that절을 목적어로 취할 경우에는 가목적어 it이나 the fact를 취하는 것이 일반적이다.

   See to it that you do not betray our confidence (in you).
   (너에 대한) 우리의 기대에 어긋나지 않기를 바란다.
   You must face up to the fact that you are not a child any longer.
   너는 이제 더 이상 아이가 아니라는 사실을 알아야 한다.
   I think about that he is a poet. (x)
   → I think about the fact that he is a poet. (o) 나는 그가 시인이라고 생각한다.
   ※ think는 about the fact를 생략하고 that절을 직접 think의 목적절로 나타내는 것이 일반적이다.

2. that절이 타동사나 형용사에 결합된 전치사의 목적어로 사용되는 경우에는 일반적으로 전치사가 생략된다.

   I am sure (of the fact) that he will succeed. 나는 그가 성공할 것을 확신한다.
   (= I am sure of his success.)

❷ 의문사절/ whether 절

의문사절, whether절은 that절에 비해 비교적 자유롭게 전치사의 목적어로 쓴다. 하지만, if절은 전치사의 목적어로 쓰지 않는다.

Are you quite sure about where he is?
　　　　　　　　　　　　　　당신은 그가 어디에 있는지를 확실히 알고 있나요?
I am worried about whether she is happy.　　그녀가 행복한지가 염려된다.
There was a lot of confusion about who had caused the car accident.
　　　　　　　　　　　누가 그 자동차 사고를 냈는지를 놓고 많은 혼란이 있었다.
There is some reason in what he says.　　그가 하는 말은 어느 정도 일리가 있다.
It depends on whether we have enough money.
　　　　　　　　　　　　　그것은 우리가 충분한 돈을 가지고 있느냐에 달려있다.

> ▷ 타동사나 형용사에 결합된 전치사의 목적어 자리에 의문사절이 나올 경우 that절의 경우와 같이 전치사를 생략하는 것이 보통이다.
> I have no idea (as to) who did it. 나는 누가 그것을 했는지 전혀 모른다.
> I am doubtful (as to) whether it is true. 나는 그것이 사실인지가 의문스럽다.
> They are ignorant (of) what they are after.
> 그들은 자신들이 무엇을 추구하고 있는지도 모른다.

③ 준동사구

❶ 동명사

동명사는 명사의 일종이므로 전치사의 목적어가 될 수 있다.

He is good at **playing tennis**.   그는 테니스를 잘한다.
She is busy in **cooking dinner**.   그녀는 저녁밥을 하느라 바쁘다.

❷ 부정사

부정사는 but, except, be about 다음에서만 전치사의 목적어가 될 수 있다. but 다음의 부정사구가 동사적 의미가 강할 경우에는 흔히 원형 부정사를 쓴다.

There was nothing for it but **to hold my tongue**.

나는 잠자코 있을 수밖에 별도리가 없었다.

We cannot but **deplore the corrupt conditions of this society**.

우리는 이 사회의 부패상을 보고 한탄하지 않을 수가 없다.

There is nothing for me to do except **to read or take a walk**.

나는 독서하고 산책하는 일 외에는 아무것도 할 일이 없다.

The whistle blew to give notice that the boat was about **to leave**.

기적을 울려 배가 떠나려는 것을 알렸다.

❸ 과거분사

다음과 같이 관용적으로 쓰일 몇몇의 경우에만 과거분사가 전치사의 목적어가 될 수 있다.

18장 전치사(Preposition)

I considered the problem as **settled** easily.

　　　　　　　　　　　　　　　　나는 그 문제가 쉽게 풀려질 것으로 생각했다.

I take (it) <u>for</u> **granted** (that) man is mortal.

　　　　　　　　　　　　　　　　나는 사람이 죽는다는 것은 당연한 일이라고 생각한다.

Everyone counted the girl <u>as [for]</u> **lost**.　　모두들 그 소녀가 죽은 것으로 생각했다.

④ (명사화한) 형용사/ 부사

❶ 형용사

형용사가 전치사의 목적어가 되는 경우는 인식 동사의 목적격 보어일 경우와 관용적용법에서의 경우로 극히 제한적이다.

in general (= generally) 대체로, 일반적으로

in special (= specially) 특히, 특별히

in private (= privately) 은밀히, 비공식적으로

in particular (= particularly) 특별히, 상세히

in short 간단히 말해서[면], 요컨대, 이를테면　　as usual 평소와 같이, 여느 때처럼

at best (= at most) 잘해야, 기껏해야　　　　　　of late (= lately) 최근(에)

before long 머지않아, 이윽고, 곧　　　　　　　　with ease 수월하게, 쉽게

She accepted his explanation **as true**.　　　그녀는 그의 변명을 진실로 받아들였다.

It is far **from possible**.　　　　　　　　　　　그것은 가능할 것 같지 않다.

Are you looking for anything **in particular**?　뭐 특별히 찾는 게 있으세요?

Her works belong, **in short**, to a vanished age.

　　　　　　　　　　　　　　　　　그녀의 작품은 이를테면 퇴색한 세대에 속한다.

As usual, he gave a reply which was wordy and didn't answer the question.　　　언제나 그렇듯이 그는 장황하면서 질문에 대한 답이 되지 않는 대답만을 했다.

Business **as usual**. 〈게시문〉　　　　　　　　　　　　　　　　　　　정상 영업 중.

"How are you getting along these days?"　　　　　　　　　요즘 어떻게 지내세요?

− "The same **as usual**."　　　　　　　　　　　　　　　　　　　　　늘 그렇습니다.

She grew cold towards me **of late**. 그녀는 요새 나에게 쌀쌀해졌다.

We shall know the truth of the accident **before long**.

　　　　　　　머지않아 그 사건의 진상을 알게 될 것입니다.

❷ 부사

부사는 관용적용법에서 전치사의 목적어 역할을 하기도 한다.

for long 오래도록, 오랫동안　　from here 여기서부터, 여기에서, 이제

from where 어디서부터　　from now 지금부터　　from there 거기서부터

in here [there] 여기서 [거기서], 이 안에서 [그 안에서] ※ 건물 등의 내부를 가리킬 때 사용

out here (밖의) 여기서, 이 밖에서　　out there 밖에, 저기에, 해외에

till then [now] 그때까지 [지금까지]　　(un)till recently [lately] 최근까지

Where do you come from? (= Where are you from?)

　　　　　　고향이 (출신지가) 어디십니까? / 어느 나라 (지방)에서 오셨습니까?

Where did you come from? 〈지금까지 있었던 곳을 묻는 경우〉　　어디에서 오셨습니까?

(= Where have you come from?)

He returned from **abroad** after several years' absence.

　　　　　　　　　　그는 몇 년 만에 외국에서 돌아왔다.

From where I stand, that is not true.　　내가 보기에 그것은 사실이 아니다.

Three weeks from now, we should be lying on a beach in Bali, enjoying the atmosphere.

　　　　　지금부터 3주 뒤에 우리는 발리 섬 해변에 누워 그곳의 정취를 즐기고 있을 것이다.

It's too hot in **here**.　　　　　　　　　　이 안은 너무 덥습니다.

What is he saying out there?　　　　저기 밖에서 그가 뭐라고 하는 있는 거지?

The bridge has not repaired until **recently**.

　　　　　　　　　　그 다리는 최근까지도 수리되지 않고 있다.

⑤ 전치사구

전치사구가 다시 전치사의 목적어가 될 경우로서 전치사가 연속되는 경우이다.

She came out from behind the door.   그는 문 뒤쪽에서 나왔다.
We didn't get home till after midnight.   우리는 자정이 지나서야 집에 도착했다.
I pardon you without excepting a single thing.

                            하나도 남김없이 나는 너를 용서한다.

(6) 전치사의 생략

1) today, yesterday, tomorrow, tonight 등이 시간부사로 쓰인 경우에는 전치사를 붙이지 않는다.

When will you be through school today?   오늘은 몇 시에 학교가 끝나니?
This is the computer (that) I bought yesterday.   이것이 어제 내가 산 컴퓨터이다.
Be sure and call me tonight.   오늘 밤에 내게 전화하는 것 명심해라.

2) 요일, 날짜 앞의 on은 입말체에서는 생략하는 경우가 많다. 특히 요일, 날짜 앞에 last, next, this, that, every, some 등의 어구가 붙을 경우 on은 글말체에서도 생략한다.

Let's meet (on) Wednesday evening.   수요일 저녁에 봅시다.

※ (주의) 이처럼 전치사를 써도 무방한 경우라도 공식적인 시험에서는 틀린 것으로 본다.

We meet (on ×) every Sunday.   우리는 매주 일요일에 만난다.
I am planing to do something nice (at 또는 on ×) this weekend.

                         나는 이번 주말에 근사한 뭔가를 하려고 계획하고 있다.

They had the first date (on ×) last Saturday.

                         그들은 지난 토요일에 첫 데이트를 했다.

3) 부사적 대격 (부사적으로 쓰이는 명사)

전치사의 목적어로 시간, 거리, 방법, 정도 등을 나타내는 명사가 오는 경우 전치사를 생략하고 명사 자체를 부사적으로 사용하는 경우를 말한다. 이는 나타내고자 하는 내용을 더 강하게 드러내고자 하는 표현양식이라고 할 수 있다.

① 시간

I awaited him (for) **a long time**.	나는 오랫동안 그녀를 기다렸다.
The play ran (for) **more than ten years**.	그 연극은 10년 이상 공연되었다.
I will mention it (in 생략) **the next time** I see her.	다음번에 그녀를 보게 되면 그것을 말할 겁니다.
Change these sentences (in) **the same way as the example**.	이 문장들을 예시와 같은 방식으로 바꾸시오.
It rained all (through the) **night**.	밤새도록 비가 내렸다.
(At) **What time** does your flight leave tomorrow?	내일 네가 탈 비행기는 몇 시에 뜨지? (내일 몇 시 비행기야?)

② 거리

자동사 다음에 거리 단위의 명사가 곧바로 나올 경우가 전치사가 생략된 부사적 대격의 경우이다.

We walked (for 생략) **a few miles** yesterday.	우리는 어제 몇 마일이나 걸었다.
The river runs (for 생략) **6,300 kilometers**.	그 강은 6,300km에 걸쳐 흐른다.
There stands a big pine tree (in 생략) **a little way** off the road.	길에서 조금 떨어진 곳에 큰 소나무 한그루가 서 있다.

③ 방법, 정도

Send it (by 생략) **airmail**.	그것을 항공우편으로 보내주세요.

※ 여기서 airmail은 전치사 없이 그대로 부사의 의미를 갖는다. 다음과 같은 경우도 전치사 없이 그대로 부사로 취급하는 것이 보통이다. (미국식)

I go **home**. (o) 나는 집에 간다. → I go to home. (x)
We stayed **home** all day. 우리는 하루 종일 집에 있었다.

Do it (in 생략) this way. 그것을 이런 식으로 해라.

※ way 앞에 this, that, the same, all, another 등의 한정어가 결합될 때 그 앞의 전치사는 흔히 생략된다.

If you had to do this over again, would you do it (in) the same way?
이걸 다시 해야 한다면, 다름없이 하겠니?

It is raining (like 생략) cats and dogs. 비가 억수같이 내리고 있다.

4) 형용사적 대격 (형용사적으로 쓰이는 명사)

크기, 높이, 길이, 무게, 형태, 색상, 가격, 나이, 직업 등을 나타내는 명사가 전치사 [of나 in] 없이 형용사처럼 쓰이는 경우를 말한다.

This is (of) **the same size** with that. 이것은 저것과 같은 크기이다. (크기가 같다.)
He is (a boy of) **the same age** as me. 그는 나와 같은 나이이다. (나이가 같다.)
She is a child (of) **that age**. 그녀는 그만한 나이의 아이일 뿐이다.
She is (a girl of) **a very nice shape**. 그녀는 매우 예쁘게 생겼다.
He is not (a man of) **my sort**. 그는 내가 좋아하는 유형이 아니다.
It is (of) **no use crying [to cry]**. 울어봤자 소용없다.
The roof is (of) **dark green**. 그 지붕은 짙은 녹색이다.
He painted the roof (in 생략) **a blue color**. 그는 지붕을 파란 색깔로 칠했다.
(= He painted the roof blue.)
(Of) **What shoe size** are you? 당신의 신발 크기는 얼마인가요?
(Of) **What trade** is he? 그 사람의 직업이 무엇이죠?
(In) **What profession** are you going to be? 무슨 직업을 가지려고 하십니까?

5) in을 생략하여 동명사를 현재분사처럼 사용하는 관용적 구문에서 (형용사적 대격의 일종)

She was busy (in) getting dinner ready. 그녀는 저녁 준비를 하느라 바빴다.
I had difficulty (in) persuading her. 그는 그녀를 설득하느라 고생을 했다.
He lost no time (in) getting ready. 그는 지체 없이 준비를 했다.
He takes his time (in) doing everything. 그는 무슨 일을 하든지 꿈지럭댄다.

☞ 제3장(동명사)의 8. (12), (28), (29), (30) 참조

2. 전치사의 용법

(1) 시간 관계 전치사

1) at

일정 기간이 아니라 **한 시점**(~시, ~분, ~초), 장시간이라 하더라도 기간이 아니라 한 시점으로 볼 때(**밤, 새벽, 24시간보다 짧은 시간명사** 등을 포함하여 1년 정도의 기간에 사용할 수 있다), **국경일, 공휴일, 성탄절, 양력설, 나이** 등에도 쓴다.

※ 시계로 나타내는 시간에는 at을 쓴다.

at midnight 한밤중에   at the weekend 〈영〉 주말에

at the age of twenty 스무 살 때

at the beginning [middle, end] of the month 월초 (초순)에 [월 중순에, 월말 (하순)에]

I'll meet you at (a) quarter past [after 〈미〉] six.   6시 15분에 만납시다.

cf.) I'll meet you at (a) quarter to [before] six.

15분 전 6시에 만납시다. (= 5시 45분에 만납시다.)

She'll be here at [on] Christmas. 그녀는 크리스마스에는 돌아올 것이다.

※ 성탄절, 부활절 등에는 at도 쓰지만, on을 더 즐겨 쓰는 경향이다.

> ▷ 관용어구
> at present 현재, 지금은   at one time 한때는   at all times 언제나, 늘
> at the same time 동시에   at odd moments 틈이 있을 때에
> at the latest (아무리) 늦어도   at times 이따금   at last 드디어, 마침내
> at this time of (the) year 이 계절에; 매년 지금쯤은
> at this time of (the) day 이 시각에, 이맘때에; 이제야; 이렇게 늦게 [빨리]
> at this time of night 이렇게 늦은 밤에 [밤늦게] (= at this hour of the night)

2) on

요일, 날짜, 특정한 날의 아침, 오후, 저녁, 밤 등; ~가까이에, ~과 동시에

on Sunday afternoon (= in the afternoon on Sunday) 일요일 오후에

on October nine (= on nine October, on the ninth of October) 10월 9일에

on the morning of the second 2일 오전에

on the afternoon of the June 10. 6월 10일 오후에

on the fifth (of) last month (= on the fifth ult.) 지난달 5일에 ※ ult.= ultimo 지난달의

on the fifth of this month (= on the fifth inst.) 이달 5일에 ※ inst.= instant 이달의

on the 5th of next month (= on the fifth prox.) 다음 달 5일에

※ prox.= proximo 다음 달의

on the fifteenth of August by the lunar calender 음력 8월 15일에

on and after september one 9월 1일부터 (이후에)

on and after today (= from this day forth) 오늘부터

on Sunday next (= next Sunday) 다음 일요일에   on a weekend 〈미〉주말에

on New Year's Day 새해 첫날에 [설날에]   on Christmas Eve 성탄절 전야에

on a hot [rainy] day [morning 등] 더운 [비가 오는] 어느 날 [아침]에

on second thought [thoughts 〈영〉] 다시 잘 생각해 보고, ~을 재고하여

on arriving [on one's arrival] in Seoul 서울에 도착하자마자 [도착하는 대로]

■ 참고

1. on Sunday는 과거형의 문장 속에서는 '지난' 일요일 (last Sunday, on Sunday last)을 나타내고, 미래형의 문장에서는 '다음' 일요일 (next Sunday, on Sunday next)의 뜻을 나타낸다.

   I saw her on Sunday. 나는 지난 일요일에 그녀를 만났다.
   (= I saw her last Sunday. / I saw him on Sunday last.)
   I plan to meet her on Sunday. 나는 오는 일요일에 그녀를 만나려고 생각 중이다.
   (= I plan to meet her next Sunday. / I plan to meet her on Sunday next.)

2. on Sunday가 일반적인 일요일의 의미로 쓰일 때는 on Sundays라고 하는 것이 일반적이다.

   Do you usually go to the bathhouse on Sundays?
   당신은 보통 일요일에 목욕탕에 가시나요?

3. on a Sunday는 on Sunday와 뜻은 같으나 형식을 갖춘 용법이다.

   This Children's Day falls on a Sunday. 이번 어린이날은 일요일 날과 맞아 떨어진다.

4. on the Sunday는 미래형의 문장에서는 '그다음 일요일에'의 뜻으로 과거형의 문장에서는 '그 전 일요일에'의 뜻으로 쓰인다.

   I plan to meet her on the Sunday. 나는 오는 그다음 일요일에 그녀를 만나려고 생각 중이다.
   I saw her on the Sunday. 나는 그 전 일요일에 그녀를 만났다.

5. on time 《제시간에, 정각에; 〈미〉 분할불로》

   The buses never run on time around here. 이곳에서는 버스가 제시간에 운행되는 법이 없다니까.
   The express train started from Busan on time. 고속 열차는 정각에 부산을 출발했다.
   He bought a car on time. 그는 할부로 차를 샀다.

3) in

① 〈특정 시간·기간〉 (일반적인) 오전, 오후, 월, 년, 계절, 년대, 시대, 세기 등

   in the morning [afternoon, evening] 오전[오후, 저녁]에

   in the daytime 낮에   in the night 밤 동안에   cf.) at night 밤에

   in May 5월에   early in May (= at the beginning of May) 5월 초순에

   in mid-May (= about the middle of May) 5월 중순에

late in May (= in the latter part of May) 5월 하순에

in 1968 1968년에   in the late 1960's 60년대 후반에

in (the) summer 여름(철)에   in the 20th century 20세기에

in one's life [time, lifetime] 자기 생애에(서)   in one's youth ~가 젊(었)을 때

in (the) future 미래에   in the past 과거에   in those days 그 당시(에)는

We live in the information age.   우리는 정보화 시대에 살고 있다.

He is in his twenties.   그는 이십 대다.

It happens once in a lifetime.   그런 일은 일생에 한 번은 일어난다.

② 〈소요시간·기한·경과·과정〉 ~ 안에; ~이 지나면; ~ 후에

in a moment [an instant, a minute, a second] 곧, 즉시; 순식간에

the hottest day in 30 years 30년 만에 가장 더운 날

I'll be back in an hour.   1시간 후에 돌아오겠다.

※ in an hour는 〈미〉 입말에서는 '한 시간 안에 (within)'의 뜻으로도 쓴다.
I'll be with you in an hour. 한 시간 이내로 널 만날 수 있을 거야.

She is expected (in) next Saturday.   그녀는 오는 토요일에 오기로 되어 있다.

cf.) She is expected in **the next Saturday**. 그녀는 **그다음 토요일에** 오기로 되어 있다.

I haven't seen her in [for] more than a month. 〈영국에서는 for만을 씀〉

나는 한 달 이상 동안 그녀를 만나지 못했다.

The population has doubled in the last ten years.

인구는 지난 10년 동안에 배로 증가했다.

> ▷ in time
> **제시간에, 늦지 않게; 머지않아(조만간), 결국; 옳은 리듬으로, 박자를 맞추어**
> There was no other way to get there in time but to speed.
> 그곳에 제시간에 도착하려면 속도를 낼 수밖에 없었다.
> You've got to come back in time for the class.
> 너는 수업시간에 늦지 않게 돌아와야 한다.
> He will learn that in time. 그는 머지않아 그것을 알게 될 것이다.
> She danced in time to the music. 그녀는 음악에 맞추어 춤을 추었다.

4) during

'~ (기간) 중에'의 뜻으로 특정기간 동안의 동작, 상태를 표시할 때 쓴다. 보통, 「during + 한정사 (the, those 등) + 기간 명사」의 형태로 쓰인다.

during the past one month 지난 한 달 동안   during the 1990s 1990년대 동안

during [in] one's life [lifetime] 일생동안, (살아) 생전에

during his occupation of the Presidency 그의 대통령 임기 중에

during one's tenure of office ~의 재직기간 중에

during five successive reigns 5대 동안 계속하여; 5대에 걸쳐

The temperature climbs as high as 35 degrees Celsius during the sizzling months of July and August.   무더운 7, 8월에는 기온이 섭씨 35도까지 올라간다.

The firm managed to stay afloat during the recession.
그 회사는 불경기 동안에 빚을 지지 않고 견뎌냈다.

Our nation's jobless rate continued to grow during the second quarter of the year.   우리나라의 실업률이 올해 2/4분기 동안 계속 상승했다.

5) for

'~ (시간) 동안에'의 뜻으로 그때까지 소요된 시간(기간)을 나타낸다. 보통, 「for + 수사 + 명사 (기간)」 형태로 쓰인다.

for hours [days, years] 몇 시간 [날, 년] 동안   for a long time 오랫동안

for an age 오랫동안, 오랜 세월   for the last [past] three years 지난 [과거] 3년 동안

imprisonment for life 무기징역

We went down to the sea for a [the] day.   우리는 당일치기로 바다에 갔다.

He has been off work for a long time.   그는 오랫동안 실직 상태에 있다.

I stayed there (for) three months.   나는 그곳에 3개월간 머물렀다.

※ for가 계속되는 상태를 나타내는 동사(continue, last, live, remain, stay 등) 뒤에 와서, 특정 기간을 나타내면 생략할 수 있다. 다만, 수사가 없을 때는 생략할 수 없다.
The rain lasted for days. 비는 며칠 동안이나 계속 내렸다.

> ▷ 동작을 나타내는 동사는 「for + 수사 + 명사(기간)」의 for를 생략할 수 없다.
> He hasn't spoken to her **for** three years. 그는 3년 동안 그녀에게 말을 걸어보지 못했다.

6) through

'~ (시간) 동안, 내내, 죽'의 뜻으로 특정 사건의 처음부터 끝까지의 기간을 나타낸다. 보통, 「시간, 장소의 표시 + through + 기간」의 형태로 쓰인다.

through the night 밤새도록, 밤을 새워

through the summer season 여름철 내내

all through the year 1년 내내   all through one's life 한평생

(from) 2010 through 2019. 2010년부터 2019년까지

※ 2019년도 포함되며 from은 종종 생략된다.

(from) Monday through Saturday 월요일부터 토요일까지

I have lived in this house all through my life.   나는 평생 동안을 이 집에서 살아왔다.
 We go to school Monday through Friday.   우리는 월요일에서 금요일까지 학교에 간다.

7) since

전치사 since는 과거를 나타내는 명사(구) 앞에 쓰며 '~ 이래 줄곧'의 뜻으로 시작의 시점(과거)을 강조하면서 현재까지도 계속되고 있음을 나타낸다. 보통, 계속을 나타내는 완료시제와 함께 쓰며, 종종 ever since의 형태로도 쓴다.

We have been mates since our school days.   우리는 학창 시절부터 단짝친구였다.
Our civil law has been in effect since 1960.   우리 민법은 1960년 이래 시행되어 왔다.
He is the greatest poet since Kim So-Wol.   그는 김소월 이래의 최고의 시인이다.
It is [has been] three years since her leaving.   그녀가 떠난 지 3년이 되었다.

※ 'It is [has been (미, 입말체)] ~ since + 목적어'의 구문은 '…이래 ~이(었)다.'의 뜻을 나타낸다.
　It's been 5,000 kilometers since my last oil change.
　지난번 오일을 갈고 나서 5,000㎞를 탔습니다.

Ever since he was young, he wanted to be a writer.

그는 어렸을 때부터 줄곧 작가가 되고 싶어 했다.

8) by

때(기한)를 나타내어 '~까지는'의 뜻으로 완료점을 강조할 때 쓰거나, 때의 경과(기간)를 나타내어 '~ 동안에(= during)'의 뜻으로 쓰인다. 기한을 나타낼 경우에는 보통 왕래 발착 동사(go, come, leave, start, arrive, be back, return, finish 등)와 함께 쓰인다.

① 기한 《~까지는》

by this time tomorrow 내일 이 시간까지는

by the end of this month 이달 말까지는

I'll let you know by Monday.　　　　　　　　　　월요일까지는 알려드리죠.

② 기간 (시간의 경과) 《~동안에 (= during)》

아래의 형태로만 쓰인다. 시간의 경과를 나타내는 by의 뒤에 오는 명사는 무관사이다.

by day[night] 낮[밤]에　by daylight 햇빛이 있을 때, 환할 때에

by day and by night (불철) 주야로

9) until / till

'~까지 (줄곧)'의 뜻으로 **어느 시점까지 동작의 계속**을 나타내거나, 부정어와 함께 '…까지 ~ 않다, …에 이르러(서) 비로소 ~ (하다).'의 뜻을 나타낸다. until/ till은 계속의 뜻을 갖고 있으므로 **last, stay, wait, work 등과 같은 계속을 나타내는 동사 뒤**에 쓰인다.

from morning till night 아침부터 밤까지　till after dark 해가 진 뒤까지

until late in the nineteenth century 19세기 후반까지

He did not come till late at night.　　　　　　　그는 밤이 늦어서야 겨우 왔다.

Not till yesterday did I know the fact.　　　　　어제서야 비로소 나는 그 사실을 알았다.

It was not till evening that we got the news.
우리는 저녁이 되어서야 겨우 그 소식을 받았다.

10) from

'~ (에서)부터 (쭉)'의 뜻으로 어떤 동작, 사실의 **시작 시점**을 나타낸다. 대개, 'from A to (또는 till) B'의 형태로 쓰인다. 이는 시작 (A)에서 끝 (B)까지를 나타낸다. 시작의 시점만을 나타내는 전치사구로는 from now on, from ten o'clock, from then on 등이 있다.

from the 1st of January 1월 1일부터   from of old (= from long ago) 옛날부터

from now on (= from this time forward) 이제부터는, 앞으로는

from Monday to Saturday 월요일부터 토요일까지

※ 〈미〉에서는 'Monday through Saturday'로도 쓴다.

from time to time 때때로, 이따금   from here on out 이제부터 영원히

The shop will be open from 9 o'clock.   그 가게는 아홉 시에 문을 연다.

※ '시작'의 뜻을 갖는 start, begin, commence 등의 동사에는 from이 오지 못한다.
School begins at [from×] 9 o'clock. 수업은 아홉 시부터 시작된다.

Ten minutes from now we will depart.   지금부터 10분 후에 출발한다.
We used to see him from week to week.   우리는 (이전에는) 매주 마다 그를 만났었다.

11) before

'~보다 전에, ~보다 일찍'의 뜻으로 특정 시점 전을 나타낸다. 미에서는 '(~분) 전에'의 뜻으로 before를 쓴다. 입말체에서는 of를 쓰기도 한다.

before daylight [dawn] 해뜨기 [동트기] 전에   before dark 어두워지기 전에

before long 오래지 않아(서), 곧(soon)   before now 이제껏, 좀 더 빨리 [일찍]

before tomorrow 내일까지는 (= 내일 이전에)

before one's time 태어날 [죽을, 근무할] 때가 되기 전에, 아직 한창때가 오기 전에, 시대에 앞서

※ be old before one's time 늦은 티가 나다.

before Christ 서력기원 전[〈약〉 B.C.]

(on) the day before yesterday 그저께 〈미에서는 종종 the를 생략함〉

the year before last 재작년

the year but one before last; two years before last 재재작년

five (minutes) before [of 〈미〉] twelve (= five to twelve) 12시 5분 전

All accounts must be paid before May 25th.
　　　　　　　　　　　　　　　　　　　모든 대금은 5월 25일 전에 지불[결제]해야 합니다.

※ 'before May 25th'의 경우에는 25일이 포함되지 않으나 'by May 25th'로 하면 25일까지 포함된다.

His thought is before the times.　　　　그의 사상은 시대에 앞서 있다.

■ 덧붙임

1. before가 접속사로 쓰일 경우 '~하기 전에' 또는 '~하기보다 차라리' 뜻을 갖는다.

Before she goes I would like to talk. 그녀가 가기 전에 얘기하고 싶다.
I would die **before** I submit. 항복하느니 나는 차라리 죽고 말겠다.

2. before가 들어가는 관용어구

before everything 우선 [다른] 무엇보다(도)　　before one's face 맞대고, 공공연히
before one's (very) eyes (바로) 눈앞 [면전]에서
put the cart before the horse 순서를 거꾸로 하다; 본말을 전도하다.

12) after

'~ 다음에, ~ 후에, ~이 끝나고, ~이 지나서 (이후에)'의 뜻으로 특정 시점보다 후를 나타낸다. since는 과거의 어떤 시점에서 현재 (또는 과거)까지의 계속을 뜻하나, after는 계속의 뜻을 갖지 않는다. 그러므로 since는 완료시제와 after는 단순 시제와 함께 쓰는 것이 보통이다.

after school 방과 후에　　　　　　after work 일이 끝난 뒤에, 퇴근 후에
the day after tomorrow 모레　　　after Wednesday 수요일이 지나서, 수요일 이후에
after a week (과거나 미래의 특정 시점을 기준) 일주일 후에
※ in a week (현재를 기준) 일주일 뒤에

the week after next 다음다음 주   day after day 매일매일

one after the other (2개가) 차례로; 번갈아

time after time 몇 차례이고

※ after의 앞·뒤에 같은 (시간)명사를 써서 계속, 반복을 나타내는 경우의 명사는 관사 없이 쓰는 것이 보통이다.

ten minutes after [past 〈영〉] nine 9시 10분(에)

We didn't get home till after midnight.   우리는 자정이 넘어서야 집에 도착했다.

She is glad to be on her feet again after being sick for two weeks.
그녀는 2주간의 병을 앓은 뒤에, 다시 기운을 차려서 기뻐하고 있다.

Is it possible for this letter to arrive by the day after tomorrow?
모레까지 이 편지가 도착할 수 있을까요?

The festival is held year after year.   그 축제는 매년 (해마다) 열린다.

■ **참고 – 시간·기간표시 전치사의 생략**

1. last, next, this, that, some, every 등과 결합되는 시간·기간표시 전치사는 생략된다.

I saw him last Tuesday. (= I saw him on Tuesday last.) 나는 지난 화요일에 그를 보았다.

2. 입말(체)에서

I will see you (on) Saturday. 토요일 날 봐요.

3. '계속'의 의미를 지니는 동사 (continue, remain, stay, wait 등)가 쓰일 경우 for가 생략되는 경우가 있으며 (for 다음에 숫자나 기간표시 명사가 올 때), all이 오는 경우 반드시 생략한다. 다만, 문두에 올 경우에는 생략하지 못한다.

We stayed there (for) two weeks. 우리는 그곳에 2주간 머물렀다.
The rainy weather lasted (for) the whole time we were there.
우리가 그곳에 있는 내내 비가 계속 내렸다.
We stayed there all week. 우리는 일주일 내내 그곳에 있었다.
For three months I stayed there. 3개월 동안 나는 이곳에 머물고 있다.

(2) 장소관계 [위치·방향] 전치사

1) at

기본적으로 장소의 한 지점을 나타낼 쓴다. 이에 더하여 도착점, 거리, 출석, 소재, 상태 등의 장소의 확대된 의미를 나타낼 때 쓴다. 집, 마을, 읍, 역 등 비교적 좁은 장소 앞에 사용하나, 서울, 지구 등도 한 지점으로 파악할 때는 at을 사용한다. '번지' 앞에는 반드시 at을 쓰며, 나라 이름에는 at을 쓰지 않는다. 전화번호 앞에도 at을 쓴다.

at the foot of the hill [mountain] 산기슭에 at the bottom of the sea 해저에서

at a distance 좀 떨어진 곳에, 좀 떨어져서 **cf.)** in the distance 멀리(에)서, 먼 곳의

at my side 내 곁에   at arm's length 손이 닿는 곳에

look out at the window 창가에서 바깥을 내다보다.

cf.) look out of the window 창문으로 밖을 바라보다.

Open your book at [to (미)] page 30.　　　　　　　책의 30쪽을 펴세오.

I was at university from 1987 to 1990.　　나는 1987년부터 1990년까지 대학생이었다.

※ 미국에서는 at university 대신에 in college라고 한다.

He is a student at Harvard.　　　　　　　　　그는 하버드대학교 학생이다.

The restaurant is at 54 Madison Street.　　　그 식당은 매디슨 가 54번지에 있다.

Let's start at Lesson three.　　　　　　　　　3과부터 시작합시다.

If you contact Mr. Kim, please call me at 123-4567

(= If you contact Mr. Kim, please call 123-4567.)

　　　　　　　　　　　　　　　　김 군과 연락되면 123-4567로 전화해 주세요.

2) in

장소전치사로서의 in은 위치 또는 장소 안에서의 운동, 방향 등을 나타낸다.

① 위치·존재 《~에(서), ~의 안에서[의], ~에 있어서》

장소를 나타낼 경우의 전치사 in은 나라, 대도시 등 비교적 넓은 장소에 쓰인다. at은 소도시 등의 비교적 작은 [좁은] 장소 [지점]에 쓰는 경향이 있다. 다만, 객관적인 넓이

와 관계없이 '~의 속에'라는 뜻이 강할 때는 in을 사용한다.

in the east 동쪽에(서)   in the west 서쪽에(서), 〈미국〉 서부에(서)

the characters in the novel 소설 속의 등장인물

rest in shade 나무그늘에서 쉬다.   sit in [on] a chair 의자에 앉다.

swim in the sea 바다에서 헤엄치다.

They arrived at a town in Bolivia. 그들은 볼리비아의 한 마을에 도착했다.

I read that in today's paper. 나는 그것을 오늘 신문에서 읽었다.

He works in a hotel now. 그는 현재 호텔에 근무한다.

There is some reason in what he says. 그 사람이 하는 말은 일리가 있다.

② 〈주로 입말체에서〉 운동·방향 《~ 쪽으로, ~의 속으로 (= into)》

in은 '속에(서)'라는 위치를 나타내어 운동의 방향을 나타내지 않지만, 그 자체가 운동, 동작을 나타내는 break, bring, cast, cut, dive, divide, fall, fold, go, jump, lay, move, put, split, throw, thrust 따위의 동사와 함께 쓰이면 into대신 in이 사용될 때가 있으며, 이때에는 동작보다는 결과로서의 상태에 중점이 있게 된다.

in that direction 그쪽 방향으로

in all directions; in every direction 사방팔방으로

go in [into] the house 집 안으로 들어가다.

jump in [into] the river 강물에 뛰어들다.

As you move this, the pointer on the display screen moves in the same direction.   당신이 이것을 움직이면, 화면에서 포인터도 똑같은 방향으로 움직인다.

He looked in her direction.   그는 그녀가 있는 쪽을 바라보았다.

③ 관사 없는 명사를 이끌어서 그 장소의 기능을 나타내어 《~ 중에, ~에서》

in [at 〈영〉] school 재학 중, 교내에(서)   in class 수업 중(에)

in bed 침상에서, 자고 (있을 때)   in office 재직 중에

3) on

장소의 전치사 on은 기본적으로 어떤 것의 표면에 '접촉'하고 있음을 나타내고, 더불어 어떤 대상으로의 방향, 어떤 것에로의 근접 등의 확대된 의미도 나타낸다.

① '(표면에 접촉하여) ~위에'의 뜻으로 선이나 면 위에 있는 상태를 나타낼 때

on은 어떤 것의 표면에의 접촉을 나타내므로 '~ 위에'의 의미 속에는 천장이나 벽에 붙는 경우를 포함한다. 그리고 섬(island)이나 고유의 거리 이름 앞에는 on을 쓴다.

the words (written) on the blackboard 칠판에 쓰인 단어

a picture on the wall 벽에 걸린 그림   on the street [train] 〈미〉 거리 [열차]에서

There are boats on the lake. 호수 위에 보트가 떠 있다.

There is a butterfly on the wall[flower, ceiling].

　　　　　　　　　　　　　　　　　　　　　　벽 [꽃, 천장]에 나비 한 마리가 붙어있다.

It was silly of you to get **on** the bus with your raincoat **on**.

　　　　　　　　　　　　　　　　　　비옷을 입은 채로 버스에 오르다니 너 참 바보 같았구나.

※ 뒤의 on은 부사로서 '입은 채로, 쓴 채로'의 의미를 나타낸다. 참고로 '자동차에 타다.'의 표현은 'get **in** the car'이다.

He grew up on the island.　　　　　　　　　　　　　　　그는 그 섬에서 자랐다.

Residents on Jeju Island use a very unique dialect.

　　　　　　　　　　　　　　　　　　제주도 현지인들은 매우 독특한 사투리를 사용한다.

Stock prices on Wall Street closed higher today.

　　　　　　　　　　　　　　　　　오늘 월스트리트의 주가는 크게 상승된 채로 마감했다.

Let's go over to our reporter on the spot.

　　　　　　　　　　　　　　　　　　　　현장에 나가 있는 기자와 연결해 보겠습니다.

a tag on the package 꾸러미에 붙어있는 꼬리표

a handle on the door 문의 손잡이　a ring on one's finger 손가락에 낀 반지

Keep the dog on the chain.　　　　　　　　　　　개를 쇠사슬에 매어 두어라.

Have you got any money on you?　　　　　　　　돈 좀 가진 것 있습니까?

② 근접, 기초, 바탕 《~에 접하여; ~을 바탕으로 하여》

on both sides 양쪽에   the houses on the road 도로를 따라서 있는 집들
the countries on the Pacific 태평양 연안의 여러 나라
He was on the verge of falling.   그는 금방 쓰러질 것만 같았다.
North Korea borders on china to the north.
                                          북한은 북쪽에 중국과 (국경을) 접하고 있다.
a novel based on fact 사실에 입각한 소설
on my word of honor 명예를 걸고 말하지만, 맹세코
act on principle 원칙에 따라 행동하다.
carry a bag on one's back [shoulders] 자루를 등 [어깨]에 지다.
live on one's pension 연금으로 살아가다.
lie on one's back [face] 반듯이 눕다 [엎드리다].

③ 방향, 대상 《~을 향하여; ~에 관한; ~에 대하여》

an authority on astronomy 천문학의 권위자
a duty on imported goods 수입품에 부과하는 관세
go [start, set out] on a journey 여행을 떠나다.
hit a person on the head 남의 머리를 치다.
※ 몸, 의복의 부분을 나타내는 명사 앞에 the가 붙는다.
smile on a person 남에게 미소를 보내다.
take notes on the lectures 〈미〉 강의를 받아 적다 [노트하다].
take lessons on the piano 피아노 교습을 받다.
be mad on the cinema 영화에 미치다.
I congratulate you on your success.   성공을 축하합니다.
He happened on a key to solution.   그는 우연히 해결책을 찾게 되었다.
His wife died on him.   그의 아내는 그를 두고 먼저 죽었다.

4) beneath

주로 글말체에 쓰인다. 기본적으로 '~의 아래 (= under)'의 의미 또는 위에 덮어 씌워진 상태를 나타낼 때 쓴다. 더불어, '~의 아래쪽 [기슭]'의 뜻도 나타낸다.

beneath one's feet 발밑에(서)

The earth lay beneath a blanket of snow.	세상이 눈의 담요 아래 놓였다.
He wore a thick shirt beneath his coat.	그는 외투 안에 두꺼운 셔츠를 입었다.
A wide gorge yawned beneath our feet.	우리의 발밑에는 넓은 협곡이 입을 벌리고 있었다.
The ship sank beneath the waves.	그 배는 파도 속으로 가라앉았다.

5) over

기본적으로 '~ (수직적) 위에'의 의미를 갖는다. under에 대응하는 말로서 접촉 여부와 상관없이 수직적 위에 있는 경우를 나타낸다. 또한, 동작, 방향, 상태를 나타내어 '~을 넘어, ~건너편에, ~너머에'의 뜻으로도 쓰인다.

① ~의 위에; ~을 덮어서; 넘어서

on이 어떤 것의 표면에 접촉된 경우를 나타낸다면, over는 (수직적) 위에 떨어져서 있거나, 위를 가로지르는 경우, 그리고, 위쪽을 감싸고 있는 경우나 완전히 위에 덮고 있는 경우에도 쓴다.

the moon over the horizon 수평선 위의 달

a bridge over a river 강에 놓인 다리

with one's hat over one's eyes 모자를 눈까지 푹 눌러 쓰고

The plane was flying over the lake.	비행기는 그 호수 위를 날고 있었다.
She wore a coat over [above] her sweater.	그녀는 스웨터 위에 코트를 입고 있었다.
She threw a sheet over the bed.	그녀는 침대에 시트를 깔았다.
Don't lean over the book too much.	책 위로 머리를 너무 바싹 대지 마라.
She peered at him over her spectacles.	그녀는 안경 너머로 그를 응시했다.

② ~을 건너서; ~의 건너편에; ~을 넘는 곳에; ~의 여기저기에, ~의 전면에 걸쳐서

lands over the sea 바다 건너의 나라들

over the hills and far away 산 너머 먼 곳에

sail over the Pacific 태평양을 배로 건너가다.

The model plane flew over[across] the river.   모형 비행기는 강 저편으로 날아갔다.

all over the country 온 나라에, 방방곡곡에   all over the world 세계 곳곳에

with a smile all over one's face 만면에 미소를 띠고

look all over the house 집을 샅샅이 살펴보다.

The evening was deepening over the earth.   온 대지에 밤이 깊어가고 있었다.

6) under

기본적으로 '~ (수직적) 아래[밑에]'의 의미를 갖는다. over의 상대가 되는 말이다.

① ~의 아래에; ~의 바로 밑에

under the bridge 다리 밑에

※ below the bridge는 보통 '다리의 하류 쪽에'의 뜻을 나타낸다.

under one's eyes [nose] 눈 [코] 앞에서 **cf.**) below one's eyes 눈 밑에

a village nestling under a hill 산기슭에 자리 잡은 마을

draw a line under the important words 중요 단어에 밑줄을 긋다.

The brook murmurs under the ice.   냇물이 얼음장 밑으로 졸졸졸 흐른다.

We walked together under the moon.   우리는 달빛 아래를 함께 걸었다.

She stood under an umbrella.   그녀는 우산을 받고 서 있었다.

② ~의 안쪽 [내부]에; ~속에 잠기어; ~을 심은

under the ground 땅속에   under the sea 바다 속[밑]에

a field under wheat 밀을 심은 밭

He was wearing a vest under a coat.   그는 코트 속에 조끼를 입고 있었다.

The baby birds sheltered under their mother's wing.

　　　　　　　　　　　　　　　　　　　새끼 새들은 어미 새의 날개 밑에 숨었다.

7) underneath

under나 beneath의 뜻으로 쓰인다. 《~의 아래에(를, 의)》

underneath the table 탁자 아래에　underneath the seats 좌석 밑에

My coin rolled underneath the sofa.　　　내 동전이 소파 밑으로 굴러 들어갔다.

Life-jackets are situated underneath the seats.　구명조끼는 좌석 밑에 있습니다.

The tunnel goes right underneath the building.

　　　　　　　　　　　　　　　　　　　그 터널은 그 건물 바로 밑을 지나간다.

8) above

막연히 사이가 떨어진 보다 높은 '위쪽에'의 의미를 갖는다. below의 상대되는 말이다. 《(막연히) ~보다 위에(로), 보다 높이 (높은); ~상류에, ~보다 북쪽에 (= north of)》

fly above the clouds 구름 위를 날다.

A beautiful moon peered above the horizon.

　　　　　　　　　　　　　　　　　　　예쁜 달이 수평선 위로 떠오르기 시작했다.

Only the crocodile's snout was visible above the water.

　　　　　　　　　　　　　　　　　　　물 위로는 악어의 삐죽한 코만이 보였다.

He acts as if he is above the law.　그는 마치 자신이 법 위에 있는 듯이 행동한다.

There is a waterfall three miles above the bridge.

　　　　　　　　　　　　　　　　　　　이 다리에서 3마일 떨어진 상류에 폭포가 있다.

(= A waterfall is three miles above the bridge.)

Our village lies just above Nonsan City.　우리 마을은 논산시의 바로 북쪽에 있다.

9) below

'(막연히 사이가 떨어져서 보다 낮은) 아래쪽에'의 뜻을 나타낸다. above의 상대되는 말이다. 《(막연히) ~보다 아래에 (밑에); ~의 아래쪽에 [을], ~의 하류(쪽)에; ~의 남쪽에》

below one's eyes 눈 아래에[밑에]　below the knee 무릎 아래에, 무릎 아래를
200 meters below (the) sea level 수심 200m에
The sun has sunk [dipped] below the horizon.　해가 지평 [수평]선 아래로 졌다.
He lost his leg just below the knee as a result of the traffic accident.
　　　　그는 교통사고로 무릎 바로 아래쪽 다리를 잃었다.
There are many bridges below the dam.　그 댐 하류 쪽에는 다리가 여럿 있다.
Jeonju city lies below Iksan city.　전주시는 익산시의 남쪽에 있다.
The car stopped a few meters below the cliff.
　　　　그 차는 낭떠러지에 몇 미터 못 미쳐서 멈췄다.

10) up

기본적으로 '~의 위쪽에, ~의 위쪽으로'의 뜻으로 위치·방향을 나타낸다. down의 상대어가 된다. 《~의 위쪽에; ~의 높은 곳으로; ~의 위쪽 방향으로; 거슬러 올라가》
live up a hill 언덕 위에(언덕배기에) 살다.　climb up a ladder 사다리를 올라가다.
go up the stairs 계단을 올라가다.　walk up a hill 언덕을 걸어 올라가다.
He is well up the social ladder.　그는 사회적 지위가 상당히 높다.
Go straight up this street.　이 길 위쪽 방향으로 쭉 가세요.
The explorers were up north.　탐험가들은 북쪽에 체류하고 있었다.
go up the stream 강물을 거슬러 올라가다.　sail up a river 강을 거슬러 항해하다.

11) down

down은 방향·위치의 전치사로서 '~의 아래(쪽으)로, ~의 아래에'의 뜻으로 쓰인다. up의 상대 어이다. 《~의 아래쪽으로, ~의 밑에(으로); ~을 따라; ~을 타고》
fall down the stairs 계단에서 굴러떨어지다.
run down the stairs 계단을 뛰어 내려가다.
The pencil rolled down the desk. 연필이 책상 밑으로 굴러떨어졌다.
Her hair was hanging down her back. 그녀의 머리가 등 뒤에 늘어져 있었다.

a long flying ball down the right field line 우측선상을 따라 멀리 날아가는 공
down (the) wind 바람이 불어가는 쪽으로   down the Geum River 금강 하류에
A leaf swims down the stream.　　　　　나뭇잎 하나가 시냇물을 따라 떠내려간다.
There is a bank two hundred meters down this road.
　　　　　　　　　　　　　　　　　이 길을 따라서 2백 미터를 내려가면 은행이 있다.

12) by

장소·위치전치사로서의 by는 '~의 옆에(서), ~의 곁에[의], 가까이에; ~을 지나서, ~을 통해서' 등의 뜻으로 쓰인다.

a tree by my house 우리 집 근처에 있는 나무 (한 그루)

　sit by the fire 난롯가에 앉다.　walk by the river 강변을 걷다.
　I want you always by me.　　　　　　　난 네가 늘 내 곁에 있어 주길 바라.
　I haven't got it by me.　　　　　　　　그것은 지금 나한테(수중에) 없다.
　The thief came in by the back door.　　도둑은 뒷문을 통해서 들어왔다.

12) beside

장소·위치전치사로서 '~의 옆에 (곁에), ~ 가까이에'의 뜻을 나타낸다.

She is standing beside the window.　　　　　　　　그녀가 창가에 서 있다.
The chairs have been placed neatly beside the tables.
　　　　　　　　　　　　　　　　　의자들이 탁자들 옆에 가지런히 놓여있다.
A line has formed beside the ticketing box.　　매표소 옆으로 줄을 서 있다.

■ '~의 옆에 (곁에), ~의 가까이에'의 뜻으로 쓰이는 장소·위치전치사의 비교

1. 'beside'는 보통 사람이나 사물에 아주 근접하여 좌, 우에 있는 느낌을 나타낼 때 쓴다.
　She sat **beside** me. 그녀가 내 곁에 앉았다.
　A train runs **beside** the road. 기차가 도로 옆으로 (나란히) 달리고 있다.

2. 'by'는 막연히 '~의 옆에 [곁에], ~의 가까이에'의 뜻으로 쓰며 아주 옆에 붙거나 어느 정도 거리가 있더라도 아주 근접한 느낌을 나타낼 경우에도 쓴다. 사람이나 사물의 전후좌우 어느 쪽에 있는 경우에도 사용할 수 있다. by의 목적어가 사람인 경우에는 행위자를 나타내는 경우와 혼동될 수가 있으므로 beside를 쓰는 것이 좋다. 지명 앞에는 by를 쓰지 않고 near를 쓴다.

He sat by me. 그가 내 옆에 앉았다.
I would like to live by [beside (o)] the sea. 나는 바닷가에서 살고 싶다.
He lives in a town near [by (x)] London. 그는 런던 근교의 한 소도시에 산다.

3. 'near (to)'는 주로 사물 (장소)의 '근처에, 가까이에'의 뜻으로 쓴다. 특히 지명 앞에는 near를 쓴다.

The shopping center is near my house. 그 상점가는 우리 집 근처에 있다.
At that time, I lived in a studio apartment near (to) Pyeongchang-dong.
그 당시 나는 평창동 근처에 있는 원룸에 살고 있었다.

4. 'next (to)'는 입말체에서 beside나 by와 같은 뜻으로 사용한다. 둘 사이에 어떤 것도 놓여 있지 않고 직접 (인)접하고 있음을 내포한다. 《~의 (바로) 옆에/ 이웃에》

She sat next him. 그녀는 그 사람 옆에 앉았다.
He lives in the house next mine. 그는 우리 바로 옆집에 산다.

13) before

장소·위치의 전치사로서 before는 '~의 앞에, ~의 면전에'의 뜻으로 쓰인다. behind의 상대어이다. 건물 따위의 고정되어 있는 것의 앞을 나타낼 때는 'in front of'를 많이 쓴다.

before my very eyes 바로 내 눈앞에서; 공공연히

appear before an audience 청중 앞에 나타나다.

appear before the court 법정에 나가다.

The ship moved before the wind.	배가 순풍을 타고 전진했다.
They laid the petition before their mayor.	그들은 시장에게 청원했다.
The case went before the court.	그 사건은 법정에서 심리되었다.

14) behind

장소·위치전치사로서의 behind는 '~의 뒤에, 뒤쪽에; ~에 이어서, ~을 뒤따라'의 뜻을 나타낸다. before의 상대어이다.

He quickly hid himself behind the door.	그는 급히 문 뒤로 몸을 숨겼다.
He is behind the wheel.	그가 운전석에 있다. (= 그가 운전하고 있다.)
He is wet behind the ears.	그는 귀의 뒤가 젖어있다. (= 머리에 피도 안 마른 녀석이다.)
The moon came out [emerged] from behind the cloud.	달이 구름 뒤에서 나왔다.
The sun went [disappeared] behind the clouds.	해가 구름 속으로 들어갔다.
The meeting was held behind closed doors.	그 회의는 비공개로 진행되었다.

She could hardly die in peace leaving behind such young children.
　　　　　　　　　　　　그 어린것들을 두고 가려니 그녀는 편히 눈감을 수가 없었다.

Don't forget to lock the door behind you.	나올 때 문을 꼭 잠그세요.
I'm standing behind you.	당신을 지지하겠습니다. (= I'll stand by you.)

15) after

장소, 차례를 나타내는 전치사로서는 '~의 뒤에, ~에 뒤이어'의 뜻을 나타낸다. 장소를 나타낼 때는 behind를 쓰는 것이 일반적이다.

He came after me.	그는 나보다 뒤에 왔다.
My name comes after yours on [in] the list.	명단에서 내 이름은 당신 다음입니다.
Shut the door after you.	들어오면서 문을 닫아라.

※ '등 뒤의 문을 닫아라.' 또는 입말에서 '(이 방에서) 나가시오.'의 뜻으로도 쓴다.

The police made [ran] after him as fast as they could.
　　　　　　　　　　　　　　　　　　경찰은 전속력으로 그를 뒤쫓았다.

16) around

장소·위치전치사로서는 '~의 주위에, 둘레에; ~주위에, ~근처에'의 뜻으로 쓰인다. 영국에서는 round를 많이 쓴다.

They sat around the campfire.	그들은 모닥불 주위에 둘러앉았다.
The road twists around the mountain.	도로가 산 주위를 구불구불 감아 돌고 있다.
He slid his arm around her waist.	그는 그녀의 허리를 슬그머니 팔로 감쌌다.
Who's in charge around here?	누가 여기 책임자입니까?
The teacher looked around the classroom.	선생님은 교실을 빙 둘러보았다.
I am going to travel around the world.	나는 세계 일주 여행을 하려고 한다.

17) round

기본적으로 around는 '둘레를 둘러싼'의 뜻으로 정지 상태를 나타내고, round는 '둘레를 도는, 돌아가는'의 뜻으로 운동 상태를 나타내나, 현재는 그러한 구분 없이 사용하며, round와 around를 자유로이 바꾸어 쓰는 경향이다. 《~의 둘레에; ~을 (빙)돌아; ~의 사방을》

We sat (a)round the fire.	우리는 난로 주위에 둘러앉았다.
He looked (a)round him.	그는 주변을 두리번거렸다.
The snake coiled round [around] its victim.	뱀이 먹이를 칭칭 감았다.
This belt won't meet round your waist.	이 허리띠는 당신의 허리둘레에는 (너무 짧아서) 채워지지 않는다.
I failed my driving test because I was no good at backing round corners.	나는 모퉁이 (코너)를 도는 후진을 잘못해 운전 시험에서 떨어졌다.
He showed her round the town.	그는 그녀에게 시내를 이곳저곳 안내했다.

18) about

위치전치사로서는 기본적으로 '주위에'의 뜻을 나타낸다. 구체적으로 볼 때 (a)round는 '막연한 부근'을 나타내고 about은 '매우 접근된 부근'을 나타내나, 미국에서는 별 구별 없이 쓴다. 《~의 부근에; ~의 여기저기를》

the railings about the tower	탑 둘레의 울타리
I dropped the key somewhere about here.	내가 여기 어딘가에 열쇠를 떨어뜨렸다.

Look about you! 네 주위를 살펴라! / 조심해라!
The dog kept nosing about the room. 개는 방 여기저기를 냄새 맡고 다녔다.

19) between

장소·위치를 나타내는 전치사로서의 between은 보통 둘 사이에 쓰고, among은 셋 이상 사이에 쓴다. 다만, 셋 이상일 때도 둘씩 나뉘어 각각 상호관계를 나타낼 때는 between을 쓴다. 「between + A (단·복수 명사) + and + B (단·복수 명사)」나 「between + 복수형 명사」의 형태로 쓴다. 《~의 사이에(서)》

a treaty between three powers 3강 간의 조약
(a distance) between three and four km from here 여기서 3내지 4km(의 거리)
summit meeting between two Korea. 남·북한 정상회담
summit talks between party leaders (여야) 영수회담
The gap between rich and poor is still widening. 빈부의 격차가 더욱 벌어지고 있다.
He hovered between life and death. 그는 생사의 갈림길에서 헤매고 있었다.
They are between jobs. 그들은 실직 중이다.

20) among

장소·위치를 나타내는 전치사로서의 among은 주로 셋 이상 사이에 쓰며, 복수 명사나 집합 명사를 그 목적어로 한다. 영국에서는 흔히 amongst이나 amidst를 쓰며, 미국에서는 among이나 amid를 쓴다. 《~의 사이에, ~의 가운데 둘러싸여; (최상급과 함께); ~중에는; ~중에서 하나》

among the children 아이들에 둘러싸여   among the crowd 군중 속에
butterflies flitting about among the flowers 꽃 사이를 날아다니는 나비들
promote cultural exchange among nations 국가 간의 문화교류를 증진시키다.
I don't know why I met you among them.
그들 중에 어쩌다가 당신을 만났는지 나도 모르겠다.
Angelina Jolie, Nicole Kidman, and Julia Roberts are among them.

그 중에는 안젤리나 졸리, 니콜 키드먼 그리고 줄리아 로버츠가 있습니다.

21) to

보통 go, take, come, return, bring, hurry 등의 동사와 함께 쓰여 방향, 방위, 도착지점 등을 나타낸다. 《~(쪽)으로, (쪽)에, ~까지, ~을 향해》

from north to south 북에서 남으로   from flower to flower 이 꽃에서 저 꽃으로

the way to the station 역으로 가는 길   on one's way to school 학교로 가는 도중(에)

with one's back to the fire 등을 불쪽으로 돌리고

go to the office 회사에 가다.   go to sea 선원이 되다.

If you come to Korea, I'll introduce you to Sam-sun.

네가 한국에 오면, 내가 삼순이를 소개시켜줄게.

He is traveling to Jejudo.   그는 제주도로 여행 중이다.

England is to the north of France.   영국은 프랑스의 북쪽에 있다.

He got to Seoul yesterday.   그는 어제 서울에 도착했다.

22) for

보통, come, leave, start, depart, make, head 등의 동사와 함께 방향과 동시에 <u>행선지</u>를 나타낸다. 《~을 향해서, ~행의》

come for a walk [the movies] 산보하러 [영화를 보러] 오다.

the train for Chuncheon 춘천 행 열차   a plane for London 런던 행 비행기

I booked a bus ticket for Gongju.   나는 공주행 버스표를 한 장 샀다.

He started from Seoul for Daejeon.   그는 서울에서 대전을 향해 출발했다.

The ship was headed for the harbor.   배는 항구를 향해 나아갔다.

The train is bound for Busan.   그 열차는 부산행이다.

23) from

운동·동작 따위의 시발점, 출발지점을 나타낸다. 《~에서, ~으로부터》

from far and near 여기저기에서, 도처에서

from door [house] to door [house] 이집에서 저 집으로, 집집마다

※ 「from … to ~」의 형태에서는 명사에 붙는 관사가 생략되기도 하는데 특히, 같은 명사가 반복되는 경우나 관용적으로 쓰이는 경우에 생략하는 경우가 많다.
  from hand to hand 손에서 손으로, 여러 사람의 손을 거쳐
  from mouth to mouth 입에서 입으로

translate from English to Korean 영어를 한국어로 번역하다.
How far is it from here to your home?   여기서 당신 집까지 거리가 얼마나 됩니까?
She turned from my gaze.   그녀는 내 시선에서 눈을 돌렸다.

24) toward(s)

목표점이 그리 명확치 않은 동작의 방향을 표시한다. 《~쪽으로, ~을 향하여; ~쪽에 (있는)》

turn toward home 집으로 발길을 돌리다.
It may be slow, but I think the economy is headed toward a full-fledged recovery.   더딜지는 모르지만 제 판단으로는 경제가 완전한 회복을 향해 가고 있다고 봅니다.
The house faces toward the south.   그 집은 남향이다.
The earth gravitates toward the sun.   지구는 인력에 의해 태양 쪽으로 끌린다.

25) off

어떤 것으로 부터의 분리·이탈을 나타낸다. 《~으로부터, ~에서 떨어져; ~에서 벗어나》

get off a train 열차에서 내리다.   get [go] off the subject 주제에서 벗어나다.
step off the platform 단에서 내려오다.
be off the mark 과녁에서 벗어나 있다, 과녁을 빗맞히다.
Keep off the grass.   잔디밭에 들어가지 마시오.
You are off course.   너는 진로에서 벗어나 있다. / 너의 말은 주제를 벗어나고 있다.

26) along

방향·운동을 나타낸다. 《~에 따라, ~대로, ~을 따라서》

along the street 거리를 따라

The brook is trickling along the alley.   개울물이 오솔길을 따라 졸졸 흐르고 있다.

A cart is clattering along the road.   달구지가 달가닥거리며 길을 지나가고 있다.

27) across

방향·운동을 나타낸다. 《~을 가로질러, ~의 건너편에[으로; ~을 넘어서》

a village across the hill 산[재] 너머 마을   go across the road 도로를 횡단하다.

go across a mountain 산을 넘다, 산을 넘어오다.

The bridge has fallen across the stream.   다리가 시내를 가로질러 놓여있다.

He called to me across the street.   그는 길 건너에서 나에게 소리쳤다.

On a clear day the island could be seen across the sea.

    맑은 날이면 바다 건너편의 그 섬을 볼 수 있었다.

Clouds drove across the sky.   하늘에 구름이 흘러갔다.

The ferryman rowed me across the river.   뱃사공이 배를 저어 나를 강을 건너 주었다.

28) through

통과·관통·통로 등 방향성을 갖는 동작이나 상태를 나타낸다. 《~을 관통하여(= throughout), 꿰뚫어; ~을 지나서, 통과하여(= past)》

drive a nail through a board 판자에 못을 박다.   fly through the air 공중을 날아가다.

look through a telescope 망원경으로 보다.   run through the street 거리를 뛰어가다.

march through a city 시내를 행진하다.

The bullet passed through his shoulder.   탄환이 그의 어깨를 관통했다.

The whip swished through the air.   채찍이 휙 소리를 내며 공기를 갈랐다.

The ox pulled the plow through the field.   그 황소는 쟁기를 끌어 밭을 갈았다.

Sun came through the window.   햇빛이 창으로 비쳐 들어왔다.

An idea flashed through his mind. 한 생각이 문뜩 그의 머리에 떠올랐다.
A thrill ran through my veins. 나는 온몸에 전율을 느꼈다.
The girl looked at me through her tears. 그 소녀는 눈물이 고인 눈으로 나를 보았다.
The police searched through the house, but found no clues.
경찰은 집안을 샅샅이 수색했지만, 아무런 단서도 찾아내지 못했다.
The Geum River twists through the field of Chung-Nam province.
금강은 충남지방의 들녘을 굽이치면서 흐른다.
Draw the line from A, through B, to C. 점 A에서 B를 지나 C까지 선을 그어라.
The burglar came in through the window. 도둑은 창문을 통하여 들어 왔다.
The new tax bill finally got through Congress.
새로운 세제 법안이 마침내 국회를 통과하였다.
He went through a stop sign without stopping.
그는 일단 정지 표지인데도 정차하지 않고 통과했다.

29) into

밖에서 안으로의 방향성을 갖는 운동이나 상태를 나타낸다. 《~ 안(쪽)으로, ~ 속에[으로]》

go [come] into the house 집안으로 들어가다.

※ 입말체에서는 보통 into대신 in을 쓴다.

go into teaching 교편을 잡다.

bite into an apple 사과를 깨물다.   pour milk into the glass 컵에 우유를 따르다.

The train chugged into the station. 기차가 칙칙폭폭 거리면서 역으로 들어왔다.
This corridor opens into the hall. 복도는 홀로 통한다.

30) out of

안에서 밖으로의 방향성을 갖는 동작이나 상태를 나타낸다. 《~ 밖으로》

Get out of the way! (길을) 비켜라!   Look out of the window. 창밖을 내다보아라.

I got out of the hospital yesterday. 나는 어제 퇴원했다.
He was black and blue all over after falling out of the tree.
그는 나무에서 떨어져 온 몸이 멍투성이가 되었다.
He took some coins out of his pocket. 그는 주머니에서 동전 몇 개를 꺼냈다.
He squeezed toothpaste out of a tube. 그는 치약 통에서 치약을 짜냈다.

(3) 원인·이유관계 전치사

1) from

특히, 피로, 과로, 추위, 굶주림, 부주의, 사고 등의 원인에 의한 병, 죽음을 나타낼 때 쓴다. 《~때문에, ~으로 인하여》

collapse from fatigue 피로로 쓰러지다.　die from starvation 굶어 죽다.
shiver from cold 추위로 떨다.　suffer from headache 두통을 앓다.
He was taken ill from overwork [fatigue]. 그는 과로 [피로]로 병을 얻었다.
He died from drinking too much alcohols. 그는 너무 지나친 음주로 사망했다.
So many people are suffering from diseases such as AIDS in Africa.
아프리카에서는 너무도 많은 사람들이 에이즈와 같은 질병으로 고통 받고 있다.

2) of

특히, 일정한 기간 지속되는 질병이나 굶주림(hunger, starvation), 충격, 노령 등에 의한 고통·죽음 등을 나타낼 때 쓴다. 《~으로, ~ 때문에》

die of hunger [cancer] 굶어 [암에 걸려] 죽다.

※ 굶주림에 의한 죽음에는 of와 from이 구별 없이 쓰인다.

So many people are dying of hunger. 너무도 많은 사람들이 기아로 죽고 있다.
She did so of her own will. 그녀는 자신의 의사로 그렇게 했다.

3) through

특히, carelessness, fault, fear, neglect, negligence, shame 등에 의한 간접적·부정적인 원인에 의한 결과 (상태)를 나타낼 때 쓴다. 《~ 때문에, ~의 이유로, ~한 결과로》

He handed in his resignation through no fault of his own.
　　　　　　　　　　　　　　　　그는 자신의 잘못이 아닌데도 사표를 냈다.
He conceals the fact through shame. 　그는 창피함 때문에 그 사실을 숨기고 있다.
She got lost through not knowing the way. 　그녀는 길을 몰라서 길을 잃고 헤맸다.

4) at

특히, 보고, 들은 것으로 인한 감정의 상태(~을 보고 [듣고]서 놀라다 등)를 나타낼 때 쓴다. 《~에 의해서; ~을 보고 [듣고]서》

be glad [pleased, delighted] at the news of ~: ~의 소식을 듣고 기뻐하다.
be terrified at the sight of ~: ~을 보고 공포에 질리다.
feel uneasy at the thought of ~: ~을 생각하고 불안해지다.
laugh at the idea of ~: ~을 생각하고 웃다.
He felt aggrieved at not being chosen for the team.
　　　　　　　　　　그는 그 팀의 일원으로 선택되지 못한 것에 매우 기분이 상했다.
He fled at the sight of a policeman. 　그는 경찰관의 모습을 보자마자 도망쳤다.
He will stop [stick] at nothing to gain his end.
　　　　　　　　　　　그는 목적을 관철하기 위해서는 어떤 일에도 주저하지 않는다.

5) over

관련·이유·원인을 나타내는데 쓰인다. 특히, 어떤 감정을 초래한 대상을 나타낼 때 쓴다. 《~으로, ~때문에; ~에 대하여 기뻐하다 [슬퍼하다, 웃다, 울다].》

He flew into rages over nothing. 　그는 아무 것도 아닌 일로 발끈했다.
They all moved over his sudden death. 　그들 모두 그의 갑작스런 죽음에 가슴아파했다.

6) for

특히, 상·벌의 원인이나, 감정의 원인을 나타내는 경우에 쓴다. 《~해서, ~때문에, ~으로 인하여》

for many reasons 많은 이유로   shout for joy 기뻐서 소리치다.

a harbour famed for its beauty 아름답기로 유명한 항구

for appearance' sake [= for the sake of appearance] 체면상

He was hospitalized for the traffic accident yesterday.   그는 어제 교통사고로 입원했다.

She jumped for [with] joy when she heard the news.

그녀는 그 소식을 듣자 좋아서 팔짝팔짝 뛰었다.

He was dismissed for neglecting his duties.   그는 근무태만으로 해고되었다.

7) with

무엇을 '가짐 (지님)'으로 인한 원인, 이유를 나타내는데 쓰인다. 특히, 추위, 공포, 아픔, 흥분 등에 의한 신체의 반응 (변화)을 나타낼 때 쓴다. 《~으로 인해, ~의 탓으로》

eyes dim with tears 눈물로 흐려진 눈   shake [shiver] with cold 추위로 떨다.

tremble with fear 공포에 [로] (오들오들) 떨다.

be blinded with desire 욕심에 눈이 멀다.

He was in bed with a severe attack of flu.

그는 지독한 유행성 감기에 걸려 자리에 누웠다.

The lonely lane was ivory-white with sunlight.

오솔길은 햇살을 받아 상아빛으로 빛나고 있었다.

8) because of

일반의 이유·원인을 나타내는데 쓰인다. 접속사 because가 절을 이끄는 데 대하여 명사(구)를 이끈다. 《~ 때문에 (= due to, owing to), ~의 이유로》

All flights have been cancelled because of fog.

안개로 인해 모든 항공편이 취소되었다.

Hundreds of people became homeless because of the earthquake.
그 지진으로 수백 명의 사람들이 집을 잃었다.

Things fall to the ground because of gravity. 물체는 중력 때문에 땅으로 떨어진다.

■ 참고

1. because of, owing to, be due to는 모두 다 '～때문에'의 뜻을 나타낸다. because of 나 owing to는 구전치사로서 부사구로 쓸 수 있으나 due to는 서술적(be 동사의 보어)으로만 쓴다.

   ▶ 입말체에서는 due to를 because of나 owing to처럼 구전치사로 사용하고 있다. 다만, 공식적인 시험 (글말체)에서는 인정치 않고 있다.

   His failure was due to idleness. (○) 그가 실패한 것은 게을렀기 때문이었다.
   He failed due to idleness. (×)
   I didn't go out because of the bad weather. (○) 날씨가 나빴기 때문에 나는 외출하지 않았다.
   Owing to the bad weather, the train was delayed. (○) 악천후로 인해 기차가 연착했다.

2. I am tired + 전치사 [of, with, from]

   I am tired [bored] of boiled eggs. 〈싫증나다, 물리다.〉 나는 삶은 달걀에 물렸다.
   I am tired [bored] with writing. 〈～으로 (심신이) 지치다.〉 나는 글을 쓰느라 심신이 지쳐있다.
   I'm very tired from swimming. 〈～으로 (신체가) 지치다.〉 수영을 했더니 몸이 굉장히 피곤하다.

---

(4) 목적·의도관계전치사

  1) after

  '～을 추구하여, ～을 찾아; ～의 뒤를 좇아서'의 뜻을 나타내어 목적, 추구의 의미를 나타내는 전치사로 쓰인다.

  I'm after a better paying job. 나는 좀 더 보수가 좋은 일자리를 찾고 있다.
  We should not seek after happiness in the wrong way.
  우리는 정당하지 못한 방법으로 행복을 추구해서는 안 된다.
  He who runs after two hares at once will catch neither.
  한꺼번에 두 마리 산토끼를 쫓는 사람은 한 마리도 잡지 못할 것이다.

He is after my money. 그가 노리는 것은 나의 돈이다.
The boy is simply hungry after affection. 그 아이는 단지 애정에 굶주려 있다.

2) for

'~을 위하여 [위한], ~을 하고자'의 뜻으로 목적, 목표를 나타내는 전치사로 쓰인다.
a house for rent 셋집, 임대 집   a claim for damages 손해배상 청구
go for a walk [drive, swim] 산책 [드라이브 (자동차 나들이), 수영]하러 가다.
go to the restaurant for a meal 식사하러 레스토랑으로 가다.
have an operation for cancer 암 수술을 받다.
send for a doctor 의사를 부르러 보내다.
Can I do anything for you? 무엇을 도와드릴까요? (= What can I do for you?)
She has a taste for fancy clothes. 그녀는 색다른 의상을 좋아한다.
Hope for the best. 일이 잘되기만을 바래보자. / 비관하지 마라! / 곧 좋은 날이 오겠지.
What did you do that for? 너는 어쩌려고 그런 짓을 했는가?

3) on

business, errand, journey, picnic 등의 앞에서 용무, 행위의 목적을 나타낸다. 《~때문에; ~하러, ~의 용무로; ~의 도중에》
go on business 일 [업무]을 보러 가다, 사업차 가다.
go on a journey [picnic] 여행가다 [소풍가다].
be on the trail 추적하고 있다.
He went to London on business. 그는 사업차 런던에 갔다.
On what business did he come? 그 사람은 무슨 일로 온 거래?
She was on the way to her friend's house. 그녀는 친구의 집에 가는 도중이었다.

4) to

'~을 위하여, ~하려고'의 뜻으로 목적·의도를 나타내는 전치사로 쓰인다.

the key to success 성공을 위한 열쇠 [비결]

go to work 일하러 가다.　　sit down to dinner 저녁식사를 위해(서) 자리에 앉다.

The police came to our aid. 경찰이 우리를 도우러 왔다.

She was brought up to a musician. 그녀는 음악가가 되도록 키워졌다.

5) at

'~을 향하여, ~에 대하여, ~쪽에'의 뜻으로 방향, 목표, 목적을 나타내는 전치사로 쓰인다.

arrive at a conclusion 결론에 도달하다.　　bark at a man (개가) 사람에게 짖어대다.

gaze [glance, wink] at a man 사람을 찬찬히 바라보다 [흘끗 보다, 눈짓하다].

point at~: ~을 가리키다.　　　　　sneer at ~: ~을 냉소하다[비웃다].

stare at ~: ~을 응시하다.

I could guess at his meaning.　　　　　　나는 그의 말뜻을 짐작할 수 있었다.

He looked across the table at her.　　　 그는 테이블 너머 그녀 쪽을 바라보았다.

He jumped at the opportunity.　　　　　그는 옳거니 하고 그 기회를 잡았다.

The facts hinted at a solution to the problem. 그 사실들은 그 문제의 해결을 암시했다.

A drowning man will catch at a straw.

　　　　　　　　　　　　　　　　　　물에 빠진 사람은 지푸라기라도 잡으려 한다. – 속담 –

What are you driving at? 너는 무엇을 노리고 있는 거냐? / 너는 무엇을 말하려고 하는 거냐?

(5) 결과관계전치사

1) to

① 「to one's + 감정을 나타내는 명사」의 형태로 《~하게도, ~한 것은》

　　to my surprise [amazement] 놀랍게도, 기가 막히게도

　　to my regret [disappointment] 유감스럽게도 [실망스럽게도]

　　to my joy [sorrow] 기쁘게도 [슬프게도]

Much to my regret, I am unable to accept your invitation.
대단히 유감스럽게도 당신의 초대를 받아들일 수가 없군요.

② 결과·효과를 나타내는 구를 이끌어 《(결과적으로) ~하게 되다.》
be starved [frozen, burnt] to death 굶어 [얼어, 불타] 죽다.
be moved to tears 감동하여 눈물을 흘리다.
He was sentenced to death. 그는 사형을 선고받았다.
His death drove her to despair. 그의 죽음은 그녀를 절망에 빠지게 하였다.
She cried herself to sleep. 그녀는 울다가 (지쳐) 잠들었다.

2) into

'…을 ~으로 하다; …이 ~으로 되다'의 뜻으로 결과·변화를 나타내는 전치사로 쓰인다.
break into song 갑자기 노래를 부르다.
burst into tears [laughter] 왈칵 울음을 터트리다 [(갑자기) 웃음을 터트리다].
come into general use 널리 쓰이게 되다.   get into a temper 짜증내다, 성내다.
make flour into bread 밀가루를 빵으로 만들다.
translate English into Korean   영어를 한국어 (우리 말)로 번역하다.
I tried to argue him into going.   나는 그를 설득하여서 가게 하려고 했다.
cf.) I tried to argue him out of going. 나는 그를 설득하여 가지 않게 하려고 했다.
She looked the boy into silence.   그녀는 그 소년을 노려보아 조용히 하게 했다.
The dawn graduated into day.   날이 차츰 밝아 왔다.
The house burst into flames.   그 집은 불길에 휩싸였다.
The glass smashed into pieces.   유리잔이 산산조각이 났다.

(6) 수단·도구관계 전치사

1) with

'~을 사용하여, ~에 의해, ~으로'의 뜻으로 도구·수단·재료·내용물 등을 나타내는 전치사로 쓰인다.

amuse oneself with a book 독서를 즐기다.   fill a glass with wine 잔을 술로 채우다.
plant a garden with flowers 뜰에 꽃을 심다.

He was killed with a pistol.	그는 권총에 맞아 죽었다.
Tom is endowed with extraordinary gifts.	톰은 비범한 재능을 타고 났다.
The stage had been lit with candles.	무대는 촛불로 밝혀져 있었다.

2) by

① 수송·전달의 수단: ~에 의하여, ~으로

by letter [post] 편지로 [우편으로]   by land [sea] 육로로 [해로로]
go [travel] by bus [boat, plane, train, etc.] 버스 [배, 비행기, 기차 등]로 가다 [여행하다].
go by water [air] 수로로 [공로로] 가다.
go by the 9.00 p.m. train 오후 9시 열차로 가다.

※ by 뒤의 교통·통신수단 등을 나타내는 명사는 무관사이나 특정의 시간을 나타내는 경우에는 정관사(the)가 붙는다. 교통·통신수단을 나타내는 명사가 형용사, 소유격 등이 수식하여 특정한 것을 나타낼 경우에는 관사가 붙으며, '~을 타고'의 의미를 나타낼 때는 전치사 in(자동차)이나 on(자동차외의 올라타는 것)을 쓴다. 공용의 운행수단은 관사가 있을 경우 on을 쓴다.

by an early train 새벽열차로   by [on] the 9:00 p.m. train 오후 아홉 시 열차로
in my car 내 차로   on a bicycle 자전거로, 자전거를 타고

I sent the letter by special delivery.	나는 편지를 속달로 부쳤다.
He goes to work by car.	그는 승용차로 출근한다.
It's faster to go by plane than by boat.	비행기로 가는 편이 배보다 빠르다.
I met her **on the train**.	나는 그 기차에서 그녀를 만났다.

② 수단·매개: ~으로

 by hand [machine] 손[기계]으로 (만든)

 pay by cash [credit card] 현금[신용카드]으로 지불하다.

 A tree is known by its fruit.   그 열매를 보아 나무를 안다.

 He entered the room by the window.   그는 창을 넘어 그 방에 들어갔다.

 ※ 정상적인 출입 방법에는 at을 쓰고 정상적인 아닌 출입방법에는 by를 사용한다.

  Visitors entered at the front door. 손님들이 현관을 통해 들어갔다.

 He solved the problem by consulting his friend.

             그는 친구와 상의함으로써 그 문제를 해결했다.

 ※ 「by + ~ing」의 형태로 '(~함)으로써'(수단)의 뜻을 갖는다.

  She passed the examination by working hard. 그녀는 열심히 공부해서 시험에 합격했다.

  Let's begin by reviewing the last lesson. 지난 수업을 복습하면서 (수업을) 시작합시다.

3) through

'~에 의하여, ~을 통하여; ~의 과정을 거쳐'의 뜻으로 매개·수단·과정을 나타내는 전치사로 쓰 인다. 특히, '관통'의 의미를 지닌 수단에 의한 경우에는 through를 쓴다.

 We learned through experience.   우리는 경험을 통하여 배운다.

 He spoke through an interpreter.   그는 통역을 통하여 이야기했다.

 He got the new job through the influence of his father.

             그는 아버지의 영향력으로 그 새 직장을 구했다.

She has been admitted through examination into the University the third year class.   그녀는 시험을 쳐서 그 대학교 3학년에 편입하였다.

The little girl sucked milk through a straw. 그 작은 소녀는 빨대로 우유를 빨아먹었다.

The host spoke through a mike.   주최자는 마이크를 통해 말을 했다.

The body of a car passes through 150 stages on the production line.

             차체는 생산 라인에서 150개의 공정을 거친다.

■ 덧붙임

1. 도구의 with는 상태 동사 (know, have, like, love 등)와 함께 쓸 수 없다.
   I know the answer with computer. (x)

2. 도구를 나타내는 전치사구와 수반을 나타내는 전치사구를 함께 쓰지 못한다.
   He pierced the shark with his friend with a harpoon. (x)

---

(7) 재료·원료관계 전치사

1) of

'~으로 (만든); ~으로 이루어진; ~제(製)'의 뜻으로 재료·구성요소를 나타내는 전치사로 쓰인다. 특히, 원료, 재료가 그대로 있고, 형태만 변하는 경우에 쓴다. (물리적 변화)

a table of wood (= a wooden table) 목제(木製) 탁자

a dress of silk (= silk dress) 비단 옷

a cake of wheaten flour 밀가루로 만든 과자

a family of five 5인 가족   an apartment of three rooms 방 셋인 아파트

make a fool of a person 누구를 놀림감으로 만들다.

Paper is made of wood.   종이는 나무로 만들어 진다.

This book consists of twenty chapters.   이 책은 20장(章)으로 되어 있다.

Adversities will make a jewel of you.

고생은 사람을 보석과 같이 귀중하게 만들어 준다. – 속담 –
(사람은 많은 고생을 겪어야 비로소 훌륭한 사람이 된다.)

2) from

'~으로, ~에서'의 뜻으로 특히, 화학적 변화를 갖는 원료, 재료를 나타낼 때 쓴다. 'be made from'은 원료·재료의 성질, 형태가 모두 다 변할 경우에 쓴다.

We can make chemical fibers from petroleum.   석유로 화학섬유를 만들 수 있다.

18장 전치사(Preposition)

Beer is made from barley. 맥주는 보리로 만든다.

3) into

원료·재료의 변화된 결과물을 나타내는데 쓰인다. [make + 원료 + into + 제품] 《~으로 (하다, 되다.)》

Soybean is made into soy sauce. 콩으로 간장을 만든다.
Milk is made into butter and cheese. 우유로 버터와 치즈를 만든다.
The huts can be made into temporary houses.
그 오두막은 임시 거처로 사용될 수 있다.

4) in

표현재료를 나타내는 전치사로 쓰인다. 《~으로, ~을 사용하여; ~으로 만든》

a statue (done) in marble [bronze, wood] 대리석 [청동, 나무]으로 만든 상
a portrait in pencil 연필로 그린 초상화   print in color(s) 색(컬러) 인쇄를 하다.
write in pencil 연필로 쓰다.   write [say] in English 영어로 쓰다 [말하다].
This picture is painted in oils. 이 그림은 유화물감으로 그린 것이다. (유화이다.)
How do you say that in English? 저것을 영어로는 어떻게 말합니까?

(8) 수량·값·비율관계 전치사

1) at

가격, 비율, 정도 등을 나타내는 전치사로 쓰인다. 《~으로, ~에》

at a good [low] price 좋은 [싼]   at [by 〈영〉] retail 소매로
at [by 〈영〉] wholesale 도매로   at a high salary 고액 봉급으로(에)
at one's (own) expense 자비(自費)로
at the expense [cost] of the state 국비로
a student sent abroad at state expense 국비 유학생

at (an angle of) 90° 90도의 각도로(에)

buy [sell] at one hundred dollars 100달러에 사다 [팔다].

estimate a crowd at 5,000 군중을 5,000여명으로 추산하다.

He bought ten pencils at 20 cents each.
그는 각 (가격이) 20센트짜리 연필 10자루를 샀다.

Water boils at 100℃. 물은 100℃에서 끓는다.

Seoul is at[in] 37° 5′ north latitude[at a latitude of 37° 5′ north], 127° east longitude.
서울은 북위 37.5도, 동경 127도에 위치하고 있다.

2) for

금액, 교환, 보수 등을 나타내는 전치사로 쓰인다. 《~만큼(의); ~의 금액으로; ~와 교환으로; ~에 대하여; ~의 보수로서》

a check for $50 [fifty dollars] 50달러짜리 수표   money for goods 상품 대금

five for a dollar 1달러에 5개

exchange one's old car for a new one 낡은 자동차를 새것으로 바꾸다.

I bought this dress for one hundred dollars. 나는 이 옷을 100달러에 샀다.

I paid 1000 dollars for the computer. 나는 그 컴퓨터를 1000달러 줬다.

He changed a dollar bill for ten dimes.
그는 1달러 지폐를 10센트 은화 10개로 교환했다.

There are things that can't be bought for money.   돈으로는 살 수 없는 것들이 있다.

I wish I could repay you somehow for your kindness.
당신의 고마움에 어떻게 해서든 보답할 수 있었으면 좋겠습니다.

(9) 자격기능관계 전치사

1) as

역할, 자격, 기능, 성질 등을 나타내는 전치사로 쓰인다. 《~로서, ~의 자격으로서, ~의 직분을 가지고》

I respect him as my senior. 나는 그를 선배로서 존경한다.

I attended the meeting in my capacity as adviser.
나는 고문의 자격으로 그 회의에 참석했다.

He was regarded as the greatest poet of the day.
그는 당대의 최고 시인으로 간주되었다.

■ 덧붙임

1. as 다음에 오는 직책·관직 등을 나타내는 명사가 오는 경우 무관사로 쓰는 것이 보통이다.

   He functioned as **president** from the group. 그가 그 단체에서 회장노릇을 했다.
   He followed the army as **interpreter**. 그는 통역으로 종군했다.

2. 전치사 as는 동사 consider, pass, present, regard, take, think, treat 등의 목적격 보어를 이끌어 '~으로, ~이라고'의 뜻을 나타내기도 한다. 이때의 as 뒤에는 명사뿐 아니라 형용사나 분사가 쓰이기도 한다.

   We regard his first experiment as important.
   우리는 그의 첫 실험을 아주 중요하게 생각한다.
   He took her remark as insulting. 그는 그녀의 말을 모욕으로 받아들였다.

---

2) like

전치사로서 like는 유사한 외관, 특성, 방식 등의 뜻을 나타낸다. 《(마치) ~같이, ~인 듯이; ~다운, ~답게; ~처럼》

drink like a fish 물고기처럼 술을 마신다. → 술을 많이 마신다.

smoke like a chimney 굴뚝처럼 담배를 피운다. → 담배를 많이 피운다.

swim like a fish 물고기처럼 헤엄친다. → 헤엄을 잘 친다.

work like a beaver 비버처럼 일한다. → 부지런히 일한다.

I cannot do it like you. 내가 너처럼은 할 수 없어. / 내가 너와 같을 순 없어.
He conduct himself like a king. 그는 마치 자신이 왕인 것처럼 행동한다.
It would be like him to forget our appointment. 약속을 잊다니 정말 그다운 짓이다.

(10) 비교·비유관계 전치사

1) with

'~와, ~와 비교하여' 등의 뜻으로 비교·동등함을 나타내는 전치사로 쓰인다.

our relationship with the neighboring countries 우리나라와 인접국과의 관계
Compare your translation with the original. 너의 번역을 원문과 비교해 보아라.
He can run with the best of them. 그는 그들 누구에게도 뒤지지 않게 달릴 수 있다.
His height draws level with his bedroom ceiling.
그의 키는 그의 침실 천장의 높이와 같다.

2) to

'~에 비하여, ~보다; ~에' 등의 뜻으로 비교, 비유를 나타내는 전치사로 쓰인다.

My work is nothing to what you've done.
내가 한 일은 당신이 한 일에 비하면 아무것도 아닙니다.
He is quite rich now to what he used to be.
그는 예전에 비하면 지금은 대단한 부자이다.
Shakespeare compared the world to a stage.
셰익스피어는 세상을 무대에 비유하였다.

(11) 소유관계 전치사

1) of

'~의; ~이 소유하는; ~에 속하는; ~에 관계되는' 등의 뜻을 나타내어 소유, 소속을 나타

내는 전치사로 쓰인다.

a man of courage 용기 있는 사람   cancer of the stomach [breast] 위암 [유방암]

the Queen of England 영국 여왕   the Tower of London 런던 탑

I seem to always get sleepy at this time of day.
　　　　　　　　　　　　　　　　　　　난 항상 매일 이 시간이면 졸리는 것 같아요.

The bad end of a bad beginning.　　　시작이 나쁘면 끝도 나쁘다. – 속담 –

> ▷ 소유의 of는 주로 무생물에 대하여 사용하고, 's는 생물에 대하여 쓰는 것이 보통이나, 무생물이라도 시간, 단위, 지명, 탈 것 등을 나타내는 경우나 신문, 문학작품 등에는 무생물에도 's를 쓰는 경우가 많다. ☞ pp. 76[1] ~ 77[1] 참조
> today's menu [paper] 오늘의 메뉴 [신문]　　ten miles' distance 10마일의 거리
> science's influence 과학의 영향　　　　　　Fortune's smile 행운의 미소
> the car's bumper 그 자동차의 완충 대 [범퍼]　truth's triumph 진실의 승리

2) with

'~을 갖는; ~이 달린; ~을 받고 있는' 등의 뜻으로 소지·소유, 부속, 위탁, 특성 등을 나타내는 전치사로 쓰인다.

an animal with a horn 뿔을 가지고 있는 동물

a house with a garden [swimming-pool] 정원이 있는 집 [수영장이 딸린 집]

a book with a green cover 초록색 표지의 책   be with child 임신하다.

a jacket with a hood 모자 달린 재킷

a man with a soft temper 성질이 온순한 사람

a plane with 150 seats [with a capacity of 150] 객석 150석의 비행기

I have no money with[on] me.　　　　　　　나는 마침 갖고 있는 돈이 없다.

She leaves her children with a nurse.　　그녀는 아이들을 보모에게 맡겨놓고 있다.

(12) 예외관계 전치사

ex) but, except, except for, excepting, with the exception of, etc.

1) but

예외관계전치사로서의 but은 문두에 올 수 없으며 반드시 every, each, all, any, no가 붙은 말이 but의 목적어와 대조를 이룰 때만 쓴다.

① **anything, everything, every one, no one, nobody, none, nothing, all, who** 등의 뒤에 와서 《~외에, ~밖에는, ~않았더라면》

I want nothing but a little time.　　　　나는 그저 얼마의 시간을 갖기를 원할 뿐이다.
I ask nothing from you but that you tell me that you loved me.
　　　　　　　　당신이 나를 사랑했다고 말을 해주는 것 외에 나는 더 바랄 것이 없습니다.
※ 이 경우 'but that'자체를 접속사로 파악하기도 한다.
Who but he would do such a thing?　　　그 사람 말고는 누가 그런 짓을 하겠는가?

② **the first, last, next**의 뒤에 쓰여: ~을 제외하고

the first but one [two, three…] 첫째에서 두[세, 네…] 번째의 〈미국에서는 except를 씀〉
the last house but one 끝에서 두 번째 집
He was the last but one to arrive.　　　그는 맨 끝에서 두 번째로 도착했다.
She lives next door but one.　　　　　그녀는 한 집 건너 이웃에 살고 있다.

2) except

'~을 제외하고; ~외에는'의 뜻을 나타내어 예외관계를 나타내는 전치사로 쓰인다.

▶ 명사·대명사 외에 부사 및 부사구 (전치사구), 부정사 (to 부정사, 원형부정사), 절 (that절, if절, 의문사절)을 목적어로 취할 수 있다. 절을 목적어로 할 경우의 'except + that [if, when, why 등]'을 하나의 접속사로 파악하기도 한다. 문두에는 쓰지 않는다.

Nobody thinks so **except [but]** yourself.　　　너 빼고는 아무도 그렇게 생각하지 않는다.
This store is open every day **except** on Monday.
　　　　　　　　　　　　　　이 가게는 월요일을 제외하고 매일 문을 연다.
There was little I could do **except** wait.　　　나는 기다릴 밖에 별 도리가 없었다.

※ 주문(主文) 안에 do가 있는 경우에는 except 다음에 원형부정사가, 기타의 경우는 to 부정사가 오는 경우가 많다.
He did nothing except laugh. 그는 그저 웃기만 할 뿐이었다.
It had no effect except to make her angry.
그것은 그녀를 화나게만 했을 뿐 아무런 효과가 없었다.

I know nothing about him **except** that he lives next door.
그가 옆집에 산다는 것 외에는 나는 그에 대해서 아무 것도 아는 게 없다.
I understand everything **except** why she married him.
난 그녀가 왜 그 사람과 결혼했는지 만을 제외하고 모든 것을 이해한다.
I wouldn't eat between meals **except** if I were extremely hungry.
아주 배가 고픈 경우가 아니라면 (아주 배가 고픈 경우만 빼고) 나는 간식을 먹지 않는다.

3) except for

except for는 except의 뜻에 더하여 이미 있는[있었던] 것을 전제로 하여 그 반대의 경우를 가정하여 말할 때도 사용한다. 이 경우에는 가정법구문과 함께 쓰는 것이 보통이다. except는 문두에 놓이지 못하나 except for는 문두에도 놓인다. 《~을 제외하고(는), ~ 외에는; ~(의 예외)가 있을 뿐; ~이 없으면 (없었더라면)》

Nobody came except (for) Tom. 톰을 제외하고는 아무도 오지 않았다.
It is good except for a few mistakes. 약간의 실수를 제외하면 그것 (대답, 답안)은 좋다.
The classrooms were silent, except for the busy scratching of pens on paper.
답안지에 바삐 써 내려가는 펜 소리만 들릴 뿐 교실들은 조용했다.
I would go with you except for my cold. 제가 감기만 아니면 당신과 같이 갈 텐데요.
※ 이처럼 '~이 없으면 (없었더라면)'의 뜻으로 쓰일 경우 주문에는 가정법이 오는 것이 보통이다.

■ except와 except for의 차이

1. 원칙적으로 except는 여러 개체, 집합체, 종류 또는 일반적인 것을 전제로 하여 제외되는 것과 나머지의 것[또는 일반적 것]과의 비교에 쓰이고, except for는 한 개체를 전제로 하여 한 개체의 여러 성질이나 구성요소들 중에서 제외되는 하나를 나머지의 성질이나 구성 요소와 비교하는 경우에 쓰인다. 한 개체가 집합체로서 동일한 여러 구성요소로 되어 있거나, 일반적인 것일 경우 [이때 주문에는 all, any(−), entire, every(−), no, nowhere, whole 등이 온다]에는 둘 다 쓸 수 있다. 즉, 이런 말들이 없는 한 개체의 여러 성질, 구성 요소의 비교에는 except for만을 쓴다.

   She's (= has) cleaned all the rooms except (for) the bathroom.
   그녀는 욕실을 제외하고 모든 방들을 청소했다.
   She's (= has) cleaned the house except for the bathroom.
   그녀는 욕실만을 제외하고 집을 청소했다.
   She's (= has) cleaned the house except the bathroom. (×)
   Everyone passed the exam except (for) Jack. 잭만 빼고 모두 시험에 합격했다.
   He could answer all the questions except (for) the last one.
   그는 마지막 것만 제외하고는 모든 문제들에 답을 할 수 있었다.

2. 원칙적으로 except는 명사(구)·대명사 외에 부사, 부사구(전치사구), 부정사구, 절을 그 목적어로 취할 수 있는 것에 반해 except for는 명사(구)만을 그 목적어로 한다.

   This store is open every day except (on) Monday.
   It had no effect except to make her angry.
   I know nothing about him except that he lives next door.
   He could answer all the questions except for the last one.
   Everybody else has agreed except for you.
   She is a good woman except for the fact that she is over nice.
   ※ except for는 절을 직접 목적어로 취하지 못하고 절을 목적어로 취하고자 할 경우에는 그 목적어와의 사이에 the fact, the case, the time, the reason 등의 명사를 써 주어야 한다.
   　I understand everything except for the reason why she married him.
   Except for these few students, most students are studying hard.
   이들 몇 명의 학생들을 제외하고는 대부분의 학생들이 열심히 공부한다.

3. except for는 문두에 쓰이나 except는 문두에 쓰이지 않는다. except for를 문두에 놓을 때에는 주문과의 사이에 콤마를 찍는다. (앞의 예문 참고)

4) excepting

except와 같은 뜻을 나타내지만 글머리에 쓰거나 not, without, always 등이 있을 때 쓰인다. 《~을 빼놓고, ~을 제외하고》

Excepting Mr. Kim, all were present. 김 군 이외는 모두 출석했다.

We must all obey the law, not **excepting** the judiciary.
우리는 모두 법을 지켜야 한다, 법관이라도 예외일 수 없다.

He keeps a smiling face always **excepting** cases where he becomes tense.
그는 긴장하는 경우를 빼고는 언제나 웃는 얼굴을 하고 있다.

I pardon you without **excepting** a single thing. 하나도 남김없이 나는 너를 용서한다.

5) with the exception of

구전치사로서 except와 같은 의미로 사용되며, 제외되는 것에 중점을 두고 말할 때 쓴다. 《~을 제외하고는, ~외에는》

I enjoyed all his novels **with the exception of** his last.
나는 그의 최근 소설을 제외하고는 그의 모든 소설을 재미있게 읽었다.

The amount of taxes has grown steadily over the past few years, **with the exception of** a dip in 1998 following the Asian financial crisis.
조세부담액은 아시아 외환위기 직후인 1998년 한 때의 하락을 제외하고 지난 몇 년에 걸쳐 점진적으로 증가세를 보이고 있다.

(13) 기타

1) 참조관계를 나타내는 전치사 《~에 관하여》

ex) with regard to, in regard to, in regard of, as regards, regarding, with respect to, in respect of, with [in] reference to, as to, as for, on the matter of, in the matter of [= in matters of], concerning, etc.

With regard to this matter, we will talk with you later.

이 문제에 관해서는 우리 나중에 이야기하도록 하자.

In regard to protecting temporary workers, organizations said the relative bill should be pushed in such a way to recognize flexibility in employment forms.

임시직 근로자를 보호하는 문제와 관련하여 유관단체들은 관련 법안이 고용형태의 유연성을 인정하는 방향으로 추진되어져야 한다고 말했다.

The provision of this article **with respect to** ~ shall apply in this case.

이 경우에는 ~에 관한 본조의 규정을 적용한다.

He is writing a paper **with reference to** Edgar Allan Poe's poem.

그는 애드가 앨런 포의 시에 관하여 논문을 쓰고 있다.

We are unable to offer any explanation **as to** why the unit failed.

저희는 그 기계가 고장 난 이유에 대해 어떠한 설명도 해드릴 수 없군요.

As for that man, I never hope to see him again.

(다른 사람이라면 몰라도) 저 사람이라면 나는 다시는 만나지 않기를 바란다.

The party has started proper discussions **on the matter of** constitutional amendment.

그 정당은 헌법 개정에 대한 본격적 논의를 하기 시작했다.

The fund manager advised me **in the matter of** the investment.

그 기금 운영자 (펀드매니저)는 투자하는 일에 대해 나에게 조언을 주었다.

2) 양보관계 전치사 《~에도 불구하고, ~라고 하더라도》

ex) despite, in spite of, for all, notwithstanding, etc.

Despite her cries no one came to her assistance.

그녀가 소리를 질렀음에도 불구하고 아무도 그녀를 도우러 오지 않았다.

There are many instances of people succeeding **in spite of** their lack of a formal education. 정규 교육을 얼마 받지 않고도 성공한 사람들의 실례는 많다.

I wouldn't do that **for all** the world. 세상을 다 준다 해도 그 일만은 못하겠다.

Notwithstanding some members' objections, I think we must go ahead with the plan.   몇몇 회원의 반대가 있다하더라도 우리는 그 계획을 밀고 나가야 한다고 생각합니다.

3) 조건관계 무리전치사 《~의 경우에(는)》

ex) in case of, in (the) event of, etc.

In case of a tie, the presiding officer shall decide the issue.
가부 동수인 경우에는 의장이 그 문제를 결정한다.

Remember, in the event of a fire, never use the elevator.
기억해두세요, 불이 났을 경우 절대 엘리베이터를 이용해서는 안 된다는 것을.

The Restore wizard helps you restore your previously backed-up data in the event of a hardware failure, accidental erasure, or other data loss or damage.
복원마법사는 하드웨어 오류 또는 실수로 데이터가 삭제된 경우나 다른 이유로 인해 데이터가 손실 또는 손상된 경우에 이전에 저장 (백업)한 데이터를 복원하도록 도와줍니다.

4) 수반관계 전치사

ex) with, along with, together with, etc.

① with 《~와 함께, ~와 더불어; ~을 데리고; ~을 가지고》

tea with lemon 레몬을 넣은(띄운) 홍차 [레몬 티]   talk with her 그녀와 이야기하다.
read a book with pupils 어떤 책을 학생에게 가르치다.
It is easier to go with the tide than to try to force one's way against public opinion. 여론에 거슬러 나아가려고 하는 것 보다는 시류에 따르는 것이 편하다.

② along with 《~와 함께 [같이]》

I go along with that idea.   나는 그 생각에 찬성이야.

With your bad temper, you can't expect people to get **along with** you.
너의 고약한 성격으로는 너는 다른 사람과 같이 일을 해 나갈 수가 없다

③ together with 《~와 함께, ~와 더불어; ~에 더하여》

I have enclosed a copy of our current catalog for the products you ask for, **together with** full details of our terms and conditions.
계약조건에 대한 상세한 안내서와 함께 요청하신 제품에 대한 카탈로그 한 부를 동봉했습니다.
The Prime Minister may hold another office **together with** the premiership.   국무총리는 (그 직위와 더불어) 다른 관직을 겸할 수 있다.

5) 분리관계전치사

① from 《~에서, ~에게서》

be free **from** care 걱정이 없다.
keep a secret **from** others 비밀을 남에게 누설하지 않다.
He lives apart **from** his wife. 그는 아내와 별거하고 있다.
If you take[subtract] seven **from** ten, three remains.
(= Seven from ten is [leaves] three.)   10에서 7을 빼면 3이 남는다.
The medicine gives you relief **from** headache. 그 약을 먹으면 두통이 멎을 거예요.

② with 《~와 분리되어 [떨어져], ~으로부터》

break **with** the party 당을 이탈하다.
part [break] **with** a person [thing] 남과 헤어지다 (인연을 끊다) [물건을 처분하다].
She broken **with** a boyfriend. 그녀는 남자 친구와 헤어졌다.
Let us dispense **with** ceremony. 의례적인 것은 그만둡시다.

3. 주요 전치사의 쓰임새

(1) about
기본적으로는 '위치'의 의미를 지녀 '주위에'의 뜻을 갖는다. 전치사와 부사로 다 쓰이며 (전치사적 부사), 양자의 구별이 사실상 어려울 경우도 있다.

1) 관하여 [관한]; ~에게; ~에 종사하여
'~에 관하여'의 뜻으로는 about를 가장 일반적으로 쓴다.
instructions about the work 그 일에 대한 지시 (사항)
Go about your business! 쓸데없는 참견 말고 네 일이나 해라.
What is this fuss all about? 도대체 왜들 이렇게 시끄러워 [이 난리지]?

2) ~의 주위에, ~의 가까이에; ~의 몸에 지니고
Look about you! 주위를 살펴라! / 조심해라!
There is something peculiar about her. 그녀는 어딘지 독특한 데가 있다.

3) 대략, 대체로; ~쯤에, ~ 무렵에
around는 '막연한 시각, 장소'를, about는 '상당히 한정된 시각, 장소'를 나타낸다.
about the end of May 5월말께
I will be back about lunch time. 점심때 쯤 돌아올게.
He thought about leaving. 그는 떠날 까 생각했다.

4) ⟨to 부정사와 함께⟩ 막 ~하려고 하여; (부정문에서) ~할 생각은 전혀 없어서
이때의 about는 형용사로 보기도 한다. 'be about to'는 글말로, 'be going to'는 입말로 쓴 인다. 전자는 아주 가까운 미래를 나타낼 때에 쓰고, 후자는 상당한 기한을 가진 미래나 미래에 대한 희망, 의지를 나타낼 때에 쓴다. be about to는 가까운 미래를 나타내므로 특별히 때를 나타내는 부사(구)를 쓰지 않는데, be going to에서는 때를 나타내는 부사(구)를 함께 쓰기도 한다.

We're about to eat dinner. 우리는 막 저녁을 먹으려는 참이다.

cf.) We are going to have dinner this Saturday.
우리는 이번 주 토요일에 함께 저녁을 먹을 예정이다.

I'm not about to lend you money. 나는 너에게 돈을 빌려줄 생각은 전혀 없다.

(2) according to

「according (부사) + to (전치사)」형태의 구전치사이다. 《~에 따라서, ~에 일치하여, ~에 준해서, ~따르면》

according to my observation 내가 보건대 (= as I see)

according to the form prescribed 서식대로

according to the provisions of the law 법률의 규정에 따라 (= as prescribed by law)

according to a precedent 전례에 의해서 [비추어서]

according to the development of the affairs 일의 진전 여하에 따라

according to what we have heard by chance 우연히 들은 바에 의하면

August 15th of [according to] the lunar calendar 음력 8월 15일

receive medicine according to a prescription 처방전대로 조제해 받다.

spell correctly according to the rules of orthography 맞춤법에 맞추어 쓰다.

According to scientists in the Philippines, trees experience stress when they're subjected to harsh conditions.
필리핀 과학자들에 의하면, 나무들은 혹독한 환경에 처하게 되는 경우 스트레스를 체험한다.

(3) around

영국에서는 round를 많이 쓴다. 《~의 둘레에, ~의 주위를 둘러싸고; ~의 근처에; ~에 관해; ~에 종사하여; 대략~》

He traveled around the country.	그는 국내일주 여행을 했다.
Will you hand around the paper?	이 서류를 골고루 나누어 주시겠습니까?
The story is written around his life.	그 이야기는 그의 생애에 관하여 쓰여 진 것이다.
He's been around the school for thirty years.	그는 그 학교에 30년 동안 근무해오고 있다.
He had around one hundred thousand won.	그는 대략 10만 원 쯤 가지고 있다.

(4) above

'표면에서 떨어져서 위에'의 뜻을 가지며, 전치사와 부사로 모두 쓰인다.

1) 위치, 장소, 방향 《~보다 위에 [로]; ~보다 높이 [높은]》

We saw the moon above the hill.	우리는 언덕 위의 달을 보았다.
The summit of Everest is over 8000meters above sea-level.	에베레스트의 정상은 해발 8000미터 이상이다.

2) 수량, 정도 《~을 넘는 [넘어]; ~보다 높이》

children above the age of seven	7세 이상의 어린이들
He lives above his means.	그는 수입 이상의 생활을 하고 있다.
The weight is above a ton.	그 무게는 1톤 이상이다.
The water came above our knees.	물이 우리 무릎까지 찼다.

3) 지위, 신분, 능력 등 《~보다 상위에, ~을 넘어》

Your remarkable conduct is above all praise.	너의 훌륭한 행동은 칭찬할 말이 없다.
He is far above me in swimming.	그는 수영에 있어서는 나보다 훨씬 뛰어나다.
He values honor above life.	그는 목숨보다도 명예를 중히 여긴다.
The book is above me [my understanding].	이 책은 나한테는 어려워서 이해가 안 된다.

4) 인격 《〈보통 be 동사의 보어로 쓰여〉 ~따위 짓은 하지 않는》

He is above telling lies. 그는 거짓말을 할 사람이 아니다.
Don't be above asking questions [a favor]. 질문[부탁]하기를 꺼려하지 마라.

(5) after

시간적, 위치상으로 '뒤에'라는 의미를 나타내는 전치사이다. before의 상대어이다. 장소를 나타낼 때는 '뒤에'의 뜻으로 after를 쓰지 않고 behind를 쓰는 것이 일반적이다.

1) 차례·장소 《~의 뒤에; ~에 뒤이어, ~에 계속하여》

Car after car passed by. 차가 줄지어 지나갔다.
Repeat after me. 나를 따라 말하세요.

2) 때 《~의 뒤에(= later than); ~이 끝나; ~지나서》

after hours 몇 시간 지나서   ten minutes after nine 9시 10분

3) 인과관계 《~하였으므로; ~에 비추어; ~의 결과; (all과 함께) ~에도 불구하고》

You must succeed after such efforts. 그처럼 노력했으니 너는 틀림없이 성공할거야.
After the way he treated me, I never want to see him.
그가 나를 그렇게 대했으니 나는 다시는 그를 보고 싶지 않다.

4) 순위 《~다음에; ~다음 가는》

He's the tallest in the class after Tom. 그는 학급에서 톰 다음으로 키가 제일 크다.
Milton is usually placed after Shakespeare among English poets.
밀턴은 보통 영국의 시인 중 셰익스피어 다음으로 평가된다.

5) 모방·순응 《~에 따라서, ~을 본받아, ~식 [풍]의》

a painting after Rubens 루벤스 풍의 그림

He swore after the manner of his faith. 그는 자신의 신앙에 맞는 방식으로 선서하였다.

6) 관심·관련 《~의 일을; ~에 관하여》

ask after a person 남의 안부를 묻다.

She fretted after her son. 그녀는 아들의 일로 애를 태웠다.

7) 관용어구

- **after all** 뭐라고 [뭐니 뭐니] 해도; 어쨌든, ~에도 불구하고

After all, we are friends. 뭐니 뭐니 해도 우린 친구라고.

After all my care, I've made a mistake again.
모든 주의를 다 기울였음에도 불구하고 나는 또다시 실수를 했다.

- **After you.** 먼저 타세요 [가세요, 하세요]; 어서 먼저.

※ 이말 자체에는 please를 붙이지 않는 것에 보통이다.

(6) against

반대, 대립, 적대 관계를 나타내며, 이에서 유추되어 충돌, 불리 등의 뜻을 나타낼 경우도 있다.

1) 대립, 충돌 《~에 반대하여, ~에 거슬러; ~와 겨루어; ~에 부딪혀》

a campaign against smoking 금연 운동

measures against disease 방역조치

the combat against crime 범죄와의 전쟁

Everything was against him. 모든 것이 그에게 불리했다.

The food goes against my stomach. 그 음식은 내 비위에 맞지 않는다.

The rain beats against the window. 비가 유리창을 심하게 때린다.

2) 의지 (기댐), 배경 《~에 기대어, ~에 의지하여; ~을 배경으로 하여》

with one's back against the railing 난간에 등을 대고
against the setting sun 저녁놀을 배경으로 하여
Please push the cupboard against the wall. 찬장을 벽에 밀어 붙여 주세요.
The mountain shoots up against the blue sky.
산이 파란하늘을 배경으로 우뚝 솟아 있다.

3) ~에 대비하여

'~에 대비하여'의 뜻으로 쓰이는 전치사에는 for와 against가 있는데 for는 그리 부정적이 아닌 일에, against는 for보다 다소 부정적인 일 [추위, 기근, 뜻밖의 사고 등]에 쓴다.
against cold [the winter] 추위[겨울]에 대비하여
make provision against accidents 사고에 대비하다.
save money against retirement [a rainy day] 퇴직[어려운 시기]에 대비하여 저축하다.
cf.) save money for old age 노후에 대비해서 저축하다.
    make provision for one's old age 노년에 대비하다.
Passengers are warned against pickpockets.
〈게시〉 승객여러분은 소매치기에 조심하시기 바랍니다.

4) 대조, 비교, 교환 등 《~와 대조하여; ~와 비교하여; ~와 교환으로》

3 against 7   7대 3
The pearls looked good against her tanned neck.
진주목걸이가 그녀의 검게 탄 목과 대조되어 멋져 보였다.
What's the won's current exchange against the U.S. dollars?
달러 당 원화의 현재 환율은 어떻게 됩니까?

(7) along

「all (것) + long (긴)」의 축약 형태로, 보통 road, street, corridor, line, river 등과 같이 좁고 폭이 긴 장소명사와 함께 사용된다. 시간을 나타내는 명사와는 「all + 시간명사 + long」의 형태로 사용된다.

1) ~을 따라서; ~을 지나서; ~하는 도중에

She felt along the wall for the door.   그녀는 문을 찾아 벽을 더듬어갔다.
The road winds along the river.   그 길은 강을 따라 꾸불꾸불하게 나 있다.
I dropped my wallet somewhere along the way back.
　　　　돌아오는 도중에 나는 어디선가 지갑을 떨어뜨렸다.

2) 관용어구

- **all along** 내내, 처음부터

I knew it all along.   나는 그것을 처음부터 알았다.

- **all day long** 하루 종일

He walked all day long.   그는 하루 종일 걸었다.

(8) among(st)

among은 주로 셋 이상 사이에 쓰며, 복수형이나 집합명사를 목적어로 한다. 미국은 among, amid를, 영국은 amongst, amidst를 많이 쓴다.

1) (셋 이상의)~의 사이에; ~의 가운데에; ~에 둘러싸여

among the children 아이들에 둘러싸여   among the crowd 군중 속에 휩싸여

2) ~중에(서), ~의 범위 안에(서); 〈대명사와 함께〉 ~이 함께

You are among them.   그 중에는 너도 있다. / 너도 그들 중 하나다.

She found the letters amongst a pile of old books.
그녀는 헌 책 무더기 속에서 그 편지들을 찾았다.

He divided his money among his five sons.
그는 재산을 그의 다섯 아들들에게 나누어 주었다.

He reckoned me among his friends. 그는 나를 친구의 한사람으로 쳐주었다.
We had not ten dollars among us. 우리의 돈은 모두 해서 10달러가 못 되었다.

3) ~에 공통으로; ~의 전체에 걸쳐

He was well liked among his friends for his good looks and good nature.
그는 용모도 잘생기고 성격도 좋았으므로 친구들이 아주 좋아했다.

Back then miniskirts and hot pants were all the rage among young women.
그 당시 미니스커트와 한 뼘 바지(핫팬츠)가 젊은 여성들 사이에 크게 유행했다.

4) 관용어구

- **among others** 그 중에서도, 특히, 무엇보다도; 한패가 되어

Among others there was Tom. 그 중에 톰도 있었다.
She loved music among others. 그녀는 특히 음악을 좋아했다.

- **among the rest** 그 가운데 끼어; 그 중에; 특히

Ten have passed the examination, myself among the rest.
열 명이 시험에 합격했는데, 나도 그 중의 한 명이었다.

(9) amid(st)

among과 거의 같은 의미이나 amid는 '~의 한가운데, 중앙에'의 뜻으로 약간의 의미차이가 있다. 즉, among은 ~속에 섞여 있는 상태를 나타내나, amid는 ~속에서도 섞이지 않고 이질적으로 존재함을 나타낸다.

▶ 주로 글말체에서 쓴다. 영국에서는 amidst를, 미국에서는 amid를 많이 쓴다.

The stone monument stood unharmed amid the ruins of the burned village.
그 돌탑은 불탄 마을의 잔해 한가운데 온전한 모습으로 서있었다.

He appeared on the stage amid(st) a thunderous clapping of the audience.
그는 관중의 우레와 같은 박수를 받으며 무대에 등장했다.

Their wedding took place amid a blaze of publicity.
그들의 결혼은 시민들의 열렬한 관심이 쏠린 가운데 거행되었다.

Stocks advanced amid economic recovery hopes.
경기회복의 기대 속에 주가가 상승했다.

(10) as

「all (모든 것) + so (그 같은)」의 축약 형태로 부사, 접속사, 관계대명사, 전치사 등으로 쓰이며, 자격, 기능, 성질이나 예시, 비유 등을 나타낸다.

1) 역할, 자격, 기능, 성질 《~으로서(의)》

I acknowledge him as my superior. 그가 나보다 우월하다는 것을 인정한다.
This box will serve as a table. 이 상자는 탁자로 쓸 수 있다.

2) 예시, 비유 《~와 같은 [같이]》

as dead leaves before the wind 바람에 날리는 낙엽처럼
Knowledge is as nothing compared with doing.
아는 것은 행하는 것에 비하면 아무 것도 아니다.

3) 동사 regard, take, treat, consider, appear, pass 등의 목적보어를 이끌어 《~으로, ~이라고》

He took my remark as an insult[as insulting]. 그는 내말을 모욕으로 받아들였다.

4) 관용어구

- **as for [= as to] ~:** ~에 관해서는; ~은 어떤가 하면

※ as for는 글머리에 쓰이지만, as to는 문장 어디에도 놓인다.

As for me, I have nothing to complain of.   나로서는 아무런 불평도 없다.

As for [As to] the problem, we will decide about that later.

                                    그 문제에 관해서는 나중에 결정하기로 하자.

- **as from ~:** 〈법률·계약 등의 발효 시일을 나타낼 때〉 ~(날짜)로부터 (= on and after)

The contract starts as from January 1st.   이 계약은 1월 1일부터 발효한다.

The contract takes effect as from March 2.   계약은 3월 2일부터 효력을 발생한다.

- **as of ~:** 〈몇 월 며칠〉 ~현재로, ~부로

as of May 1, 2016. 2016년 5월 1일 현재   as of today 오늘 현재

(11) at

'~에, ~에서'의 의미로 장소를 나타내는 경우 실질적인 크기를 무시한 하나의 점으로 간주하는 경우에 사용한다. 그 밖에 시간, 방법, 정도, 목적, 원인 등을 나타내며 이 경우에도 한 시점, 특정한 목적 등에 사용한다.

1) 장소, 위치 《한 지점, 도달점, 출석》 ~에, ~에서, ~으로; ~에 출석하여

☞ p. 211 (장소 관계 전치사 at) 참조

나라 이름에는 쓰지 않으며, 도시 이름에는 at 또는 in을 쓸 수가 있는데 흔히 큰 도시에는 in을 쓰고 비교적 작은 도시에는 at를 사용한다. 그러나 그 대소를 가리지 않고 도시를 한 지점으로 볼 때는 at를 사용한다.

This plane will stop one hour at Chicago.   이 비행기는 시카고에서 한 시간 머뭅니다.

※ My parents live in Gongju. 나의 부모님은 공주(의 시내)에 살고 계신다.

2) 때, 시간, 나이 《(때)에, ~시에, ~살에》

at는 시점에, in은 기간에, on은 정해진 날에 사용한다. ☞ p. 201 (시간 관계 전치사 at) 참조

3) 동작, 상태 《~하여서, ~의 상태로》

(drink) at a draft 단숨에 (마시다)   at a stretch [stroke] 단숨에

at a bound 한달음에, 일거에   at a time 한 번에 **cf.**) at one time 한때는

at one's convenience 형편 닿는 대로, 편리하게   at one's disposal 마음[뜻]대로

at one's own risk 자기 책임으로   at large 상세히, 충분히; 특정한 임무 없이

at home ~에 능통하다, 편안하다   at the discretion of ~: ~의 재량으로 [생각대로]

The storm was at its worst.   폭풍우는 최악의 상태에 있었다.

※ 'at one's + 형용사 최상급'의 형태로 어떠한 것의 상태가 최고점에 이름을 나타낸다.
　The flowers are at their loveliest. 그 꽃들은 지금이 제일 아름답다.
　Hatred was at its highest. 증오심은 절정에 이르러 있었다.

4) 원인, 이유 《~에 의해서, ~을 보고[듣고]》 ☞ p. 229 (원인·이유관계 전치사 at) 참조

5) 활동, 종사 《~ 중(에); (종사의 대상) ~에 (몰두하여); ~을》

▶ 이와 같은 뜻으로 관용적으로 쓰일 경우 대개 무관사이다.

at breakfast [lunch, supper, dinner] 아침 [점심, 저녁]식사 중; 아침 [점심, 저녁]식사 때에

at school 〈영〉 재학 중인, 학생인 / 〈미〉 학교에 있는, 학교에서; 수업 중

at table 식사중인   at work 업무 중인, 작업 중인   not at home 집에 부재중

at rest 휴식중인   at odds 불화 중인   at stake 위태로운

6) 기능 《~에, ~점에서》

- be good [poor] at + 동명사 [명사]: ~을 잘한다 [잘못한다].

I am poor at swimming [singing, English].   나는 수영 [노래, 영어]을 잘 못한다.

She is a genius at [in] mathematics.
                                그녀는 수학의 천재이다. (수학을 매우 잘하는 사람이다.)

He is (an) expert at [in] chess.   그는 장기의 명수다.

※ 여기서 an을 쓰면 expert는 명사이고 an을 쓰지 않으면 expert는 형용사이다.

7) 방향, 목적, 목표 《~을 향하여, ~에 대하여, ~쪽에》 ☞ p. 233 (목적·의도의 at) 참조
8) 비율, 속도, 값 등 《~을 가지고; ~으로서》 ☞ p. 238 (수량·값·비율관계 전치사 at) 참조

go in at one ear and out at the other 한 귀로 듣고 한 귀로 흘리다.
run at top of speed 전속력으로 달리다.

9) 관용어구

- be at ~: ~에게 졸라대다; ~에게 대들다; ~을 노리다; 남의 것을 만지작거리다.

The girl **is at** her father to buy her pizza.
그 여자 아이는 피자를 사달라고 아빠를 성가시게 졸라대고 있다.
He's **been at** my book. 그가 내 책에 눈독을 들이고 있다. / 그가 내 책을 만지작거리고 있다.

- **at that** 그대로, 그 정도로; 〈미, 입말〉 여러모로 생각해 봐도, 그렇다 치더라도; 게다가, 더구나

Let it go **at that**. 그것을 그대로 놓아두자.
You may be right, **at that**. 생각해 보니 네 말이 옳은 것 같다.
The house is very good, and the rent is low **at that**.
그 집은 아주 좋다. 게다가 집세도 싸다.

(12) before

「be (에, by) + fore (앞)」의 형태로 기본적으로 '~전에, 앞에'의 의미를 나타낸다. behind의 상대어이다.

1) 위치·장소 《~(의) 앞에, ~의 면전에》 ▶p. 220 참조

▶ before는 in front of보다 글말적인 말이며, 목적어가 사물인 경우에는 관용적으로 before를 쓰는 경우를 제외하고는 in front of를 많이 쓴다.

problems before the meeting 회의에 상정된 문제들

Our services are before you. 무엇이건 말씀만 하십시오.
The question is before the committee. 그 문제는 위원회에서 심의되고 있다.

2) 때 《~보다 전에[먼저, 일찍]; (미) ~분전 (= to)》 ☞ p. 208 참조

3) 순서, 계급, 우선 등 《~보다 먼저; ~에 앞서; ~보다 상위에》

be before others in class 반에서 수석이다.
bow before authority 권력 앞에 굴복하다.

4) ~보다도 오히려; ~에 직면하여; ~에 비추어서; ~에 쫓겨서 등

I love you before myself. 나는 당신을 내 자신보다도 사랑합니다.
I'd (= would) take this hat before that. 저 모자 보다는 이 모자를 갖겠다.
He remained calm before such danger. 그 같은 위험에 직면해서도 그는 여전히 태연했다.
The gang fled before the police. 그 갱단은 경찰에 쫓겨 도망쳤다.
a crime before man and God 천인공노할 범죄

(13) behind

「be (에) + hind (뒤)」의 형태로 '~뒤에, ~에 늦어서, ~보다 늦게, ~보다 못하다.'의 의미를 나타낸다. before와 상대되는 말이다.

1) 장소, 위치 《~의 뒤에, 뒤쪽에; ~의 배후에; ~을 뒤따라》

behind the house [door] 집 [문] 뒤에

※ 장소의 전치사 behind는 '~의 뒤에 (숨은, 감춰진)'의 의미를 나타내고, at the back of는 단순히 '~의 (바로) 뒤쪽 [후방] 에 (있는)'의 의미를 나타낸다.
The sun vanished behind a cloud. 해가 구름 뒤로 사라졌다.
The answers are at the back of the book. 해답은 책 뒷면에 있다.

He has many friends behind him. 그는 많은 친구들의 후원을 받고 있다.
A crowd of small boys marched behind the band.
한 무리의 소년들이 악대의 뒤를 따라 행진했다.

2) 시간, 경과 《(정시보다) 늦어서; ~의 뒤에 (남기고); ~에게 지나간》

behind time 시간이 늦어, 제시간 보다 늦게, 지각하여   behind the times 시대에 뒤져
behind schedule 예정보다 늦게
The bus arrived ten minutes behind time. 버스는 정시보다 10분 늦게 도착했다.
She came half an hour behind me. 그녀는 나보다 30분 늦게 왔다.
Though the poet Sin Doing-Yeop is dead, he still lives in the works he left behind him. 시인 신동엽은 죽었지만 그의 뒤에 남기고간 작품 속에 살아있다.
My youth is behind me. 내 젊음도 다 지나갔다.

3) (in과 함께) ~보다 뒤져서(못하여); 지위가 낮아

I am behind him in sports. 나는 운동에서 그에게 뒤진다.
He is behind her in rank. 그는 그녀보다 지위가 낮다.

4) ~의 저쪽에 [너머에] (= beyond)

A beautiful valley lies behind the hill. 저 산 너머에 아름다운 계곡이 있다.

5) ~을 지지하여, ~을 편들어; ~을 조종 [운전]하여

A powerful politician is behind the plan.
한 유력한 정치인이 그 계획을 뒤에서 밀어주고 있다.

(14) below

「be (에) + low (아래)」의 결합형태이며, above의 상대개념으로서 수직적 아래가 아닌 일반

적인 아래의 위치를 가리킬 때 쓴다.

1) 장소, 방향 《～보다 아래 [밑]에, ～의 하류에》 ☞ p. 217 (장소·방향관계전치사 below 참조)

2) 수, 양, 가치, 정도 《～이하로, ～미만으로; (지위·계급) ～보다 아래에 [낮아서]》

a man below thirty　30세 이하의 남자

My height is below [above] the average.　나의 키는 평균 (보통) 이하 [이상]이다.

A corporal is below a major. 〈일반적인 서열〉　(계급 상으로) 하사는 소령보다 아래이다.

cf.) The corporal is under the major. 〈실제적인 예속상태〉　그 하사는 그 소령의 부하이다.

The thermometer stands at 20° below zero.　온도계는 영하 20도를 나타내고 있다.

(15) beneath

「be (에) + neath (아래)」의 형태로 below나 under의 뜻을 나타내는 옛말이다.

1) ～밑에, 바로 아래에, ～의 기슭에

beneath one's feet　발 밑에(서)

2) 무게, 지배, 압박 《～의 밑에, ～아래서; ～을 받아》

beneath the Roman rule　로마의 지배 아래에서

He bent beneath his burden.　그는 무거운 짐으로 몸을 가누지 못했다.

He staggered beneath the blow.　그는 한 대 맞고 비틀거렸다.

3) 신분, 지위, 가치 《～보다 낮은; ～의 가치가 없는; ～에 미치지 못하는》

A bureau is beneath an agency.　국(局)은 청(廳)의 하부 기관이다.

It is beneath you to complain.　푸념을 하는 것은 너답지 않다.

Such a man is beneath my notice.　그런 녀석은 내 관심에 없다.

It is beneath your dignity to do such a thing.

그런 짓을 한다는 것은 너의 체면을 깎는 짓이다.

(16) beside

「be (에) + side (옆)」의 형태이다.

1) ~옆에, ~의 곁에(서), ~ 가까이에

His house is beside the river.　　　　　　　　　　그의 집은 강가에 있다.

2) ~와 비교하여, ~에 비해서

Beside him I am a mere amateur.　　　　　　　그에 비하면 저는 그저 풋내기에 지나지 않습니다.

3) ~와 나란히, 대등하게

A train runs beside the road.　　　　　　　　　기차가 도로 옆으로 (나란히) 달리고 있다.

You are not to be put beside him.　　　　　　　너는 그의 근처에도 못 간다.

4) ~ (본제·표적)를 벗어나, ~와 관계없이 (= off)

Your argument is beside the point.　　　　　　　너의 주장은 논점을 벗어나 있다.

(17) between

「be (에) + tween (two in 또는 two each)」의 형태이다. 보통은 두 사물 [사람] 사이의 관계를 나타내는 경우에 쓰이나, 셋 이상 사이에서도 각각의 양자관계를 나타낼 때에 사용된다.

1) 장소, 위치 《~의 사이에》 ☞ p. 223 (장소·방향관계전치사 between) 참조
2) 시간, 기간 《~의 사이에(서), ~사이의》

between Monday and Friday 월요일과 금요일 사이에[의]

They are between jobs.　　　　　　　　　　　　그들은 실직 중이다.

Between her coffee, she discoursed.　　　　　그녀는 커피를 홀짝홀짝 마시면서 말했다.

3) 수량, 정도, 성질 《~의 사이에(의), ~의 중간에(의)》

a distance between two and three miles from here 여기서 2내지 3마일의 거리

a grade between passing and failing 합격 (통과)할까 말까 할 성적

something between snow and rain 눈도 비도 아닌 어중간한 것

4) 연결, 접속 《~을 잇는》

a bridge between the island and the mainland 섬과 본토를 잇는 다리

air service between cities 도시 간의 항공편

5) 구별, 차별, 비교, 선택 《~의 가운데서, ~의 사이에》

I have no preference between the two things.
그 두 물건 중에서 어느 쪽이 더 좋다고 할 수 없다.

There is nothing[little] to choose between the two.
양자 사이에는 차이가 전혀 [거의] 없다. / 그들은 비슷비슷하다.

6) 관계, 분배, 공유, 협력 《~의 사이의, ~끼리; (돈 따위를) 모두 합하여, 협력하여》

We'll keep this matter between the two of us.
이 일은 우리 두 사람만의 비밀로 해두자.

He shared his property between his wife, his son, and his daughter.
그는 재산을 아내와 아들, 그리고 딸에게 나누어 주었다.

7) 이유 《…이나[다] ~으로 하여》

▶ 이러한 뜻으로는 셋 이상의 경우에도 쓴다.

Between cooking, cleaning, and raising her children, she was kept busy.
그녀는 음식에, 청소에, 아이까지 돌보느라 쉴 사이가 없었다.

(18) beyond

「be (~에) + yonder (저쪽)」의 형태로 '~의 저쪽에, ~을 넘어서, ~을 지나서, ~외에, 그밖에, 진퇴양난' 등의 의미를 갖는다.

1) 장소, 위치 《~의 저쪽에, ~너머에; ~을 벗어나》

beyond the horizon 지평선 너머에   beyond the hill 언덕 너머에, 언덕을 넘어서
beyond seas 해외에, 해외로
The road forks just beyond the store.   그 가게를 바로 지나서 도로가 갈라진다.
I was carried two stops beyond my destination while napping.
나는 졸다가 두 정거장이나 지나쳐 버렸다

2) 시각, 시기 《~을 지나서, ~보다 늦게》

stay beyond a person's welcome 오래 머물러 남에게 미움을 사다.
The child sat up beyond the usual hour.
그 아이는 여느 때보다 늦게까지 자지 않고 있었다.

3) 정도, 범위, 한계, 우월 《~을 넘어서; ~이 미치지 않는 곳에; ~보다 나은》

beyond one's power 힘이 미치지 않는   beyond number 이루 헤아릴 수 없는, 무수한
beyond (one's) belief 도저히 믿을 수 없는   beyond endurance 참을 수 없는
beyond comparison 비교가 되지 않는   beyond expectation 예상을 넘어서, 의외로
beyond all recovery 전혀 회복 가능성이 없는
a problem beyond our grasp 우리가 이해할 수 없는 문제
That book is beyond beginners.   그 책은 초보자에게는 너무 어렵다.
He has gone far beyond me in sports.   운동에 있어서 그는 나보다 훨씬 뛰어나다.

4) 수량 《~을 넘어서, ~보다 이상으로》

live beyond one's income 수입 이상의 생활을 하다.

5) 부정문, 의문문에서 《~외에는, ~밖에는》

I know nothing beyond what I told you.   나는 네게 말한 것 외에는 아무것도 모른다.

Beyond this I know nothing about it.   그것에 관해선 이 이상은 모른다.

(19) but

but는 주로 접속사로 사용되지만, 예외 (except, save)의 뜻을 나타내어 전치사로도 쓰인다. 또한, 글말이나 미국 속어에서는 강조어나 의미를 갖지 않는 형식어로 쓰이기도 한다.

☞ p. 243 (예외관계전치사 but) 참조

■ 참고- 부사 but의 쓰임

1. 글말체에서 《그저, 단지, 그저 ~일 뿐 (= only), ~에 지나지 않는》

I spoke but in jest. 나는 그저 농담으로 말했을 뿐이다.
He is but a child. 그는 그저 어린애에 지나지 않는다.
It happened but yesterday. 그것은 바로 어제 일어난 일이다.

2. can, could와 함께 강조적으로 쓰여 《그저 ~할 뿐; 어쨌든》

I can but hear. 아무튼 [어쨌든] (네 말을) 들어나 보자.
We could but listen to his plea. 우리는 그의 간청을 들어줄 수밖에 없었다.
If I could but see her! 그저 그녀를 만나보기라도 할 수 있다면!

---

(20) by

by는 장소, 때, 범위, 수단, 경로, 단위 등을 나타내어 전치사로 사용된다. 특히, 수동태의 행위자를 나타내는 데에 쓰인다.

1) 장소, 위치, 경로 《~의 옆에, ~의 곁에; ~의 근방에; ~을 지나서》

☞ p. 219 (장소관계전치사 by) 참조

He came by the highway. 그는 고속도로를 타고 왔다.

He came by my house for a few minutes yesterday. 그는 어제 우리 집에 잠시 들렀다.

2) 기간, 기한 《~동안에, ~중에 (during); ~까지는》 ☞ p. 207 (시간관계전치사 by) 참조

■ by와 until

by는 미래의 어느 때까지 동작·행위의 완료시점을 나타내는 데 비해, until은 미래의 어느 시점까지 계속되는 상태임을 나타낸다. 따라서 by는 계속을 뜻하는 동사와, until은 순간을 나타내는 동사와는 함께 쓰지 못한다.

She will come [sleep (×)] by noon. 그녀는 정오까지는 올 것이다.
He slept [came (×)] until noon. 그는 정오까지 계속 잤다.

3) 수단, 방법, 원인, 결과 《~에 의하여, ~의 결과로》

by chance 우연히   by mistake 실수로, 잘못해서

■ by + (무관사) 통신수단, 교통수단, 경로

by letter   by post   by internet   by bus   by subway   by taxi   by airplane
by train   by air   by land   by water

※ on foot 걸어서

4) 행위자 《주로 수동태문에서》 ~에 의해》

a novel (written) by Hemingway 헤밍웨이의 [作의] 소설

The booklet was issued by the government. 이 소책자는 정부에 의해 발간되었다.

Who is this poem by? 이 시의 작자는 누구인가?

> ■ 참고– 수동형과 by, with
>
> 1. 일반적으로 by는 행위자를, with는 수단 또는 도구를 나타낸다.
>   He was killed **by** an burglar **with** a knife. 그는 강도의 칼에 찔려 죽었다.
>   The window was broken **with** a stone. 유리창이 돌에 맞아 깨어졌다.
>
> 2. by와 with는 받아들이는 느낌에 따라 by, with 어느 쪽을 사용하기도 한다.
>   I was entertained **by [with]** the story. 나는 그 이야기를 즐겁게 들었다.
>   He gained his purpose **by [with]** flattery. 그는 아첨으로 그의 목적을 달성했다.
>   Japan is surrounded **by [with]** the sea on all sides. 일본은 사방이 바다로 둘러싸여 있다.

5) 기준, 판단의 근거, 계산단위 《~에 의하여, ~을 기준으로; ~을 단위로》

A man is known by the company he keeps.
　　　　　　　　　사람의 됨됨이는 그가 사귀는 친구를 보면 알 수가 있다.
I can tell who it is by the footsteps.　　나는 발소리로 그 사람이 누군지 알 수 있다.
They are paid by the week [result(s)].　그들은 주급제로 [성과급으로] 급여를 받는다.

6) 정도, 비율, 곱셈, 나눗셈, 치수 《~만큼, ~정도까지; ~으로 나누어/곱하여;(폭, 너비)~에》

by twos and threes 삼삼오오　　　by the minute 〈미〉 시시각각으로
step by step 한 걸음 한 걸음　　　room by room 방마다, 한 방 한 방
too many by one 하나 더 많은　　multiply 2 by 5 2 곱하기 5
divide 10 by 2 10 나누기 2
a room (of) 15 ft. by 20 (ft.) 가로 15피트에 세로 20피트의 방
miss by a minute　　　　　　　　　　　1분 늦다, 근소한 시간차로 놓치다.
Laughter became easier minute by minute.　차츰 마음 놓고 웃을 수 있게 되었다.
Things are getting worse by the minute.　사태는 시시각각으로 악화되고 있다.

7) 사람에 대해 출신, 직업 등의 관계를 덧붙일 때 《~에 관해서는, ~은》

▶ 이때 by의 목적어인 명사는 무관사이다.

Kim Sam-sik by name 이름은 김삼식　　　　a farmer by profession 직업은 농부
a Korean by birth 태생은 한국사람
They are cousins by blood.　　　　　　　　그들은 친 사촌간이다.
She is a Korean by birth but an American by citizenship.
　　　　　　　　　　　　　　　　　　그녀는 한국 태생이지만 국적으로는 미국인이다.
I know him by name [sight].　　　　　　　그의 이름[얼굴]은 알고 있다.

8) 이해관계 《~을 위하여 (= for); ~에 대하여 (= toward)》

my duty by him 그에 대한 나의 의무
do one's duty by one's parents 부모에게 효도하다.
He did well by his children.　　　　　　　그는 아이들에게 잘 해 주었다.

9) 동작을 받는 부분 《〈사람·물건의〉 ~을》

catch, hold, lead, seize 등의 동사와 함께 쓰이며 by의 목적어인 명사에는 정관사 (the)가 붙는다.

hold a horse by the nose 말고삐를 잡다.
seize the hammer by the handle. 쇠망치 [해머]의 자루를 쥐다.
She led the old man by the hand. 그녀는 그 노인의 손을 잡아 인도하였다.

10) 맹세, 기원 《~에 맹세코, ~의 이름을 걸고》

I swear by (almighty) God that I will speak the truth.
　　　　　　　　　　　　　　　　　　　진실을 말할 것을 하늘에 맹세합니다.
Strange, by my faith!　　　　　　　　　분명히 [정말로, 틀림없이] 이상한데.

(21) concerning

현재분사(구문)에서 전치사로 관용화된 경우이다. 주로 격식체의 문장에 쓴다.

《~에 관하여 (= regarding), ~에 대하여 (= about)》

The police made inquiries concerning his past.
경찰은 그의 과거에 관해서 조사를 했다.

What is this concerning?
무슨 일로 그러시죠?

(22) despite

같은 뜻으로 쓰이는 in spite of보다 글말적이며, 신문 등에서 많이 쓴다.

《~에도 불구하고(= in spite of)》

Despite the circulation of slanderous stories about him, the candidate was decked.
그에 대한 유언비어의 유포에도 불구하고 그 후보자는 당선되었다.

(23) down

주로 위치와 방향을 나타내는 부사와 전치사로 쓰인다. up의 상대어이다.

1) 위치, 이동, 방향 《~의 밑에 [으로], ~의 아래(쪽)에 [으로]; ~을 남하하여; ~을 따라서》 ☞ p. 218 (장소관계 전치사 down) 참조

2) 신분·지위 《~보다 낮은 쪽에 [으로]》

That scandal caused him to go down the social ladder.
그 추문으로 그의 사회적 지위는 추락했다.

3) 시간 《(시대·세월을) 거쳐; ~이래 (줄곧); ~에; ~까지》

down the ages 태고이래, 오랜 세월에 걸쳐

down through the years 요 몇 년 동안 내내, 수년 동안에 걸쳐

The custom remained the same down the ages.

그 풍습은 오랜 세월이 지나서도 그대로 남아있었다.

(24) for

fore (앞에 서는, 앞으로 향하는)에서 나온 말이다. 전치사 및 등위접속사로 사용되며 부사로는 쓰이지 않는다.

1) 목적관계 《~을 위해; ~을 원하여; ~에 찬성하여; ~에 대비하여; ~의 이익을 위하여; ~을 기념하여; ~을 유지하기 위해; ~을 향해서, ~행의》

go home for New Year's Day 설날을 보내러 귀성하다.
the struggle for existence 생존 경쟁   cry for one's mother 엄마를 찾으며 울다.
hunger for knowledge 지식을 갈망하다.
arguments for and against the bill 법안에 대한 찬반양론
vote for [against] a person 아무에게 찬성 [반대] 투표하다.
a plane for Jeju 제주행 비행기   start for Seoul 서울을 향해서 출발하다.
I'm all for his proposal.   나는 그의 제안에 대 [전적으로]찬성이다.
study for an exam 시험공부를 하다.   prepare for an exam 시험준비를 하다.
work for a bank 은행에 근무하다.   flee for one's life 살기위해 [필사적으로] 도망치다.
The meeting is at seven thirty for eight.

모임은 8시 시작을 위해 7시 반까지 출석입니다.

Can I do anything for you?   무슨 시킬 일은 없습니까?

2) 용도, 대상, 목적지, 방향 《~용의; ~에게 보내는; ~에 대하여(대한)》

a good remedy for headaches 두통에 잘 듣는 약
equipment for the army 군용장비   movies for adults 성인(용) 영화
words for expressing the idea 그 개념을 표현할 적절한 말

give a dinner for him 그에게 저녁식사를 내다.
I bought a present for my mother. 나는 어머니에게 선물을 사드렸다.
(= I bought my mother a present.)
"What's this tool for?" 이 연장은 무엇에 씁니까?
– "It's for cutting wood (with)." 나무를 베는 데 씁니다.
have an eye for beauty 심미안이 있다.
She had a head for literature. 그녀는 문학적인 소질이 있었다.

3) 교환관계 《~의 보수로서; ~대신에; ~을 대표해서; ~과 교환해서, ~과 상쇄하여》

There are things that can't be bought for money. 돈으로는 살 수 없는 것들이 있다.
a substitute for meats 육류 대용품
His agent acted for him in the negotiations. 대리인이 협상에서 그를 대신[대리]했다.
SOFA stands for Status of Forces Agreement. 소파는 '주둔군 지위협정'의 약자이다.
What's (the) Korean for 'happiness'? '해피니스'는 한국어로 뭐라고 합니까?
(= What do you call 'happiness' in Korean?)
money for goods 상품 대금   a check for $100 100달러짜리 수표
exchange one's old car for a new one 낡은 자동차를 새것으로 바꾸다.
He was fined for speeding. 그는 과속으로 벌금이 부과되었다.
For every mistake you make I will deduct three points.
                                                하나 틀릴 때마다 3점을 감점합니다.

4) 인과관계 《~때문에, ~의 결과로서; ~에도 불구하고; ~을 고려하여 보면》

be hospitalized for chest pains 가슴의 통증으로 입원하다.
I felt (the) better for having said it. 나는 그것을 말해버리고 나니 속이 후련해졌다.
For all the sweat and blood the situation appeared unchanged.
                                    그렇게 피땀을 흘렸는데도 사정은 변한 것이 없는 것 같았다.
There can be no cause for complaint. 불평을 할 이유는 없을 것이다.

5) 관련, 적합, 자격, 관점 《~에 대해서(는); ~에 적합한; ~으로서는; ~으로(생각하다.)》

for my part (= as for me) 나로서는   for this time[once] 이번만은

for the present 지금은, 당분간은   a subject for speculation 심사숙고할 문제

be good[or fit] for food 식용에 적합하다.

be pressed for time[money] 시간 [돈]에 쫓기다.

an eye for an eye 눈에는 눈(눈을 뽑혔으면 눈을 뽑아 보복한다.)

use gasoline for fuel 가솔린을 연료로 사용하다.

He is hard up for something to say.   그는 무슨 말을 해야 할지 난감해 하고 있다.

He has no equal for running.   달리기라면 그를 당할 사람이 없다.

There's nothing like wool for keeping you warm.
　　　　　　　　　　　　　　　　　　　보온이란 점에서는 양모 이상의 것은 없다.

It is hot for September.   9월치고는 덥다.

The ant, for its size, is the world's strongest creature.
　　　　　　　　　　　　개미는 몸의 크기에 비하면 세계에서 제일 힘이 센 생물이다.

Use one cup of water for three cups of rice.
　　　　　　　　　　　　　　　쌀 세 잔에   한 잔의 (비율로) 물을 사용하시오.

We had milk for breakfast.   우리는 우유로 아침을 때웠다.

Will you take this man for your husband?   이 사람을 남편으로 받아들이겠습니까?

6) 기간 ☞ p. 205 (시간 관계전치사 for) 참조

7) 거리 《~의 사이, ~에 걸쳐》

walk (for) three miles 10마일을 걷다.

※ 「수사 + 거리 명사」앞의 for는 생략할 수 있다.

The road runs (for) five miles.   그 길은 5마일에 걸쳐 나 있다. (그 길은 거리가 5마일이다.)

For miles and miles there was nothing but snow.   수 마일을 가도 눈뿐이었다.

8) 지정, 귀속 《~으로 정해진, ~에 할당된》

an appointment for the afternoon 오후에 만날 약속   time for a rest 휴식 시간
The meeting is arranged for Saturday afternoon.   모임은 토요일 오후로 정해져 있다.
The wedding has been fixed for May 5th.   그 결혼식은 5월 5일로 정해졌다.

9) 여지, 가능성 《~에게는, ~하기에는》

too many for separate mention 너무 많아서 일일이 다 말할 수 없는
It's too early for supper.   저녁 먹기에는 너무 이르다.
The scenery is too beautiful for words.   경치가 말로 다할 수 없을 만큼 아름답다.

10) 의도 《막 ~하려 하여; ~할 생각으로》

I was just for going to bed.   나는 막 자려던 참이었다.
I am not for discussing the matter.   나는 그 문제를 토론할 생각은 없다.

11) 관용어구

- **for all I know** 아마 [의외로] (~일지도 모른다.)

He may be a good man **for all I know**.   그는 의외로 좋은 사람일지도 모른다.

- **for one** 한 예로서, (나) 개인으로서는

Oil pollution, **for one**, is already widespread in mid ocean.
일례로 기름 오염은 대양 한가운데에 널리 퍼져 있다
I **for one** do not think so.   저로서는 그렇게 생각하지 않습니다.

- **for one thing** 첫째로는, 한 가지 이유는

For one thing, we have no money; for another, we have no time.
첫째로는 우리는 돈이 없고, 또 한 가지 이유는 시간이 없다.

- **That's [There's] ~ for you.** 보세요 ~이죠; 그런 일이 ~에 자주 있다; 그것도 ~이라고 하고 있는 것이오; ~라니 기가 막힌다.

That's life for you.   살다보면 그런 일도 생기는 법이야. / 인생이란 그런 거야.

There's gratitude for you. 그것을 지금 감사라고 하고 있는 거요.
- **That's what~ is for.** 그런 일은 ~ 같으면 당연하다.
That's what friends are for. 그런 것은 친구 같으면 당연한 일 아녜요.

(25) from

기본적으로 '~로 부터'라는 뜻을 가지며 전치사로만 쓰인다. 그 의미가 확대되어 분리, 출처, 원인, 원료 등을 나타낸다. from의 목적어는 명사, 대명사 외에 부사 또는 전치사구가 오는 경우도 있다.

1) 운동의 출발점 《~에서, ~으로부터》 ☞ p. 225 (장소·방향의 전치사 from) 참조
2) 시간의 기점 《~(언제)부터, ~이래 (쭉)》 ☞ 208 (시간의 전치사 from) 참조
3) 원인, 이유 《~때문에, ~으로 인하여》 ☞ 228 (원인·이유의 전치사 from) 참조
4) 간격, 부재 (不在) 《~에서 떨어져》

be absent from school 학교를 결석하다.
live apart from one's family 가족과 떨어져 살다.
stay away from work [school] (일부러) 직장 [학교]을 결근 [결석]하다.
You are still a long way from passing your examination.
너는 시험에 합격하기에는 아직도 멀었다

5) 분리, 제거 《~에서, ~에게서》

keep a secret from others 다른 사람들로부터 비밀을 지키다.
He lives apart from his wife. 그는 아내와 별거하고 있다.
If you take [subtract] 5 from 8, 3 remains.

6) 기원, 출처, 유래 《~에서 (온, 따온); ~출신의, ~산(産)의》

goods from foreign countries 외국제 상품

act a scene from Hamlet 햄릿의 한 장면을 연기하다.

These oranges come [are] from Australia. 이 오렌지는 오스트레일리아 산이다.

7) 수량, 가격 《~부터, ~에서; ~중에서; ~이상》

It will take us from two to three hours to get there.
그곳에 도착하는 데 두세 시간 걸릴 것이다.

We have men's ready-made suits from 50,000 won.
남자 기성복은 5만 원 짜리 부터 있습니다.

Choose a hat from among those. 여기 있는 모자 가운데서 하나를 고르세요.

8) 관점, 판단의 근거 《~으로(보아, 판단해서); ~에 근거하여》

speak from experience 경험에 근거해서 말하다.

speak from memory 기억을 더듬어 이야기하다.

From the look of the sky it will snow tonight. 하늘을 보니 오늘밤은 눈이 오겠다.

9) 차이, 구별 《~와, ~에서》

know [tell] right from wrong 옳고 그름을 판별하다.

I cannot tell him from his twin brother.
나는 그와 그의 쌍둥이 동생을 구별할 수가 없다.

She differs from me in her way of thinking. 그녀는 나와는 사고방식이 다르다.

There was no one to show me right from wrong.
나에게 옳고 그름의 구별을 가르쳐 줄 사람은 아무도 없었다.

10) 변화, 추이 《~에서 (~으로)》

go from bad to worse 점점 더 나빠지다.

translate from English into Korean 영어를 한국어로 번역하다.

The field changed from green to brown. 들녘은 푸른빛에서 갈색으로 바뀌었다.

■ 참고

1. from ~ till과 from ~ to

'from ~ till'은 〈때〉에 관해서만 쓰며, 'from ~ to'는 시간적으로는 시간의 계속을, 장소적으로는 출발점과 도착점을 나타낸다.

It rained yesterday from morning till night. 어제는 하루 종일 비가 왔다.
We work from nine to six. 우리는 9시에서 6시까지 일한다.
She commutes from Suwon to Seoul every day. 그녀는 매일 수원에서 서울로 통근한다.

2. from ~ to와 to ~ from

출점과 도착점은 보통 'from ~ to'를 사용하나, 출발점에 중점을 두고 말할 경우 'to ~ from'을 사용 하기도 한다. 그리고, '(from) A to B'의 A, B가 수사인 경우에는 A에 작은 수가 온다.

I came to Seoul from Daejeon. 저는 대전에서 서울에 왔습니다.
from five to ten years from now 지금부터 5년 내지 10년

3. from과 out of

(1) from은 그 시작 [출발]점에 중점을 두고, out of는 '(안에서) 밖으로'의 의미에 중점을 둔다.

She came from [out of] the house. 그녀는 **그 집에서 [그 집 밖으로]** 나왔다.

(2) 'from A to B'는 한 동작으로 보기 때문에 'from A and to B'라고 할 수 없으나, 'out of A to B'는 2개의 동작으로 간주되므로 'out of A and to B'라고 할 수 있다.

She ran **from** the house **and to** the telephone booth. (×)
She ran **out of** the house **and to** the telephone booth. (○)
그녀는 집을 나와서 공중전화 부스까지 달려갔다.

---

(26) in

기본적으로 '~안에'의 의미를 지니며 전치사와 부사로 쓰인다. 전치사로는 장소, 시간, 방법, 상태, 조건, 이유 등을 나타내어 여러 곳에 두루 쓰인다.

1) 장소, 위치, 방향 《~에서, ~에; ~안[속]에; ~쪽에; ~쪽으로부터; ~으로; ~속으로》 ☞ p. 211 (장소관계전치사 in) 참조

2) 시간관계 《(특정시간, 기간) ~에, ~동안에; ~후에, ~있으면, ~의 과정에》
☞ p. 203 (시간관계전치사 in) 참조

3) 상황·상태 《~의 속에(서); ~의 상태에[로]; ~이 되어, ~을 이루어》

in a blaze 확 타올라   in a bind 〈미, 입말〉 곤경에 처해, 난처하게 되어
in a circle 원을 이루어   in alarm 놀라서   in full blossom 꽃이 만발하여
in good [bad] health 건강이 좋아 [나빠]   in school 재학 중에
in tears 눈물을 흘리며   in torrents 빗발치듯이
in the circumstances 이런 사정으로
in the sun [dark] 밝은 [어두운] 데서   be in love 사랑을 하고 있다.
You are in a bind. 〈미, 입말〉 네가 곤란한 처지구나. / 너, 큰일 났다.

4) 활동, 종사 《~하여, ~에 종사하여》

in the army 입대하여, 군대에   make mistakes in one's work 일하다가 실수를 하다.
be in business 장사[사업]를 하다.   be in politics 정치에 몸담고 있다.
He is in computers.   그는 컴퓨터와 관련된 일을 하고 있다.
He is going to enlist in the army.   그는 군대에 입대할 예정이다.
Did you see Eiffel Tower in your journey through France?
프랑스를 여행할 때 에펠탑을 보았습니까?

5) 방법, 수단, 재료 《~으로, ~을 가지고; ~에》

in that manner 그런 식으로   in this way 이러한 방법으로, 이렇게 하여
in F major 바장조로   a novel written in dialogue 대화체 소설
sing in a loud voice 큰소리로 노래 부르다.

6) 착용, 포장 《~을 입고 [신고, 달고, 쓰고], 착용하여; ~으로 싸서》

in uniform 제복을 입고   in red shoes 빨간색 구두를 신고
a woman in a red scarf 빨간 스카프를 한 여인

wrap this in [with] paper 이것을 종이에[로] 싸다.

7) 부분, 범위, 비율, 정도 《~에, ~에서; ~안[속]에; ~에 관하여; ~마다, ~당》

in the main 대부분은, 대체로   in my experience[opinion] 내 경험[의견]으로는
one in five 다섯 중 하나; 5분의 1   nine in ten 십중팔구
six feet in height 높이 6피트   packed in tens 10개씩 포장되어
eager in one's studies 공부에 열심인   learned in the law 법률에 밝은
rich in natural resources 자연자원이 풍부한
skilled in diplomacy 외교 수완이 있는   wound in the head [leg] 머리 [다리]를 다쳐
I agree with you **in part**.   나는 어느 정도는 네 의견에 찬성이다.
Our chances of winning are **one in two**.   우리가 이길 가능성은 둘 중 하나 (반반)이다.
He is blind **in one eye**.   그는 한쪽 눈이 보이지 않는다.
He is wanting **in courage**.   그는 용기가 없다.
There are ten **in all**.   모두 다해서 열(개, 명)이다.

8) 이유, 동기, 목적 《~으로; ~하여; ~때문에; ~을 목적으로, ~을 위해; ~로서의》

in jest 농담으로, 장난으로   in return for his present 그의 선물에 대한 답례로
in self-defense 자기 방어를 위하여   in answer [reply] to ~: ~에 대답하여
cry out in alarm 놀라서 소리 지르다.
The reed nodded in the breeze.   갈대가 미풍에 나부꼈다.

9) 대상 《~에 대하여, ~을》

delight in music 음악을 즐기다.   participate in a plot 음모에 가담하다.
persist in one's belief 끝까지 자기 신념을 관철하다.   succeed in life 출세하다.

10) 조건 《~하므로; ~의 경우에는》

in the circumstances 이러한 사정이므로   in that case (만약) 그러한 경우에는

11) 성격, 재능, 자격, 동격관계 등 《~안에; ~의 성격에; ~이라는》

with all the strength I have in me 내가 가진 온 힘을 다하여
I have found a friend in Justin. 나는 저스틴이라는 친구를 얻었다.
In him you have a good friend.
  너는 그 사람 같은 좋은 친구를 가졌다./그는 너의 좋은 친구다.
He has it in him to do heroic deeds. 그에게는 영웅적인 행위를 할 소질이 있다.
It is not in him [in his nature] to do such a thing.
  그는 천성적으로 [죽었다 깨어나도] 그런 짓은 못하는 사람이다.

12) 배치, 형상, 순서 《~을 이루어, ~으로 되어》

in a row 일렬로, 연속적으로   in a cluster 송이가 되어, 떼를 지어
in rows 줄을 지어, 몇 줄이고   in alphabetical order 알파벳순으로
grow in clusters 주렁주렁 열리다.   lie in a heap 산더미처럼 쌓여 있다.
scatter in flakes 우수수 흩어지다.   sit in a circle 둥그렇게 [빙 둘러] 앉다.
wait in a queue 줄을 서서 기다리다.   stand in a queue 장사진을 이루다.

13) 관용어구

- **be not in it** 〈입말체〉 (~에는) 못 당하다, 비교도 안 된다; 훨씬 못하다; 승산이 없다.

His competitors are not in it with him. 그의 경쟁 상대들은 그의 적수가 못 된다.
After the first few minutes of the race he was not in it.
  경기가 시작된 몇 분 후에 그는 순위권 밖으로 밀려났다.

- **in as much as [= inasmuch as]** ~: ~이므로; ~하는 한은 (= insofar as)

He shows an interest in other people only **inasmuch as** they can be useful to him 그는 자신에게 유용할 만큼만 다른 사람들에게 관심을 보인다.

- **in pursuit of** ~: ~을 얻고자, ~을 추구하여

He spent his whole life in pursuit of power and wealth.
  그는 권력과 부를 추구하는 데 일생을 보냈다.

• What's in it for me?   그게 내게 무슨 이익이 된다는 거야? / 그게 나와 무슨 상관이지?

(27) inside

'~의 내부에, ~의 안쪽에(서)'의 뜻으로 장소(위치)·방향을 나타낸다. in보다 비교적 작은 장소, 범위에 쓰인다.

1) ~의 내부에(로), ~을 안쪽을; ~의 안(내부)에서 (↔ outside)

inside one's head 머릿속에(으로)
The police were stationed inside the building.   경찰이 건물 안에 배치되었다.
The child couldn't resist peeking inside the box.
그 아이는 상자 안을 들여다보지 않고는 배길 수 없었다.

2) 〈입말체〉 ~이내에(로)

inside three months 3개월 이내에   inside the speed limit 제한속도 내로

3) 관용어구

put one's socks on inside [wrong side] out 양말을 뒤집어 신다.

(28) into

전치사 in이 장소와 방향을 나타내는 데 대하여 전치사 into는 동작, 방향, 변화를 나타내어 '밖에서 안으로, 어떤 상태에서 다른 상태로'의 뜻을 나타낸다.

1) 운동, 방향 《~ 안 [속]에 (으로) (↔ out of); ~에 (으로)》 ☞ p. 227 (방향관계의 into) 참조
2) 시간의 흐름 《~까지, …이 ~으로 되다.》

far [well] into the night 밤늦게까지   last into the night 밤이 이슥할 때까지 계속되다.

The dawn graduated into day.　　　　　　　　　　　　날이 차츰 밝아 왔다.

3) 변화, 결과 《~으로 되다[하다].》 ☞ 234 (결과관계 전치사 into) 참조
4) 접촉, 충돌 《~에 부딪쳐》

run into a wall [car] 벽 [차]에 부딪치다 [충돌하다].

※ into는 그 대상에 박히거나 대상이 찌그러지는 부딪침을 나타내지만, against는 아주 단단한 물체에 부딪혀 튕겨지는 느낌을 나타낼 때 쓴다.

cf.) run against a rock 바위에 부딪치다.

back into a parked car 후진하다가 주차되어 있는 차를 들이받다.

5) 관심, 참여 《입말》 ~에 관심을 가지고, ~에 열중하여; ~에 속하여》

enter into a three-year contract 3년 계약을 맺다.
be voted into membership 투표에 의해 회원으로 가입하다.
go into business 사업에 들어가다[투신하다].
marry into a rich family 부잣집으로 출가하다.　get into difficulties 곤란에 빠지다.
She is into reading.　　　　　　　　　　　　그녀는 독서에 열중하고 있다.
What are you into?　　　　　　　　　　　　너는 무엇에 흥미를 가지고 있느냐?

6) 나눗셈 《~을 나누어》

3 into 9 goes [gives] 3 times. 9 나누기 3은 3이다.
(= Dividing 3 into 9 goes [gives] 3 times.)

7) 관용어구

- **be into ~** 《~에 열중 [몰두]하여, 관심을 가져; ~에 간섭하다; 〈미, 속어〉 ~에 빚을 지고》

be into religion [computer] 종교 [컴퓨터]에 빠져 있다.
be into other people's business 남의 일에 간섭하다.
He is into her for 10,000 won. 그는 그녀에게 만원을 빚지고 있다.

(29) like
유사함, 가능성 등을 나타내는 전치사로 사용된다. 비교급, 최상급의 more, most를 붙이거나, just, so, very 등 수식을 받을 수 있다.

1) ~와 같이, ~처럼; ~과 같은 방식으로 ☞ p. 240 (자격·기능관계전치사 like) 참조

2) 모양, 외관, 성격 《~와 같은; ~와 닮은; ~인 것 같은》
▶ 이 뜻으로 쓰일 경우의 동사로는 주로 be, look, seem등이 온다.

Your hat is like mine.	당신 모자는 내 것과 똑같군요.
She is just like her mother.	그녀는 엄마를 빼다 박았다.
He is not anything like his father.	그는 아버지를 조금도 닮지 않았다.

3) 특징 《~다운》

That's just like him.	그것은 과연 그답다.
What was she like?	그녀는 어떤 사람이었습니까?

4) look like형태로 《~할 것 같은》

It looks like rain(ing).	비가 올 것 같다.
Which team looks like winning?	어느 팀이 이길 것 같은가요?

5) ~하고 싶은

I feel like going out for a walk.	나는 산책하러 가고 싶다.

6) 관용어구

• something like ~: 좀 ~와 비슷한 (것); 거의, 약(about); 훌륭한 것

This feels something like silk.	이것은 마치 비단 같은 촉감이 든다.
I wonder if I could do something like that.	나도 그렇게 하면 어떨까.
That's more like it! 《입말체》	그 쪽이 훨씬 낫다!; 그래 그거야!

18장 전치사(Preposition)

- What is ~ like? ~은 어때?

What was he like? 그는 어떤 사람이었어?

What's your new school like? 네 새 학교는 어때?

■ 참고- like가 절을 이끌어 접속사로 쓰이는 경우

입말 (특히 미국)에서는 like 뒤에 절을 써서 접속사 as나 as if와 같은 용법으로 쓰기도 한다.

1. ~과 같이, ~처럼(as); ~하는 대로

Do like I do. 내가 하는 대로 해라.   It's nice, just like you say. 말씀처럼 훌륭하군요.
You have only to do like you are told. 너는 하라는 대로만 하면 된다.

2. 마치 ~처럼 (= as if)

He speaks like he knew everything. 그는 마치 모든 것을 아는 것처럼 말한다.The rain looks like it's about to stop. 비가 곧 그칠 것 같다.
It looks like she means to go. 그녀는 갈 작정인 것 같다.

(30) near (to)

전치사이면서도 비교급, 최상급의 변화가 있는 것이 특징이다. 다만, near가 비교급이나 최상급으로 될 때는 부사로 취급하여 to와 결합하여 나타내는 것이 일반적이다. 《어떤 장소·시간·상태에) 가깝게, ~가까이에; 거의 ~할 뻔한》

near the end of this month 이달 말경에   somewhere near here 이 근처 어딘가에

We want to find a house nearer (to) our school.

우리는 우리 학교에 더 가까운 집을 찾기 원한다.

She seemed near tears. 그녀는 금방이라도 울 것만 같았다.

(31) next (to)

형용사 next가 '~ 다음의, 이웃의, 제일 가까운'의 뜻으로 next to로 쓰일 경우에 to를 생략

한 형태이다.

1) ~의 다음의(에), ~의 옆[이웃]의(에), ~에 가장 가까운

come [sit] next him 그 사람 다음에 오다 [옆에 앉다].

He lives in the house next mine. 그는 바로 옆집에 산다.

2) 관용어구

- **next to nothing** 거의 없는, 없는 것과 다름없는

I got it for next to nothing in a sale. 나는 그것을 할인판매 때 거의 공짜로 얻었다.

He eats next to nothing. 그는 굶다시피 하고 있다.

It cost next to nothing. 그것은 비용이 거의 들지 않았다.

- **next to impossible** 거의 불가능하다

It is next to impossible for him to solve that problem.
그가 그 문제를 해결하는 것은 거의 불가능하다.

(32) of

of는 '~의, ~에 관한, ~가운데서, ~으로부터' 등의 뜻을 가져, 소유, 소속, 행위자 등을 나타내 는 전치사로 쓰인다. 형용사, 부사 및 동사와 결합하여 수많은 관용구를 만든다.

1) 소유, 소속 《~의 소유인, ~에 속하는》 ☞ p. 241 (소유관계전치사 of) 참조

2) 부분 《~의 (일부), ~가운데에서》

one of us 우리 중 1명

※ 「the + 수사 (two이상) + of 명사/대명사」의 of는 동격을 나타내어 전부를 가리킨다.
　the three of us 우리들 세 사람

everyone of you 당신들 중의 누구라도

many of the students 그 학생들 중의 다수

※ 'many of students'라고는 하지 못한다.

the bravest of the brave 용사 중의 용사

3) 기원, 출처, 대상 《(글말체) ~으로부터; ~의; ~에게》

a man of [from] New York 뉴욕 출신의 사람

※ 'a man from New York'는 '뉴욕 출신의 사람'이란 뜻도 되고 '뉴욕에서 온 사람'이란 뜻도 된다.

the wines of [from] France 프랑스산(産)의 포도주

be [come, descend] of ~: ~의 출신이다.

See what comes of being in such a hurry.   거봐라, 그렇게 서두르니까 이런 꼴이 되지 않냐.

The idea was born of Mr Kim's brain.   그 생각은 김 군의 머리에서 나온 것이다.

4) 수량, 단위, 종류 《수량·단위를 나타내는 명사 다음에 와서》 ~의》

a glass of water 한 잔의 물   a piece of paper [furniture] 종이 한 장 [가구 한 점]

five hundred won's worth of salt 500원 어치의 소금

5) 관계, 관련 《~에 관한; ~한 점에 있어서; ~에 대해서》

hard of hearing 귀가 어두운   fleet of foot 발이 빠른

quick of mind 머리회전이 빠른   slow of comprehension 이해가 더딘

be thirty of age 나이는 서른이다.

I know of her.   나는 그녀에 관해서 (누구를 통해 간접적으로) 알고 있다.

※ 'I know her.'는 직접 알고 있다는 뜻

6) 원인, 이유, 동기 《~때문에, ~에, ~으로》 ☞ p. 228 (원인·이유관계전치사 of) 참조

7) 재료, 구성요소 《~으로 만든, ~으로 이루어진, ~제의》 ☞ p. 237 (재료·원료의 of) 참조

8) 때, 시각 《(입말체) ~(인 때)에, ~의 동안에》

of late 최근, 요즈음   of late years 근년에   of old 옛날의, 옛날부터, 이전의

That tree was here from of old.   저 나무는 옛날부터 여기에 있었다.

He goes to the pub of an evening.   그는 저녁때면 술집에 가곤 한다.

(= He usually goes to the pub in the evening.)

She can't sleep of a night. 그는 밤이면 잠을 못 잔다.

9) 방향, 거리, 위치 《~의; ~의 방향으로; ~으로부터, ~에서 (떨어져)》

20 kilometers (to the) south of Seoul 서울 남쪽 20킬로미터 지점에

within ten minutes' walk of my house 집에서 도보로 10분 이내의 곳에

Japan lies southeast of Korea. 일본은 한국의 동남쪽에 있다.

10) 분리, 박탈 《〈형용사와 함께〉 ~으로부터; 〈동사와 함께〉 …에게서 ~을 빼앗다.》

free of charge 무료로　free of customs duty 면세의

a room bare of furniture 가구가 없는 휑한 방

relieve of his post [office] 직을 해임시키다.

He was relieved of his post at his own request.

그는 자신이 원하여 그의 자리에서 해임되었다.

She was deprived of reason. 그녀는 이성을 잃었다.

11) 〈of + 명사가 형용사구를 이루어〉 크기, 형태, 성질, 색상, 나이, 직업 등 《~의; ~한; ~을 지닌》

▶ 이때의 형용사구는 한정적으로도 서술적으로도 쓰이며, of는 생략될 때가 많다. (형용사적 대격)

a hailstone (of) the size of a golf ball 골프공만 한 우박

a husband and wife of 30 years 결혼한 지 30년이 되는 부부

a girl of twelve (years) 12세의 소녀　a family of four 4인 가족

a man (of) his age 그와 같은 또래의 남자

tomatoes of my own growing (= tomatoes I grew myself) 내가 직접 재배한 토마토

12) 「명사 + of + a ~」의 형태로 '명사 + of'가 형용사 구실을 하여 《~(와) 같은》

a rose of a girl 장미꽃 같이 아름다운 소녀

a mountain of a wave 산더미 같은 파도

a brute of a man 짐승 같은 사내   a horror of a woman 무서운 여자

13) 주격 관계 《행위자·작자》 ~이, ~의》

the love of a mother for her child 자식에 대한 어머니의 사랑

the rise of the sun 해돋이, 일출   the works of Hemingway 헤밍웨이의 작품

How foolish of me! 내가 정말 어리석었구나!

It was very kind of you to teach me. 친절히 가르쳐 주셔서 감사합니다.

14) 목적격 관계 《~(의 일)을, ~의, ~에 대한》

▶ 명사, 형용사, 동사 뒤에 쓰여 이런 관계를 나타낸다.

a teacher of English 영어교사   an exchange of ideas 의견교환

the manufacturing of automobiles 자동차의 제조

in search of happiness 행복을 찾아서

Every man is the architect of his own fortune.   사람은 누구나 자기 운명의 설계사다.

She had a look expressive of happiness.   그녀는 행복하다는 표정을 하고 있었다.

15) 동격관계 (동격의 of) 《~이라고 하는, ~인; 즉, 다시 말하면 (= that is)》

the month of May 5월 (달)   the five of us 우리들 5명

the fact of my having seen him 내가 그를 만났다는 사실

16) 관용어구

• of all men [people] 누구보다도 먼저; 하고 많은 사람 중에서 하필

You, of all men, should set an example.   누구보다도 먼저 네가 모범을 보여야 한다.

Why ask me to help, of all people?

하고 많은 사람 중에 하필이면 왜 나에게 도움을 청하지?

- **of all others** 모든 것(사람) 중에서

You are the man **of all others** for the work.   너야말로 그 일에 가장 적임자다.

- **of all things** 무엇보다도 먼저; 하고 많은 것 중에서 하필

Why should I go **of all things**?   하필 내가 가야 할 이유가 뭐람.

(33) off

of의 강세형이다. out of가 공간이나 영역에서의 분리의 의미를 가짐에 반해 off는 선, 면으로 부터의 분리·이탈을 나타낸다. 또한 get, go, make, put, set, take, turn 등의 동사와 결합하여 많은 동사구를 형성한다.

1) 분리, 이탈 《~으로부터, ~에서 떨어져, ~에서 벗어나》

take a ring off one's finger 손가락에서 반지를 빼다.

I am off duty today. 저는 오늘 출근하지 않습니다.

The ice has melted off the stream.   개울의 얼음이 완전히 녹았다.

2) 정상이 아닌 상태 《~를 잃고, ~의 상태가 나빠져, ~과 멀어져》

off balance 균형을 잃고   off one's head 미쳐서

He was off his game.   그는 경기에서 몸 상태 (컨디션)가 나빴다.

3) 뺌 《~을 깎아 [할인하여], ~을 빼서》

at 5% off the price 정가의 5 퍼센트를 할인한 가격으로

take ten percent off the list price 정가에서 10퍼센트를 할인하다.

4) 길에서 벗어남 《~에서 갈라져 나가; 벗어나서; ~에서 들어가서》

the post office off the main street 큰길에서 골목으로 들어간 곳에 있는 우체국

Keep off the grass. 〈게시〉   잔디밭에 들어가지 마시오.

5) 끊음 《입말》 ~을 그만두고서, ~을 끊고서; ~이 싫증나》

be off one's food 음식을 먹지 않다; 식욕이 없다.

He is off gambling [liquor]. 그는 도박 [술]을 끊었다.

6) 방향 《(시선이) ~으로부터 떨어져, ~에서 벗어나》

I wasn't able to keep my eyes off her. 나는 그녀에게서 눈을 뗄 수가 없었다.

Their eyes weren't off the sight for a moment.

그들은 한순간도 그 광경에서 눈을 떼지 않았다.

7) 의존 《보통 동사 live와 함께》 ~에 의존하여, ~을 취하여》

She lives off her pension. 그녀는 연금으로 [연금에 의존하여] 생활하고 있다.

They make a living off the tourists. 그들은 관광객을 상대로 하여 먹고산다.

8) 먹음 《dine, eat 등의 동사와 함께》 ~을 먹다, ~을 집어서 먹다.》

dine off hot coffee and bread 뜨거운 커피와 빵으로 식사를 하다.

eat off fish 생선을 먹다.

9) 바다 《~의 앞바다에, ~의 먼 바다에(서)》

off the coast of Incheon 인천 앞바다에   off the East Sea 동해 먼 바다에

The ship sank ten miles off Cheju Island.

그 배는 제주도 10마일 앞바다에서 침몰했다.

(34) on

on은 표면에 '접촉'하고 있음을 나타낼 때 쓴다. 단지 위에 접촉하고 있는 것뿐만 아니라 벽에 걸려있거나 천장에 붙어 있는 것을 나타낼 때도 on을 쓴다.

1) 때, 때의 접촉 《~에, ~때에; ~하자 곧, ~와 동시에》 ☞ p. 202 (시간의 on) 참조

2) 표면에의 접촉 《~의 표면에, ~에 접하여, ~을 타고》 ☞ p. 213 (장소·위치의 on) 참조

3) 어떤 장소에 부착, 몸에 지님 《~에 붙여서, 몸에 지니고》 ☞ p. 213 (장소·위치의 on) 참조

4) 어떤 장소에의 근접 《~에 접하여, ~의 가까이에; ~을 따라서; ~쪽에》
   ☞ p. 213 (장소·위치의 on) 참조

5) 기초 (바탕)·지지 《~을(에) 바탕으로 하여, ~에 지탱되어, ~을 축으로 하여》
   ☞ p. 213 (장소·위치의 on) 참조

6) 방향·대상 《~에, ~을(으로) 향하여, ~에 대하여, ~을 목표로, ~에(게)》
   ☞ p. 213 (장소·위치의 on) 참조

7) 상태, 경과 《~의 상태로, ~하여; ~하는 중, ~의 도중에》

   a bird on the wing 날고 있는 새   on loan 대부하여; 빌어서   on the cheap 값싸게

   a policeman on duty [guard] 근무 [경계] 중인 경찰관

   on sale 판매 중   on strike 파업 중   on leave 휴가 중

   on one's way to school 학교로 가는 도중에   be on fire 불타고 있다.

   be on the watch 망을 보고 있다.

   be on the increase [decrease] 증가 [감소]하고 있다.

8) 종사, 소속, 목적, 용무 《~에 종사하여, ~에 관계하여; ~하기위하여, ~의 용무로》

   on business 업무 [사업] 일로, 볼일이 있어

   be on the team [committee, staff] 팀[위원회, 직원]의 일원이다.

   go on business 업무를 보러 가다.   serve on a jury 배심원의 한 사람으로 일하다.

   She is a reporter on the New York Times staff.

   그녀는 뉴욕타임스지의 (직원인) 기자이다.

9) 수단, 도구, 이동방법 《~으로, ~으로써, ~에 의하여》

   have a talk on the phone 전화로 이야기하다.

   play a sonata on the piano 피아노로 소나타를 치다.

go on foot [horseback] 걸어서 [말을 타고] 가다.
I heard the news on the radio. 나는 라디오에서 그 소식을 들었다.
He cut his finger on a sharp blade of grass. 그는 날카로운 풀잎에 손가락을 베었다.
I'll be there on the noon train. 정오 기차로 그곳에 가겠습니다.
My car runs on gas [= gasoline]. 〈미〉 내 자동차는 휘발유로 달린다. (휘발유 차다.)

10) 겹겹, 더해짐 《~에 더하여》

heaps on heaps 겹겹이   loss on loss 엎친 데 덮친 손해
millions on millions of stars 수많이 많은 별
She has had ill-luck on ill-luck. 그녀는 거듭되는 불행을 겪었다.

11) 지불 《입말체》 ~가 지불하는; ~가 한턱내어》

on the house 술집 [주최자] 부담으로, 공짜로
It's on the house. 이것은 무료로 드리는 겁니다.
Have a drink on me. 술값은 내가 낼 테니 한 잔 하게.

12) 음용, 복용, 중독 《일상어》 술을 좋아하는; 약을 복용(상용)하여, 마약 등에 중독되어》

go on a diet 식이 요법을 시작하다.
I am much on beer. 나는 맥주를 아주 좋아한다.
She is on tranquilizers. 그녀는 신경안정제를 상용하고 있다.
He's on medication. 그는 약물 치료를 받고 있다.

(35) out

영국에서는 out 단독으로는 전치사로 사용하지 않고 out of가 전치사로 사용되는데 반해, 미국에서는 out이 단독으로 전치사로 사용된다. 다만 out을 전치사로 쓰는 경우는 out의

목적어가 '출구(문)'에 해당할 경우가 많으며, 기타의 경우에는 미국에서도 out of를 주로 사용한다. 《(문·창 등)으로부터, ~에서; ~을 통하여 밖으로 (= through, out of)》

go out the door 문으로 나가다.　　hurry out the room 방에서 뛰어나가다.
look out the window at the street [snow] 창가에서 거리를 [눈을] 바라보다.
He jumped out (of) the window.　　　　　　　　그는 창문으로 뛰어내렸다.
※ He came out of the house. 그는 그 집에서 밖으로 나왔다.

(36) out of
out of는 다음과 같은 뜻을 나타내어 구전치사로 쓰인다.

1) 운동 《~의 안에서 밖으로, ~의 밖으로》
You can put that idea out of your head.　　그런 생각은 네 머릿속에서 버리는 게 낫다.
She swung out of the room.　　　　　　　　그녀는 홱 하니 방에서 나갔다.
A bear came out of the forest.　　　　　　　곰 한 마리가 숲에서 나왔다.

2) 위치 《~바깥에, ~을 떨어져서》
Fish can not live out of water.　　　　　　　물고기는 물 밖에서는 살지 못한다.
Out of sight, out of mind.　눈에서 멀어지면 마음에서도 멀어진다. (안 보면 마음이 멀어진다.)

3) 원인, 동기 《~에서》
A quarrel arises out of a trifle.　　　　　　싸움은 사소한 일에서 일어난다.
I did it out of pity[curiosity].　　　　　　　나는 동정심 [호기심]에서 그렇게 했다.
The offer was so good that I accepted it out of hand.
　　　　　　그 제의는 말할 나위 없이 좋았기 때문에 나는 그 즉석에서 받아들였다.

4) 부분 《(어떤 수) 중에서》

nine cases out of ten 십중팔구   one chance out of ten 열에 하나의 기회
The highest mark in the test was nine out of ten.
그 시험의 최고 점수는 10점 만점에 9점이었다.

5) (능력) 범위, 상태 《범위 밖에(= beyond), ~의 상태에서 떨어져; ~이 없어서》

out of the blue 청천벽력같이; 갑자기   out of breath 숨을 헐떡이며
out of cash [coffee] 현금이 [커피가] 떨어져   out of common 이상해서, 비범해서
out of date 시대에 뒤떨어져   out of fashion 유행에 뒤져서
out of the question 논의의 여지가 없는, 불가능한   out of work [a job] 실직하여
feel out of place 장소에 어울리지 않는 느낌을 갖다.
I am out of patience with her.   나는 그녀에 대해 더 이상 참을 수가 없다.
He ran out of words.   그는 할 말이 없었다.
She was startled almost out of her self-possession.
그녀는 거의 정신을 잃을 정도로 놀랐다.
The oboe is out of tune with the flute.   오보에와 플루트의 음이 서로 맞지 않는다.
The press has blown this issue out of all proportion.
언론은 이 문제를 너무 크게 만들어 버렸다.
The washroom is temporarily out of service.
화장실은 지금 일시적으로 사용금지입니다.

6) 부분 《~중에(서)》

We rest one day out of a month.   우리는 한 달에 하루를 쉰다.
It is nine chances out of ten against the plan.   그 계획은 십중팔구 잘될 가망이 없다.

7) 재료 《~에서, ~으로》

a building made out of stone 돌로 만든 [석조] 건물

He did quite well out of the sale of his house.　그는 집을 팔아서 크게 재미를 보았다.

8) 기원, 출처 《~에서, ~부터》

a passage out of Romain Rolland 로맹 롤랑의 작품에서 인용한 한 구절

out of one's (own) head 자신이 생각하여

come out of a poor family 가난한 집 출신이다.

drink out of a bottle 병째 그대로 마시다.

9) (손실의) 결과 《~을 잃고, ~을 빼앗겨, ~을 떼어; ~을 벗겨》

She was bullied and cheated out of her money.
　　　　　　　　　　　　　그녀는 협박과 속임을 당하여 돈을 빼앗겼다.

I missed his name out of my contact list.　나는 그의 이름을 내 연락처 명단에서 뺐다.

She talked me out of smoking.　그녀는 나를 설득해서 담배를 끊게 했다.

His mother helped the child out of his clothes.
　　　　　　　　　　　　　엄마는 아들아이가 옷을 벗는 것을 도와주었다.

(37) outside (of)

inside의 상대되는 전치사로서 '~의 밖에, ~이상으로'의 뜻을 나타낸다.

1) ~의 바깥에(의), 바깥으로, ~바깥에서

go outside the house 집 밖으로 나가다.

We waited a few minutes outside his office until he finished up.
　　　　　　　　　우리는 그가 일을 끝낼 때까지 그의 사무실 밖에서 잠깐 기다렸다.

Shall I pick you up outside your office?　당신 사무실 밖 [앞]으로 태우러 갈까요?

2) ~의 범위를 넘어(↔ within), ~이상으로

outside the law 법의 테두리를 넘어서

go outside the evidence 증언 이상으로 언급하다.

3) 〈입말, 보통 부정·의문문에서〉 ~을 빼고, 제외하고 (= except)

Nobody knows the fact outside me.　　　　나 이외에는 아무도 그 사실을 모른다.

(38) over

위치를 나타낼 경우의 over는 under에 대응하는 말로서 접촉여부와 상관없이 수직적 위에 있는 경우를 나타낸다. 또한, 동작·상태를 나타내어 '~을 넘어'의 뜻을, 수량·범위를 나타내어 '~을 초과하여, ~이상'의 뜻으로 쓰인다.

1) 위치관계 《~위쪽에(의) ;~ 위를 덮어; 여기저기에; ~을 넘어; ~의 저쪽으로》

☞ p. 215 (장소·위치관계 전치사 over) 참조

2) 시간, 기간, 거리, 계급, 수량 등 《~을 넘어, ~ 보다 많은; ~을 지배하고, ~의 상위에; ~에 우선하여; ~에 비하여; ~에 더하여; ~동안 쭉》

over the past few years 과거 수년 사이에 　preside over a meeting 사회를 보다.

She couldn't hear him over the roar of the waves.
　　　　　　　　　　　으르렁대는 파도소리에 파묻혀 그녀는 그의 목소리를 들을 수가 없었다.

He is over me in the office.　　　　　　　　그는 회사에서 나의 상사이다.

He has no control [command] over [of] himself.　　그에게는 자제력이 없다.

They want a strong man over them.　그들은 그들을 이끌 강력한 지배자를 원하고 있다.

Over the rain I seemed to hear voices.　빗소리 속에서 말소리를 들은 것 같았다.

This railroad is over 500 miles long.　　이 철길은 500마일에 걸쳐 뻗어있다.

You have only to pay the six hundred thousand won over the next twelve months in monthly installments.
　　　　　　　당신은 그 60만원을 앞으로 12개월에 걸쳐 월부로 지불하면 됩니다.

I stayed with my uncle over the weekend. 나는 주말 동안 삼촌 집에 머물렀다.

3) 관련, 종사 《~에 관해서, ~에 대하여; ~의 일로; ~하면서; ~에 종사하여》

argue over politics 정치에 관해 논하다.
talk over a cup of tea 차를 마시며 이야기하다.
I can't imagine what has come over her.
　　　　나는 무슨 일이 그녀에게 일어났는지 상상할 수도 없다.
He flew into rages over nothing. 그는 아무 것도 아닌 일로 발끈했다
She grew tense over the wheel. 그녀는 운전대를 잡자 긴장이 되었다.

4) 수단, 영향, 나누기 《~을 통하여; ~ 너머로; ~을 매체로 하여; ~로 나누어》

hand something over the table 탁자 너머로 물건을 건네주다.
We watched it over [on] the TV. 우리는 TV에서 그것을 보았다.
He told me over the phone. 그는 전화로 나에게 알렸다.
10 over 2 10 나누기 2

5) 관용어구

- **over and above** 게다가, ~에 더하여

He has good abilities and plenty of money over and above.
　　　　　　　　　그는 재간도 있고 더군다나 돈도 있다
The waiters get good tips over and above their wages.
　　　　　　　그 종업원들은 급료에다가 충분한 사례금도 받는다.

(39) per

계량단위로서의 per는 전문용어나 상업적 용어 같은 느낌을 주므로 일상에서는 부정관사 a 를 사용하는 것이 보통이다. 전치사 per 다음에는 무관사의 단수 명사가 온다.

1) 통신(전달) 수단, 행위자 《~에 의하여, ~로, ~으로써》

per post 우편으로　　　**per** rail [steamer] 기차[배]로

per bearer 인편으로　　　**per** Mr. Kim 김 씨에 의해

Send it **per** messenger.　　　　　　　　　　　심부름꾼에게 그것을 들려 보내라.

2) 계량단위·계량대상 《~에 대하여, ~당, ~마다》

per head [man, person] 1인당(= per capita)　　**per** unit area 단위면적당

one million won for the first class charge **per** night 1등실 1일 숙박료 100만원

one thousand, two hundred and thirty won **per** a U.S. dollar 1달러당 1,230원

the national income **per** head (= national per capita income) 1인당 국민소득

I made 12million won **per** year at my last employment so I am expecting a little more than that.
　　　　　　　제가 전 직장에서 일 년에 1200만 원을 받았으니까 그것보다는 조금 더 기대하고 있습니다.

Winds of 30 kilometers **per** hour are expected with gusts up to 60 kilometers **per** hour.　시속 60 킬로미터에 달하는 돌풍을 동반한 시속 30 킬로미터의 바람도 예상됩니다.

Prices start at one hundred thousand won **per** person **per** night (for) full board.　　　　　가격은 세끼식사를 포함한 숙박에 일인당 하룻밤에 10만원부터 있습니다.

3) ~에 의하면, 〈입말체〉 ~에 따라서

as per enclosure (= as stated in the accompanying paper) 별첨과 [별지와] 같이

per your instructions 지시한대로　　per each 〈입말체〉 하나에 대하여, 각기

The compensation **per** each player has been set at 1 billion won.
　　　　　　　　　　　　　　　　　선수 한 명당 10억 원의 보상금이 책정되었다.

(40) regarding

현재분사(구문)에서 전치사로 그 쓰임이 관용화된 경우이다. 《~에 관해서 (= with regard

to)》

I look forward to an early reply **regarding** your disposition to this matter.
이 문제에 관한 당신의 의향을 조속한 시일 내에 알려주시기 바랍니다.

(41) since

전치사 since는 과거의 한 시점을 나타내는 말 앞에 쓴다. since는 과거를 기점으로 하여 현재 또는 과거의 어느 한 시점까지 계속된 상태를 나타내므로 완료시제의 문장에 쓰는 것이 보통이다. ☞ p. 206 (시간관계 전치사 since) 참조

(42) than

비교를 나타내는 문장에서 전치사로 쓰인다.

1) 목적격 인칭대명사와 함께 《입말체》 ~보다(도)》

She was a couple of years older **than** me.   그녀는 나보다 나이가 두어 살 위였다.

2) ever, before, usual 등의 앞에서 《~보다(도)》

She sings worse **than** ever.   그는 전보다 더 노래를 못 부른다.
He is nothing wiser **than** before.   그는 그전보다 조금도 나아진 것이 전혀 없다.

3) different, differently 뒤에서 《미, 입말체》 ~와는 (다른)》

You look different **than** before.   당신은 전과 달라 보인다.
Their way of living is different **than** ours.   그들의 생활양식은 우리와는 다르다.
They think differently **than** us.   그들은 우리와는 달리 생각하고 있다.

18장 전치사(Preposition)

4) 시간·거리 등의 수량을 나타내는 말과 함께 《~보다》

He drove his car at more **than** a hundred kilometers per hour.

그는 시속 100킬로미터 이상으로 차를 몰았다.

Could you possibly come a bit earlier than nine o'clock tomorrow?

내일 9시보다 조금 더 일찍 와주실 수 있겠습니까?

5) 목적격 관계대명사 whom, which 앞에서 《글말체》 ~보다》

a man **than** whom no one can do more 어느 누구보다도 유능한 사람

a city **than** which there is none finer 더 없이 아름다운 도시

(43) through (= thru)

기본적으로 '통과', '관통'의 뜻을 나타내며, 장소, 시간, 이유, 방법 등의 뜻으로 널리 쓰인다. 〈미〉의 입말체에서는 thru를 쓰기도 한다.

1) 통과·관통 《~을 통하여, ~을 지나서, ~을 꿰뚫어, ~을 통과하여》
☞ p. 226 (장소관계전치사 through) 참조

2) 처음부터 끝까지 《~동안 내내(줄곧); ~의 처음부터 끝까지; (…부터) ~까지》
☞ p. 206 (시간관계전치사 through) 참조

3) 원인 《~으로 인하여, ~때문에; ~한 결과로》 ☞ p. 229 (원인·이유의 through) 참조

4) 매개·수단 《~에 의하여, ~을 통하여, ~의 과정을 거쳐; ~ 덕택에》
☞ p. 236 (수단·도구관계전치사 through) 참조

5) 완료·경험 《~을 끝내고, 완료하고; ~을 겪어; ~을 다 써버려》

be through one's work 일을 끝마치다.

get through an examination 시험에 합격하다.

go through college 대학과정을 마치다.   go through an operation 수술을 받다.

go through war 전쟁을 겪다.

pass through adversity [a crisis, many troubles] 역경[위기, 많은 고난]을 넘기다.
He went [got] through a fortune in a day. 그는 하루 만에 큰돈을 탕진했다.
When will you be through school today? 너는 오늘 몇 시에 학교가 끝나니?

6) 발생, 진행 《~속에서도; ~에도 불구하고》

The building stood through the earthquake.
지진 속에서도 그 건물은 무너지지 않고 서있었다.
I could hear her voice through the chattering crowds.
떠들어대는 군중들 속에서도 나는 그녀의 목소리를 들을 수 있었다.

(44) throughout

through의 강조형태이다.

1) 장소 《~의 구석구석까지, ~의 도처에; ~의 전체에 걸쳐, ~에 온통》

throughout the world 세계에서, 세계적으로
search throughout the house 집안 구석구석을 찾다.
The news quickly spread throughout the country. 그 소식은 곧 온 나라에 퍼졌다.
The floods created havoc throughout the area.
홍수는 그 지역을 완전히 쑥대밭으로 만들었다.
They will navigate throughout the Pacific. 그들은 태평양 횡단 항해를 할 것이다.

2) 시간 《~동안, ~내내》

throughout the day 낮 동안, 하루 종일, 매일   throughout the night 밤새(도록)
throughout the life of the present government 현 정부 집권기간 내내
Many plants lie dormant throughout the winter.
많은 식물들이 겨울동안에는 겨울잠을 잔다.

Beethoven composed nine symphonies throughout his life.

베토벤은 일생 동안 9개의 교향곡을 작곡했다.

(45) to

to는 기본적으로 '~으로, ~까지, ~에' 등의 뜻을 나타내어 운동이나 상태의 도달점이나 결과의 의미를 나타내는 전치사이지만 그 의미가 확대되어 장소, 시간, 목적, 비교, 정도, 결과, 방법,관련 등의 의미를 나타내는 전치사로 사용된다.

1) 방향, 방위, 도착점 《~(쪽)으로, ~까지; ~쪽에, ~을 향해; ~에 (= toward)》

☞ p. 224 (방향관계전치사 to) 참조

2) 시간 《~까지; ~(~분) 전 (= before, of)》

to this day 오늘까지, 오늘에 이르도록   to the end of June 6월말까지

work from nine to six 9시에서 6시까지 일하다.

※ 단지, '여섯 시까지 일하다.'라고 할 때는 'work until [till] six.'로 한다.

It's five (minutes) to six.   여섯시 5분전이다.

※ 미국에서는 to 대신 of나 before를 사용하기도 한다. = 〈입말체〉 It's five fifty-five.

3) 도달점, 범위, 정도 《~까지, ~에 이르도록; ~할 정도로》

a Korean to the core[backbone] 뼛속까지[철저한, 순수한] 한국인

to a degree 다소   to the full 철저하게, 마음껏   to the minute 1분도 틀리지 않고

be all wet to the skin 흠뻑 젖다.   be sick to death 죽도록 싫다.

tear a letter to pieces 편지를 조각조각 찢다.

They fought to the last man.   그들은 최후의 한 사람까지 싸웠다.

4) 목적·의도 《~을 위하여 (= for the purpose of), ~을 하려고 (= for)》

go to work 일하러 가다.   sit down to dinner 저녁식사를 위해(서) 자리에 앉다.

He was brought up to a lawyer. 그는 법률가가 되도록 키워졌다.
The police came to our aid. 경찰이 우리를 도우러 왔다.

5) 결과, 효과, 운명, 처지 《~에, ~까지; ~하게도, ~할 만큼; (…의 결과) ~로 되는》

to no purpose 헛되이   to one's cost 손해를 보고, 누구의 희생으로
be born to the purple 고귀한 신분으로 태어나다.
be moved to tears 감동하여 울다.   be smashed to pieces. 산산조각이 나다.
be burnt [frozen, starved] to death 불타 [얼어, 굶어] 죽다.
be sentenced [condemned] to three years' imprisonment 징역 3년에 처해지다.

6) 상태의 변화, 방향 《~으로, ~이 (되다); ~의 쪽[방향]으로》

rise to fame 유명해지다.
She grew to womanhood. 그녀는 어엿한 여자로 성장했다.
The total came to a hundred won. 총액이 100만원이 되었다.
The traffic light changed to green. 교통신호가 녹색으로 바뀌었다.

7) 명사, 동사, 형용사의 적용 방향·대상 《~에 대하여, ~에게; ~으로의; ~을 위하여》

a title to the property 재산 소유권   an heir to a large estate 큰 재산의 상속자
invisible to the naked eye 육안으로는 안 보이는
appeal to public opinion 여론에 호소하다.
You are everything to me. 당신은 제게(있어) 없어선 안 될 존재예요.
I'll leave the rest to your imagination. 나머지는 너의 상상에 맡긴다.

8) 접촉, 결합, 부가, 고수 《~에, ~에다(가); ~위에, ~에 더하여; ~의 옆에 (= beside)》

apply lotion to the skin 피부에 로션을 바르다.
apply paint to the wall 벽에 페인트를 칠하다.

add salt to the soup 수프에 소금을 치다.　adhere to the basic 기본을 고수하다.
He fastened a shelf to the wall.　그는 벽에 선반을 달았다.
She lives next door to us.　그녀는 우리 이웃집에 살고 있다.

9) 부속, 소유, 관련, 소속, 관계 《~의, ~에 (대한); ~으로》

a building attached to the hospital 병원 부속건물
He is father to her.　그는 그녀의 아버지이다.
Manson served as an aide to General Washington and held the rank of private.　맨슨은 워싱턴 총사령관의 보좌관으로 일했고 직급이 이등병이었다.
Don't refer to that again.　두 번 다시 그 일을 언급하지 마라.
Good food and enough sleep are necessary to good health.
　좋은 음식과 충분한 수면은 건강에 필수적이다.

10) 적합, 일치, 구성, 호응 《~에 맞추어, ~에 따라, ~대로; ~을 구성하여; ~에 답하여》

the U.S. ambassador to Korea 주한 미국대사
a dress made to order 주문해서 만든 [맞춘] 옷
to the best of one's ability 힘이 닿는 한
dance to the music 음악에 맞추어 춤추다.
sing to the piano 피아노에 맞추어 노래하다.
work to a plan 계획 [도면]대로 일을 하다.
I have never seen you before to my knowledge.
　제가 알기로는 전에 당신을 만나 뵌 일이 없습니다.
The picture is true to life.　이 그림은 실물 그대로다.
There are always two sides to everything.　모든 것에는 언제나 양면이 있게 마련이다.

11) 비교, 대비, 비례 《~에 대하여, ~에 비하여, ~보다; ~ 대, ~당》

20 to the box 한 상자에 20개(씩)   100 cents to the dollar 1달러에 100센트

win by a score of two to one 2대 1의 점수로 이기다.

He's quite rich now to what he used to be.
　　　　　　　　　　　　　　　　　　　그는 예전에 비하면 지금은 대단한 부자이다.

There is a ratio of two girls to one boy in this class.
　　　　　　　　　　　　　　　이 학급은 여학생 2명에 대하여 남학생 1명의 비율이다.

12) 대면, 대립 《~에 대하여, 상대하여; ~을 마주보고》

the house opposite to my house 우리 집 맞은편의 집

fight hand to hand 접전 [백병전]을 벌이다.

be perpendicular to the floor 바닥에 (대해서) 수직이다.

be averse to working 일하기를 싫어하다.

The region is painful to the touch.　　　　　　그 부위는 건드리면 아프다.

(46) toward(s)

「to (~을) + ward (향하여)」의 형태이다. 방향이나 근접을 나타낸다. 영국 입말체에서는 보통 towards로 쓴다.

1) 운동의 방향 《~쪽으로, ~을 향하여》

▶ to가 방향의 뜻에 더하여 목적지에의 도달을 암시함에 비하여 toward는 방향, 목적지를 가리킬 뿐 목적지에의 도달을 의미하지는 않는다.

get toward ~: ~에 가까워지다.　　　turn toward home 집으로 발길을 돌리다.

2) 위치, 방향 《~쪽에 (있는); ~의 가까이에; ~의 편을 향하여 (있는)》

hills toward the west 서쪽에 있는 (낮은) 산들

The temple is toward the top of the hill. 그 절은 언덕 꼭대기 근처에 있다.
My house faces toward the south. 우리 집은 남향이다.

3) 시간·수량의 접근 《~가까이, ~무렵, ~쯤》

toward noon 정오쯤, 점심나절에   toward evening 저녁때에, 해질 무렵에

toward the end of last month 지난 달 말 무렵

toward the end of the 19th century 19세기 말엽에

It stopped raining toward day light. 날이 밝을 무렵에 비가 그쳤다.

She is toward 40. 그녀는 40세가량 되었다.

4) 경향, 결과 《~편에, ~을 향하여; ~을 목표로》

have an inclination toward conservatism 보수적 성향이 있다 .

My heart warms toward [to] him. 내 마음이 그에게 끌린다.

He slants toward working hard. 그는 열심히 일하는 편이다.

Conditions look toward a big fight. 한판 싸움이라도 벌어질 양상이다.

5) 태도, 관계 《~에 대하여, ~에 관하여》

a hang-loose attitude toward life 느긋한 생활 태도

cruelty toward animals 동물(에 대한) 학대

Korea's policy toward the United States 한국의 대미 정책

6) 목적, 원조, 공헌 《~을 위하여》

a first step toward political unity 정치적 통합을 향한 첫 걸음

the first step toward the solution of the question 문제해결의 실마리

efforts toward peace 평화를 이룩하기 위한 노력

do much toward it 그것을 위하여 크게 진력하다.

We're saving money toward a new house. 우리는 새집을 마련하기 위해 저축하고 있다.

(47) until / till

until은 주로 문두에 올 경우나 입말체에서 사용하며, 문미에 올 경우나 격식체에서는 till을 사용하는 것이 보통이며, 의미상의 차이는 없다. 주로 접속사로 많이 쓰이며 명사와 결합할 경우 전치사로 쓰인다.

1) 동작·상태의 계속 《~까지, ~이 될 때까지; ~에 이르기까지 줄곧》

I waited for her till [until] six o'clock, but she didn't come.
나는 여섯시가 되도록 그녀를 기다렸지만 그녀는 오지 않았다.

※ (주의) 전치사 to도 시간관계 전치사로서 '~까지'의 의미를 나타내지만, 이는 단순한 시간의 만료점을 나타낼 뿐 '계속'의 의미를 포함하지는 않으므로 위문장에서 till[until]대신에 to를 사용할 수는 없다.

We're open from 9 a.m. till 7 p.m. every day.
우리는 매일 오전 9시부터 오후 7시까지 문을 연다.
It's another two weeks till[or to] the holidays. 휴가까지는 2주가 남아있다.
Until his death he had lived in Korea. 그는 죽을 때까지 한국에서 살았다.

※ '계속'의 의미가 아니라 완료의 의미로 '~까지는'뜻을 나타낼 경우에는 by를 쓴다.
I will have done it by next month. 나는 그것을 다음 달까지는 끝낼 것이다.

2) 부정어와 함께 《…까지 ~ 않다; ~이 되어 비로소 (~하다.)》

He did not come till late at night. 그는 밤이 늦어서야 비로소 왔다.
Not until yesterday did I know the fact. 나는 어제야 비로소 그 사실을 알았다.

3) 무렵 《~경, ~무렵, ~가까이 (= near)》

till evening 저녁 무렵, 저녁 때 가까이   come till six o'clock 여섯시 경에 오다.

(48) under

기본적으로는 '~의 바로 아래에'의 뜻을 나타내며, 이에서 확대되어진 여러 뜻으로 쓰인다.

1) 위치 《~의 아래에, ~의 바로 밑에, ~의 기슭에; ~속에 묻혀 (있는), ~에 뒤덮인》 ☞ p. 216 (장소관계전치사 under) 참조

2) 상태, 종속 《~밑(하)에; ~을 받고, ~중인(의); ~에 따라서》

under these circumstances 이런 판국에 (= in this situation), 지금 정황으로는
under the existing provisions 현행 규정 하에서는
under way 진행 중인   under consideration [discussion] 고려 [논의] 중인
acts of violence under the influence of wine 술김의 폭력행위
under the leadership of Mr. Kim 김 씨의 주도 하에
under the rule of Japanese imperialism; under the Japanese (imperialistic) rule 일제치하에
under Article 10 of the Constitution 헌법 10조에 의거하여
Chosun under (the reign of) King Sejong 세종대왕 치세하의 조선
those under his direct supervision 그의 직속 부하들
He gave evidence under oath.   그는 선서를 하고 증언했다.
She is studying under Dr. Kim.   그녀는 김 박사 밑에서 연구를 하고 있다.
All men are equal under[= before] the law.   누구나 법 앞에 평등하다.

3) 공격, 형벌, 치료 《~을 받고》

confession under threat 협박에 의한 자백
under close questioning 철저한 심문을 받고
under witchcraft 마법에 걸려서   under accusation of murder 살인혐의로
be under an operation 수술을 받고 있다. (= go [be] under the knife.)
labor under one's disease 병마에 시달리다.
He is under investigation for corruption.   그는 부정행위로 조사를 받고 있다.
A promise made under compulsion is not binding.   강제된 계약은 무효이다.

4) 종류, 분류 《~에 속하는, ~의 항목 아래에》

treat a question under several heads. 여러 개의 항목으로 나누어 문제를 다루다.

Read the sentence under No. 1.   1번 문장을 읽으시오.

Species fall under genera.   종(種)은 속(屬)의 밑에 속한다.

Whales come under (the heading of) mammals.   고래는 포유동물에 속한다.

5) 수량, 시간, 나이, 가격 《~미만인(less than); ~이하의》

a person under age (= a minor, an infant) 미성년자

NC-17 (= no children under 17) 미성년자 관람 불가

We'll be there in under an hour.   1시간 이내에 거기에 도착할 것입니다.

We've been here just under a week.   우린 여기에 온 지 1주일 좀 못됩니다.

They are under age.   그들은 미성년자들이다. (= They are not yet of age.)

Kids under six are admitted free when accompanied by an adult.
                         6세 미만 어린이는 어른과 동행할 때 무료입니다.

No admittance to those under 19 years of age.   19세 미만자 입장불가.

6) 짐, 고통 《무거운 짐을 지고, 무거운 짐으로 인해》

break down under the strain 긴장하여 [과로로] 쓰러지다.

reel under a heavy blow 강타를 얻어맞고 휘청거리다.

She sank under the burden of her misery.   그녀는 그 불행의 무게를 감당해내지 못했다.

7) 가장, 구실 《~이라는 이름으로, ~의 형식으로; ~에 숨어, ~에 편승하여》

under color [the cloak, the mask] of ~: ~의 탈을 쓰고, ~을 빙자하여

under the pretense of helping 도와주는 체하고

under the pretext of ill health 건강이 좋지 않다는 구실로

publish works under a pen name 필명으로 작품을 출판 [발표]하다.

8) 종속, 하위 《~보다 못한, ~보다 하급의》

A captain is under a major. 대위는 소령보다 아래다.

At least two boys were under Jack in the test result.

적어도 2명은 시험 결과가 잭보다 나빴다.

(49) up

up은 운동의 동사와 결합하여 방향을 나타내는 부사로 주로 많이 쓰이나, 명사와 함께 '~위로, ~을 따라서, ~을 거슬러 올라'의 의미를 나타낼 경우 전치사로 사용된다. down의 상대어이다. ☞ p. 218 (장소관계 전치사 up) 참조

(50) up to

「up (위) + to (~로)」의 형태로 구전치사 중의 하나인 이중전치사이다.

1) 위치, 정도, 시점, 지위 《~까지(에), ~에 이르기까지; ~에 이르러》

count up to ten 100. 100까지 세다.

blush up to the root of one's hair (부끄러워) 귀밑까지 빨개지다.

A stranger came up to her. 낯선 사람이 그녀에게 다가왔다.

The water was up to his waist. 물은 그의 허리까지 찼다.

This medicine must be taken up to 30 minutes before a meal.

이 약은 식사 30분전까지 복용해야 합니다.

Up to fifty persons may ride in a bus. 버스 한 대에는 50명까지 탈 수 있다.

What have you been up to? 너는 지금까지 뭘 하고 있었니?

2) 책임, 의무, 종사, 결정 《(입말체) 해야 할; ~의 의무인; ~을 꾀하는; ~에 달려 있는》

I'll make it up to you. 나중에 신세 갚을게.

I'll leave it up to your imagination. 상상에 맡기겠습니다.

It's up to me to help him.	그를 도와야 할 의무가 내게 있다. / 그를 돕는 게 내 일이다.
He is up to something.	그는 무슨 일인가를 꾸미고 있다.

3) 대등 《(흔히 부정·의문문에서) ~와 나란히, ~에 필적하여; ~에 부응하여; ~만 못하여》

We faced up to an unexpected difficulty.	우리는 예상치 못한 난관에 부딪쳤다.
It stands up to comparison.	그것은 어디에 내놓아도 손색이 없습니다.
You doesn't live up to your name.	나이 값 좀 해라.
Little Lion is standing up to the hyenas.	새끼 사자가 하이에나들에게 맞서고 있습니다.
No one can stand up to her scathing tongue.	그녀의 독설에는 당해낼 사람이 없다.
His car is not up to much.	그의 자동차는 별로 대단한 것은 아니다.

4) 인식 《~을 깨닫고 [알아채고], ~을 잘 알고》

I was up to his tricks.	나는 그의 계략 [수법]을 잘 알고 있었다.

5) 감당 《대개 부정문·의문문에서》 ~을 감당하여, ~을 할 수 있고》

He is in debt up to his chin.	그는 빚구렁에 빠져있다.
You're not up to the job.	너는 그 일을 감당하지 못해.
He doesn't feel up to going to his office today.	그는 오늘 회사에 출근할 마음이 없다.

(51) with

기본적으로는 '~와 함께, ~으로써, ~을 가지고'의 뜻을 가지며, 이에서 확장되어진 여러 뜻으로 쓰인다. 도구·수단을 나타내는 전치사로서 by가 행위·동작의 주체에 중점을 두는데 대하여, with는 행위·동작의 상태·수단에 중점을 둔다. 전치사로만 쓰인다.

1) 수반, 동반, 동거 《~와 함께, ~와 같이; ~을 데리고》 ☞ p. 248 (수반관계전치사 with) 참조

2) 소유, 부속, 특성 《~을 갖는, ~을 가지고 있는; ~에게; ~이 달린, ~을 받고 있는》 ☞ p. 242 (소유관계전치사 with) 참조

3) 소속, 근무, 포함 《~의 일원으로; ~에 고용되어[근무하여]; ~을 포함하여; ~을 합하여》

learn Korean with a good teacher 훌륭한 선생에게서 한국어를 배우다.
She is a stewardess with British Airways.   그녀는 영국항공의 여승무원이다.
How long have you been with the company?   그 회사에 근무하신지가 얼마나 됩니까?

4) 도구, 수단, 재료, 내용물 《~을 써서, ~에 의해, ~으로》
☞ p. 235 (수단·도구관계전치사 with) 참조

5) 만남, 접촉, 결합 《~와; ~을 가하여; ~을 섞어》

fall in with the enemy 적 [원수]과 마주치다.
keep in touch[contact] with ~ : ~와 접촉을 계속하다; ~의 사정에 밝다.
meet with an accident 사고를 당하다.   mix blue with red 파랑색과 빨강색을 섞다.
I met with an old friend.   나는 옛 친구를 만났다
We encountered with many difficulties.   우리는 많은 난관에 봉착했다.

6) 분리 《특정의 동사에 수반되어》 ~와 떨어져; ~을 떠나; ~으로부터》
☞ p. 249 (분리관계전치사 with) 참조

7) 동시, 같은 정도, 같은 방향 《~와 함께; ~함에 따라; ~와 동시에; ~와 비례해서; ~(방향)을 따라서》

go with the tide of public opinion 여론의 흐름에 따라가다.
rise with the sun [lark] 해돋이 [종달새]와 함께 일어나다. → 일찍 일어나다.
row with the current 물의 흐름을 따라 노를 젓다.
Gone with the Wind   '바람과 함께 사라지다' – Margaret Mitchell의 소설제목 –
Her grief lessened with time.   시간이 흘러가면서 그녀의 슬픔도 사위어져 갔다.

November came with snows. 11월이 되면서 눈이 내리기 시작했다.
The highway runs parallel with the railroad.
고속도로는 철길과(을 따라서) 나란히 뻗어 있다.

8) 일치, 동의 《~와 일치하여; ~에 찬성하여, ~의 편에 서서》

That accords with what I saw. 그것은 내가 본 것과 일치합니다.
The wind was with the boat. 바람은 순풍이었다.
Are you with me so far? 이제까지 제가 한 말 알아들으셨습니까?
I'm with you in what you say. 나는 네가 말하는 것에 찬성이다.
He voted with the ruling party [the Opposition (party)]
그는 집권당 [야당]에 투표하였다.

9) 원인, 이유 《~인 까닭에, ~ 때문에 (= because of), ~의 탓으로》

☞ p. 230 (원인·이유관계전치사 with) 참조

10) 관계, 대상, 비교 《~와; ~에 대해서; ~에게; ~을; ~을 대상으로》

our relationship with the neighboring countries 우리나라와 주변국들과의 관계
compare the translation with the original 번역문을 원문과 비교하다.
deal with ~: ~을 다루다.   fight [contend] with ~: ~와 싸우다.
wrestle with a difficult problem 어려운 문제와 씨름을 하다.
I can do nothing with this boy. 나는 이 녀석을 도무지 어떻게 할 수가 없다.
We are at peace [war] with them. 우리는 그들과 평화 [교전] 상태에 있다.
We vied with each other for the first prize. 우리는 1등상을 타려고 서로 경쟁했다.
You are too strict with your children. 당신은 당신의 아이들에게 너무 엄하다.
They are in love with each other. 그들은 서로 사랑하는 사이다.
It is day with us while it is night with Germany. 이곳은 지금 낮이지만 독일은 밤이다.
Off with your coat. 코트를 벗으십시오.
Yellow contrasts well with black. 노랑바탕에 검정은 도드라져 보인다.

11) 양태 《~에 의해; ~을 가지고, ~으로(써); ~하게》

▶ 보통 추상명사와 함께 부사구를 만든다.

with care 주의하여   with confidence 확신을 갖고서   with safety 안전하게
entertain a guest with cordial hospitality 손님을 진심으로 환대하다.
work with diligence 부지런히 일하다.
They listened to me with (a) surprising calmness.

그들은 놀라우리만치 차분하게 나의 이야기를 들었다.

12) 부대상황 《~한 상태로; ~하고; ~한 [인] 채, ~하면서》

He stood with his back against the wall.   그는 등을 벽에 기댄 채 서 있었다.
He began to work with his sleeves rolled up.   그는 소매를 걷어 붙이고 일에 착수하였다.
Sam-sun left the kitchen with the kettle boiling.

삼순은 물이 끓고 있는 주전자를 그대로 놓아 둔 채 부엌을 나갔다.

13) 양보, 조건, 제외 《~임에도 불구하고; 만약에 ~이면, ~이란 점을 제외하면》

With the best of intentions, he failed completely.

의도는 아주 좋았지만 그는 완전히 실패했다.

With all her drawbacks, she is loved by everybody.

그녀는 여러 결점이 있음에도 불구하고 모든 사람에게서 사랑을 받는다.

What a lonely world it would be with you away!

네가 멀리 가버리면 나는 얼마나 외로울까.

14) 관용어구

• get with it 〈속어〉 현대적이 되다, 시대에 뒤지지 않다; 정신 바짝 차리다, 긴장하다.

He always tries to get[be] with it.   그는 언제나 시대에 뒤지지 않으려고 한다.
The coach told the team to get with it.

그 지도자 [감독]는 팀의 선수들에게 정신을 바짝 차리라고 말했다.

(52) within

「with (가지는) + in (안에)」으로 이루어진 전치사로서 '~의 범위 안에, ~ 내부에'의 뜻을 나타낸다. 보통 장소, 시간, 거리, 수량 등을 나타내는 말과 결합한다. 《~이내에 [로], ~을 넘지 않고, ~의 범위 내에서》

within a week 1주일 이내에   within a radius of ten miles 반경 10마일 내에

within reach (of the hand) 손닿는 곳에

live within one's income 수입 내에서 생활하다.

I live within sight of the Geum River.　　　　　　　나는 금강이 보이는 곳에 산다.

He remains within reach.　　　　　　　그는 가까운 거리에 머물러 있다.

They advanced to within two miles of their enemy.

　　　　　　　그들은 적의 전방 2마일 지점까지 전진했다.

The police were on the spot within five minutes.

　　　　　　　경찰은 5분도 안 되어 현장에 도착했다.

(53) without

기본적으로 '~없이'의 뜻을 나타내는 전치사로서 with의 상대어이다.

1) ~이 없이, ~이 없는, ~을 가지지 않고, ~을 면하여

a world without war [hunger] 전쟁 [굶주림]이 없는 세상

a rose without a thorn 가시 없는 장미; 괴로움이 따르지 않는 쾌락

without precedent 전례가 없는   without reserve 사양하지 않고

He usually drinks coffee without sugar.　　그는 늘 설탕을 넣지 않은 커피를 마신다.

The rumor is quite without foundation.　　그 소문은 전혀 근거가 없다.

2) 조건 《~이 없으면, ~없이는, ~이 없다면》

No gains without pains.　　고생 [노력] 없이는 얻는 것도 없다. [고생 끝에 낙이 온다.]

Without his advice, I would have failed.   그의 충고가 없었더라면 나는 실패했을 것이다.

3) 주로 동명사와 함께 《~하는 일 없이, ~하지 않고》

without taking leave 작별인사도 없이   without saying a word 말 한마디도 없이

work without disputing 군소리 없이 일하다.

I carried out the plan without my parents knowing anything about it.

나는 부모님이 알게 하는 일 없이 그 계획을 실행했다.

− REVIEW EXERCISES −

※ **Choose the one which is grammatically incorrect. [1 ~ 2]**
(문법적으로 틀린 것 하나를 고르시오.)

1. (A) They had the first date on last Saturday.

   (B) It's just on nine o'clock.

   (C) We live in the information age.

   (D) She'll be here on Christmas.

   (E) I stayed there for three months.

2. (A) Because of engine trouble, the plane had to make an emergency landing.

   (B) Due to the bad weather, the train was delayed.

   (C) Owing to the prevalence of Swine Flu, the meeting was postponed.

   (D) She has cleaned all the rooms except the bathroom.

   (E) Except for these few students, most students are studying hard.

3. 다음 우리말을 영어로 가장 잘 옮긴 것을 고르시오. [공무원 9급]

   「우리 비행기는 예정보다 10분 늦게 도착했다.」

   (A) Our plane would land in about ten minutes.

   (B) Our plane arrived ten minutes behind schedule.

   (C) Our plane was scheduled to arrive in ten minutes.

   (D) Our plane was delayed to land in ten minutes.

4. Choose the wrong English translation of the following. (다음 중에 잘못된 영어번역을 고르시오.)

「이점에 대해서 아무 할 말이 없습니다.」

   (A) I have nothing to say with this regard.

   (B) I have nothing to say with regard to this.

   (C) I have nothing to say in this regard.

   (D) I have nothing to say regarding this.

   (E) As regards this, I have nothing to say

5. Choose the one which is grammatically correct?
   (문법적으로 바른 것 하나를 고르시오.)

   (A) She has cleaned the house except the bathroom.

   (B) I know nothing about him except for that he lives next door.

   (C) It had no effect except for to make her angry.

   (D) She ran out of the house and to the telephone booth.

   (E) She ran from the house and to the telephone booth.

6. Despite heavy traffic, Sam-sik drove to Jongno _____ taking the subway.
   [토익 유형]

   (A) far from   (B) because of   (C) instead of   (D) according to

※ **Identify one underlined word or phrase that should be corrected or rewritten.** [7 ~ 9]

7. The average American tourist feels <u>quite</u> at home in a Korean stadium
                   (A)
   filled <u>at capacity</u> with sports fans <u>watching</u> Korea's <u>most</u> popular sport,
     (B)   (C)   (D)
   baseball.

8. They <u>operate</u> 1000 supermarkets and <u>multi-department</u> stores all over the
      (A)   (B)
country <u>among</u> more than <u>a dozen</u> trade names. [토익 유형]
         (C)   (D)

9. Criticism <u>must always</u> profess <u>an end in view</u> <u>what appear</u> <u>to be the eluci-</u>
              (A)   (B)   (C)   (D)
<u>dation</u> of works of art and the correction of taste.

= 해설·정답 =

1. 【해설】
   (A) 요일, 날짜 앞에 last, next, this, that, every, some 등의 어구가 붙을 경우 on을 반드시 생략한다.
   (B) 특정 시각 앞에는 at을 붙이나, '거의 몇 시'라고 할 때에는 on을 쓴다.
   (C) 시대 (age) 앞에는 전치사 in이 온다.
   (D) 성탄절, 부활절에는 at도 쓰지만 on도 많이 쓴다.
   (E) for가 계속·상태를 나타내는 동사 뒤에 와서 특정기간을 나타낼 경우에는 생략할 수 있다. 다만, 수사가 없을 때에는 생략할 수 없다.
   〈정답〉(A)

2. 【해설】
   (A), (B), (C) '~때문에'의 뜻으로 쓰이는 because of, owing to, be due to중에 because of나 owing to는 부사구로써 문두에도 사용하나 due to는 be의 보어로만 쓴다. 그러나, 입말체에서는 due to를 because of나 owing to와 다름없이 부사적으로도 쓴다. 다만, 엄격한 문법을 적용하는 공식시험에서는 보어 역할을 하는 형용사로서의 용법만을 옳은 것으로 간주한다.
   (D), (E) except는 여러 개체, 집합체, 종류 또는 일반적인 것을 전제로 하여 제외되는 것과 나머지 것과의 비교에 쓰이고, except for는 한 개체를 전제로 하여 한 개체의 여러 성질, 구성요소들 중에서 제외되는 하나를 나머지의 성질·구성요소와 비교하는 경우에 쓴다. 한 개체가 집합체로서 동일한 여러 구성요소로 되어 있거나 일반적인 것일 경우에는 둘 다 쓸 수 있다. except for는 문두에 쓸 수 있으나 except는 문두에 쓰지 못한다.
   〈정답〉(B)

3. 【해설】

in ten minutes (10분 후(에)). ten minutes behind schedule (예정보다 10분 늦게)

[해석] (A) 우리 비행기는 약 10분 후에 착륙할 것이다. (C) 우리 비행기는 10분 후에 도착하기로 예정되었었다. (D) 우리 비행기는 착륙이 10분 후로 지연되었다.

〈정답〉 (B)

4. 【해설】

~에 관해서는: with regard to this; in this regard; in regard of this; regarding this; as regards this

〈정답〉 (A)

5. 【해설】

(A) 2번 문제의 해설 참조.

(B), (C) 전치사 except가 명사(구), 대명사 외에 부사, 부사구 (전치사구), 부정사구, 절을 그 목적어로 취할 수 있는 것에 반해 except for는 명사(구)만을 그 목적어로 한다. 그리고 except for가 절을 목적어로 취하고자 할 경우에는 그 목적어와의 사이에 the fact, the case, the time, the reason 등의 명사를 써 주어야 한다.

(B) for를 삭제하거나, except for 다음에 the fact를 써 주어야 한다.

(C) for를 삭제한다.

(D), (E) from은 그 시작 [출발]점에 중점을 두고, out of는 '(안에서) 밖으로'의 의미에 중점을 둔다. 그리고 'from A to B'는 한 동작으로 보기 때문에 'from A and to B'로 할 수 없으나, 'out of A to B'는 2개의 동작으로 간주되므로 'out of A and to B'로 할 수 있다.

〈정답〉 (D)

6. 【해설】

Despite heavy traffic(교통체증임에도 불구하고. 교통체증인 데도 불구하고) 차를 운전해 갔다는 내용이므로 지하철을 타지 않았다는 뜻이 되도록 하는 구전치사가 필요하다.

(A) far from ~ (~에서 멀리; ~와는 거리가 먼; ~이기는커녕).

(B) because of ~ (~ 한 이유로, ~ 때문에).

(C) instead of ~ (~대신에; ~하기는커녕).

(D) according to ~ (~에 따라서). 문맥상 빈칸에 가장 어울리는 것은 'instead of'이다.

[해석] 교통체증임에도 불구하고, 삼식은 지하철을 타는 대신 자동차를 몰고 종로까지 갔다.

〈정답〉 (C)

7. 【해설】

(A) feels quite at home(매우 편히 느끼다. 매우 친숙함을 느끼다.).

(B) be filled to capacity (만원이다, 가득 차다.).

(C) sports fans를 후위 수식하는 현재분사형이다.

(D) most popular sport (가장 인기 있는 운동경기)

[해석] 보통의 미국 관광객들은 한국의 가장 인기 있는 운동경기인 야구를 구경하는 관람객들로 만원인 한국의 야구장에 매우 친숙함을 느낀다.

〈정답〉 (B)

8. 【해설】

(A) operate(운영하다).

(B) multi-department (다 매장의), all over the country (전국에 (걸쳐))

(C) among (~중에서)은 문맥상 의미가 통하지 않는다. '~라는 이름아래(으로)'의 뜻을 나타내기 위해서는 under가 와야 적당하다.

(D) 12개(의)

[해석] 그들은 전국에 걸쳐 12개가 넘는 상호 아래 1000개의 슈퍼마켓과 다매장점포를 운영 하고 있다.

〈정답〉 (C)

9. 【해설】
   (A) always는 빈도를 측정할 수 없는 빈도부사로서 일반적으로 일반 동사 앞에, be 동사나 조동사의 뒤에 놓는다.
   (B) in view (보여; 고려중인, 기도하고 있는; 목표로 하여), an end in view (기도 [고려]하고 있는 목적).
   (C) what 이하는 profess의 목적격 보어가 아니다. 즉, 지문에서 동사 profess는 '…에게 ~라고 고백하다.'의 4형식 동사로 쓰이고 있는 것이 아니라 '~을(라고) 공언하다 (분명히 말하다.)'의 뜻으로 3형식 동사로 쓰이고 있다. 그러므로 (C) 이하는 부사구 형태가 되어야 한다. '~에 대해(서)'의 뜻으로 view와 what을 이어주는 전치사 on (about보다 전문적인에 것에 씀)이 필요하다.
   (D) appear의 보어로 to 부정사가 온 것은 적당하다. elucidation (설명, 해명)

[해석] 비평은 언제나 예술작품의 해명과 취향의 교정이라고 생각되는 것에 대해 (비평가가) 기도하고 있는 목적을 분명히 말해야만 한다.

〈정답〉 (C)

제19장

기타(The others) I
– 의문문, 부정문, 감탄문과 기원문, 강조 구문, 무생물주어 구문, 어순 바꿈 구문, 생략, 대용형, 끼움어구, 글다듬기, 문장부호

1. 의문문 (Interrogative Sentence)

말하는 사람이 듣는 사람에게 질문하는 형식의 문장을 의문문이라 한다. 영어의 의문문의 종류에는 직접의문문, 간접의문문, 부가의문문, 선택의문문, 수사의문문이 있다.

(1) 직접의문문(direct question)

듣는 상대방에게 직접 묻는 보통의 의문문을 직접의문문이라고 한다. 이에는 의문사가 없는 의문문으로 yes나 no로 대답할 수 있는 의문문(이를 일반의문문이라고 함)과 의문사가 있는 의문문으로 yes나 no로 대답할 수 없는 의문문이 있다.

1) 일반의문문(의문사가 없는 의문문)

평서문(긍정 평서문, 부정평서문)을 의문문으로 바꾼 형태로서 의문사가 없는 의문문을 일반의문문이라 한다. yes나 no로 대답할 수 있으므로 'Yes-No의 의문문'이라고도 한다.

① 일반 동사의 의문문: Do [Does, Did] + 주어 + 동사원형 ~?

일반 동사의 평서문은 do동사를 사용하여 의문문을 만들며 그 대답도 do동사를 사용하여 할 수 있다. 3인칭 단수의 현재에는 does를 사용하고 그 외에는 do를 시점에 맞게 사용한다.

You **know** the fact.

→ Do you <u>know</u> the fact?   당신은 그 사실을 알고 있습니까?

- Yes, I **do**. 예, 알고 있습니다. / No, I **don't**. 아니요, 알고 있지 않습니다.

She **likes** listening to music.

→ **Does** she <u>like</u> listening to music. 　　　그녀는 음악을 듣는 것을 좋아합니까?

- Yes, she **does**. 예, 좋아합니다. / No, she **doesn't**. 아니요, 좋아하지 않습니다.

You **have** a pen.

→ **Do** you have a pen? 　　　펜을 가지고 있습니까?

- Yes, I **do**. 예, 가지고 있습니다. / No, I **don't**. 아니요, 가지고 있지 않습니다.

※ have가 일반 동사로 쓰이는 경우('가지다', '먹다'의 뜻일 때)에는 의문문이나 그 대답에 do를 사용한다.

② 'S + be동사 ~'의 의문문: Be동사 + 주어 + ~?

be동사가 있는 평서문은 be동사를 이용하여 의문문을 만든다. 그 대답도 be동사를 이용하여 할 수 있다. be동사의 부정의문문은 긍정의문문과 같은 뜻을 나타낸다.

You **are** a student.

→ **Are** you a student? 　　　당신은 학생입니까?

- Yes, I **am**. 예, 저는 학생입니다. / No, I'**m** not. 아니요, 저는 학생이 아닙니다.

They **were** singing a song.

→ **Were** they singing a song? 　　　그들은 노래를 부르고 있었습니까?

- Yes, they **were**. 예, 그렇습니다. / No, they **weren't**. 아니요, 그렇지 않았습니다.

You **are** not hungry.

→ **Are** you not hungry? 　　　배고프지 않나요? (= 배고프죠?)

- Yes, I'**m** hungry. 예, 배고픕니다. / No, I'**m** not hungry. 아니요, 배고프지 않습니다.

You **aren't** going to the meeting.

→ **Aren't** you going to the meeting? 　　　모임에 안 갈 건가요? (= 모임에 갈 거죠?)

- Yes, I **am**. 예, 갈 겁니다. / No, I'**m** not. 아니요, 가지 않을 겁니다.

③ 'There + be동사 ~'의 의문문: Be동사 + there + 주어 ~?

「There + be ~」 구문의 의문문은 'Be동사 + there + 주어?'의 형태로 만들며 그 대답을 Yes, No + there be [또는 be not].'과 같이 할 수 있다.

There is some water in the bottle.

→ **Is there** any water in the bottle?　　　　　　병에 물이 있니 [남았니]?

　　- Yes, **there is** (some). 그래 있어. / No, **there isn't** any. 아니, 조금도 없어.

There were many spectators at the game.

→ **Were there** many spectators at the game?　그 시합에는 관중들이 많았습니까?

　　- Yes, **there were**. 예, 많았습니다. / No, **there weren't**. 아니요, 많지 않았습니다.

④ 조동사의 의문문: 조동사 + 주어 + 동사원형 ~?

조동사가 있는 평서문은 조동사를 사용하여 의문문을 만들며 그 대답도 조동사를 이용하여 할 수 있다.

You **can** play the guitar.

→ **Can** you play the guitar?　　　　　　　당신은 기타를 연주할 수 있습니까?

　　- Yes, I **can**. 예, 연주할 수 있습니다. / No, I **can't**. 아니요, 연주할 줄 모릅니다.

You **must** go soon.

→ **Must** you go soon?　　　　　　　　　당신은 곧 가야만 합니까?

　　- Yes, I **must**. 예, 가야만 합니다.

　　　No, I **need** not. 아니요, 그럴 필요는 없습니다. (= No, I don't have to.)

"May I go?"　　　　　　　　　　　　　　　　　가도 되나요?

　　- "Yes, you **may**." 예, 가도 됩니다.

　　　"No, you **may** not." 〈금지〉 아니요, 가서는 안 됩니다.

　　　"No, you **must** not." 〈강한 금지〉 아니요, 절대 안 됩니다.

You **have been** to Gongju.

→ **Have** you ever **been** to Gongju?　　　　공주에 가 본 적이 있습니까?

　　- Yes, I **have**. 예, 가 본 적 있습니다. / No, I **haven't**. 아니요, 가 본 적이 없습니다.

He **hasn't** come yet.

→ **Hasn't** he come yet? 그는 아직 안 왔나요? (→ 그는 이제 왔나요?)

— Yes, he **has**. 예, 왔습니다. / No, he **hasn't**. 아니요, 아직 안 왔습니다.

You **won't** go to the movies tonight.

→ **Won't** you go to the movies tonight? 오늘 저녁에 영화 보러 가지 않겠습니까?

— Yes, I **will**. 예, 가겠습니다. / No, I **won't**. 아니요, 가지 않겠습니다.

※ 'Won't you ~?'의문문은 권유를 나타내며, 긍정의 'Will [Would] you ~?'과 같은 뜻을 나타낸다.

■ 부정의문문(Negative Question)

1. 의의

부정어 not이 들어간 일반의문문을 부정의문문이라고 한다. 부정의문문에서 부정어(not)의 사용은 반드시 부정적 내용을 표현하는 것은 아니며, 부가의문문에서와같이 단지 형식적으로 사용하는 경우가 많다. 부정의문문의 형식은 긍정이나 부정의 대답을 바라는 경우 및 권유·제안·요청 또는 불평·비난 등을 나타낼 경우에도 쓴다.

Aren't you familiar with this regulation? 당신은 이 규정에 대해서 모르시는 건가요?
Haven't you finished the report yet? 보고서를 아직도 끝내지 못했습니까?
Wouldn't you like something to drink? 뭐 마실 거라도 드시지 않겠어요?
Cant' you finish writing the report tomorrow?
그 보고서 작성을 내일까지 마무리해 줄 수 없겠습니까(= 있겠습니까)?
Don't you ever listen to what I say? (제발) 내가 말하는 것을 좀 귀담아들을 수 없겠니?
Can't you lend me any money? (너 같은 구두쇠가) 내게 돈을 좀 빌려줄 수 없겠지?

2. 형태

입말체에서는 be동사, 조동사, have동사의 부정축약형을 주어 앞에 쓰며, 글말체에서는 not을 주어의 뒤에 쓴다.

Isn't it [또는 Is it not] beautiful? 그것은 아름답지 않습니까?
Don't you think that the clothes are too expensive?
그 옷은 너무 비싸다고 생각하지 않으세요?
Cant' you [or Can you not] come? 당신은 오실 수 없습니까?; 당신은 오실 수 있죠?
Won't you [Will you not] go with us? 우리와 함께 가지 않겠어요?

3. yes, no로 대답할 경우

이때는 부정의문문을 긍정의문문과 똑같이 생각하여, 대답하는 내용이 긍정이면 Yes, 부정이면 No를 사용하여 답한다.

"Aren't you Korean?" 당신은 한국인이 아닌가요? (→ 당신은 한국인이죠?)
 – "Yes, I am." 예, 한국인입니다. / "No, I am not." 아니요, 한국인이 아닙니다.
"Don't you like fish?" 생선을 좋아하지 않나요? (→ 생선을 좋아하죠?)
 – "Yes, I do." 예, 좋아합니다. / "No, I don't." 아니요, 좋아하지 않습니다.
"Can't you play the piano?"
피아노를 연주할 줄 모르시나요? (→ 피아노를 연주할 줄 아세요?)
 – "Yes, I can." 예, 연주할 줄 압니다. / "No, I can't." 아니요, 연주할 줄 모릅니다.
"Haven't we met before?" 우리 전에 뵌 적 있지 않나요? (→ 우리 전에 뵌 적 있지요?)
 – "Yes, we have. 예, 뵌 적 있습니다. / "No, we haven't." 아니요, 뵌 적 없습니다.
"Won't you have another coffee?"
커피 한잔 더 안 하시겠어요? (→ 커피 한 잔 더 하시겠어요?)
 – "Yes, I will." 예, 하겠습니다. / "No, I won't." 아니요, 그만하겠습니다.

2) 의문사가 있는 의문문(WH-question)

who, what, which, when, where, why, how의 의문사로 시작되는 의문문을 말한다. 끝을 내려주며, 그 대답은 Yes나 No로 하지 못하고 각각의 상황에 맞는 대답을 요한다. 의문사는 의문대명사, 의문형용사, 의문부사 어느 것으로도 쓰여 의문문을 만들 수 있다.

① 의문사가 주어인 경우(의문대명사): 의문대명사 + 동사(일반동사, be동사) ~?

"Who broke the vase?"   누가 그 꽃병을 깨뜨렸니?
 – "Jack did."   잭이 그랬어요.
"What is the matter with you?"   당신에게 무슨 일이 있습니까?
 – "I am very sick."   제가 많이 아픕니다.

② 의문사가 주어가 아닌 경우

❶ 의문사 + be동사 + 주어 ~?

"Who is that man over there?" 〈who는 보어(의문대명사)〉

– "He is Mr. Kim Sam-sik."	그 사람은 김삼식 씨입니다.
"What are you looking for?" 〈what은 전치사 for의 목적어(의문대명사)〉	무엇을 찾습니까?
– "I am looking for my socks."	제 양말을 찾고 있습니다.
Where is everybody? 〈where는 의문부사〉	다들 어디 있죠?
When is your birthday? 〈when은 의문부사〉	당신의 생일이 언제입니까?
Why are you so late? 〈why는 의문부사〉	왜 이렇게 늦었나요?

❷ 의문사 + do동사, 조동사 + 주어 + 동사원형 ~?

"What do you want?" 〈what은 목적어(의문대명사)〉	무엇을 원하십니까?
– "I want a glass of water."	물을 한잔 마시고 싶습니다.
"Where do you live?" 〈where는 의문부사〉	어디에 사십니까?
– "I live in Seoul."	서울에 삽니다.
Who do you suggest I talk to? 〈who는 전치사 to의 목적어(의문대명사)〉	제가 누구와 얘기하는 게 좋을까요?
What can I do for you? 〈what은 목적어(의문대명사)〉	무엇을 도와드릴까요?
When did you get married? 〈when은 의문부사〉	당신은 언제 결혼했습니까?
How can I get there? 〈how는 의문부사〉	그곳에는 어떻게 갈 수 있죠?

■ 의문형용사[what, which, whose]의 의문문

의문형용사의 의문문은 「의문사 + 명사」가 문장 앞에 온다는 점에서만 의문사만 있는 다른 의문문과 다르다.

Which one is cheaper? 어느 것이 더 쌉니까?
Whose book is this? 이것은 누구의 책입니까?
What sports do you like? 어떤 운동경기를 좋아하십니까?

(2) 간접의문문(indirect question)

1) 의의

직접의문문이 어느 문장의 일부 즉, 종속절인 명사절(주어절, 목적어절, 주격 보어절, 동격절)로 들어간 경우 그 명사절 자체를 간접의문문 또는 간접의문절이라 한다.

※ 의문사가 있는 직접의문문이 명사절인 간접의문문이 될 경우 의문사는 **명사절을 이끄는 종속접속사의 역할**을 하며 의문사가 이끄는 절 전체는 평서문의 형태가 된다. 즉, 의문부사의 직접의문문은 「의문부사 + 주어 + 동사 ~」의 형태로 되고, 의문대명사의 직접의문문은 「의문대명사(주어) + 동사 ~」나 「의문대명사(목적어) + 주어 + 타동사」의 형태로 되며, 의문사가 보어일 경우의 직접의문문은 「의문사 + 주어 + 자동사 ~」의 형태로 된다.

2) 간접의문문은 명사절로서 문장 내에서 주어, 보어, 목적어, 동격으로 쓰인다.

① 의문사가 있는 직접의문문이 간접의문문이 될 경우

❶ 주어절

When he did it is important to us.
　　　　　　　그가 언제 그것을 했느냐 하는 것은 우리에게 중요하다.

How he gets the money is his own affair.
　　　　　　　그가 돈을 어떻게 버는지는 그의 사정일 뿐이다.

What he said was a mystery to me.
　　　　　　　나는 그가 무슨 소리를 하는 것인지 알 수가 없었다.

Who will go is a question.　　　　누가 갈 것인가가 문제이다.

❷ 보어절(주격 보어)

The problem is when we should carry it. 문제는 언제 우리가 그것을 실행하느냐이다.
The question is who did it.　　　　의문점은 누가 그것을 했느냐이다.

❸ 동격절

There remains the question why she killed herself.
　　　　　　　왜 그녀가 자살했는지에 대한 의문은 그대로 남아있다.

He had no idea **how** he should deal with the situation.

그는 그 사태에 어떻게 대처해야 할지 아무런 생각(방안)이 없었다.

❹ 목적절

i. 의문사절이 동사 ask, know, tell, remember, understand 등의 목적절인 경우에는 「주절 + 간접의문절」의 어순으로 쓴다. 주절이 의문문인 경우 yes, no로 대답할 수 있다.

Do you know it? + What does she want?

→ Do you know **what** she wants? 당신은 그녀가 무엇을 원하는지를 아십니까?

I don't know it. + When should I do it?

→ I don't know **when** I should do it. 나는 그것을 언제 해야 할지를 모르겠다.

I don't understand it. + Why did he such a thing?

→ I don't understand **why** he did such a thing.

난 그가 왜 그와 같은 일을 저질렀는지 모르겠다.

I can't remember it. + Where did I stop last time?

→ I can't remember **where** I stopped last time.

지난번에 내가 어디까지 했는지 기억나질 않는군요.

I don't know it. + How did he use(d) to live?

→ I don't know **how** he used to live. 나는 그가 전에 어떻게 살았는지 모른다.

Do you know it? + Who is that man?

→ Do you know **who** that man is? 저 남자가 누구인지 아십니까?

※ 'Who is that man?'의 who는 보어로서 의문대명사이며 이 의문문이 간접의문절이 될 경우에는 '의문사(who) + 주어 + 동사 ~'의 어순을 취한다.

I asked. + Who is she? → I asked **who** she is. 나는 그녀가 누구인지를 물었다.

I'll ask him it. + When will he come home?

→ I'll ask him **when** he will come home. 〈직접목적어〉

그에게 언제 집에 돌아올 것인지 물어봐야겠다.

Tell me it. + Which would you like best?
→ Tell me **which you would like best**. 〈직접목적어〉

어느 것이 제일 마음에 드는지 말해 보세요.

Do you know it? + What time is the train from Busan getting in?
→ Do you know **what time the train from Busan is getting in**?

부산발 열차가 몇 시에 도착하는지 아세요?

Do you know it? + Whose book is it?
→ Do you know **whose book it is**?   그것이 누구의 책인지 아세요?

Do you know it? + Which bus goes to Jongno?
→ Do you know **which bus goes to Jongno**?   어느 버스가 종로로 가는지 아세요?

ii. 간접의문절이 동사 think, believe, imagine, guess, suppose, say, want, suspect, conclude 등의 일반의문문의 목적절이고, yes, no로 답을 할 수 없는 경우에는 i.의 형태에서 의문사가 문두(주절의 앞)로 나온다. 즉, 「의문사 + 주절(의문문) + s + v?」의 형태로 쓴다.

Do you think? + Who is he?
→ **Who** do you think he is?   당신은 그가 누구라고 생각하십니까?

Do you think? + Where did you lose your purse?
→ **Where** do you think you lost your purse?

너는 네 지갑을 어디에서 분실했다고 생각하니?

Do you think? + Who(m) does she love?
→ **Who(m)** do you think she loves?   당신은 그녀가 누구를 사랑한다고 생각하세요?

Do you believe? + Which is the best?
→ **Which** do you believe is the best?   당신은 어떤 것이 제일 좋다고 생각하세요?

Do you believe? + Why did he do that?
→ **Why** do you believe he did that?   당신은 왜 그가 그것을 했다고 생각합니까?

Do you guess? + What is he?

→ **What** do you guess he is? 그는 무엇을 하는 사람이라고 생각하세요?

Do you think? + What book must I read?

→ **What** book do you think I must read? 저는 어떤 책을 읽어야 한다고 생각하세요?

Do you think? + Which jacket would this go with?

→ **Which** jacket do you think this would go with?

이것은 어느 재킷과 어울린다고 생각하세요?

> ▷ 위와 같은 동사가 오는 의문문의 목적절로서 간접의문절이 오더라도 yes, no로 대답이 가능한 경우에는 의문사를 문두로 내보내지 않는 것이 보통이다.
>
> Can you guess? + Who is that man?
>
> → "Can you guess **who** that man is?" 저 사람이 누군지 알겠어?
>
> – "Yes, I can. Maybe (he is) Mr. Kim Sam-sik."
>
> 응, 알 것 같아. 아마 그는 김삼식 씨 일 거야.
>
> "No, I can't." 아니, 모르겠어.
>
> Can you guess? + How old is she?
>
> → "Can you guess **how** old she is?" 너는 그녀의 나이를 짐작할 수 있겠니?
>
> – "Yes, I guess her to be about forty." 응, 내 짐작엔 40세 정도 되는 것 같아.
>
> "No, I have no idea." 아니, 전혀 모르겠어.
>
> Can you guess? + What they are talking about?
>
> → "Can you guess **what** they are talking about?"
>
> 그들이 무엇에 관해 이야기하고 있는지 짐작됩니까?
>
> – "Yes, they are talking about their future course."
>
> 예, 그들의 장래의 진로에 관해 얘기하고 있습니다.
>
> "No, I can't." 아니요, 모르겠습니다.

❺ 전치사의 목적절

It makes me think of **when** I was a boy.

그것은 내가 어렸을 때를 생각나게 하는군요.

She walked back to **where** she had been sitting.

그녀는 앉아 있던 자리로 되돌아갔다.

There is no doubt as to **who** did it.

그것을 누가 했는지에 대해서는 의심할 바가 없다.

> ▷ 의문사절이 전치사의 목적어일 경우 전치사를 생략하기도 한다.
> I have no idea (of) what you say. 나는 네가 무슨 말을 하는 건지 하나도 못 알아듣겠다.
> Your success in life will depend (on) how well you do your work.
> 인생의 성공은 얼마나 훌륭히 자기의 일을 해내느냐에 달려 있다.
> I'm unclear (about) what you want me to do.
> 내가 어떻게 하길 네가 바라는지 난 잘 모르겠다.

❻ 서술 형용사의 보충절 ☞ p. 356[2] 참조

Are you certain **who** will deliver the speech?
누가 그 연설을 할 것인지 확실히 아세요?

I am not sure **why** he came. 나는 그가 왜 왔는지를 모르겠다.

I am not clear **where** she went. 그녀가 어디로 갔는지가 분명치 않다.

② 의문사가 없는 의문문이 간접의문절이 될 때는 「주절 + if/whether + s + v」의 형식이 된다. ☞ 명사절 부분 (p. 13, 124 ~ 125) 참조

I want to know it. + Is she at home now?
→ I want to know **if** she is at home now. 나는 그녀가 지금 집에 있는지 알고 싶다.

I don't know. + Does this coat become me?
→ I don't know **if [whether]** this coat become me.
이 코트가 내게 어울리는지를 나는 잘 모르겠다.

I am doubtful. + Will he succeed?
→ I am doubtful **whether [if]** he will succeed.
나는 그가 성공할 것인지가 의문스럽다.

Do you know **whether [if]** the shop is open?
그 가게가 열려있는지 열려있지 않은지 아세요?

I am not sure **whether or not** she is going to the movies this Saturday night. 그녀가 이번 주 토요일 저녁에 영화 보러 갈는지는 확실치 않다.

■ **관계대명사 what과 간접의문문의 의문대명사 what의 구별**

간접의문문에 쓰인 의문사 what과 관계대명사 what은 그 구별이 어려운 경우가 많다. 어느 경우에나 what은 명사절을 이끌며 그 절 안에서는 주어, 목적어, 보어의 역할을 하기 때문이다. 결국 의문의 뜻을 드러내느냐 아니냐에 따라 구별할 수밖에 없는데, 주절의 동사가 ask, tell, know 등이고 우리말 해석으로 '무엇, 무슨, 어떤'의 뜻을 나타낸다면 의문대명사로, 그 밖의 '~하는 것[일]'의 뜻을 나타낸다면 관계대명사로 보는 것이 무난해 보인다.

Please ask him what I must do. 〈의문대명사〉
내가 해야 무엇을 해야 하는지를 그에게 물어보세요.
Tell me what has happened. 〈의문대명사〉 무슨 일이 있었는지 말해 주세요.
Do you know what it looks like? 〈의문대명사〉 그것이 어떤 모양인지 알고 있습니까?
This is just what I have wanted so long. 〈관계대명사〉
이것은 바로 내가 그토록 마음먹어 왔던 것 [일]이다.
Did you hear what I said? 〈관계대명사〉 너는 내가 한 말을 알아들었니?

(3) 부가의문문(tag question)

1) 앞말

부가의문문(附加疑問文)이란 주로 회화에서 쓰는 의문문형식으로 평서문 뒤에 「(조)동사(v) + 주어(s)」의 형태로 붙어 자기가 한 말에 대하여 상대방의 확인·동의를 구하거나 가벼운 의문을 나타내는 구문을 말한다. 앞 평서문이 긍정의 내용일 때에는 부정의 부가의문문을 붙이고, 앞 평서문이 부정의 내용일 때에는 긍정의 부가의문문을 붙인다. 부가의문문의 동사는 앞 평서문이 be동사나 조동사이면 그 be동사나 조동사를 사용하고, 일반동사이면 do동사를 사용한다. 부가의문문의 주어는 앞 평서문의 주어를 대명사로 바꾸어 사용한다. 부가의문문에 대하여는 yes, no로 답할 수 있다.

2) 부정의 부가의문문

「긍정의 평서문 + 부정의 부가의문문」의 형태이다.

① 앞의 평서문의 동사가 일반 동사인 경우에는 부정의 부가의문문에는 do의 부정형을 사용하고, be동사나 조동사일 때에는 be동사나 조동사의 부정형을 쓴다. 주절의 동사가 「조동사 + be동사」인 경우에는 부정의 조동사를 부가의문문에 쓴다.

You love her, **don't you**?	당신은 그녀를 사랑하죠?
Sam-sun told you about it, **didn't she**?	삼순이가 당신에게 그것에 대해 말했지 않나요?
Dol-soe is diligent, **isn't he**?	돌쇠는 부지런하죠?
They were listening to music, **weren't they**?	그들은 음악을 듣고 있었죠?
Sam-sik could do the job, **couldn't he**?	삼식은 그 일을 할 수가 있지 않았을까요?
You've been to Gangneung, **haven't you**?	당신은 강릉에 가 본 적 있지 않은가요?

> ▷ '틀림없이, 당연히'의 뜻으로 긍정의 뜻을 재차 강조할 경우 앞문장이 긍정임에도 긍정의 부가의문문 을 붙이기도 한다.
> You are a student, **are you**? 당신은 학생이 틀림없죠?

② 부정의 부가의문문에는 「be동사, 조동사, do동사 + not」의 형태로 쓰지 못하고 반드시 그 축약형을 사용한다.

~, is [was, are, were] not ~? (x) → ~, isn't [wasn't, aren't, weren't] ~? (o)
~, can [will, could, …] not ~? (x) → ~, can't [won't, couldn't] ~? (o)
~, do [does, did] not ~? (x) → ~, don't [doesn't, didn't] ~? (o)

Lesley is kind, **isn't she**?	레슬리는 친절하지 않나요?
You can play baduk, **can't you**?	당신은 바둑을 둘 수 있지 않나요?

③ 앞의 평서문의 주어가 명사 주어인 경우 부가의문문의 주어는 그것을 대명사로 바꾸어 사용한다.

Your sister is very pretty, **isn't she**?	당신의 여동생은 매우 예쁘지 않나요?
Tom can speak Korean, **can't he**?	톰은 한국말을 할 줄 알지 않나요?

④ 앞의 평서문의 주어가 this, that일 때는 it으로 받고, these, those, everybody, everyone, somebody, someone일 때는 they로 받는다.

This is your book, **isn't it**?	이것은 당신의 책이지 않나요?
These are students, **aren't they**?	이들은 학생이지 않은가요?
Those are Tom's books, **aren't they**?	그것들은 톰의 책이지 않은가요?
Everybody told you to come down, **didn't they**?	모두가 당신한테 진정하라고 얘기했지 않나요?

3) 긍정의 부가의문문

부정의 부가의문문과 매한가지로 앞 문장의 부정되는 동사가 일반 동사일 경우에는 do동사를 긍정의 부가의문문에 쓰고, be동사이거나 조동사일 경우에는 be동사나 조동사를 쓰며, 「조동사 + be동사」인 경우에는 조동사를 긍정의 부가의문문에 쓴다. 「부정의 평서문 + 긍정의 부가의문문」의 형태이다.

Mary isn't kind, **is she**?	메리는 친절하지 않지요?
Edwin can't speak Korean, **can he**?	에드윈은 한국말을 할 줄 모르지요?
Jack couldn't do the job, **could he**?	잭은 그 일을 할 수가 없었죠?
The news cannot be true, **can it**?	그 소식은 사실일 리가 없죠?
Your brother doesn't like reading a book, **does he**?	당신의 남동생은 책을 읽는 것을 좋아하지 않죠?
Donald didn't tell you about it, **did he**?	도날드는 그것에 대해 너에게 말하지 않았지?
These aren't Tom's books, **are they**?	이것들은 톰의 책이 아니죠?

▷ 부정의 진술에 부정의 부가의문문을 붙일 경우에는 보통 상대방의 말에 대한 관심을 나타낸다.
He is not a student, **isn't he**? 그가 학생이 아니라는데, 사실인가요?
She does not get married, **doesn't she**? 그녀가 결혼하지 않았다는데, 사실입니까?

4) 기타

① have가 있는 부가의문문

❶ have가 조동사로 쓰일 땐 부가의문문에 have를 쓰고, 본동사로 쓰일 때는 부가의문문에는 do를 쓴다.

You've been to Africa, **haven't you**?	당신은 아프리카에 가 본 적 있지 않나요?
Tom has a car, **doesn't he**?	톰은 자동차를 가지고 있지 않나요?
He's(= has) done his best, **hasn't he**?	그는 최선을 다했지 않나요?
cf.) He's(= is) doing his best, **isn't he**?	그는 최선을 다하고 있지 않나요?

❷ 앞 평서문에 have to가 있을 때 부가의문문에는 do를 사용한다.

You have to study Korean, **don't you**?   너는 한국어 공부를 열심히 해야 하지 않겠니?

❸ 앞 평서문에 had better가 있을 때 부가의문문에는 hadn't를 쓴다.

You'd better go at once, **hadn't you**?   네가 당장 가는 게 좋지 않겠어?

② 앞 평서문에 조동사 should나 ought to가 있을 때 부가의문문은 shouldn't를 쓴다.

You should study harder, **shouldn't you**?	너는 공부를 더 열심히 해야 해지 않겠니?
I ought to study hard, **shouldn't I**?	저는 열심히 공부해야 해야 하지 않을까요?

③ 명령문의 부가의문문은 주절이 긍정이든 부정이든 언제나 will you?로 쓰며, 단, 권유의 뜻으로 쓰인 명령문에는 won't you?를 사용한다. 또 명령, 부탁 등의 가능 여부를 물을 때는 can [can't] you?를 쓸 수도 있다.

Close the door, **will [would] you**?	그 문을 닫아라, 알겠니?
Don't forget, **will you**?	잊지 않도록 해라, 알겠지?
Take a seat, **won't you**?	앉으세요?
Help me, **can [can't] you**?	나를 도와줄 수 있으세요?

▷ 부가의문문은 보통 확인적 의미를 나타내므로 그 끝을 내려주나, 제안, 권유, 명령, 부탁 등을 나타내어 동의(yes)를 끌어내려는 부가의문문은 그 끝을 올려준다.
Let's play tennis, shall **we**? 테니스를 하는 게 어때?
(Please) Pass me the salt, will **you**[won't **you**]? 그 소금 좀 건네주세요?

④ 'Let's ~'명령문에 대한 부가의문문은 명령문이 긍정이든, 부정이든 **shall we?**를 쓴다.

Let's go shopping, **shall we**?　　　　　　　　　　쇼핑하러 가자, 응?
Let's not go there, **shall we**?　　　　　　　　　　그곳에 가지 말자, 응?

⑤ 'Let me ~' 명령문에 대한 부가의문문은 '**will you?**'를 쓴다. 다만, 'Let me ~'가 권유를 나타낼 때는 그 부가의문문으로 '**shall I?**'를 쓴다.

Let me see the photograph you took, **will you**?　네가 찍은 사진을 좀 보여주겠니?
Let me try again, **will you**?　　　　　　　　　　다시 한번 해 봅시다?
Let me get you a hot drink, **shall I**?　　　　　　뜨거운 음료 한 잔 하시지요?

⑥ There is [are]가 있는 문장의 부가의문문에는 be동사를 사용하고 그 주어 자리에는 there를 쓴다.

There is something brewing, **isn't there**?
　　　　　　　　　　　　　　뭔가 심상치 않은 일이 일어날 것 같아요, 그렇지 않아요?
There are [is] none like her, **are [is] there**?
　　　　　　　　　　　　　　그녀와 같은 사람은 아무도 없어요, 그렇죠?
There are too many whys in this affair, **aren't there**?
　　　　　　　　　　　　　　이 사건에는 이해할 수 없는 점들이 너무 많아요, 그렇지 않습니까?

⑦ 주문이 not의 부정문이 아닐지라도 부정의 뜻을 갖는 no, nothing, seldom, hardly, scarcely 등이 있을 경우는 부가의문문은 긍정으로 한다.

We have no time, **do we**?　　　　　　　　　　　우리는 시간이 없죠, 정말이죠?

There is no other way than that, **is there**?

    그 이외에 다른 방법이 없는 거죠, 그렇죠?

She seldom came here, **did she**?   그녀는 이곳에 거의 안 왔죠, 그랬죠?

He hardly does anything nowadays, **does he**?

    그는 요즈음에 일을 거의 하지 않습니다, 그렇죠?

⑧ 복문은 주문의 주어와 동사를 부가의문문에 쓴다. 다만, 「1인칭 주어(I, We) + think [guess, suppose, imagine, believe] + that절」의 부가의문문은 that절의 주어와 동사를 쓴다. 이때는 종속절이 부정문일 경우는 물론 'I think' 등의 주절이 부정문일 경우에도 긍정의 부가의문문을 쓴다.

I <u>did</u> what you asked, **didn't I**?   나는 당신이 시킨 대로 했잖습니까?

She <u>thinks</u> I am wrong, **doesn't she**?

    그녀는 내 잘못이라고 생각하고 있어, 그렇지 않니?

There <u>is</u> no proof that he is guilty, **is there**? 그가 유죄라는 증거는 없어요, 그렇죠?

I think she <u>is</u> happy, **isn't she**?   나는 그녀가 행복하다고 생각해요, 그렇지 않나요?

I <u>don't</u> think that he is honest, **is he**?

    나는 그가 정직하다고 생각지 않아요, 그가 그렇죠?

⑨ 중문은 끝 절의 주어와 동사에 일치시킨다.

She is a teacher and her husband is a farmer, **isn't he**?

    그녀는 교사이고 그녀의 남편은 농부입니다, 그렇지 않나요?

They are poor, but happy, **aren't they**? 그들은 가난하지만 행복합니다, 그렇지 않나요?

He likes rock music but she doesn't, **does she**?

    그는 록음악을 좋아하지만 그녀는 좋아하지 않습니다, 그렇죠?

■ 부가의문문에 대한 yes, no로의 대답

1. 평서문의 부가의문문에 대한 yes, no

부정의 부가의문문이든, 긍정의 부가의문문이든 긍정으로 대답할 때는 〈Yes, 긍정문〉으로 하고, 부정으로 대답할 때는 〈No, 부정문〉으로 한다.

(1) 부정 부가의문문(긍정의 평서문)에 대한 yes, no

"You are a student, aren't you?" 당신은 학생이지 않나요?
- "Yes, I am (a student)." 예, 학생입니다.
  "No, I am not (a student)." 아니요, 저는 학생이 아닙니다.
"You have a car, don't you?" 당신은 자동차를 가지고 있지 않나요?
- "Yes, I do." 예, 가지고 있습니다.
  "No, I do not." 아니요, 가지고 있지 않습니다.
"Eva can speak Korean, can't she?" 에바는 한국어를 할 수 있지 않니?
- "Yes, she can (speak Korean)." 그래, 할 수 있어.
  "No, she can't (speak Korean)." 아니야, 할 줄 몰라.
"There is something brewing, isn't there?" 무슨 일이 날 것 같지 않나요?
- "Yes, there is. 예, 그럴 것 같아요. No, there isn't." 아니요, 그럴 것 같지 않아요.

(2) 긍정의 부가의문문(부정의 평서문)에 대한 yes, no

긍정의 부가의문문에 대한 대답으로 yes는 '아니요'로, no는 '예'로 하여 반대로 해석하는 것이 우리말로 어울린다.

"Sam-sun is not pretty, is she?" 삼순이는 예쁘지 않지요?
- "Yes, she is (pretty)." 아니요, 예쁩니다.
  "No, she isn't (pretty)." 예, 예쁘지 않아요.
"You don't have a car, do you?" 당신은 자동차를 가지고 있지 않죠?
- "Yes, I do (a car)." 아니요, 갖고 있습니다.
  "No, I do not (have a car)." 예, 갖고 있지 않습니다.

2. 명령문의 부가의문문에 대한 yes, no

"Open the door, will you?" 문 좀 열어줄래? - "Yes, I will." 응, 그래.
"Pass me the paper, will you?" 그 신문 좀 건네주시겠습니까? - "Yes, I will." 예, 그러지요.
"Lend me your pen a minute, will you?" 펜 좀 잠깐만 빌려줄래?
- "No, I won't (I am writing with)." 안 돼. (내가 쓰는 중이야.)
"Don't open the door, will you?" 그 문을 열지 마세요?
- "Yes, I will." 예, 알겠습니다.

3. Let's로 시작하는 문장의 부가의문문에 대한 yes, no로의 대답

Let's로 시작하는 문장의 부가의문문에 대한 대답이 긍정일 때는 Yes, let's(~). / O.K. / All right. 등으로 하고, 부정일 때는 No, let's not.과 같이 한다.

"Let's eat something, shall we? 뭐 좀 먹자?
— "Yes, let's (eat)." 그래, 먹자.
　"No, I won't (eat)." 아니, 난 안 먹을래.
　"No, let's not eat. / "No, don't let's eat. 아니, 먹지 말자.
"Let's not go out, shall we? 밖에 나가지 말자?
— "Yes, let's (go out)." 아냐, 나가자.
　"No, I won't (go out)." 그래, 난 안 나갈래.
　"No, let's not (go out). / "No, don't let's (go out)." 그래, 나가지 말자.

(4) 수사의문문(rhetorical question)

수사의문문(修辭疑問文)이란 굳이 대답을 요구하는 것은 아니면서 자기 말을 강하게 표현(반어적으로 표현)하기 위해 사용하는 의문문형식을 말한다. 반어의문문이라고도 한다. 일반적으로 수사의문문이 긍정이면 그 평서문은 부정문이 되며, 수사의문문이 부정이면 그 평서문은 긍정문이 된다.

1) 긍정의 수사의문문(= 부정의 평서문)

Who knows? 〈수사의문문〉	누가 알겠는가?
= Nobody knows. 〈평서문〉	아무도 모른다.
Who would have thought it?	누가 그런 생각을 했겠어?
= Nobody would have thought it.	아무도 그런 생각을 못 했을 것이다.
Who is there but commits errors?	그 누가 실수를 하지 않을까?
= Everybody commits errors.	누구라도 실수를 한다.
How can you say such a thing?	네가 어떻게 그러한 말을 할 수 있단 말이냐?
= You can't [또는 must not] say such a thing.	네가 그러한 말을 해서는 안 된다.

2) 부정의 수사의문문(= 긍정의 평서문)

Who does not know the fact? 누가 그 사실을 모를까?
= Everybody know the fact? 누구나 다 그 사실을 안다.
Can't you see that I am busy? 내가 바쁜 것이 안 보이니?
= You can see easily that I am busy. 너는 내가 바쁜 것을 쉽사리 알 수 있다.

(5) 선택의문문(choice question)

접속사 or를 써서 상대방에게 둘 중에서 선택을 요구하는 의문문을 말한다. yes나 no로 답하지 못하고 제시된 것 중 하나를 선택하여 답하거나, 둘을 다 선택하는 답을 하거나, 둘 다 선택하지 않는 답을 할 수도 있다. or 앞의 말은 올려 말하고 뒤의 말은 내려 말한다.

"Are you a teacher or a student?" 당신은 선생입니까, 아니면 학생입니까?
– "I am a student." 저는 학생입니다.
"Are you hungry now, or can you wait until we get there to have dinner?"
　　　　　　　　　　　　　　　　　　지금 배고프니, 아니면 그곳에 도착해서 밥을 먹을래?
– "I wouldn't mind solving to eat on the way." 가다가 먹는 것도 괜찮을 것 같은데.
"Are you buying the car with cash, or are you taking out a loan?"
　　　　　　　　　　　　　　　　　　차를 현금으로 살 거니 아니면 대출받아서 살 거니?
– "I don't need to borrow any money." 돈을 빌릴 필요는 없어. (현금으로 사겠다.)
"Do you feel better or do you still have a cold?" 감기 다 나았니, 아니면 아직도 여전해?
– "I feel much better, thanks." 아주 좋아졌어, 고마워.
"Has Tom accepted the offer or he's still thinking about it?"
　　　　　　　　　　　　　　　　　　톰이 그 제안 받아들였니, 아니면 아직도 생각 중이래?
– "I heard he's made a decision." 결정했다고 들었어.
"Shall I go ahead and make the reservation, or can you do it?"
　　　　　　　　　　　　　　　　　　제가 먼저 가서 예약할까요, 아니면 직접 하시겠습니까?
– "I wouldn't mind doing it." 제가 하겠습니다.

"Would you like me to drive you home or do you feel like walking?"

차로 집에 태워다 드릴까요, 아니면 걸어가시겠어요?

– "I would appreciate a ride."

태워다 주시면 고맙지요.

"Would you prefer a seat by the window or an aisle seat?"

창가 좌석을 드릴까요, 아니면 통로 좌석을 드릴까요?

– "Either is good for me."

어느 쪽이고 좋습니다.

"Would you like to have Chinese food or Japanese today?"

오늘 중식을 먹고 싶으세요, 일식을 먹고 싶으세요?

– "Neither, I'd rather have Korean today."

그 둘 말고, 오늘은 한국식을 먹고 싶습니다.

"Should I contact you by phone or by e-mail?"

전화로 연락드릴까요, 아니면 이메일(전자우편)로 연락드릴까요?

– "Whichever is more convenient."

어느 것이든 편하실 대로 하세요.

▷ or로 대비되는 것이 단어나 구가 아니라 다른 내용을 묻는 의문문일 경우, 즉 둘 중에서의 선택을 묻는 것이 아니라 대답하는 사람의 의사를 확인하는 경우일 때에는 yes, no로 답할 수 있다.

"Can you finish the work today, or do you need more time?"
그 일을 오늘 끝마칠 수 있습니까, 아니면 시간이 더 필요합니까?
– "No, I can have it done soon." 아니요, 곧 마칠 수 있습니다.

"Can we go to a movie this weekend or are you going to be busy?"
이번 주말에 영화 보러 갈 수 있어, 아니면 바쁠 것 같니?
– "No, I don't have any plans." 아냐, 아무 계획도 없어.

2. 부정문(Negative Sentence)

부정문(否定文)이란 어떤 것에 대하여 그것을 인정하지 않거나 그것이 옳지 않음을 나타내거나 반대되는 뜻을 나타내는 문장을 말한다. 부정문은 보통 부정의 뜻을 나타내는 일정한 말(부정어)을 사용하여 만든다.

(1) 부정부사 not의 용법

부정부사 not은 가장 일반적 부정어로서 술어 동사는 물론, 분사, 동명사, 부정사, 절 등을 부정하는 데 쓰일 뿐만 아니라, all, both 등과 함께 쓰여 일부 부정을 나타내기도 한다.

1) 동사를 부정할 때

① be동사 뒤

I'm **not** hungry. 나는 배가 고프지 않다.
There was**n't** enough room for everybody.
모든 사람을 들일 수 있는 충분한 공간이 없었다.
Is**n't** it [또는 Is it **not**] beautiful? 아름답지 않습니까?

② 조동사 뒤

I can**not** praise him too much. 그를 아무리 칭찬해도 지나치지 않다.
You must**n't** touch the picture. 그 그림에 손을 대면 안 됩니다.
I have**n't** seen him since he graduate from elementary school.
그가 초등학교를 졸업한 이래로 나는 그를 만나지 못했다.

※ have가 완료시제 조동사일 경우 not은 항상 뒤에서 수식하고, 본동사로서는 앞이나 뒤에서의 수식이 가능하다.
He has not come. 〈조동사〉 그는 지금까지 오지 않았다.
I haven't [I don't have] a house of my own. 〈본동사〉 나는 내 집을 가지고 있지 않다.

19장 기타(The others) I   **347**

She will not [= won't] come today.　　　　　오늘 오지 않을 것이다.

　※ '조동사 + not'은 입말체에서는 don't, can't처럼 축약하는 것이 보통이나, 부정을 특히 강조할 경우에는 입말체에서도 축약형을 쓰지 않는다.
　　I do **not** agree. 저는 절대 동의하지 않습니다.
　　I can**not** help you. 제가 도저히 도와 드릴 수가 없군요.

He has not [= hasn't] got the book.　　　　　그는 그 책을 갖고 있지 않다.

　※ 'have [has] got'의 have [has]는 조동사로서 not은 그 뒤에 쓴다.

Can't you come?　　　　　당신은 오실 수 없습니까?; 당신은 오실 수 있죠?

③ 일반 동사의 경우 do를 써 준 후에 그 뒤에 둔다.

❶ have가 일반 동사로 쓰일 때는 do를 써주며 'have to ~'의 경우에도 do를 써준다.
　I **don't** think it is true.　　　　　나는 그것이 사실이라고 생각지 않는다.
　He **did not** [= **didn't**] have breakfast this morning.
　　　　　　　　　　　　　　　　　　그는 오늘 아침 식사를 하지 않았다

　※ (참고) do not 형태의 부정문에서 do와 not 사이에는 다른 부사가 올 수 없다.
　　He probably does not ~ . (o) / He does probably not ~ . (x)

Many people **did not** come.　　많은 사람들이 오지는 않았다. ※ '어느 정도는 왔다.' 의 의미
cf.) **Not** many people came.　　　　　　　　　많은 사람들이 오지 않았다.

　※ '거의 오지 않았다; 소수가 왔다.'의 의미(= Few people came.)

Don't you [= Do you **not**] understand?　　　　　이해가 되십니까?
Didn't I tell you that it was dangerous?
　　　　　　　　　　　　　　　　그래 제가 위험하다고 말씀드리지 않았습니까.

2) 단어, 구, 문장의 부정

이때 not은 그 부정해야 할 단어, 구, 문장의 앞에 온다.

She spoke **not** a word.　　　　　그녀는 한마디 말도 하지 않았다.

　※ '유무'를 나타낼 경우의 'not a + 명사'는 'no + 명사'의 강조형이다.

She spoke no word. 그녀는 말을 하지 않았다.
This book is hers, **not** <u>mine</u>. 이 책은 그녀의 것이지 내 것이 아니다.
I will not do such a thing, **not** <u>I</u>. 나는 그런 짓을 안 한다, 않는다고 나는.

※ 부정문의 뒤 또는 부정의 대답에서 대명사와 함께 사용하여 부정을 강조한다.

He was standing **not** <u>ten meters away</u>. 그는 10미터도 떨어지지 않은 곳에 서 있었다.
Not <u>a man spoke to her</u>. 〈문장부정〉 누구 하나 그녀에게 말을 거는 남자가 없었다.

3) 부정사, 동명사, 분사의 부정

not이 부정사, 동명사, 분사의 앞에 놓인다.

I'm sorry **not** <u>to have come earlier</u>. 좀 더 일찍 오지 못해서 미안합니다.
He got up early so as **not** <u>to miss the 6:00 a.m. train</u>.
그는 오전 여섯 시 기차를 놓치지 않으려고 일찍 일어났다.
I come to bury Caesar, **not** <u>to praise him</u>.
나는 시저를 매장하러 온 것이지 그를 칭송하러 온 것이 아니다. — Shakespeare의 '시저(Julius Caesar)'에서 Marcus Antonius의 말
He regretted **not** <u>having taken an umbrella with him</u>.
그는 우산을 갖고 오지 않은 것을 후회했다.
Not <u>knowing where to sit</u>, he kept standing for a while.
어디 앉아야 할지 몰라서 그는 잠시 서 있었다.

4) 부가의문문에서

긍정의 진술(평서문)에 대한 부정의 부가의문문을 만든다.

You said that, didn't you? 네가 그렇게 말하지 않았니?
She has once been there, hasn't she? 그녀가 그곳에 간 일이 있지 않은가요?
It's a fine day, isn't it? 날씨가 좋지 않습니까?

5) 부정의 명령문: Do not [Don't] (S) + 동사원형

Don't (you) hesitate. 망설이지 마라.

Don't be afraid of making mistakes. 틀릴까 봐서 두려워하지는 마라.

6) 부정의 동사, 어, 구, 절의 생략대용어로 ☞ p. 402 참조

believe, think, expect, hope, imagine, suppose, be afraid 등의 뒤에서 이러한 구문을 취한다.

"Is it true?" 그게 정말이냐? — "I think **not**." 난, 그게 사실이 아니라고 생각해.

If it clears up, I will go out; if **not**, I won't.

날씨가 갠다면 밖에 나가겠지만, 그렇지 않다면 난 안 나갈 거야.

"Will he come?" 그가 올까?

— "I am afraid **not**." (= I am afraid he will not come.) 안 올 것 같은데.

7) all, both, every, always, necessarily 등과 함께 써서 일부 부정을 나타내어 《반드시 [모두다] ~은 아니다.》 ☞ 뒤에 (5)

8) any, at all 등과 함께 전부 부정을 나타내어 《조금도 ~아니다 [않다]; 어느 것[누구]도 ~ 아니다[않다].》 ☞ 뒤에 (5)

9) 〈미, 입말체〉 No를 대신하여 부정의 대답으로

"Have you been there?" 너 거기 가 본 적 있니? — "**Not!**" 아니.

※ 〈No, I haven't.〉의 대용.

(2) 부정부사 never의 용법 ☞ p. 535[2] 참조

(3) 부정어 no의 용법

no는 보통 한정사(형용사)로서 단수 및 복수 명사의 앞에 쓰여 부정의 의미를 나타낸다. 이때의 no는 보통 문장 전체를 부정하는 의미가 있다. 또한 부사적으로는 형용사와 비교급의 앞에 쓰인다. 그리고 동사 have나 there is [are]의 다음에는 부정어로서 not을 쓰지 않고 no를 쓴다.

1) 단수 보통명사 앞에 써서 《하나 [한 사람]의 ~도 없는(= not a ~); 결코 ~이 아닌》

No word can describe my surprise.	내가 얼마나 놀랐는지 말로는 다 할 수 없다.
No medicine can cure folly.	바보(어리석음)를 고치는 약은 없다. – 속담 –
There was no car on the street.	거리에는 차가 한 대도 보이지 않았다.

2) 불가산명사, 복수 명사 앞에 써서 《어떠한 [조금의, 하나의] ~도 없는(= not ~ any, not ~ at all)》

I have no money on [with] me.	나는 가진 돈이 한 푼도 없다.
She paid no attention to others.	그녀는 남에게 전혀 관심을 기울이지 않았다.
No two men think alike.	두 사람의 생각이 똑같은 경우는 결코 없다.
She has no children.	그녀는 한 명의 아이도 없다. (= She has not a child.)
There are no clouds in the sky.	하늘에는 구름 한 점 없다.

3) there is no ~ing 구문에서 《결코 ~할 수 없다.》

There is no telling what may happen.
　　　　　(누구라도 장차) 무슨 일이 일어날지는 결코 말할 수 없다.

There is no accounting for tastes.
　　　　　기호를 설명할 수는 없다. (취향은 각인각색이다) – 속담 –

4) be동사의 보어인 형용사, 명사 앞에 써서 《결코 ~아닌; ~할 바가 아니다.》

I am no match for him.　　　　나는 그에게는 도무지 당할 수가 없다.

He is no fool. 그는 결코 바보가 아니다.
= He is not a fool at all. / He is anything but a fool.
cf.) He is not a fool. 그는 바보가 아니다.

※ be동사의 보어로서의 '**not a** + 명사'는 보통의 부정을 나타낸다.

You are no gentleman [lady]. 이 변변치 못한 사람아 [남자야, 여자야].

It's no distance from the school to the house.
학교에서 집까지는 얼마 안 되는 거리다.

It is no wonder that he has succeeded. 그가 성공한 것은 결코 이상할 것이 없다.

That's no business of yours. 네가 관여할 바 아니다.

5) 입말, 관용어, 생략 구문 등에서는 수식하는 단어만을 부정하기도 한다.

No admittance (to outsiders) except on business. 관계자 외 출입금지

No thoroughfare 통행금지   No trespassing 출입금지   No credit 외상 사절

(If you take) No pains, (you will get) no gains. 고통이 없으면 얻는 것도 없다.

6) 부사적으로 다른 형용사 앞에 놓여 그 형용사를 부정하여 《결코 ~않은》

We had no other resource but to wait and see.
우리는 기다리면서 관망하는 것밖에 다른 방법이 없었다.

He was an student of no mean ability. 그는 상당히 비범한 재능을 가진 학생이었다.

He took no little pains over it. 그는 그 일로 대단히 애를 썼다.

She showed no small skill. 그녀는 보통이 아닌 수완을 보였다.

No honest man would die. 정직한 사람은 절대 죽지 않는다. (지지 않는다.)

7) 보어인 good과 different 앞에 부사적으로 쓰여 《~아니다 [않다](= not).》

He is no [not] good at figures. 그는 셈에 어둡다.

Their way of life is no [not] different from ours.
그들의 생활양식은 우리의 그것과 다를 것이 없다.

8) 부사적으로 비교급 앞에 써서 《조금도 ~않다. (= not at all); ~과 차이가 없다, ~과 같다.》

I can wait no longer. 나는 더 이상 기다릴 수가 없다.
He is no more. 그는 이미 이 세상에 없다.
There were no more than three students in the classroom.
교실 안에는 학생이 3명밖에 없었다.

(4) 부정대명사 none의 용법

전부 부정을 나타낸다. ☞ p. 233[2] 참조

1) 셋 이상을 모두 부정할 때 쓴다.

None have arrived yet. 아직 아무도 도착하지 않았다.
None of them know anything about it yet. 그들은 아무도 아직 그 일을 모르고 있다.

※ 둘 사이의 모두 부정은 neither를 쓴다.
Neither of his parents is at home. 그의 부모님은 모두 집에 계시지 않는다.

2) 사람, 사물에 모두 쓴다.

None of their promises have been kept. 그들의 약속은 하나도 지켜진 것이 없었다.
There were none present. 출석한 사람은 아무도 없었다.

(5) 일부 부정(partial negation)과 전부 부정(total negation)의 표현들

1) 부정어 not이 대명사 all, both, everything 등과 함께 쓰이면 보통 일부 부정(partial negation)을, 대명사 any, either, anything 등과 함께 쓰이면 전부 부정(total negation)을 나타낸다.

① not ~ all / all ~ not

▶ 일부 부정(= 부분부정)을 나타낸다. 《모두가 ~한 것은 아니다.》

I know all of them. → I don't know **all** of them. 〈일부 부정〉

나는 그들 모두를 알고 있다. → 내가 그들 모두를 알고 있는 것은 아니다.

cf.) I don't know **any** of them. 〈전부 부정〉

나는 그들 중 누구도 알고 있지 않다. (= I know **none** of them.)

All the birds can fly. → Not **all** the birds can fly. 〈일부 부정〉

그 새들은 모두 날 수 있다.   그 새들이 모두 날 수 있는 것은 아니다.

cf.) None of the birds can fly. 〈전부 부정〉   그 새들은 모두 날지 못한다.

All the birds can't fly. 〈일부 부정〉 또는 〈전부 부정〉

※ all이 not과 함께 쓰일 경우 일부 부정이 되는 것이 일반적이나, 'all ~ not'의 형식으로 쓰일 경우에는 전부 부정의 의미를 나타내기도 한다. 그러므로 오해를 피하려면 일부 부정에는 'not all ~'이나 'not every ~'를, 전부 부정에는 'none', 'nobody', 'nothing', 'not any ~' 따위를 사용하는 것이 좋다.

All the riches in the world would **not** redeem the sin.
세상의 모든 재물로도 그 죄를 보상할 수 없을 것이다. 〈전부 부정〉
I did **not** invite **any** of them. 나는 그들 중 누구도 초대하지 않았다. 〈전부 부정〉

② not + both / both + not

▶ 일부 부정을 나타낸다. 《둘 다 ~한 것은 아니다.》

Both of us are students. → Both of us are not student. 〈일부 부정〉

우리는 둘 다 학생입니다.   → 우리는 둘 다 학생이지는 않습니다.

(= Not both of us are student.)

cf.) Not either of us are students. 〈전부 부정〉   우리는 둘 다 학생이 아닙니다.

(= Neither of us are students.)

I know both of them. → I don't know both of them. 〈일부 부정〉

나는 그들을 둘 다 알고 있다.   내가 그들을 둘 다 알고 있는 것은 아니다.

cf.) I don't know either of them. 〈전부 부정〉   나는 그들을 둘 다 알지 못한다.

(= I know neither of them.)

③ not ~ any [at all]

▶ 전부 부정을 나타낸다. 《아무것도, 어느 것도; 아무도, 조금도》

I don't want any of them.	나는 그 어느 것 [쪽]도 원하지 않는다.
I have some brothers, but not any sister.	나에게 형제들은 있지만 누이는 없다.
He did not drink any wine.	그는 술을 조금도 (전혀) 마시지 않았다.
He doesn't owe any man a penny.	그는 누구에게도 빚 한 푼 지지 않았다.

▷ 'any/ anything/ anybody/ either + (~) not'의 어순으로는 쓰지 않는다.
  Any of the people did not come. (×)
  → None of the people came. (○) 그 사람들은 아무도 오지 않았다.
  Not any of the people came. (○)

④ not + every- / every- ~ not

▶ 일부 부정을 나타낸다. 《누구나(모두가) ~한 것은 아니다.》

He attended every class. → He didn't attend every class. 〈일부 부정〉
그는 모든 수업에 출석했다.   그가 모든 수업에 출석한 것은 아니었다.

cf.) He didn't attend **any** class. 〈전부 부정〉   그는 어느 수업에도 출석하지 않았다.

Everybody knows the fact. → **Everybody doesn't** know the fact. 〈일부 부정〉
모든 사람이 그 사실을 알고 있다.   모든 사람이 그 사실을 알고 있는 것은 아니다.

cf.) Nobody knows the fact. 〈전부 부정〉   아무도 그 사실을 모른다.
  (= No one knows the fact.)

Every man cannot be a poet.   누구나가 다 시인이 될 수 있는 것은 아니다.
  (= **Not every** man can be a poet.)

2) not이 absolutely, always, altogether, completely, necessarily, quite, wholly 등의 부사나, entire, total, whole 등의 형용사와 함께 쓰이면 일부 부정을 나타낸다.

① not absolutely 《절대적으로 ~한 것은 아니다.》

    The rumor is **not absolutely** false.　　그 소문이 절대적으로 거짓인 것은 아니다.

② not always 《항상 (반드시) ~한 것은 아니다.》

    I'm **not always** at home on Sundays.　　제가 일요일에 늘 집에 있는 것은 아닙니다.

    The rich are **not always** happy.　　부자가 반드시(항상) 행복한 것은 아니다

③ not(~) completely 《완전히 ~한 것은 아니다.》

    Not all of the passengers were **completely** safe.

                                               그 승객들 모두가 완전히 안전한 것은 아니었다.

④ not … entire [whole, total] + 명사(~) 《전부가 [완전히] ~이 되는 것은 아닌》

    His explanation does **not** give us **entire** satisfaction.

                                                      그의 설명만으로는 만족스럽지 못하다.

    That is **not** the **whole** story.　　이야기는 그것뿐만이 아니다.

    We did**n't** eat in total silence.　　우리가 완전히 조용히 하면서 밥을 먹은 아니다.

⑤ not necessarily 《반드시 ~한 것은 아니다.》

    You need **not necessarily** attend the meeting.

                                                   당신은 구태여 회의에 참석할 필요는 없습니다.

    Learned men are **not necessarily** wise.

                                           학식이 있는 사람이라고 하여 반드시 현명한 것은 아니다.

⑥ not + quite [entirely, altogether] 《전적으로 ~한 것은 아니다.》

    I can**not quite** agree with you.　　내가 전적으로 너에게 찬성할 수는 없다.

    You are **not entirely** free from blame.

                                           네가 비난으로부터 전적으로 자유로울 수는 없다.

It is **not altogether** good. 그것이 전적으로 좋은 것은 아니다.

(6) 준 부정어

few, little, hardly, scarcely, barely, seldom, rarely 등 완전한 부정의 뜻을 나타내는 것이 아니라 '거의 ~아니다.'의 뜻을 나타내는 말을 준 부정어라 한다.

1) few, little ☞ p. 211[2], 213[2], 361[2], 363[2], 366[2] 등 참조
2) hardly, scarcely, barely

이들 단어는 모두 '거의 ~아니다(않다).'라는 뜻을 가지며 서로 바꾸어 쓸 수 있다. 이 중에 hardly가 가장 널리 쓰인다. 이 준 부정어들은 그 자체로 부정의 뜻을 가지므로 부정어 not, no, never와 함께 쓸 수 없으며, 부사 ever와는 같이 쓸 수 있으나, always와는 함께 쓸 수 없다. 반의어는 almost이다.

① hardly

❶ any, ever 등의 정도부사와 함께 《거의 ~아니다(않다).》

He has hardly any sense of humor.	그는 유머 감각(해학적 재치)이 거의 없다.
There is hardly any money left.	돈이 거의 남아있지 않다.
It hardly ever rains there.	그곳에는 비가 거의 내리지 않는다.
"Did many guests come?"	손님들이 많이 왔습니까?
– "No, hardly anybody."	아니요, 거의 아무도 오지 않았습니다.

▷ 이 용법으로 쓰일 경우 hardly는 일반적으로 그 수식하는 말 앞에 위치하지만, 조동사가 쓰이고 있는 경우에는 보통 그 조동사 뒤에 온다. scarcely, barely도 이에 준한다.

(1) 동사 앞
I **hardly** know her. 나는 그녀를 거의 알지 못한다.
I **hardly** know how to explain it. 제가 그것을 어떻게 설명해야 할지 모를 정도입니다.

(2) 조동사 뒤(조동사가 두 개 있는 경우 첫 번째 조동사 뒤)
I could **hardly** hear her. 나는 그녀가 하는 말을 거의 들을 수가 없었다.
They would **hardly** have recognized him. 그들은 그를 거의 알아보지 못하였을 것이다.

(3) 대명사 앞
Hardly anybody came to the meeting. 거의 아무도 그 모임에 오지 않았다.
Hardly anybody noticed it. 거의 아무도 그것을 알아채지 못했다.

(4) 형용사 앞
That is **hardly** true. 그것은 거의 사실일 수가 없다.
We had **hardly** any time. 우리는 거의 시간이 없었다.

(5) 부사 앞
I **hardly** ever see him nowadays. 나는 요즘에 그를 거의 본 적이 없다.
It **hardly** ever rains there. 그곳에는 비가 거의 내리지 않는다.

❷ 결코(전혀) ~은 아니다; 도저히 ~라고는 할 수 없다.

These shoes are hardly big enough for you.
　　　　　　　　　　　　　　　　　　　　이 구두는 작아서 도저히 네게 맞지 않는다.
The news is hardly surprising.　　　　그 소식은 전혀 놀라울 것이 없다.
That's hardly the way to talk to a friend.　친구에게 그렇게 말하는 법은 결코 없다.

❸ 3인칭의 주어 + 조동사와 함께 《아마 ~않다; 거의 ~할 것 같지 않다.》

He can hardly have arrived yet.　　　아마 그는 아직 도착하지 않았을 것이다.
She will hardly come now.　　　　　아마 그녀는 이젠 올 것 같지 않다.

❹ can, could와 함께 《도저히 ~할 수 없다.》

I can hardly wait any more.　　　　　나는 이제 더 이상은 도저히 기다릴 수가 없다.
I could hardly believe my ears at that moment.　그 순간 나는 내 귀를 의심했다.
cf.) He couldn't hardly endure the pain. (x)

※ 「not + hardly 등의 준 부정어」의 이중부정의 형식은 영문법에서 인정치 않는다. 위 문장은 couldn't나 hardly 중에 하나를 삭제해야 한다.

❺ when, before와 함께

[S + had + hardly + p.p. (A) … before [than, when] + S' + 과거 동사 (B) ~]
《A하자마자 B하다(= Hardly had + S + ~.)》

Sam-sun **had hardly** come home from the school **when [before]** she started to complain.　　　　삼순은 학교에서 집에 돌아오자마자 불평을 늘어놓기 시작했다.
Hardly had I heard the news **before** I hastened to the spot.
　　　　　　　　　　　　　　　　　　　나는 그 소식을 듣자마자 그곳으로 급히 달려갔다.

② scarcely

❶ 거의 ~않다.

I could scarcely suppress a laugh.　　　　　　　나는 웃음을 참기가 거의 어려웠다.
There is scarcely a rule but has some exceptions.　　예외 없는 규칙은 거의 없다.

※ **scarcely … but ~**: ~하지 않은 것은(사람은) 거의 없다(드물다).
　There is scarcely a man but has his weak side. 약점이 없는 사람은 거의 없다.

❷ 분명히(결코) ~아닌(아니다.)

You can scarcely expect me to believe that.
　　　　　　　　　　　　　너는 내가 그걸 믿으리라고 생각하는 것은 결코 아니겠지
He can scarcely have been there.　　　　그가 거기에 있었을 리는 절대 없다.
This is scarcely the time for arguments!　지금은 결코 논쟁하고 있을 때가 아닙니다.

❸ 간신히, 가까스로, 겨우

We could scarcely see through the thick fog.
　　　　　　　　　　　　　　　　짙은 안개로 앞이 간신히 보일 듯 말 듯 했다.

She is scarcely sixteen. 그녀는 겨우 열여섯 살이 될까 말까 하다.

There were scarcely three people present. 참석자는 겨우 세 명이었다.

❹ when, before와 함께 《~하자마자; ~하자 곧》

I had scarcely said the word when he entered.

내가 그 말을 하자마자 그가 들어왔다.

(= Had scarcely I said the word when he entered.)

I had scarcely fallen asleep before I was awakened. 나는 잠들자마자 곧 깨었다.

(= Had I scarcely fallen asleep before I was awakened.)

③ barely

❶ 거의 ~않다 (없다).

He showed barely any interest in it. 그는 그것에 거의 관심을 보이지 않았다.

She spoke in a choked voice, barely concealing her grief.

그녀는 거의 슬픔을 감추지 못하고 목멘 목소리로 말했다.

❷ 간신히, 겨우, 가까스로

We had barely enough time to catch the train.

우리는 가까스로 그 기차를 탈 수 있었다.

She is barely of age. 그녀는 이제 갓 성년이 되었다.

He is paid barely enough to support his family.

그는 가족이 겨우 입에 풀칠할 수 있을 정도의 급료를 받고 있다. / 그가 받는 급료로 그의 가족은 겨우 입에 풀칠하고 있다.

❸ 있는 그대로, 벗고, 빈약하게

a barely furnished room 가구가 거의 없는 방

He barely ask them a bribe. 그는 드러내놓고 그들에게 뇌물을 요구했다.

❹ when, before와 함께 《~하자마자, ~하자 곧》

I had barely started speaking when he interrupted me.

내가 겨우 말을 시작하자 곧 그는 내 말을 가로막았다.

(= Barely had I started speaking when he interrupted me.)

Barely had the game started when [before] it began to rain.

경기가 시작되자마자 비가 오기 시작했다.

4) rarely

① 드물게, 이따금, 좀처럼 ~하지 않는(= seldom)

I have rarely encountered such a spirit of wilful independence.

나는 그렇게 독불장군인 사람은 거의 본적이 없다.

It is rarely that he sings. 그는 좀처럼 노래를 부르지 않는다.

This is an accident rarely met with. 이것은 좀처럼 보기 드문 사건이다.

Politicians rarely care what the man in the street thinks.

정치인들은 보통사람이 무엇을 생각하는지는 거의 신경 쓰지 않는다.

※ the man in [on (미)] the street 보통사람, 일반인

② 좀처럼 드물 정도로(= exceptionally), 무척(= extremely), 훌륭하게(= splendidly)

She is rarely beautiful. 그녀는 드물게 보는 미인이다.

She played so rarely on the piano. 그녀는 피아노를 아주 훌륭하게 연주했다.

There have rarely been so many uncertainties ahead in the global economy. 세계 경제에 있어서 앞날이 이토록 불투명했던 적은 거의 없었다.

(= Rarely have there been so many uncertainties ahead in the global economy.)

※ rarely가 강조를 위해 문두로 나와 문장 전체를 수식하는 경우, 주어와 동사(조동사)가 자리를 서로 바꾼다. 일반 동사의 경우에는 do동사를 주어 앞에 놓는다.

We rarely see her nowadays. 요즈음은 그녀를 좀처럼 볼 수가 없다.

(= Rarely do we see her nowadays.)

5) seldom

드물게, 좀처럼~않는(= rarely)

I had **seldom** seen such a beautiful sunset.

나는 그렇게 아름다운 해넘이를 좀처럼 본 적이 없다.

→ **Seldom** had I seen such a beautiful sunset.

※ 부사 seldom이 강조를 위해 문두로 나갈 경우 주어와 동사가 도치되는데 이때 be동사나 조동사는 주어 앞으로 나오며, 일반 동사의 경우에는 어순 바꿈 규칙에 따라 주어 앞에 do동사를 써준다.

We **seldom** find him at home. 그가 집에 있는 일은 좀처럼 드물다.

→ **Seldom** do we find him at home.

I come into the kitchen so **seldom** I don't know what's what.

내가 부엌에 하도 들어오지 않으니까 무어가 무언지 모르겠다.

He **seldom** betrays [shows] his feelings.

그는 좀처럼 감정을 드러내지 않는다.

Beauty and luck **seldom** go hand in hand.

아름다움과 행운은 손에 손을 잡고 가는 일이 드물다. [미인박명]

One **seldom** does one's best till one is forced to.

사람들은 발등에 불이 떨어지지 않으면 열심히 하지 않는다.

■ 이중부정(double negation)

영어에서 이중부정이란 하나의 문장에 부정어를 두 개 중복해서 사용하는 것을 말한다. 직접적인 부정어의 중복사용은 원칙적으로 금지된다. 부정문은 이미 부정어(not)를 갖고 있거나 내포하고 있으므로 부정문에 다시 부정어를 사용하는 것은 중복 금지의 원칙에 반할 뿐만 아니라 의미의 혼란을 가져올 수 있기 때문이다.

A. 허용되지 않는 이중부정

(A) 부정어(not, no, never 등) + 동사 + 부정대명사(none, nobody, nothing 등), no + 명사

I don't know nothing. (x)

→ I don't know **anything**. (o) 나는 아무것도 모른다.
You **ain't** seen **nothing** yet. (x)
→ You **ain't** seen **anything** yet. 너는 아직 아무것도 보지 못했다; 이제부터가 진짜다.
I **can't** trust **nobody**. (x)
→ I **can't** trust **anybody**. (o) 내가 믿을 사람이 아무도 없다.
Although I like baseball, I do **not** like **no** other sports. (x)
→ Although I like baseball, I do **not** like **any** other sports. (o)
나는 야구는 좋아하지만, 다른 운동경기는 좋아하지 않습니다.

(B) 부정어(not, no, never) + hardly, scarcely, barely, rarely, little, seldom, neither, never, no sooner, not until 등

I **can't hardly** wait any more. (x)
→ I can **hardly** wait any more. (o)
I **can't scarcely** keep my eyes open. (x)
→ I can **scarcely** keep my eyes open. (o) 나는 제대로 눈을 뜨고 있을 수가 없다.
I don't like it, **neither**. (x)
→ I don't like it, **either**. (o)

(C) but가 「that ~ not」의 의미로 명사절을 이끌 경우 but절에 부정어를 쓸 수 없다.

Who is there **but** does **not** commit errors? (x)
→ Who is there **but** commits errors? (o)
It was impossible **but** she should not hear it. (x)
→ It was impossible **but** she should hear it. (o) 그녀가 그것을 듣지 않았을 리가 없다.

(D) 접속사 lest, whether, unless가 이끄는 부사절이나 유사관계대명사 but이 이끄는 형용사절에 부정어를 쓰지 못한다.

I got up early this morning **lest** I should <u>not</u> miss the train. (x)
→ I got up early this morning **lest** I should miss the train. (o)
나는 오늘 아침에 기차를 놓치지 않기 위해 일찍 일어났다.
I don't care **whether** he <u>doesn't</u> like me. (x)
→ I don't care **whether** he likes me (or not). (o)
나는 그가 나를 좋아하거나 말거나 신경쓰지 않는다.
There is <u>no one</u> **but** <u>does not</u> wish to succeed. (x)
→ There is <u>no one</u> **but** wishes to succeed. (o)
I won't give it to you **unless** you promise <u>not</u> to bother me. (x)

B. 허용되는 이중부정

(A) 「부정어(not, no, never) + 부정접두사나 부정접미사가 붙은 말」

에두르는 표현으로 약한 긍정의 의미를 나타낸다. 이런 표현은 문법적으로 틀리지는 않지만 어감이 좋지 못하다.

She **wasn't unhappy** when he left. 그가 떠났을 때(도) 그녀는 슬프지 않았다.

The case is **not unknown** to me. 그 사실을 내가 모르는 바는 아니다.

It is **not impossible** that that situation could develop again.
그러한 사태가 다시 발생하는 것도 불가능하지는 않다.

He spoke **not carelessly**. 그는 함부로 말하지 않았다.

(B) 「부정어(cannot, no, never) + without ~」

강한 긍정의 의미를 나타낸다.

I **cannot** see this photo **without** thinking of her.

There is **no** rule **without** exception.

They **never** meet **without** fighting with each other.

※ without 다음에는 부정어를 쓰지 못한다.

    The police arrested him **without** giving <u>no</u> reason. (x)

    → The police arrested him **without** giving **any** reason. (o)

    경찰은 아무런 사유도 제시하지 않고서 그를 체포했다.

(C) 조동사와 동사의 연속된 부정은 허용된다.

She **can't not** come. 그녀는 오지 않을 수 없다.

I **couldn't not** do anything. 나는 아무것도 하지 않고 그냥 있을 수가 없었다.

(D) 「부정어 + 동사 + not + 동명사, to부정사」

He had to leave higher education because they **couldn't** afford **not** to work.
그는 일을 하지 않으면 안 되는 형편이어서 고등교육은 포기해야 했다.

I **don't** regret **not** doing it. 나는 그것을 하지 않은 것을 후회하지 않는다.

3. 감탄문과 기원문

(1) 감탄문(Exclamatory Sentence)

기쁨, 슬픔, 놀람 등의 강한 감정을 나타내는 문장을 가리킨다. 감탄문 뒤에는 감탄부호 [exclamation mark(point)]인 !를 둔다. 감탄문은 보통 「What + a [an] + 형용사 + 명사 + s + v!」나, 「How + 부사, 형용사 + s + v!」로 나타내며, 이때의 What과 How는 '매우, 참으로'의 뜻을 갖는다.

1) What 감탄문
① 의문형용사 what을 사용한 감탄문

「What + a [an] + 형용사 + 명사 + (s + v)!」의 형식이나, 「what + 불가산명사·복수 명사 (s + v)!」의 형식을 사용한다.

What a beautiful flower (this is)!　　　　　　　　(이것은) 정말 아름다운 꽃이구나!

※ 「What + a [an] + 형용사 + 명사 + S + V!」의 S + V는 종종 생략한다.

(= How beautiful this flower is! / How beautiful a flower this is! 〈드물게 씀〉)

What a charming girl she is!　　　　　　　　그녀는 정말 매력적인 여자야!

(= How charming she is!)

What a beautiful day (it is)!　　　　　　　　(오늘) 날씨가 참 좋구나!

(= How beautiful this day is!)

What a foolish boy you are!　　　　　　　　너는 참 바보 같은 애구나

(= How foolish a boy you are!)

※ how는 부정관사가 있는 명사와 함께 「How + 부사, 형용사 + a [an] + 명사 + S + V!」처럼은 쓸 수 있으나 「How + 부사, 형용사 + 불가산명사·복수형 명사 + S + V!」의 형식으로는 쓰지 못한다. what은 가능하다.

How foolish boys you are! (×)　What foolish boys you are! (○) 너희는 참 바보들 같구나!

What interesting people they are!　　정말 재미있는 분들이셔. / 정말 웃긴 사람들이야.
(= How interesting they are!)

What nonsense!　　　　　　　　　　　　　　말도 안 되는 소리!; 어이가 없군!

> ▷ 「what + 불가산명사·복수 명사 + (s + v)」의 형태로 감탄을 나타낼 수도 있다.
> What luck! 얼마나 운이 좋은가 [나쁜가]!　 What impudence! 정말 뻔뻔스럽구나!
> What courage he has! 그는 정말 대단한 배짱을 가졌군!
> What rude people! 정말 무례한 사람들이군!

② 의문대명사 what을 문두에 써서 감탄을 나타낼 수가 있다.

What he has suffered!　　　　　　　　　　그는 얼마나 고통스러웠을까!

What was his pleasure when he passed the examination!
〈의문문이 감탄의 뜻으로 쓰인 경우〉　　　그가 그 시험에 합격했을 때 그는 얼마나 기뻤을까.

What wouldn't I do for her! 〈의문문이 감탄의 뜻으로 쓰인 경우〉
　　　　　　　　　　　　　　　　　　　　그녀를 위해서는 무슨 짓인들 못 하랴!

2) How 감탄문

① how가 문두에서 형용사, 부사를 수식(강조)하는 형식의 감탄문
[How + 부사, 형용사 + (s + v)!]

How beautiful (it is)!　　　　　　　　　　정말 예쁘기도 하구나!

How tall he is!　　　　　　　　　　　　　그는 정말 키가 크구나!

cf.) How tall is he? 〈의문문〉　　　　　　그는 키가 얼마나 되나요?

How cold it is!　　　　　　　　　　　　　정말로 춥네요!

How poor are they that have not patience! 〈의문문이 감탄의 뜻으로 쓰인 경우〉
　　　　　　　　　　　　　　　　　　　　인내할 줄 모르는 자 얼마나 가련한가! – 속담 –

② how가 문장 전체를 수식(강조)하는 형식의 감탄문 [How + s + v!]

How it rains!　　　　　　　　　　　　　정말 비가 억수같이 오는구나!

How I envy her!	나는 그녀가 정말 부럽다.
How I wish to buy the book!	내가 얼마나 그 책을 사고 싶은지!
How do you like that!	너는 그걸 정말 좋아하는구나! 〈의문문이 감탄의 뜻으로 쓰인 경우〉
cf.) How do [would] you like your coffee?	커피를 어떻게 드시겠습니까?

(2) 기원문(Optative Sentence)

기원문(祈願文)이란 '바람'을 나타내는 문장을 말한다. 보통 「(May) + 주어 + 동사원형 ~!」의 문장형태를 가지며, Heaven, God를 많이 사용한다. 기원문 뒤에는 감탄부호(!)를 둔다. 기원문의 May는 '바라 건데 ~하기를!'의 의미를 나타낸다.

May you live long!	오래오래 사세요!
(May) (God) Bless you!	당신에게 신의 축복이 있기를! / 복 받으세요! / 정말 감사합니다!
May he rest in peace!	그의 영혼이여 편히 잠드시길!
May you always be happy and healthy!	항상 행복하시고 건강하십시오.
May you prosper and be in good health!	일 잘되고 건강하십시오.
May your shadow never be less!	더욱더 번창하시기 바랍니다.
Heaven prosper you!	성공하시기를 빕니다.
God grant that they may succeed!	신이시여, 바라건대 그들이 성공하게 해 주소서!
God damn you!	이 빌어먹을 놈아! / 뒈져버려!
Heaven forbid!	맙소사! / 당치도 않아!
May he not come here!	그가 이곳에 오지 않기를 빕니다.

※ 기원문의 부정은 not을 동사원형 앞에 쓴다.

4. 강조(Emphasis)

문장의 특정 요소를 두드러지게 나타내는 표현방식을 강조(强調)라고 한다.

(1) 특정 어구의 강조

1) 명사, 대명사의 강조

① very가 한정사(the, this, that, one's)의 뒤에 쓰여 명사를 강조한다. 《바로 그 ~, 직접》

He is **the very** man that I am looking for.　　그는 내가 찾고 있는 바로 그 사람이다.
She knows **our very** thought.　　그녀는 우리의 생각을 속속들이 알고 있다.
It happened under **my very** eyes.　　그것은 바로 내 눈앞에서 일어났다.

② 특정인이나 인칭대명사를 강조하고자 하는 경우 특정인이나 인칭대명사의 바로 뒤나 문장의 끝에 재귀대명사를 둔다.

<u>I</u> **myself** saw it. (= <u>I</u> saw it **myself**.)　　내 눈으로 직접 그것을 보았다.
<u>He</u> made food **himself**.　　그는 자신이 직접 음식을 해먹는다.
They got to <u>the mayor</u> **himself**.　　그들은 바로 시장에게 뇌물을 썼다.
That's all I've ever heard from <u>Sam-sun</u> **herself**.
　　그것이 당사자인 삼순에게 들었던 전부이다.

2) 동사(또는 문장)의 강조

do를 인칭과 시제에 맞게 동사원형 앞에 둔다. 이때의 do는 동사를 강조하기도 하지만 마치 독립부사와 같은 역할을 하여 문장 전체를 강조하는 때가 많다. do[does, did]에 강세를 둔다. 《진심으로, 꼭, 정말로, 확실히》

I **do** hope you will get better.　　네가 회복하기를 **진심으로** 바라.
He said he would come and he **did** come.　　그는 오겠다고 말을 했고 **정말로** 왔다.

Do be quiet! 조용히 **좀** 하세요.
Who **did** break the computer? **대체** 누가 컴퓨터를 고장 냈나요?

(2) 강조 어구를 글머리로 이동시켜 강조하는 경우 ☞ 뒤의 6. 어순 바꿈 (1)에서 더 자세히(p. 383)

1) 제2문장 형식에서 보어를 강조 시 그 보어를 글머리로 보낸다.

Her name is Daisy. 그녀의 이름은 데이지이다.
→ Daisy is her name. 데이지가 그녀의 이름이다.
My hobby is reading. 내 취미는 독서이다.
→ Reading is my hobby. 독서가 내 취미이다.

2) 제3문장 형식에서는 그 목적어를 글머리로 보낸다.

I suggest an early start. 저는 일찍 출발할 것을 제안합니다.
→ An early start I suggest.
Daechon will make a lovely summer resort. 대천은 멋진 여름 휴양지가 될 것이다.
→ A lovely summer resort Daechon will make. 멋진 여름 휴양지하면 대천일 것이다.

3) 제5문장 형식에서 목적격 보어를 강조 시 그 목적격 보어를 글머리로 보낸다.

We called him captain. 우리는 그를 '대장'이라고 부른다.
→ Captain we called him. 대장이라고 우리는 그를 부른다.

The president appointed Mr. Kim (as) his secretary.
회장은 김 씨를 그의 비서로 임명했다.
→ His secretary the president appointed Mr. Kim. 비서로 회장은 김 씨를 임명했다.

4) 전치사의 목적어를 강조 시 그 목적어만을 글머리로 보낸다.

I'm not fond <u>of</u> **his face**. → **His face** I'm not fond <u>of</u>. 그의 상판대기는 보기도 싫다.

I look up to such a president.

→ **Such a president** I look up to.   그런 훌륭한 대통령이야말로 내가 존경한다.

5) 부사구를 강조 시 그 부사구를 글머리로 보낸다.

I was born in Gongju, and I'll die in Gongju.

나는 공주에서 태어났고, 공주에서 죽을 것이다.

→ **In Gongju** I was born, and **in** I'll die.

(3) 동일어구의 반복에 의한 강조

He **read and read** the phrase.   그는 그 구절을 읽고 또 읽었다.
It is getting **hotter and hotter day by day**.   날이 나날이 점점 더 더워지고 있다.
I don't want to hear! I don't want to hear what you've come for.

나는 듣고 싶지 않아요! 나는 당신이 무엇 때문에 왔는지 듣고 싶지가 않단 말이에요.

(4) 「It ~ that …」 구문을 사용한 강조

강조하고자 하는 말을 it과 that 사이에 넣어 나타내는 강조형식을 말한다. 이를 분열문(cleft sentence)이라고도 한다.

1) 긍정 평서문의 강조

「It is [was] + 강조 어구 + that + 나머지 부분」의 형태로 나타낸다.

① 주어, (직접)목적어, 부사(구) 등을 강조하여 'that 이하 한 것은 바로 ~이다(이었다).'의 뜻을 나타낸다. 강조하고자 하는 말(focus)을 It is [was]와 that 사이에 둔다.

▶ 강조 구문에서 it 다음에 오는 be동사의 시제는 that절 내의 동사의 시제에 따라서 is 또는 was로 된다.

Tom broke the computer yesterday.

→ It was Tom that [who] broke the computer. 〈Tom의 강조〉

어제 그 컴퓨터를 고장 낸 사람은 바로 톰이었다.

It was the computer that Tom broke yesterday. 〈the computer의 강조〉

어제 톰이 고장 낸 것은 바로 그 컴퓨터였다.

It was yesterday that Tom broke the computer. 〈yesterday의 강조〉

톰이 그 컴퓨터를 고장 낸 때는 바로 어제였다.

It was not until the meeting was over that he turned up.

회의가 끝나고 비로소 그가 나타났다.

It was to Geum-sun that Sam-sik was married.

삼식이 결혼한 사람은 바로 금순이었다.

It was in this book that I read about his discovery.

내가 그의 발견에 관해서 읽은 것은 이 책에서였다.

② 이때의 that은 who, whom, which의 관계대명사로 바꿔 쓸 수 있다. 강조되는 부분이 사람인 경우에는 that 대신 who나 whom을 쓸 수 있으며 사물인 경우에는 which를 쓸 수 있다. 또, '전치사 + 관계대명사'의 형태를 쓰기도 한다. 보통은 장소, 시간, 이유의 부사구 등을 강조할 경우에는 where, when, why를 쓰기도 하나 이는 문법적으로 틀린 것으로 보는 것이 보통이다. 즉, 강조의 that이 주어, 목적어의 역할을 할 경우 대신 관계대명사 who, whom, which로 바꿀 수 있으나 관계부사는 강조 구문을 표현하는 that을 대치하여 쓸 이유가 없기 때문이다. 그리고 부사절을 강조할 때는 that만을 쓴다.

It is I who am wrong.   잘못이 있는 사람은 바로 나다.

It was Tom whom I met yesterday.   내가 어제 만난 사람은 톰이었다.

※ 강조되는 말이 고유명사(사람)일 경우에는 that을 쓰지 않고 who나 whom을 쓴다.

It was Sam-sun to whom Sam-dol was married.

It was this book in which I read about his discovery.

It was yesterday that [when] I met Tom.   내가 톰을 만난 것은 어제였다.

It was in the park that [where] I met her.　　내가 그녀를 만난 곳은 공원이었다.

It was when I first meet her that I felt as if she had been a close friend for years.

그녀가 마치 오랫동안 알아온 친한 친구 같은 느낌을 받은 것은 내가 그녀를 처음 만났을 때였다.

■ 참고

1. 술어 동사나 주격 보어, 간접목적어, 독립부사, 양태부사는 'It ~ that …' 강조 구문의 강조되는 어구(focus)로 하지 않는 것이 보통이다.

   I love you. → It is love that I you. (×)
   She was happy. → It was happy that she was. (×)
   He gave her a rose. → It was her that he gave a rose. (×)
   Evidently, he has made a mistake. 분명히, 그가 실수한 것이다.
   → It is evidently that he has made a mistake. (×)
   I regret deeply it. 나는 그것에 대해 가슴 깊이 후회한다.
   → It is deeply that I regret it. (×)

2. 「It ~ that [who]…」 강조 구문의 'that [who]'는 생략하지 않는 것이 원칙이나 입말체에서는 생략하기도 한다.

3. 동명사구를 강조할 경우 동명사의 의미상의 주어를 소유격으로 한다.

   I remember Tom saying so. 나는 톰이 그렇게 말한 것을 기억하고 있다.
   → It is Tom's saying so that I remember.

4. 가주어·진주어 구문과 강조 구문의 구별

   'It is'와 'that'을 생략한 나머지 부분이 완전한 문장이면 강조 구문이고, 불완전한 문장이면 가주어·진주어 구문이다.

   (It is) here (that) she will come. 여기가 그녀가 오기로 한 곳이다.
   ※ 문장이 성립된다. 그러므로 〈강조 구문〉이다.

   (It is) certain (that) he will come. 그가 올 것이 확실하다.
   ※ 문장이 성립되지 않는다. 그러므로 〈가주어·진주어 구문〉이다.

2) 의문문의 강조

먼저 의문문을 평서문으로 고쳐서 강조 구문을 만든 다음, 그것을 다시 의문문으로 고쳐 준다. 그리고 의문사가 있는 의문문은 의문사를 앞으로 내보낸다.

① 의문사가 없는 의문문

Did you it? 네가 그것을 했지?

→ You did it. 〈평서문〉

→ It was you that did it. 〈평서문의 It ~ that … 강조 구문〉

→ Was it you that did it? 〈의문문의 It ~ that …강조 구문〉

그것을 한 사람은 바로 너였지?

② 의문사가 있는 의문문(의문사의 강조): 의문사 + is [was] it that ~?

Who did it? 누가 그것을 했죠?

→ It is who that did it. 〈평서문의 It ~ that … 강조구문〉

→ Is it who that did it?

→ Who is it that did it? 〈의문사 강조의 It ~ that …강조 구문〉 그것을 한 게 (도대체) 누구죠?

What kind of work do you want? 당신은 어떤 종류의 일을 원하십니까?

→ What kind of work is it that you want?

어떤 종류의 일이 당신이 원하는 것입니까?

Where did you buy the book? 당신은 그 책을 어디서 샀습니까?

→ Where was it that you bought the book? 어디가 당신이 그 책을 산 곳입니까?

3) 「not … until ~」구문의 'It ~ that …' 구문을 사용한 강조: It is not until ~ that + s + v …. / Not until ~ that do [does, did] + s + v …. 《~해서야 비로소 …하다.》

He didn't start to read <u>until he was ten</u>.

그는 10살이 되어서야 비로소 책을 읽기 시작했다.

→ It **was not until** he was ten **that** he started to read.
Not until he was ten that **did** he start to read.

(5) 강조 어구를 통한 강조

1) 의문문의 강조 어구

의문문에 ever, whatever, at all, in the world, on earth, the devil, the hell 등의 어구가 쓰이면 '도대체, 대관절, 조금이라도, 제기랄' 등의 의미를 더해 준다.

Who **ever** can it be? 도대체 그는 누구일까?
How **ever** did he solve the problem? 대관절 어떻게 그 문제를 풀었니?
Is there any chance **whatever**? 조금이라도 가망성이 있습니까?
Do you believe it **at all**? 도대체 너는 그것을 믿니?
What **on earth [in the world/ the devil]** do you mean?
도대체 무슨 말을 하는 것인가요?
What **on earth** do you expect me to do? 도대체 나보고 어떻게 하란 말인가요?
Where **on earth** have you been?
도대체 너는 어디에 갔다 왔느냐?; 도대체 너는 지금까지 어디 있었느냐?
Who **the devil** is he? 도대체 그 사람은 누구냐?
What **the hell** do you want? 대체 네가 원하는 게 뭐냐?

2) 부정문의 강조 어구

not, never 등의 다음에 ever, at all, in the least, whatever, whatsoever, in the slightest, by any(no) means, a bit, on any account, in any way 등을 써서 '조금도, 아무것도' 등의 뜻을 더할 수 있다.

I know **nothing whatever** about it. 나는 그것에 대해 조금도 모른다.
I don't understand **in the least** what you mean.
무슨 말씀인지 저는 도무지 이해할 수가 없습니다.

You must **not** yield to any temptation **on any account**.
너는 어떤 유혹에도 결코 굴복해서는 안 된다.

She was **not** surprised **in the least**. 그녀는 조금도 놀라지 않았다.

This goods are **not** satisfactory **by any means**. 이 물건은 결코 만족할 만한 것 못 된다.

(= This goods are **by no means** satisfactory.)

He is **by no means** a bad man. 그는 결코 나쁜 사람은 아니다.

"Would you mind if I turn on the TV?" TV를 켜도 괜찮겠습니까?

— "No, **not in the least**." 예, 물론이죠.

I **never ever** believed he would have such success.
나는 그가 그처럼 성공할 것이라고는 전혀 생각지 못했다.

5. 무생물 주어 구문(Inanimate Subject)

(1) 뜻

영문법에서 무생물 주어 구문(無生物主語 構文)이란 사람(생물)과 사물(무생물)의 관련을 나타낼 때 사물을 능동의 주어로, 사람(생물)을 목적어로 하여 만드는 문장을 말한다. 무생물 주어 구문은 사물이 강조됨으로써 생물 주어 구문에 비해 더욱 사실적이고 역동적인 느낌을 준다. 글말체에서 주로 사용하고 있다.

※ 무생물 주어 구문을 우리말로 직역하면 어색할 경우가 많으므로 무생물 주어 구문의 무생물 주어는 시간, 방법, 원인, 이유, 양보, 조건 등의 부사구·절로 번역하고, 목적어(사람)를 주어로 번역해 주는 것이 자연스러울 경우가 많다. 이에 따라 무생물 주어 구문은 무생물 주어를 부사구·절로 하는 생물 주어 구문으로 바꿔 쓸 수가 있다.

(2) 무생물 주어 구문의 문장전환

무생물 주어 구문은 사람(생물)을 주어로 하는 문장으로 전환할 수가 있다. 즉, 무생물 주어 구문의 목적어인 사람을 주어로 하고 동사를 사람(생물) 주어에 맞도록 고치고, 무생물 주어를 그것이 나타내는 의미에 따라 원인, 이유, 수단, 조건, 결과, 양보 등의 전치사구나 접속사절(부사절)로 고쳐 써서 무생물 주어 구문과 같은 뜻을 나타낼 수가 있다.

1) 무생물 주어 구문의 목적어인 사람을 주어로 내보낸다.

Ten minutes' walk brought us to the station.   우리는 10분을 걸어서 역에 당도했다.
→ We came to the station after we walked ten minutes.
The news gave me a great shock.   그 소식은 나에게 큰 충격을 주었다.
→ I had a great shock to hear the news.   나는 그 소식을 듣고서 큰 충격을 받았다.
That mistake lost him his job.   그 잘못으로 그는 직장을 잃었다.
→ He lost his job because of that mistake.
The noise in the street kept me awake all night.
                                거리가 시끄러워서 나는 밤새 잠을 못 잤다.
→ I was awake all night because of the noise in the street.

2) 동사의 전환

3형식의 무생물 주어 구문은 그 동사를 수동태형(be + p.p.)으로 하여, 이중 목적어의 무생물 주어 구문은 사람주어 구문과 같은 의미를 나타내도록 별도의 동사를 사용하여 사람인 제1 목적어를 주어로 하고 제2 목적어를 목적어로 하는 3형식의 문장으로 바꾸어 써서, 5형식의 무생물 주어 구문은 그 목적어를 주어로 하고 그 목적격 보어를 「불완전자동사 + 보어」의 형태로 바꾸어 써서 무생물 주어 구문과 같은 뜻을 표현할 수 있다.

① 동사 전환의 기본모습

❶ 3형식의 무생물 주어 구문은 그 목적어(사람)을 주어로 하는 그 수동태문으로 하여 사람주어 구문으로 할 수 있다. [S(무생물) + Vt + O(사람)] → [S(사람) ← O) + be p.p. + 부사구·절

[(← S)]

The job doesn't <u>suit</u> him.   그 일은 그에게 맞지 않는다.

→ He **is** not **suited to** the job

The result <u>disappointed</u> us.   그 결과는 우리를 실망시켰다.

→ We **were disappointed with** the result.   우리는 그 결과를 보고 실망했다.

❷ 「S(무생물) + Vt.1 + O1(사람) + O2(사물)」의 이중 목적어 구문은 「S(사람) ← O1) + Vt.2 + O(사물, ← O2) + 부사구(← S)」의 형태로 고칠 수가 있다.

That mistake <u>cost</u> him his job.   그 잘못으로 그는 직장을 잃었다.

→ He **lost** his job because of that mistake.

The news <u>gave</u> me a great shock.   그 소식은 나에게 큰 충격을 주었다.

→ I **had** a great shock to hear the news.   나는 그 소식을 듣고서 큰 충격을 받았다.

It <u>stood</u> me 20,000 won.   나는 그것에 2만 원이 들었다.

→ I **spent** 20,000 won on it.

❸ 「S(무생물) + Vt. + O(사람) + to 부정사」의 구문은 목적어를 주어로 하고 to 부정사의 동사원형 [수동형인 경우 be + p.p.)]을 생물 주어 구문의 동사로 하는 문장으로 바꿀 수 있다.

The MRI(magnetic resonance imager) enables us to <u>observe</u> our brain.
    MRI(자기공명단층 촬영장치)를 통해서 우리의 뇌를 관찰할 수 있다.

→ We can **observe** our brain by means of the MRI.

The rain compelled me to stay indoors yesterday.

→ I had to **stay** indoors yesterday because of the rain.
    비 때문에 어제 나는 집 안에 있어야만 했다.

His idleness caused him to be dismissed.   그는 게을러서 해고되었다.

→ He **was dismissed** because he was idle.

❹ 「S(무생물) + Vt. + O + 형용사」의 구문은 「S(사람, ← O) + Vi.(be, become, feel 등) + 형용사」의 구문으로 바꿔 쓸 수 있다.

The noise from the upstairs room kept me awake all night.
　　　　　　　　　　　　　　　　　위층 방에서 나는 소음으로 나는 밤새 잠을 못 잤다.
→ I was awake all night because of the noise from the upstairs room.
The news made her happy.
→ She became happy at the news.　　　그녀는 그 소식을 듣고서 행복해했다.

② 주요 동사 전환의 예

❶ 무생물 주어 + bring + O(사람) + 장소 부사구(to +장소) → 사람주어(← O) + come to [reach] + 시간, 방법, 결과 등의 부사구·절

Ten minutes' walk brought us to the station. 10분을 걸어서 우리는 역에 당도했다.
→ We **came to** the station after we walked ten minutes.
The noise brought them to the scene.
　　　　　　　　　　　　　　　　　소란스러운 소리에 사람들이 그 현장으로 모여들었다.
→ When people heard the noise, they **came to** the scene.

❷ 무생물 주어 + take + O(사람) + 장소 부사구(to + 장소) → 사람주어(← O) + go [get to] + 장소, 목적, 조건 등의 부사·절

His homework often takes him to the library.
　　　　　　　　　　　　　　　　　숙제하기 위해 그는 종종 도서관에 간다.
→ He often **goes to** the library to do his homework.
Two hours' bus ride took us to Seoul.
　　　　　　　　　　　　　　　　　두 시간 동안 버스를 탄 후 우리는 서울에 도착했다.
→ We rode in a bus for two hours, and **got to** Seoul.
This bus will take you to the city hall.　　　이 버스를 타면 시청에 갈 수 있습니다.
→ If you take this bus, you can **get to** the city hall.

❸ 무생물 주어 + give + O1(직접목적어, 사람) + O2(직접목적어, 사물) → 사람주어(← O1) + have [derive] + 목적어(← O2) + 원인, 근거 등의 부사구·절

The news **gave** me a great shock.   그 소식은 나에게 큰 충격을 주었다.
→ I **had** a great shock to hear the news.   나는 그 소식을 듣고서 큰 충격을 받았다.
Nature **gives** him a poetic inspiration.   자연은 그에게 시적 영감을 준다.
→ He **derives** a poetic inspiration from nature.
    그는 자연으로부터 시적 영감을 받는다.

❹ 무생물 주어 + enable + O + to do → 사람주어(← O) + can [be able to] + V(← to 부정사) + 방법, 원인, 이유 등의 부사구·절

The MRI **enables** us to observe our inner body quite clearly.
    MRI를 통해서 우리는 인체 내부를 아주 선명하게 관찰할 수 있다.
→ We **can observe** our inner body by means of the MRI.
Her wealth **enabled** her to buy the luxury car.
    그녀는 부자였기 때문에 그 고급차를 살 수가 있었다.
→ She **was able to buy** the luxury car because she was wealthy.

❺ 무생물 주어 + compel [force, oblige, impel, urge, drive] + O + to do → 사람주어(← O) + have to [must] + V(← to 부정사) + 원인, 이유 등의 부사구·절

The stormy weather **compelled** us to put off our departure.
    험악한 날씨 때문에 우리는 출발을 미뤄야 했다.
→ We **had to put off** our departure owing to the stormy weather.
The law **obliges** us to pay taxes.   법에 따라서 우리는 세금을 내지 않으면 안 된다.
→ We **must pay** taxes according to the law.

❻ 무생물 주어 + drive + O(사람) + to 부정사, 형용사 → 사람주어(← O) + V(← to 부정사/be +형용사) + because (of) [owing to 등]

ex) allow, cause, create, drive, invite, lead, motivate, permit, prompt, etc.

His son's death drove him almost mad.　　아들이 죽었기에 그는 거의 실성하였다.

→ As his son died, he **went** almost **mad**.

On the ground of his son's death, he **went** almost **mad**.

The MRI scanner allows us to see the nerves and disk quite clearly.

MRI 스캐너(자기공명 단층촬영판독기) 덕분에 우리는 신경과 디스크를 매우 선명하게 볼 수가 있다.

→ We can see the nerves and disk quite clearly owing to the MRI scanner.

❼ 무생물 주어 + prevent 등 + O + from + ~ing (~) (= 무생물 주어 + forbid + 목적어 + to do) → 사람주어(← O) + cannot + V(← 동명사/ to 부정사) + 원인, 이유 등의 부사구·절

ex) ban, deter, disable, discourage, hinder, keep, refrain, restrain, preclude, prohibit, stop, etc.

Bad weather prevented us from starting.　　날씨가 나빠서 우리는 출발하지 못했다.

→ We **could not start** because of the bad weather.

Their differences prevented them from negotiating a settlement.

그들은 의견 차이로 협상을 타결 짓지 못했다.

→ They **could not negotiate** a settlement because of their differences.

Bad weather forbids us to start.　　날씨가 나빠서 우리는 출발할 수가 없었다.

→ As the weather was bad, we **could not start**.

❽ 무생물 주어(시간) + find [see] + O + (분사) → 사람주어(← O) + find oneself [be found (seen)] + 시간, 장소의 부사구·절

The next day found him travelling by train.

그 다음 날 그는 기차로 여행하고 있었다.

→ He **found himself** travelling by train the next day.

He **was found** travelling by train the next day.

The next morning <u>found</u> them on the summit of the mountain.

그 이튿날 아침 그들은 그 산의 정상에 있었다. (도달했다.)

→ They **found themselves** on the summit of the mountain the next morning.

This coming Saturday <u>will see</u> us at Jejudo.

이번 주 토요일에 우리는 제주도에 있을 것이다.

→ We **will see ourselves** at Jejudo this coming Saturday.

We **will be seen** at Jejudo this coming Saturday.

The following day <u>saw</u> us traveling northward.

그 다음 날 우리는 북쪽을 향해 여행하게 되었다.

→ We **were seen** traveling northward the following day.

❾ 무생물 주어 + make + O(사람) + O.C(원형 부정사, 형용사, 부사) → 사람주어(← O) + 불완전자동사(be, become 등) + C(← O.C) + 원인·이유의 부사구·절

His honesty <u>makes</u> him <u>honored</u>.   정직하기 때문에 그는 존경받는다.

→ He **is honored** because <u>of his honesty [because he is honest]</u>.

His action <u>made</u> her <u>upset</u>.   (그런) 그의 행동에 그녀는 당황해했다.

→ She **became upset** because he acted like that.

❿ What makes + O(사람) + O.C(원형 부정사)? 〈what이 주어〉 → Why + 조동사 + 주어(← O) + 본동사(← O.C) ~?

What makes you say that?   무엇 때문에 네가 그렇게 말하는 것인가?

→ Why do you say that? ※ 여기서 **say**는 본동사이다.

3) 무생물 주어의 전환

사람주어 구문으로 바꿀 때 무생물 주어는 그 나타내는 의미에 따라 원인, 이유, 수단, 시

간, 결과, 조건, 양보 등의 전치사구나 접속사절로 고친다.

The snow forced us to put off our trip.   눈 때문에 우리는 여행을 연기해야만 했다.
→ We had to put off our trip **because of the snow**.

His illness kept him in hospital for a month.   병 때문에 그는 한 달간 병원에 입원했다.
→ **On account of** his illness, he stayed in hospital for a month.

The law obliges us to pay taxes.   법에 따라서 우리는 세금을 내지 않으면 안 된다.
→ We must pay taxes **according to the law**.

Two hours' bus ride took us to Gongju.
2시간 동안 버스를 타고난 후 우린 공주에 도착했다.
→ **After [When] we rode in a bus for two hours**, we came to Gongju.

It makes me think of my mother.   그것을 볼 때마다 나의 어머니가 생각난다.
→ **Whenever I see it**, I think of my mother.

This medicine will make you feel better.   이 약을 드시면 한결 편해질 겁니다.
→ **If you take this medicine**, you will feel better.

No amount of wealth can satisfy her.   아무리 부유할지라도 그녀는 만족하지 않는다.
→ **Though she is rich**, she cannot be satisfied.
   However she is rich, she cannot be satisfied.
   No matter how rich she may be, she cannot be satisfied.

6. 어순 바꿈(Inversion)

어순 바꿈이란 문장요소 사이에 그 순서를 바꾸는 것을 말한다. 영문법에서 어순 바꿈이란 「주어 + 동사 + 보어, 목적어, 부사(구) 등」의 일반 어순의 문장에서 강조하기 위해 특정 어구(보어, 목적어, 부사(구) 등)를 글머리로 내보낼 때 주어와 동사의 위치를 서로 바꾸는 것(= 도치) 외에도 강조를 위해 특정 어구를 앞으로 내보내는 것 그 자체나 긴 목적어나 관계사절 등을 문장 뒤로 돌리는 경우 등 문장성분 사이의 위치이동을 포함한다.

(1) 강조를 위한 어순 바꿈 ※ 앞의 1. 강조 구문 (2)와 동일한 내용임

1) 부사(구)의 강조를 위한 어순 바꿈

① 장소나 방향의 부사(구)가 강조를 위해 글머리로 나가면 주어(명사)와 동사의 순서를 바꾼다. 단, 「대명사(주어) + 자동사」의 경우에는 주어와 동사의 순서를 바꾸지 않는다.

The castle stood (there) at the summit.　　　　　성이 (그곳) 정상에 서 있었다.
→ There, at the summit, stood the castle.　　　바로 그곳 정상에 성이 서 있었다.
The rain came down. 비가 내렸다. → Down came the rain. 주룩주룩 비가 내렸다.
The man comes here. → Here comes the man!　　저기, 그 사람이 오는군!

▶ 부사가 문두에 오더라도 주어가 대명사인 경우 주어 동사의 순서를 바꾸지 않는다.
　He fell down. 그가 넘어졌다. → Down he fell. 철퍼덕 그가 넘어졌다.
　It is here. 그것이 여기 있다. → Here it is. 자, 여기 있습니다.

② 시간부사(구)는 강조를 위해 글머리에 나가도 주어(명사)와 동사의 순서를 바꾸지 않으나 부사(구) 앞에 강조어가 있는 경우 일반 동사는 보통 「시간부사(구) + do동사 + 주어 + 본동사」를, be동사는 「시간부사(구) + be동사 + 주어 + 본동사」의 어순으로 쓴다.

Prices are surging up lately.
→ Lately prices are surging up.　　　　　최근 물가가 급격하게 오르고 있다.
I met her only then.　　　　　　　　　　나는 그때서야 그녀를 만났다.
→ Only then did I meet her.　　　　　　그때서야 비로소 나는 그녀를 만났다.
I was able to appreciate her only after her leaving.
→ Only after her leaving was I able to appreciate her.
　　　　　　　그녀가 떠나고 난 후에야 비로소 나는 그녀의 소중함을 알게 되었다.

③ 정도부사나 양태부사는 글머리에 쓰지 않는 것이 보통이나 강조어를 갖거나 부정적 의미가 있는 경우 글머리에 쓸 수 있으며 이때는 주어와 동사가 자리를 서로 바꾼다.

The boy fulfilled the duties <u>so well</u> that he was complimented.
→ <u>So well</u> **did** the boy fulfill the duties that he was complimented.
　　　　　　　　　　　너무도 잘 맡은 일을 수행했기 때문에 그 소년은 칭찬을 받았다.

They <u>only rarely</u> visited us.
→ <u>Only rarely</u> **did** they visit us.　　　　아주 드물게 그들은 우릴 찾아왔다.

④ 부정적인 의미를 나타내는 부사(구)의 강조

▶ little, never, seldom, barely, rarely, scarcely, not only 등 부정적인 의미를 지닌 부사(구)가 강조를 위해 글머리로 나가면, 일반 동사일 경우에는 「little 등의 부사 + do + 주어 + 동사(원형)」의 형태로, 조동사가 있을 때는 「little 등의 부사 + 조동사 + 주어 + 본동사」의 형태로, be동사가 있는 경우에는 「seldom 등의 부사 + be + 주어~」의 형태로 한다.

I <u>little</u> dreamed that I should never see her again.
　　　　　　　　　나는 그녀를 다시는 볼 수 없을 것이라고는 꿈에도 생각지 않았다.
→ <u>Little</u> **did** I dream that I should never see her again.
　　　　　　　　꿈에도 생각지 않았거늘 내가 그녀를 다시는 볼 수 없게 될 줄이야.

She has never seen him again.　　　　그녀는 다시는 그를 만나지 않았다.
→ <u>Never</u> again **has** she seen him.　　두 번 다시 그녀는 그를 만나지 않았다.

She is **rarely** seen without a smile on her face.
→ <u>Rarely</u> <u>is</u> she <u>seen</u> without a smile on her face.
　　　　　　　　　　　　　　언제나 그녀는 얼굴에 미소를 띠고 있다.

She was a star <u>not only</u> of the stage **but (also)** of the screen.
→ **Not only** was she a star of the stage, **but (also)** of the screen.
　　　　　　　　　　그녀는 무대(연극)에서 뿐만 아니라 영화에서도 인기인이었다.

> (주의) 관용적으로 쓰이는 부정부사구 'not long ago(얼마 전에)'는 글머리에 오더라도 주어와 동사의 순서를 서로 바꾸지 않는다.
> Not long ago, I heard her weeping the whole night through.
> 얼마 전에 나는 그녀가 밤을 새워 우는 소리를 들었다.

2) 목적어의 강조를 위한 어순 바꿈

① 목적어(전치사의 목적어 포함)를 강조하여 글머리로 보내도 주어와 동사의 순서를 바꾸지 않는 것이 보통이다.

I owe **what I am today** to my mother. 나의 어머니 덕택에 오늘의 내가 있다.
→ **What I am today** I owe to my mother.
　　　　　　　　　　　　　　　　　오늘의 내가 있을 수 있는 것은 내 어머니 덕택이다.
We will remember **this day** forever.　우리는 오늘을 영원히 기억할 것이다.
→ **This day** we will remember forever.　오늘을 우리는 영원히 기억할 것입니다.
Who(m) do you want to speak with?　누구와 얘기를 하고 싶으십니까?

② many, much, 강조어, 부정어 + 목적어 + 조동사, do동사 + 주어 + 본동사

▶ many, much나 강조어, 부정어를 동반하여 목적어가 글머리로 나가는 경우에는 주어와 (조)동사의 자리를 바꾸는 것이 보통이다.

I will read **many kinds of books**.　나는 많은 종류의 책을 읽을 것이다.
→ **Many kinds of books** will I read.
We grow **many vegetables** on our farm.　우리 농장에서는 여러 채소를 재배합니다.
→ **Many vegetables** do we grow on our farm.
　　　　　　　　　　　　　　　　　여러 채소를 우리 농장에서 재배합니다.
I can trust him **alone**.　내가 그 사람만은 신뢰할 수 있다.
→ **Him alone** can I trust.　그 사람만은 내가 신뢰할 수 있다.
She did **not** say a word all day long.　그녀는 하루 종일 말 한마디 하지 않았다.
→ **Not a word** did she say all day long.　말 한마디 없이 그녀는 하루 종일 있었다.

3) 보어의 강조를 위한 어순 바꿈

보어(C)를 강조하여 글머리로 내보낼 경우 주어가 명사이면 「C + V + S」의 어순으로 쓰고, 주어가 대명사이면 「C + S + V」의 어순으로 하는 것이 보통이나 「C + V + S」의 어순으로 쓰기도 한다.

The poor in heart are blessed. 마음속에 욕심이 없는 사람이 복을 받는다.
→ **Blessed** are the poor in heart. 복은 마음속에 욕심이 없는 사람들에게 내리리라.
He was very grateful for my offer.
→ **Very grateful** he was for my offer. 대단히도 그는 나의 호의에 감사해 했다.
He was so successful at convincing his colleagues that the committee approved his proposal unanimously.
→ **So successful** was he at convincing his colleagues that the committee approved his proposal unanimously.
　　　　그는 동료들을 납득시키는데 아주 성공하여 위원회는 그의 제안을 만장일치로 승인했다.

(2) 서법상의 어순 바꿈

1) 의문문, 감탄문, 기원문

의문사가 없는 의문문은 「do동사, 조동사 + 주어 + 본동사?」의 어순이나 「be + 주어 ~?」의 어순으로 쓰며, 의문사가 있는 의문문은 「**의문사** + do동사, 조동사 + 주어 + 동사원형 ~?」의 어순이나 「**의문사** + be동사 + 주어 ~?」의 어순으로 쓴다. 감탄문은 보통 「**의문사**(what, how) + a [an] + **명사** + 주어 + 동사!」의 어순이나 「**의문사**(what, how) + **형용사, 부사** + 주어 + 동사!」의 어순을 쓴다. 그리고, 기원문은 보통 「**May** + 주어 + 동사원형~」의 어순으로 쓴다.

Have you ever been to Jejudo? 제주도에 가 본 적이 있습니까?
What do you want? 무엇을 원하십니까?
How cold it is! 정말 춥네요!
May you live long!; Long **may** you live! 오래오래 사세요!

2) there는 be, appear, come, go, live, remain, seem 등의 자동사와 함께 「there + be 등 + S」의 어순으로 쓰인다. 단, 주어(S)가 대명사인 때는 「there + S + vi. ~」의 어순으로 쓰인다.

There is something worrying me. 내게 걱정거리가 좀 있습니다.
There appeared little doubt to solve. 그것에 관해서는 거의 의심할 바가 없었다.
There we are. 그럼 다음에 또. / 그걸로 됐다. / 그렇지요[어쩔 수 없지요], 뭐.

3) here가 be, come, go 등의 자동사와 함께 「Here + v + s ~」의 어순으로 쓰인다. 단, 주어(S)가 대명사인 때는 「Here + S + v ~」의 어순이 된다.

Here's a little something for you. 이거 별것 아니지만 받아 줘.
Here comes the best part. 자, 제일 재밌는 장면이 시작이다.
Here goes nothing. (안 되겠지만) 한번 해 볼 테다. / 밑져야 본전이지 뭐.
Here [There] you go again! 또 그 소리야! / 또 그 짓이야!
Here we go! 자, 시작한다./ 자, 간다. (= Here goes!)

4) 양보 부사절상의 어순 바꿈 ☞ p. 157 참조

① 명령문(동사원형) + where, when, what절

　명령문(동사원형) + as + 절(s + may [might, will, would] ~) 《비록 ~할지라도》

Come what may, I will not change my mind.
무슨 일이 있더라도 내 마음은 변치 않을 것이다.

Try as she would, she couldn't open the door.
그녀는 아무리 애를 써 봤지만 그 문을 열 수가 없었다.

② 형용사, 분사, 부사, 무관사 명사 + as [though] +절

Pretty as the rose is, it has many thorns. 장미는 예쁘지만 많은 가시를 갖고 있다.
Coward as he was, he could not bear such an insult.
그가 비록 겁쟁이였을지라도 그와 같은 모욕을 참을 수가 없었다.

5) if가 생략된 가정법 전제절에서의 어순 바꿈

가정법 전제절(If절)에서 if를 생략하면 were나 조동사(had, should)와 주어의 순서를 바꾸어 쓴다. ☞ **p. 390[1], 394[1], 407[1] 참조**

If I were you, I would try again.   내가 너라면 다시 해보겠다.

→ **Were** I you, I would try again.

If it should be fine tomorrow, I will go for a drive to the seaside with her.

만약 내일 날씨가 좋다면 나는 그녀와 함께 바닷가로 자동차 나들이(드라이브)를 갈 것이다.

→ **Should** it be fine tomorrow, I will go for a drive to the seaside with her.

If I had tried harder, I could have passed the exam.

내가 더 열심히 공부했더라면 그 시험에 합격했을 텐데.

→ **Had** I tried harder, I could have passed the exam.

6) so가 사용되는 어순 바꿈 문장 ☞ **p. 169[2] 참조**

① So + be동사, do동사, 조동사(will, have, can, must, should 등) + S(주어)

상대방이나 화자 자신이 한 긍정의 진술에 대해 긍정의 뜻[동일함]을 덧붙이는 형식으로 'S 또한 [역시] 그렇다.'(= also, too)의 뜻을 나타낸다.

"I like Sam-sun."   나는 삼순이를 좋아해.

– "**So** do I."   나도 역시 그래. (= I like Sam-sun, too.)

Caroline can speak Spanish, and **so can I**.

캐롤라인은 스페인어를 말할 줄 안다. 그리고, 나도 또한 할 줄 안다.

② So + S(주어) + 조동사 [be, do동사, will, have, can 등]

상대방이나 화자 자신이 한 진술에 대한 강한 동의·승낙의 기분을 나타낸다. 'S는 (정말로) 그렇다.(= yes, indeed)'의 뜻을 나타낸다.

"You are happy."   넌 행복해 보이는구나.

– "**So** I am."   그래, 난 행복해. (= Yes, I am happy)

You said it was good, and **so it is**.   네가 좋다고 말하더니 정말로 좋구나.

7) neither [nor]가 사용되는 어순 바꿈 문장 ☞ p. 171[2], 238[2] 참조

[neither [nor] + 조동사 [be, do(does, did), have, will, can 등] + S(주어)]

상대방의 부정 진술이나 화자 자신의 부정 진술에 대하여 부정의 뜻을 덧붙여 말하는 형식으로서 'S 또한 [역시] 그렇지 않다.'[= S + don't(isn't, 조동사의 부정형), either.]의 뜻을 나타낸다.

"I don't like rock (and roll) music." 나는 록 음악을 좋아하지 않는다.
− "I don't like rock (and roll) music, either."/ "Neither[Nor] do I."
 / "Me neither." 나도 역시 록 음악을 좋아하지 않는다.
If you don't go to the movies, neither will I.
 네가 영화 보러 가지 않는다면 나도 역시 가지 않을 거야.

8) 직접화법에서 피전달문을 앞으로 내놓을 경우의 어순 바꿈

직접화법에서 피전달문(인용부호 안의 문장)을 앞으로 내놓을 경우 주어와 동사는 서로 자리를 바꾼다. 다만 주어가 인칭대명사인 경우는 주어, 동사의 순서를 바꾸지 않는다. 이 때 피전달문 뒤의 마침표는 쉼표로 바꾼다.

An old proverb says, "Honesty is the best policy."
 '정직하게 사는 것이 최고로 잘사는 방법이다.'라고 한 옛 경구에서 이르고 있다.
→ "Honesty is the best policy," says an old proverb.
 '정직하게 사는 것이 최고로 잘사는 방법이다.'라고 한 옛 경구에서 이르고 있다.
Man-su said, "I've had enough."
→ "I've had enough," said Man-su. "난 많이 먹었어."라고 만수가 말했다.

Bong-tae said, "Let's go." 봉태가 "가자."라고 말했다.
→ "Let's go," suggested Bong-tae. "갑시다."라고 봉태가 제안했다.
She said [whispered], "Please hug me."
→ "Please hug me," she said [whispered].
 "저를 안아 주세요."라고 그녀가 말했다 [속삭였다].

※ 직접화법의 피전달문이 글머리로 갈 때 주어가 인칭대명사인 경우는 주어와 동사의 순서를 바꾸지 않는다.

9) the + 비교급 …, the + 비교급 ~: …하면 할수록 더욱더 ~하다.

The more excited you are, the less able you are to make the right decision.

당신이 흥분하면 할수록 더 올바른 결정을 할 수 없을 것입니다.

(3) 문장의 균형을 위한 어순 바꿈

문장 속의 어느 성분이 너무 길어 문장이 불안정한 느낌을 주거나 그 의미 파악에 혼란을 줄 염려가 있는 경우 문장의 균형을 잡거나 의미의 명료성을 위해 그 긴 부분을 뒤로 돌릴 수가 있다.

1) 긴 목적어를 뒤로 옮겨놓기

제3문장 형식에서 목적어가 너무 길어 동사를 수식하는 부사(구)와의 거리가 너무 멀 경우 목적어를 부사(구) 뒤로 돌릴 수 있으며, 제5문장 형식에서 목적어가 너무 길어 동사와 목적격 보어의 관계가 모호해질 염려가 있을 경우 긴 목적어를 목적격 보어 뒤로 돌릴 수 있다.

Don't <u>put off</u> <u>what you can do today</u> <u>till tomorrow</u>.
　　　〈동사〉　　　〈긴 목적어〉　　　　〈부사구〉

→ Don't <u>put off</u> <u>till tomorrow</u> <u>what you can do today</u>.
　　　　〈동사〉　　〈부사구〉　　　〈긴 목적어〉

　　　　　　　　　　　　　오늘 할 수 있는 일을 내일로 미루지 마라.

Her charity <u>has made</u> <u>saving hundreds of the helpless children</u> <u>possible</u>.
　　　　　〈동사〉　　　　　〈긴 목적어〉　　　　　　　〈목적격 보어〉

→ Her charity <u>has made</u> <u>possible</u> <u>saving hundreds of the helpless orphan</u>.
　　　　　　〈동사〉　〈목적격 보어〉　　　〈긴 목적어〉

　　　　　　　　그녀의 자선 행위로 수백 명의 의지가지없는 고아가 구제될 수 있었다.

2) 관계사절을 뒤로 옮겨놓기

주어나 목적어로 쓰인 명사의 수식어절(관계사절)이 너무 길거나 복잡할 경우 관계사절을 술어 동사의 뒤로 옮겨놓을 수 있다.

<u>The time</u> <u>when we shall live peacefully in the reunified fatherland</u> <u>will</u>
〈선행사(주어)〉　　　　　　　〈관계부사절〉　　　　　　　　　　　　〈동사〉
<u>come</u> soon.

→ <u>The time</u> <u>will come</u> soon <u>when we shall live peacefully in the reunified</u>
　〈선행사(주어)〉　〈동사〉　　　　　　　　　〈관계부사절〉
　<u>fatherland</u>.　　　　　　머지않아 우리는 통일된 조국에서 평화롭게 살날이 올 것이다.

I saw <u>a girl</u> <u>(who is) holding a wounded puppy in her arms</u> <u>in the park</u>.
　　　〈선행사(목적어)〉　　　　　〈관계대명사절〉　　　　　　　　　〈부사구〉

→ I saw <u>a girl</u> <u>in the park</u> <u>(who is) holding a wounded puppy in her arms</u>.
　　　　〈선행사〉　〈부사구〉　　　　　　　〈관계대명사절〉
　　　　　　　　　　　　　나는 공원에서 상처 입은 강아지를 안고 있는 한 소녀를 보았다.

7. 생략(Ellipsis)

이해에 지장을 주지 않을 때 같은 어구의 반복을 피하고 글을 간결하게 하기 위해 문장요소의 일부를 빼는 것을 말한다.

(1) 반복을 피하기 위해

한 문장이나 계속되는 문장에서 특정 어구나 주어, 동사, 혹은 「주어 + 동사」가 반복되면 뒤의 것은 뺄 수 있다.

1) 명사의 생략

This book is my brother's (book). 이 책은 내 형의 책이다.

A bird in a hand is worth two (birds) in the bush.

손안에 있는 한 마리 새가 덤불 속에 있는 두 마리 새보다 가치 있다. – 속담 –

(남의 것이 아무리 좋아 보여도 내 것이 아니면 아무 쓸모 없다.)

2) 주어의 생략

She said so and (she) went out. 그녀는 그렇게 말하고는 나가 버렸다.

He is poor, but (he is) happy. 그는 가난하지만 행복하다.

To some life is pleasure, (but) to others (life is) suffering.

어떤 사람들에게 삶은 즐거움이지만 다른 어떤 사람들에겐 고통이다.

3) 동사의 생략

The sun shines in the daytime and the moon (shines) at night.

해는 낮에 빛나고 달은 밤에 빛난다.

My friends went, but I did not (go). 나의 친구들은 갔지만 나는 가지 않았다.

> ▷ 주의
>
> **1. '조동사 + 동사'를 생략 시 조동사는 생략하지 않는다.**
>
> Tom didn't go, but Jane either. (x) → Tom didn't go, but Jane didn't either. (o)
>
> **2. 「조동사 + have p.p.」를 생략 시 have는 생략하지 않는다.**
>
> You must have worked much harder, I must, too. (x)
>
> You must have worked much harder, I must have, too. (o)

4) 대부정사(代不定詞) ☞ p. 206[1] 참조

to 부정사구의 동사원형 이하가 앞에서 나온 말의 반복일 경우 동사원형 이하를 생략하고 to만을 쓰는 것을 말한다. 주로 입말체에서 쓰며 말할 경우에는 to를 강하게 발음한다.

"Would you like to come with me?" 저와 함께 가시겠어요?

– "Yes, I'd love to (go with you 생략)." 그럼요 (물론이지요), 좋지요.
I'd like to go out with her but I don't know how **to** (go out with her 생략).
나는 그녀와 사귀고 싶지만 어떻게 사귈지를 모르겠다.

5) 비교 구문에서 비교급 뒤에 오는 같은 [반복되는] 주어, 동사, 보어 등은 생략할 수 있다.

He studied harder than (he studied) before. 그는 이전보다도 더 열심히 공부했다.
He likes you better that I (like you). 그는 내가 너를 좋아하는 것보다 더 너를 좋아한다.
A whale is no more a fish than a horse is (a fish).
고래가 물고기가 아닌 것은 말이 물고기가 아닌 것과 같다.
He is no less guilty than you are (guilty). 네가 죄가 있는 것과 같이 그도 죄가 있다.
I am not so tall as she is (tall). 나는 그녀만큼 크지 않다. (그녀보다 작다.)
She must be looking forward as much to his return as he himself is (looking forward) to seeing her.
남자 자신이 그녀를 보고 싶어 하는 것만큼이나 그녀도 그가 돌아오기만을 고대하고 있음이 틀림없다.

6) 입말에서의 일부 생략

일상의 대화(입말)에서는 의사소통에 지장이 없는 한에서 글보다도 과감히 생략하여 쓰는 것이 보통이다.

① 반복을 피하기 위해

A: I am studying Korean. 저는 한국어를 공부하고 있습니다.
B: Are you (studying Korean)? 그러시군요?

② 응답자가 질의자의 말에 자기 말을 추가할 때 추가하는 말만 써서

A: Will they win the game? 그들은 경기에서 이길까요?
B: **They probably will** (win the game). 아마도 그럴 걸요.

(They) **Probably** (will win the game). 아마도요.

③ 기타

(I am) Sorry I couldn't be there to meet you.
당신을 만나러 거기 가지 못해 미안합니다.

(I'm) Afraid not. 미안하지만 안 됩니다.
(I'll) See you later. 다음에 봅시다.
(You had) Better try it again. 그것을 다시 해보는 게 좋겠다.
(Are) You hungry? 배고프니?
(Are you) Looking for anybody? 누구를 찾고 계십니까?
(Has) Tom done the work? 톰이 그 일을 했나요?
(Have you) Got any smaller sizes of this jacket? 이 재킷의 작은 치수가 있습니까?

(2) 문법적 생략

1) 소유격 다음의 명사 생략 (독립속격) ☞ p. 79[2] 참조

That is my uncle's (house 생략). 이것은 우리 삼촌의 집입니다.
I went to the dentist's (office 생략) yesterday. 나는 어제 치과에 갔었다.

2) 부사절에서 「주어 + be」의 생략

부사절의 주어가 주절의 주어와 같고 be동사가 쓰인 경우 부사절의 「주어 + be」는 생략할 수 있다.

When (you are) in Rome, do as the Romans do.
로마에 있을 때는 로마 사람처럼 행동하라. [입향순속(入鄕循俗)]

Insert commas wherever (they are) needed. 필요한 곳에 쉼표를 넣어라.
I ran fast as if (I was) worn out. 나는 마치 정신 나간 듯이 빨리 달렸다.
Come with me, if (it is) possible. 가능하다면 나와 같이 가자.

Help him, if (it is possible).　　　　　　　가능하다면 그를 도와주도록 해라.

Correct the errors, if (there are) any (mistakes).

　　　　　　　　　　　　　　만일 조금이라도 (잘못이) 있으면 그 잘못을 바로잡아라.

3) 가정법에서의 전제절이나 주절의 생략

(If I could) I should like to go there.　　　(만약 갈 수만 있다면) 나는 그곳에 가고 싶다.

If he asks, I will give it. If **not**, **not**. (= If he doesn't ask, I will not give it.)

　　　　　만약 그가 요구한다면 난 그것을 줄 것이다. 만약 (요구)하지 않으면 (주지) 않을 것이다.

(How happy I should be) If only she were here?

　　　　　　　　　　　　　　　　(난 얼마나 행복할까?) 그녀가 여기 있기만 하다면.

4) 분사구문에서의 생략 ☞ p. 305[1] 참조

형용사, 명사, 과거분사 앞에 쓰인 being, having been은 생략이 가능하다.

(**Being**) A woman of social instincts, she has many acquaintances.

= As she is a woman of social instincts, she has many acquaintances.

If he had been born in better times, he would have been a great artist.

→ (**Having been**) <u>Born</u> in better times, he would have been a great artist.

(3) 기타 [인사말, 속담·격언, 게시문 등에서의 생략]

1) 인사말에서의 생략

(I wish you a) Good morning [Happy New Year]!　　　행복한 하루 [새해] 되세요!

(I shall) See you again.　　　　　　　　　　　　　　　　다음에 봐요.

(It is) So much for today.　　　　　　　　　　　　　　오늘은 이만 하겠습니다.

2) 속담, 격언

(If there are) So many men, (there are) so many mind.

사람이 많으면 의견 (주장)도 많다. [십인십색; 각인각색]

(If a man is) Out of sight, (he will go) Out of mind.

눈에서 멀어지면 마음에서도 멀어진다. (지속적으로 안 보면 마음도 멀어진다.)

3) 게시문

(Beware of the) Wet paint! 칠 조심!   (The store is) Closed today. 금일 휴업

(This article is) Not for sale. 비매품   (This area is) Off limits. 출입금지

(This area is) On limits. 출입 허용   Safety (comes) first. 안전제일

No smoking (is allowed here). 흡연금지   No parking (is allowed here). 주차금지

(Keep your) Hands off (the articles). 손대지 마시오.

Help (is) wanted. 사람 구함   Shop-girls (are) wanted. 점원 아가씨 구함

Situations (are) vacant. 〈영〉 사람 구함   Situation (is) wanted. 일자리를 구함

4) 명령문, 감탄문, 일기문

(You) Don't make a noise. 떠들지 마라.   What a noise (it is)! 엄청 시끄럽군!

(It was) Cloudy and warm. 흐리고 더움.

■ 공통관계 구문

1. 의의

생략의 결과로 생기는 문장으로 한 문장이나 계속되는 문장 내에서 하나의 문장요소가 다른 두 개 이상의 문장요소와 공통의 관계로 놓일 때 이를 공통관계를 갖는다고 하고, 공통관계를 포함하고 있는 문장을 공통(관계) 구문이라 한다.

2. 유형

(1) AX + AY → A (X + Y)

He was and is the most beloved writer. 〈주어 + [동사 + 동사]〉

그는 과거에도 그랬고 지금도 가장 사랑받는 작가이다.

You cannot, must not, do the work. 〈주어 + [조동사 + 조동사]〉
너는 그 일을 할 수도 없고 해서도 안 된다.

My son likes to read, and to read out loud. 〈동사 + [목적어 + 목적어]〉
내 아들은 책 읽기, 그것도 소리 내어 읽기를 좋아한다.

He is poor, but happy. 〈동사 + [보어 + 보어]〉 그는 가난하지만 행복하다

The patient step slowly and carefully. 〈동사 + [부사 + 부사]〉
그 환자는 천천히 그리고 조심스럽게 발걸음을 옮겼다.

Lesley speaks Korean as well as or better than Jenny. 〈동사 + [부사(구) + 부사(구)]〉
레슬리는 제니만큼이나 아니 제니보다 더 한국말을 잘한다.

He has a beautiful wife and child. 〈형용사 + [명사 + 명사]〉
그에게는 예쁜 아내와 아이가 있다.

Early to rise and to bed makes a man healthy. 〈부사 + [부정사(명사구) + 부정사(명사구)]〉
일찍 일어나고 일찍 자는 것은 사람을 건강하게 한다.

He had a face thin and worn, but eager and resolute. 〈명사 + [형용사 + 형용사]〉
그의 얼굴은 야위고 초췌했으나 무언가를 열망하는 결연한 모습이었다.

A man of words and not of deeds is like a garden full of weeds.
말만 많고 행동하지 않는 사람은 잡초로 가득한 정원과 같다. 〈명사+ [전치사구 +전치사구]〉

He is fond of fishing and mountain climbing.
그는 낚시와 등산을 좋아한다. 〈전치사 + [전치사의 목적어 + 전치사의 목적어]〉

(2) XA + YA → (X + Y)A

1) [주어 + 주어] + 동사

You, not I, are to go. 가야 할 사람은 내가 아니라 너다.

Loving and being loved is what makes life worth living.
사랑하고 사랑받는 일은 인생을 가치 있는 삶이 되도록 하게 해주는 어떤 것이다.

2) [동사 + 동사] + 목적어

I will forgive and forget him. 나는 그를 용서하고 잊을 것이다.

He sweeps and wipes his room everyday. 그는 자기의 방을 매일 쓸고 닦는다.

3) [동사 + 동사] + 보어

He always looked, but never really was happy.
그는 언제나 행복해 보였지만 실제로는 절대 행복하지 않았다.

She has been and will be a good singer.

그녀는 지금까지 그랬고 앞으로도 훌륭한 가수일 것이다.

4) [동사 + 동사] + 부사(구)
He played and studied hard. 그는 노는 것도 공부하는 것도 열심히 했다.
Passion weaken, but habits strengthen, with age.
나이가 들어가면서 열정은 식지만 습관은 강해진다.

5) [조동사 + 조동사] + 본동사
You can, and must do so. 너는 그렇게 할 수 있고 해야만 한다.
His words may or may not be true. 그의 말은 사실일 수도 있고 아닐 수도 있다.

6) [형용사 + 형용사] + 명사
She is a young but wise woman. 그녀는 어리지만 지혜로운 여자이다.
I am keen that South and North Korea are reunified without a day's delay.
나는 하루바삐 남북한이 통일되기를 열망한다.

7) [전치사 + 전치사] + 전치사의 목적어
I often see her on the way to and from school.
나는 학교에 가고 오는 길에 종종 그녀를 본다.
You must the work by and for yourself.
너는 그 일을 혼자 힘으로 그리고 너 자신을 위해서 해야만 한다.

8. 대용형 (Pro-form)

대용형(代用形) 또는 대형태(代形態)란 문장에서 다른 낱말, 구, 절, 문장 등을 대신하여 쓰이는 말을 가리킨다. 주로 반복을 피하기 위해 사용하며 문장을 서로 연결하는 역할을 하기도 한다.

(1) 종류

대용형에는 앞의 사람이나 사물을 대신해 쓰이는 대명사; 의문문에서 언급된 명사나 대명사를 대신해 쓰이는 who, whose, what, which 등의 의문사; 앞의 어, 구, 절 등을 가리켜 this, that, such 등이 한정사 (형용사)로 쓰이는 경우; 앞의 장소나 시간부사(구)를 대신해 쓰이는 there, then; be나 조동사 이외의 동사를 대신해 쓰이는 do; 앞 문장의 일부를 받는 so, not, to; 동의·확인을 나타내어 앞 문장을 받는 so, neither 등이 있다.

(2) 대동사 do

1) 의의

대동사(pro-verb, 代動詞)란 반복을 피하기 위해 선행하는 be동사나 조동사 이외의 동사나 술부를 대신하여 쓰는 do [does, did]를 가리켜 이른다.

She sings better than I **do**. ⟨do = sing⟩
　　그녀는 나보다 노래를 잘 부른다.

I love her as much as you **do**. ⟨do = love her⟩
　　네가 그녀를 사랑하는 만큼 나도 그녀를 사랑한다.

I play tennis better than he **does**. ⟨does = play tennis⟩
　　나는 그보다 테니스를 더 잘한다.

Who broke my cup? You **did**. ⟨did = broke my cup⟩
　　누가 내 컵을 깨뜨렸지? 네가 그랬지.

I know what you said and so **does** everyone else. ⟨does = know what you said⟩
　　당신이 한 말을 나도 알고 다른 사람들도 안다.

2) 용법

① 반복을 피하기 위해 선행하는 be, have(영), 조동사 이외의 <u>동사를 대신한다.</u>

have가 반복될 경우 영국에서는 have가 '소유, 상태'를 뜻할 때는 do를 쓰지 않고 그대로 have를 쓰나, 미국에서는 그 경우에도 do를 사용한다.

She loves me as I **do**. (= love)　　내가 그녀를 사랑하는 것처럼 그녀도 나를 사랑한다.

He runs faster than you **do**. (= run) 그는 당신이 달리는 것보다 더 빨리 달린다.

He paid half the price (that) I formerly **did**. (= paid)
그는 내가 이전에 치른 것의 반값을 치렀다.

Jack has as many girl friends as his brother (**has**).
잭은 그의 형만큼이나 여자 친구가 많다.

② 선행하는 술부 [타동사 + 목적어]]를 대신하기도 한다.

He speaks English as well as she **does**. (= speaks English).
그도 그녀만큼 영어를 잘 구사한다.

"I'll **call on you later again**." 후일에 다시 찾아뵙겠습니다.
— "Please **do**."(= call on me later again.) 그렇게 하세요.
"Do you **have a pen**?" 펜 가진 것 있으세요?
— "Yes, I **do**." (= have a pen.) 예, 있습니다.

※ 여기서 do대신 don't가 오면 don't는 대동사가 아니고 부정문을 만드는 조동사일 뿐이다. (이하 동일)

"Did you **see her**?" 그녀를 만났습니까?
— "Yes, I **did**." (= saw her.) 예, 만났습니다.

■ 덧붙임

1. 술부를 대신할 경우에는 do 단독으로 보다는 do so, do it의 형태로 많이 쓴다. 특히 대동사 do만 으로는 부정사구나 분사구를 대신할 수 없고 do so, do that, do it 등으로 해야 한다.

He was asked to leave the house, but he refused to **do so**. (= to leave the house)
그는 그 집에서 나가 달라는 요청을 받았으나 그러기를 거부했다.
She was writing a letter, and he was **doing so**, too.
그녀는 편지를 쓰고 있었고, 그도 역시 편지를 쓰고 있었다.
If you want to confess your ardent love to her, **do it** quickly. (do it = to confess ~)
그녀에게 너의 애끓는 사랑을 고백하고 싶거든 빨리해라.
He writes novel. 그는 소설을 쓴다.
— I have noticed him **doing so**. ⟨doing. (×)⟩ 나는 그가 그렇게 하는 것을 알고 있다.

I have watched him **do that**[do it]. ⟨do. (x)⟩ 나는 그가 그것을 하는 것을 보아왔다.

2. **do so, do that, do it는 동작동사만을 받을 수 있고 상태 동사는 받을 수 없다. 다만, 상태 동사는 「(and) so + s + do」 형식으로 받을 수 있다.**

"He <u>struck the dog</u>." 그가 그 개를 때렸다.
- "I wonder why **did so**[did that, did it]." 나는 그가 왜 그렇게 했는지 모르겠다.
   "Yes, so he **did**." 그래요, 그가 정말로 그렇게 했어요.

"She <u>feels much better</u>." 그녀는 기분이 매우 좋다.
- "I know she **does** [does so (x)]." 나는 그녀가 기분이 좋은 것을 알아요.
   "Yes, so she **does** [does that (x)]." 그래요, 그녀는 정말로 기분이 좋은가 봐요.

I expected her <u>to know my heart</u>, **and so she did**. (o)
나는 그녀가 내 마음을 알아주기를 기대했는데, 그녀는 알아주었다.

3. **do it와 do so가 각각의 선행하는 술부를 대신하는 경우 do it so를 쓴다.**

He <u>went away</u>, <u>leaving her alone</u>, and he **did it so** to calm her.
그는 그녀를 혼자 남겨두고 떠났는데, 그는 그녀를 진정시키려고 그렇게 했다.

4. **등위절에서 대신하는 동사부분이 동일할 경우 뒤의 등위절을 「so + s + do」의 형식으로 쓸 수 있다.**

He said he would resign his office, and **so he did**.
그는 사직할 것이라고 말했고 정말 그는 그렇게 했다.

5. **등위절에서 대신하는 부분의 동사 형태가 완료형이나 진행형일 경우에는 do so의 완료형이나 진행형을 쓴다.**

I have pressed him to <u>take an interest in the matter directly</u>, and **he has done so**. (o)
나는 그에게 그 문제에 직접 관심을 가지라고 다그쳤는데, 그는 그렇게 했다.
I have pressed him to take an interest in the matter directly, and **so he has done**. (x)
I expected <u>it to be making me a lot of money</u>, and **it is doing so** now. (o)
나는 그것이 많은 돈을 벌게 해줄 것이라고 기대했는데, 지금 그렇게 되고 있다.
I expected it to be making me a lot of money, and **so it is doing** now. (x)

(3) 대용형 so / not / to

1) so는 앞선 단어 (명사, 형용사, 부사), 구, 절, 문장을 대신하여 쓰일 수 있다.

Everybody calls him a genius, but he doesn't like to be so called.
모든 사람이 그를 천재라고 부르지만, 그는 그렇게 불리는 것을 좋아하지 않는다.

If planes are dangerous, cars are much more so.
비행기가 위험하다면 차는 더더욱 그렇다.

"Is Jeom-sun pretty?" 점순이는 이쁜가유? – "Yes, immensely so." 야, 겁나게 이뻐유.

Myeong-su often behaved prudently but did not always behave so.
명수는 보통은 신중하게 행동하였지만 언제나 그랬던 것은 아니었다.

"Will it rain tomorrow?" 내일 비가 올까요?
– "I'm afraid so." 그럴 것 같군요. (= it will rain tomorrow.)

2) not는 보통 believe, think, expect, hope, imagine, suppose, be afraid 등의 뒤에서 부정의 동사, 구, 절, 문장을 대신하여 쓰인다.

"Are you ill? 어디 아프니? – "Not at all." (= I am not at all ill.) 전혀. (아프지 않아.)

"Is it true?" 그게 정말이야?
– "I think not." (= I think that it is not true.) 난, 그게 사실이 아니라고 생각해.

"Is he a policeman?" 그는 경찰관인가?
– "Perhaps not." (= he is not a policeman.) 아마, 아닐 거야.

"She won't come, will she?" 그녀는 안 올거야, 그렇지?
– "No, I suppose not. (= she won't come) 그래, 안 올 것 같아.

Right or not, the fact is undeniable. 옳건 그르건 간에, 그 사실을 부인할 수는 없다.

■ **덧붙임**

1. so나 not는 절을 대신하여 believe, do, expect, guess, hope, imagine, say, think 등의 목적어로 쓰일 수 있다. 긍정문에는 so를 부정문에는 not을 쓴다.

   A: Will he live? 그는 살까요?
   B: I hope so. (= that he will be live.) 저는 그렇게 (살 것으로) 생각해요.

I hope **not**. (= that he won't live.) 저는 그렇게 (살 것으로) 생각되지 않아요.
A: Is she coming? 그녀가 올까요?
B: I guess **so**. (= that she comes.) 아마 그럴 것 같습니다. (→ 올 것 같습니다.)
I don't believe [suppose, think] so. 오지 않을 것 같습니다.
I believe [suppose, think] **not**. (= that she doesn't come.)

2. so는 앞의 구, 절을 대신하여 say, tell, hear, believe, understand 등의 목적어로서 문두에 쓰일 수 있다.

"Gemu-sun is getting married." 금순이가 결혼한대. – "So I heard." 그런다고 들었어.
"He passed the exam." 그가 시험에 합격했대. – "So I'm told." 그렇다고 들었어.

---

3) to는 want, intend, seem, mean, expect, hope, refuse, be afraid 등의 동사(구)가 있을 때 쓰인다. 이는 to가 대부정사로 쓰인 경우이다.

I don't know him, and don't want to. 나는 그를 모르며, 알고 싶지도 않다.
I have never meet her, nor yet intend to.
　　　　　　　　　　　나는 그녀를 전혀 만나본 일도 없고 또, 아직 만나볼 의향도 없다.
I had more fun than I expected to. 내가 생각했던 것보다 더 재미있었어.

> ▷ hope, think, fear, wish, be afraid 등의 경우 그 대용형으로 so, to가 다 같이 사용되므로 대화 (입말체)에서는 양자의 구별을 요한다.
> (1) 응답자가 의문문의 주어와 동일인 경우 so, to를 모두 사용할 수 있다.
>   "Will he succeed?" 그는 성공할까요?
>   – "I hope so." 전 그렇게 생각합니다. (전 성공할 것입니다.) (= I will succeed.)
>   "I hope to (succeed)." 전 그러고 싶습니다.
>
> (2) 주어와 다를 경우 → so만 사용
>   "Will he succeed?" 그는 성공할까요?
>   – "I hope so." 저는 (그가) 그러기를 바라고 있습니다. (= I hope he will succeed).
>
> (3) 질문에 be가 있으면 응답자의 동일여부와 관계없이 so를 쓴다.
>   "Is she a student?" 그녀는 학생인가요? – "I think so." 그런 것 같습니다.

(4) 동의·확인의 대용형 so / neither

'~도 그렇다.'의 표현은 긍정문에서 「so + (대)동사 + 주어」로, 부정문에서는 「neither + (대)동사 + 주어」로 한다. 단, 이와 같은 사용은 발문과 대답의 주어가 다른 사람임을 전제로 한다. ▶ 더 자세한 것은 제12장. 대명사 so, neither 부분 참조

"I like apples." 나는 사과를 좋아한다.
- "So do I." 나도 역시 그래. (= 사과를 좋아해.) (= Oh, I like them, too. / Me, too.)

※ 만약 두 문장의 주어가 동일인인 경우 「So + 주어 + 동사」의 어순이다.
"Tom studies hard." 톰은 열심히 공부합니다. - "So he does." 그래요, 그는 열심히 해요.
"You said it was good." 당신은 그것이 좋다고 말했잖아요.
- "So I did." 그래요, 제가 그랬죠.

"I don't like snakes." 나는 뱀을 싫어한다.
- "Neither do I." 나도 역시 그래. (= 뱀을 싫어해.)
(= Oh, I don't like them, either. / Me, neither.)

9. 끼움어구 (Parenthesis)

문맥에 상관없이 설명을 덧붙이거나 의미를 보충하기 위해 문장의 중간에 끼워 넣는 일정한 단어, 구, 절을 가리킨다. 보통, 끼워 넣는 단어, 구, 절의 앞·뒤에는 콤마 (,) 혹은 대시 (—)를 둔다. 다만, 「의문사 + do you think [suppose, imagine, believe, guess 등] + s + v」와 같이 의문문 속에 들어가는 끼움절 'do you think' 등의 앞뒤나, 관계사절의 관계사 다음에 끼움절을 넣을 때에는 콤마 등을 넣지 않는다.

(1) 끼움절로 잘 쓰이는 것

ex) I am sure, it seems (to me), I believe [think, know, hear, suggest], it is true, do you think

[suppose], 관계사절 등

He will, **I am sure**, pass the exam.　　　　내가 확신하건데 그는 시험에 합격할 것이다.
Miss. Kim, **it seems**, is over thirty.　　　　김 양은 서른 살은 넘은 것 같다.
(= It seems that Miss. Kim is over thirty.)
Great men, **it is true**, are sometimes very careless about their appearances.
　　　　사실인 것은 위대한 사람들은 종종 그들의 외양에 대단히 무관심하다 [개의치 않는다]는 것이다.
He is, **so far as I know**, a reliable man.　　　　내가 아는 한에서 그는 믿을만한 사람이다.
Sam-sun, **who is my niece**, is a very pretty girl.
　　　　　　　　　　　　　　　　　　삼순은 내 조카인데 매우 예쁜 소녀다.

※ (주의) 앞에 콤마가 있을 때는 끼움절의 관계대명사로서 that을 쓸 수 없다. 그렇게 되면 비제한적 용법과 같게 되는데 그 경우에는 관계대명사 that을 사용할 수 없기 때문이다.
Sam-sun, whom [that (×)] I met yesterday, looked very healthy.
내가 어제 삼순이를 만났었는데 매우 건강해 보였다.

She is <u>the student</u> <u>who</u> <u>I heard</u> <u>is far ahead of her class in mathematics</u>.
　　　　　　　　　　내가 들은 바로는 그녀는 반에서 수학을 뛰어나게 잘하는 학생이다.
I will employ <u>the man</u> <u>who</u> <u>I believe</u> <u>is honest and diligent</u>.
　　　　　　　　　　　　　　　　나는 정직하고 근면한 사람을 고용할 생각이다.
What **do you suppose** he is?　　　　당신은 그가 무슨 일을 한다고 생각하세요?

(2) 끼움어구로 잘 쓰이는 단어·구

I cannot, **however**, approve of it.　　　　**하지만** 나는 그것을 승인할 수 없다.
She is, **indeed**, a charming girl.　　　　**정말이지** 그녀는 매력적인 여자다.
He is, **as it were**, a walking dictionary.　　　　**말하자면** 그는 걸어 다니는 사전이다.
I cannot, **for my soul**, remember when I first became acquainted with her.
　　　　　　　　　　　내가 언제 그녀를 처음 알게 되었는지가 **도무지** 생각나지 않는다.
You are, **so to speak**, a fish out of water.　　　　**말하자면** 너는 물 밖에 나온 물고기이다.

She seldom, **if ever**, goes out.   그녀가 **설령** 외출은 **한다 하더라도** 그런 일은 좀처럼 드물다.

There are few, **if any**, people who believe it.   그걸 믿을 사람이 **있다손 치더라도** 거의 없다.

Things are, **if anything**, improving.   사태는 **오히려** 호전되고 있다.

True happiness has little, **if anything**, to do with money.
  아무튼 진정한 행복은 돈과는 별로 관계가 없다.

Whatever is worth doing **at all** is worth doing well.
  적어도 할 만한 가치가 있는 일이라면 무엇이라도 잘할 만한 가치가 있다.

10. 글다듬기

(1) 장황함 피하기 (Avoiding wordiness)

1) 간결성 (terseness)

문장은 될 수 있는 한 어렵고 장황함을 피하여 쉽고 간결하게 쓰는 것이 좋다. 즉, 뜻의 전달 에 차이가 없을 때는 절보다는 구를, 구보다는 단어를 사용하는 것이 좋다.

I learned English in a quick manner with the book.

→ I learned English **quickly** with the book.   저는 그 책으로 영어를 빨리 배웠습니다.

He had always behaved in a responsible manner.

→ He had always behaved **responsibly**.   그는 언제나 책임감 있게 행동했다.

The stadium will be completed in the course of the year.

→ The stadium will be completed **in this year**.   그 경기장은 금년에 완공될 것이다.

The company was close to the point at bankruptcy.

→ The company was **almost bankrupt**.   그 회사는 거의 파산지경이었다.

95.8 percent of the participants answered in the affirmative.

→ 95.8 percent of the participants answered **yes**.
  참가자의 95.8%가 '그렇다'라고 대답했다.

You have to <u>make an effort</u> to understand them.

→ You have to **try** to understand them.

여러분은 그들을 이해하려고 노력해야만 합니다.

2) 중복 피하기 (Avoiding redundancy)

① 한 문장 안에 같은 의미를 지닌 어, 구를 함께 쓰는 것은 피해야 한다.

He <u>returned</u> <u>back</u> to his hometown. (x)

→ He **returned [came back]** to his hometown. (o)   그는 고향으로 돌아왔다.

The <u>new</u> technological <u>innovations</u> in the field of biotechnology have been remarkable recently. (x)

→ The technological **innovations** in the field of biotechnology have been remarkable recently. (o)   최근의 생명공학 분야의 기술혁신은 놀랄만하다.

The money that I have is <u>sufficient</u> <u>enough</u> to buy the book. (x)

→ The money that I have is **enough [sufficient]** to buy the book. (o)

내가 갖고 있는 돈은 그 책을 사기에 충분하다.

② 의미중복 표현의 예

다음과 같은 표현들은 일상에서는 흔히 쓰기도 하지만 의미 중복으로 보아 문법적으로는 틀린 것으로 간주한다.

❶ 같은 의미를 갖는 다른 품사의 어, 구를 함께 쓰는 경우

ex) 5 a.m. in the morning, compete together, completely unanimous, cooperate together, briefly summarize, compete together, final completion, green in color, habitual custom, most favourite, progress forward, repeat again, return back, share in common, etc.

❷ 같은 의미를 갖는 같은 품사의 단어를 (접속사 and에 의해) 나열하는 경우

　i. 명사 중복

　　ex) cost and expense, part and portion, position and location, questions an problems, use and utilization, etc.

　ii. 동사 중복

　　ex) advance and forward, construct and build, emit and give off, establish and found, have and possess, rise and go up, use and utilize, etc.

　iii. 형용사 중복

　　ex) common and ordinary, common and usual, free and gratis, important and significant, last and final, original and first, same and identical, short and brief, sufficient and enough, etc.

　iv. 부사 중복

　　ex) approximately and around, before ago, easily and readily, extremely and greatly, mainly chiefly, quite fairly, simply and briefly, very especially, very specially, etc.

3) 명사와 그 명사를 받는 대명사를 나란히 써서는 안 된다.

<u>My grandfather</u> <u>he</u> wanted to visit his hometown before he died. (x)

→ My grandfather wanted to visit his hometown before he died. (o)

　　　　　　　　　나의 할아버지께서는 돌아가시기 전에 고향에 가보고 싶어 하셨다.

(2) 논리적으로 쓰기 [논리성 (logicality)]

1) 끼리끼리 놓기 [병치법 (parallelism)]

2개 이상의 어, 구, 절이 등위접속사, 상관접속사에 의해 연결되거나 비교구문에서 비교의 대상이 되는 내용은 문법적 구조가 서로 같아야 한다. 병치법 또는 병렬법이라고 한다.

① 등위접속사에 의해 연결되는 내용 ☞ p. 101 이하 참조

    She is <u>young</u>, <u>pretty</u>, and <u>she has much money</u>. (×)
          〈형용사〉 〈형용사〉   〈절〉

  → She is <u>young</u>, <u>pretty</u>, and <u>rich</u>. (○)   그녀는 젊고, 예쁘고, 부유하다.
           〈형용사〉 〈형용사〉   〈형용사〉

    <u>Saying</u> and <u>to do</u> are quite different things. (×)
      〈동명사〉   〈to 부정사〉

  → <u>Saying</u> and <u>doing</u> are quite different things. (○)
       〈동명사〉   〈동명사〉
                              말로만하는 것과 행하는 것은 전혀 다른 것이다.

② 상관접속사에 의해 연결되는 내용 ☞ p. 112 이하 참조

    He is **not only** <u>famous in Korea</u>, **but also** <u>abroad</u>. (×)
               〈보어(형용사) + 부사(구)〉   〈부사〉

  → He is famous **not only** <u>in Korea</u>, **but also** <u>abroad</u>. (○)
                     〈부사(구)〉   〈부사〉
                                그는 한국에서 뿐만 아니라 외국에서도 유명하다.

③ 비교구문에서 비교되는 대상의 문법적 일치

    <u>To answer accurately</u> is more important than <u>you finish quickly</u>. (×)
      〈to 부정사구〉   〈절〉

  → <u>To answer accurately</u> is more important than <u>to finish quickly</u>. (○)
        〈to 부정사구〉   〈to 부정사구〉
                            명확하게 답을 하는 것이 빨리 끝내는 것보다 더 중요하다.

    In many ways, <u>riding a bicycle</u> is similar to <u>the driving of a car</u>. (×)
                  〈동명사구〉   〈the + 동명사구〉

  → In many ways, <u>riding a bicycle</u> is similar to <u>driving a car</u>. (○)
                      〈동명사구〉   〈동명사구〉
                          여러 면에서 자전거를 타는 것은 자동차를 운전하는 것과 비슷하다.

2) 수식어구의 바른 사용 [명확성 (clarity)]

수식어구(꾸밈어구)는 그 꾸미는 말의 바로 곁 (바로 앞 또는 뒤)에 두는 것이 원칙이다. 그러므로 꾸밈어구가 그 적당한 위치에 놓이지 않거나, 하나의 꾸밈어구가 여럿의 꾸밈 받

는 말을 가지는 것으로 보여 질 수 있는 문장은 어색한 표현이 되기도 하고, 의미의 혼란을 줄 수도 있으므로 피해야 한다.

① 잘못 놓인 수식어 (misplaced modifiers)

수식어의 위치가 잘못되어, 어색한 표현이 되거나 전혀 다른 의미를 나타내는 경우이다. 이 경우에는 수식어를 올바른 위치로 옮겨줌으로써 그 문제를 해결 할 수 있다.

He walked toward <u>the office carrying a briefcase</u>.

※ 그는 <u>서류가방을 가지고 있는 사무실</u> 쪽으로 걸어갔다. (x)

→ He carrying a briefcase walked toward the office.

서류가방을 든 그는 사무실 쪽으로 걸어갔다. (o)

She served cookies to <u>the children on paper plates</u>.

※ 그녀는 <u>종이 접시위에 있는 아이들</u>에게 쿠키를 내었다. (x)

→ She served cookies on paper plates to the children.

그녀는 쿠키를 **종이접시에 담아서** 아이들에게 내었다.

On my way home, I found a <u>gold man's</u> watch.

※ '골드맨이라는 사람의 시계를 발견했다.'로도 해석되어질 수 있다.

→ On my way home, I found a man's gold watch.

집으로 오는 길에 나는 **남자용 금시계**를 발견했다.

The waiter served a dinner roll to <u>the woman that was well buttered</u>.

※ 종업원은 디너롤빵을 <u>버터가 잘 발라진 부인</u>에게 제공했다. (x)

→ The waiter served a dinner roll that was well buttered to the woman.

종업원은 **버터가 잘 발라진 디너롤빵을 그 부인에게** 제공했다.

② (애매하게) 매달린 수식어 (dangling modifiers)

수식어구가 그 수식하는 대상이 불분명하거나 논리적으로 타당치 않은 경우를 말한다. 특히, 종속절과 주절의 주어, 동사가 다른 경우임에도 이를 생략하거나, 의미상의 주어가 표시되지 않은 준동사구의 주어와 주문의 주어가 일치 않는 경우에 의미상의 주어가 없는 준동사 구문을 쓰는 경우에 흔히 생기는 문제점이다. 그 해결책은 수식어구를 주문에 맞게 고치거나(종속절의 주어, 동사를 나타내 주거나, 준동사의 의미상의 주어를 나타내 주거나, 준동사의 태를 바꾸어 주거나하여), 주문을 꾸밈어구에 맞게 고치거나 하여(주어를 꾸밈어구에 맞게 고치거나 하여) 그 결함을 바로잡아 주어야 한다.

To get up on time, a great effort was needed. (x)

※ 부사절을 부정사구로 고칠 수 있는 경우는 주어절의 주어와 부사절의 주어 (부정사의 의미상의 주어) 가 일치하는 경우이다. 위 문장에서 일어나는 주체(부정사구의 의미상의 주어)가 'a great effort'는 될 수 없으므로 부정사구를 살리기 위해서는 주절의 주어를 부정사구의 의미상 주어가 될 수 있도록 고쳐 주어야 한다.

→ To get up on time, I made a great effort.

제시간에 일어나기위해 나는 많은 노력을 했다.

Walking in the street without umbrella, it started to rain. (x)

※ 잘못 사용된 (현수)분사구문이다. 이 문장에서는 rain이 walking의 의미상주어는 될 수 없고, 인칭 대명사를 분사구문의 의미상 주어로 하는 독립분사구문으로도 할 수 없으므로 분사구(문)를 종속절로 풀어 써서 그 주어를 나타내 주어야 한다.

→ When I was walking in the street without umbrella, it started to rain.

내가 우산 없이 거리를 걷고 있을 때 비가 내리기 시작했다.

Written in simple English, I read the book easily. (x)

※ 잘못 사용된 (현수)분사구문이다. 분사구문을 살리는 문장이 되게 하려면 written의 의미상의 주어가 될 수 있도록 주절의 주어를 올바르게 고쳐주어야 한다.

→ (Being) Written in simple English, the book was read easily by me.

쉬운 영어로 쓰였기 때문에 나는 그 책을 쉽게 읽을 수 있었다.

(= As the book was written in simple English, it was read easily by me.)

Having been eaten by birds, Sam-dol put scarecrows around his field. (x)

※ 잘못 사용된 (현수)분사구문이다. 새에게 먹히는 것은 'Sam-dol'이 될 수 없으므로 분사구문의 의미상의 주어를 나타내주어야 문법적으로 바르게 된다. 이 구문에서 사물인 his plants는 독립분사구문의 의미상 주어가 될 수 있으므로 이를 나타내 주면 된다.

→ His plants having been eaten by birds, Sam-dol put scarecrows around his field.

농작물이 새들에게 먹혀왔으므로 삼돌은 그의 밭 주위에 허수아비들을 세웠다.

(= As his plants had been eaten by birds, Sam-dol put scarecrows around his field.)

When just six years old, my mother tried to teach me Korean dancing. (x)

※ 부사절의 주어, 동사가 잘못 생략된 문장으로 이 부사구가 my mother를 수식하는 것으로 볼 경우 이상한 뜻으로 해석될 수가 있다. 부사절과 주절의 주어, 동사가 다를 경우에는 부사절의 주어, 동사를 생략해서는 안 된다.

→ When I was just six years old, my mother tried to teach me Korean dancing.   내가 갓 여섯 살이었을 때 어머니는 나에게 한국무용을 가르치시고자 하셨다.

③ **곁눈질하는 수식어 (squinting modifiers)**

수식어가 어구의 중간에 놓이어 그것이 수식하는 말이 앞·뒤 어느 것인지 명확치 않거나, 앞·뒤의 어느 것이라고도 볼 수 있는 경우를 말한다. 이 경우에는 수식의 의미가 명확하도록 수식어구나 수식을 받는 말을 적당하게 옮겨 줌으로써 그 문제점을 해결할 수 있다.

I told my boyfriend when the TV program was over I would play with him. (x)

※ when the TV program was over가 수식하는 것이 told인지 play인지 명확치 않다.

→ When the TV program was over, I told my boyfriend that I would play with him. (o)   그 TV 프로그램이 끝났을 때 나는 남자 친구에게 함께 놀겠다고 말했다.

I told my boyfriend I would play with him when the TV program was over. (o)   나는 그 TV프로그램이 끝나면 함께 놀겠다고 남자 친구에게 말했다.

He said tonight he'd call me. (x)

※ tonight가 said나 would call 중 어느 것을 수식하는지 알 수가 없다.

→ Tonight, he said he'd call me. (o)   그는 내게 전화하겠다고 오늘밤에 말했다.
He said he'd call me tonight. (o)   그는 오늘밤에 전화하겠다고 나에게 말했다.

The victims who swallowed the antidote <u>rapidly</u> recovered. (x)

※ rapidly가 swallowed를 수식하는지 recovered를 수식하는 지가 불분명하다.

→ The victims who rapidly swallowed the antidote recovered. (o)

신속하게 해독제를 마신 피해자들은 회복되었다.

The victims who swallowed the antidote recovered rapidly. (o)

해독제를 마신 피해자들은 빠르게 회복되었다.

④ 어색한 분리 (awkward separation)

수식어구가 문장의 주요부분 (조동사와 본동사 사이, to 부정사의 to와 동사원형사이 등)에 잘못 놓여 문장을 어색하게 갈라놓음으로써 의미의 혼란을 가져오게 하는 경우이다. 이 경우엔 잘못 놓인 그 수식어구를 떼 내어 적당한 곳에 위치시킴으로서 그 문제점을 해결 할 수 있다.

Many children have, <u>by the time they are six</u> lost their milk teeth. (x)

※ 완료형의 조동사와 본동사 사이에 부사절이 끼어 의미의 혼란을 주고 있다.

→ By the time they are six, many children have lost their milk teeth. (o)

여섯 살 무렵에 대부분의 아이들은 젖니가 빠진다.

Many children have lost their milk teeth by the time they are six. (o)

The weather service expected temperatures to not rise. (x)

※ 준동사구문의 부정은 부정어를 준동사구의 앞에 위치시킨다.

→ The weather service expected temperatures not to rise.

기상대는 기온이 오르지 않을 것으로 예측했다.

11. 문장부호

문장부호[구두점 (Punctuation) 또는 구두법]란 문장에서 숨 쉼, 분리, 대조, 생략, 보충, 물음, 강조, 감탄, 마침 등 말하고자하는 뜻을 명료하게 나타내기 위해 사용하는 기호체계를 가리킨다.

(1) 콤마 (comma)

,(콤마, 쉼표)는 휴지 (休止)를 나타내거나 문장의 의미를 명백히 나타내기 위해 사용한다.

1) 세 개 이상의 단어, 구, 절을 나열할 때

I like reading, writing, and traveling. 나는 독서, 글쓰기, 그리고 여행을 좋아한다.

She bought olive oil, tomato ketchup, and sun dried grapes at the store.
그녀는 그 상점에서 올리브기름, 토마토케첩, 말린 포도를 샀다.

I watched TV, Tom read a book, and Jack slept.
나는 TV를 보았고, 톰은 책을 읽었고, 잭은 잤다.

2) 대등문 (중문)의 등위접속사 앞에

He is very kind, and I like him very much.
그는 매우 친절하다. 그래서 나는 그를 매우 좋아한다.

She is not beautiful, but She is very considerate of others.
그녀는 예쁘지는 않지만 다른 사람들에 대한 동정심이 아주 많다.

I am engaged, or I would accept.
제가 약속이 있습니다. 그렇지 않으면 받아들이겠습니다만.

3) 부사절로 시작하는 문장은 부사절 다음에 콤마를 한다. 부사절이 뒤에 오는 경우에는 넣지 않는 것이 보통이나 콤마를 넣어 의미가 명확해진다거나 읽기에 편한 경우에는 넣을 수 있다.

Please drop in sometime when you are passing by.   지나는 길에 한번 들르세요.
→ When you happen to pass by, drop in and see us.
The picnic was put off(,) because it was rainy.   비가 와서 소풍이 연기되었다.
→ Because it was rainy, the picnic wat put off.

4) 부사구인 전치사구가 글머리에 오는 경우에는 그 뒤에 콤마를 넣는 것은 선택적이다. 즉, 콤마를 넣어 의미가 명확해진다거나 읽기에 편한 경우에는 넣을 수 있고, 콤마를 넣지 않아도 의미전달이나 읽기에 지장이 없는 경우에는 넣지 않을 수도 있다.

But for your help, I could not have succeeded.
                         네 도움이 없었다면 나는 성공하지 못했을 거야.
In general(,) every achievement requires trial and error.
                         일반적으로 모든 위업은 시행착오를 거치게 된다.
With all my faults(,) she still love me.
                         내가 결점이 많음에도 불구하고 그녀는 여전히 나를 사랑한다.

5) 문장부사 등 독립적 성격을 띠는 부사(구) 뒤에, 부사 yes, no의 뒤에 구·절이 이어질 때 yes, no의 뒤에, 약한 감탄사(oh, well 등)의 뒤에

Clearly, it is a mistake.   분명히, 그것은 실수다.
I refused, of course, and she never forgave me.
                         물론, 나는 거절했는데, 그녀는 결코 나를 용서하지 않았지.
"You don't want it, do you?"   넌 그걸 원치 않는 거지, 그렇지?
- "No, not at all."   그래, 전혀.
Oh, how beautiful this flower is!   야, 꽃이 참 아름답구나!

Well, well, it's a small world we live in! 거 참, 세상 정말 좁군.

6) 분사구(문), 부사적용법의 부정사구가 문장의 앞에 나올 경우

Smiling brightly, the girl extended her hand.

환하게 웃으면서 그 소녀는 손을 내밀었다.

To complete his term paper, Sam worked until dawn.

샘은 기말 과제물을 완성하기 위해 새벽까지 공부했다.

7) 관계대명사의 비제한적 용법에서 선행사와 관계사절 (비제한절) 사이에

We praised the boy, who was diligent.

우리는 그 소년을 칭찬했다. 왜냐하면 그는 부지런했기 때문이다.

I asked her a question, which she answered in detail.

내가 그녀에게 질문을 하자 그녀는 그 질문에 상세하게 대답했다.

8) 인용문 (피전달문)이 주문 뒤에 오는 경우에는 주문의 뒤에 콤마를 하고, 인용문이 주문 앞에 오는 경우에는 인용문의 피리어드 대신 콤마를 한다.

She said to me, "One day I will come here again."

그녀는 나에게 "언젠가 나는 다시 이곳에 (돌아) 올거야."라고 말했다.

"Please hug me," she whispered. "저를 안아 주세요."라고 그녀가 속삭였다.

9) 동격, 호격 (부르는 말)에

My dear friend, Sam-sik! 나의 사랑하는 친구 삼식!

You, come here. 너, 이리 와라.

10) 대조, 강조를 나타내기 위하여

I came, I saw, I conquered. 내가 왔고, 보았으며, 승리하였도다.

It was his money, not his charm or personality, that first attracted her.
먼저 그녀를 매혹시킨 것은 그의 용모나 성격이 아니고 그의 재산이었다.

11) 끼움구나 끼움절의 표시

끼움구·절의 앞과 뒤에 콤마를 한다.

Correct errors, **if any**, in the following passage.
다음 문장에 만약 틀린 것이 있다면 바로 잡아라.

Gongju, **which was the second capital of Baekjae Kingdom**, is famous for the Tomb of King Muryeong. 공주는 백제왕국의 두 번째 수도였는데 무령왕릉으로 유명하다.

12) 하나의 명사에 둘 이상의 형용사가 대등하게 꾸미는 경우에 그 형용사 사이

the high, blue sky 높고 푸른 하늘

He is a tall, distinguished man. 그는 키도 크고 실력도 있는 사람이다.

She lives live in a very old, run-down house. 그녀는 매우 오래되고 허름한 집에 산다.

cf.) The **brave** <u>young man</u> fought it out. 그 용감한 젊은이는 끝까지 싸웠다.

※ 이처럼 형용사가 대등하게 명사를 수식하는 경우가 아니고 명사와 밀접하게 쓰인 형용사 [명사구를 이루는 형용사]를 다시 수식하는 경우에는 콤마를 하지 않는다.

13) 사람이름 다음에 동격어로 직함이 나올 때 이름과 직함 뒤에

Kim Sam-sik, the president of the company, is a self-made entrepreneur.
그 회사의 사장인 김삼식은 자수성가한 기업가이다.

Park Myeong-su, Ph.D., M.D., discovered a new method of heart surgery.
철학박사이자 의학박사인 박명수는 새로운 심장수술법을 발견해냈다.

※ 직함이 여러 개 나올 경우에는 모든 직함 뒤에 콤마를 한다.

14) 도시와 나라사이에, 도시와 주 사이에

She is from Seoul, Korea, but she now lives in Los Angeles, California.

그녀는 한국의 서울 출신이고, 지금은 캘리포니아 주의 로스앤젤레스에 삽니다.

15) 월, 일과 연도 사이에, 숫자의 단위 구분에(1,000 단위)

August 15, 2016 2016년 8월 15일   1,000,000 백만

16) 문장에서 동일한 부분의 생략을 나타낼 경우

Benjamin is a good man, but Frederick, a bad man. (, = is)

벤저민은 좋은 사람이지만 프레더릭은 나쁜 사람이다.

To error is human; to forgive(,) divine. (, = is)

잘못을 저지를 수 있는 존재가 사람이고, 그것을 용서할 수 있는 존재는 신이다.

(2) 피리어드(period)

.(피리어드, 마침표)는 다음과 같이 사용된다.

1) 문장을 마치거나, 약어, 머리글자어에 사용한다.

At last, I've finished my work.   마침내 나는 숙제를 끝마쳤다.

adj. (= adjective) 형용사   i.e. (= id est) 즉 (= that is), 다시 말하면

e.g. (= exempli gratia) 예를 들면 (= for example)

etc.(= et cetera) 기타; 등등 ※ 미에서는 보통 and so forth로 읽는다.

9 a.m.(= ante meridiem) 오전 아홉 시   6 p.m.(= post meridiem) 오후 6시

2333 B.C.(= Before Christ) 기원전 2333년   1392 A.D.(= Anno Domini) 서기 1392년

Ph.D.(= Doctor of Philosophy) 〈법학·신학·의학을 제외한〉 박사학위; 박사

M.D.(= Doctor of Medicine) 의학박사

U.S.A. 또는 USA(= United States of America) 아메리카 합중국

V.I.P. (= very important person) 요인, 귀빈, 중요인물 ※ 보통은 피리어드 없이 VIP로 쓴다.

■ 덧붙임

1. 마침표로서의 피리어드는 원칙적으로 의문문, 감탄문 외의 글의 끝에 사용하나, 의문문, 감탄문에 있어서도 의문의 뜻을 갖지 않거나 감탄의 뜻이 약할 때는 피리어드의 사용이 가능하다.

   Is it not natural that she should be angry. 그녀가 화를 내는 것도 무리는 아니지 않은가.
   How foolish of you to say so. 그런 말을 하다니 너 정말 바보 아니야.

2. period를 찍은 약어가 글 끝에 올 경우에는 중복해서 피리어드를 찍지 않는다.

   School begins at 9 a.m. 수업은 오전 아홉시에 시작한다.
   Rome was founded in 753 B.C. 로마제국은 기원전 753년에 창건되었다.

2) 소수점, 화폐의 단위 구분 (달러와 센트의 구분)

0.5 〈zero [또는 nought] point five로 읽는다.〉

$5.50 〈five dollars (and) fifty (cents) 또는 five dollars and a half로 읽는다.〉

(3) 세미콜론 (semicolon)

;(세미콜론, 쌍반점)은 period와 comma의 기능을 동시에 하는 문장부호이다. 즉, 어떤 문장을 쓰고 그것과 밀접하게 관련되거나 보조하는 문장을 바로 뒤에 쓸 때에 문장이 완전히 끝났음을 나타내는 피리어드 대신에 세미콜론을 사용한다. 세미콜론으로 연결하는 두 문장은 완전한 문장 (독립절)이어야 한다.

※ 다만, 다음의 콜론과 세미콜론은 많은 경우 동일하게 사용하고 있으므로 양자의 사용범위를 명확히 구분하기는 어렵다.

1) 관련이 있는 두 개의 대등한 문장을 이을 때 콤마와 등위접속사 (and, but, or, yet, so, for 등)를 대신하여 사용된다.

She arrived early this morning; he arrived at noon.
　　　　　　　　　　　　　　　　그녀는 오늘 아침 일찍 도착했고 그는 정오에 도착했다.
I went to the store; it was closed.　　　나는 가게에 갔었는데 가게 문이 닫혀 있었다.

2) 두 문장을 이을 때 however, moreover, therefore, thus 등의 접속부사와 함께

I was late for school; however, my teacher did not scold me.

　　　　　　　　　　　나는 학교에 지각했다. 하지만 선생님은 나를 꾸중하지 않으셨다.

I don't want to go out; moreover, the wether is too cold.

　　　　　　　　　　　　　　　나는 외출하고 싶지 않다. 게다가 날도 너무 춥다.

She was sick; therefore, she didn't go to work.

　　　　　　　　　　　　　　　　　　그녀는 아팠다. 그래서 회사에 가지 않았다.

He has never told a lie to me; thus, I have no doubt about him.

　　　　　　　　　그는 내게 거짓말을 한 적이 없다. 그러므로 나는 그에 대해 아무런 의심도 없다.

3) 즉, 다시 말해서(= that is; i.e.), 예를 들면(= for example) 등의 의미로 앞 문장을 부연설명하거나 예시를 드는 경우

▶ 이 경우 that is (또는 i.e.)는 상황에 따라 써 주기도하고 생략하기도 한다.

The work of the housewife is varied; she washes, she cooks, she sweeps.

　　　　　　　　　　　　　주부의 일은 다양합니다. 즉, 빨래하고, 요리를 하고, 청소를 합니다.

He is a walking dictionary; that is [또는 i.e.], he is a genius.

　　　　　　　　　　　　　　　　그는 걸어 다니는 사전이다. 다시 말해서, 그는 천재다.

This report is incomplete; for example, it does not include credit sales.

　　　　　　　　　　　　　　이 보고서는 불완전하다. 예를 들어 외상판매가 포함되어 있지 않다.

4) 콤마를 포함하는 길고 복잡한 문장이 연속될 때 명확한 분리를 위해

They visited Los Angeles, California, Grand Canyon, Arizona, and Manhattan, New York.

※ 위 문장은 그들이 여섯 곳을 들른 것처럼 보이나 실제로는 세 곳을 들렀으므로 다음과 같이 세미콜론을 두어 그 혼란을 방지할 수 있다.

→ They visited Los Angeles, California; Grand Canyon, Arizona; and Manhattan, New York.

그들은 캘리포니아 주의 로스엔젤레스, 애리조나 주의 그랜드캐니언, 그리고 뉴욕 주의 맨해튼을 들렀다.

(4) 콜론 (colon)

:(콜론, 쌍점)은 다음과 같이 사용된다.

1) 앞에 나온 명사의 내용을 구체적으로 나열할 때

The use of these punctuation marks often confuses students: comma, semicolon, colon, dash and hyphen.

이들 구두점의 사용은 종종 학생들을 혼란스럽게 한다. 즉, 콤마, 세미콜론, 콜론, 하이픈, 그리고 대시가 그것들이다.

She is taking five courses this term: French, history, sociology, and psychology.

그녀는 이번 학기에 다섯 과목을 수강하고 있다. 즉, 불어, 역사, 경제학, 사회학 그리고 심리학.

2) 앞 문장의 내용을 요약하거나 답을 줄 때

He does not eat anything that has meat in it, nor does he use any products that links to any animals: He is a true vegan.

그는 고기가 들어간 어떠한 음식도 먹지 않을 뿐만 아니라 동물과 관련된 어떠한 제품도 쓰지 않는다. 즉, 그는 진정으로 철저한 채식주의자이다.

Only one thing can really help a poor country: population control.

오직 한가지만이 실제로 빈곤 국가를 도울 수 있다. 그것은 인구 억제다.

3) 편지의 인사말 (salutation)의 뒤, 소제목, 인용구 등에

Dear Mr. Kim: 친애하는 김 선생님

※ 콜론 다음 행을 바꾸어 본문을 시작한다. 콜론을 쓰는 것은 공적인 경우이며, 일반 편지에서는 콤마를 사용한다.

Socrates had said: "Know yourself."   소크라테스는 말했었다. "너 자신을 알라."라고.

4) 시각, 점수, 비율 등의 표시에

9:00 a.m. 오전 아홉 시

The score is 3:1 [= 3 to 1]. 점수는 3대 1 이다.

The ratio of width to length of a rectangle is 2:1 (= 2 to 1).

그 직사각형의 가로 세로의 비율은 2대 1이다.

(5) 대시 (dash)

— (대시, (긴)줄표)는 보통 다음 (6)에서 말하는 하이픈의 2배의 길이의 줄표를 가리킨다.

1) 앞서 말한 특정 어구나 문장 전부의 내용을 단어, 구, 절 등의 형태로 요약, 부연, 강조할 때

I loved her — my hope and life.   나는 그녀를 사랑했다. 그녀는 나의 희망이자 생명이었다.

Tokyo, London, New York, and so on — these cities are known for their notorious traffic jams.   도쿄, 런던, 뉴욕 등등 이들 도시들은 지독한 교통체증으로 유명하다.

2) 어구 사이에 딴 생각, 인용구문을 끼어 넣어 괄호와 같은 (또는 그 이상) 의미로 사용하는 경우

He presented her the flower — did she want it? — which he bought at the flower shop.   그는 그 꽃가게에서 산 꽃을 — 그녀가 그것을 원했을까? — 그녀에게 선물했다.

It is almost — if not totally — impossible to live in such an area.

그와 같은 곳에서는 거의 — 전적으로 그러한 것은 아닐지라도 — 살기가 어렵다.

3) 어구, 문자, 숫자의 생략, 사람, 장소 따위의 이름을 밝히지 않을 경우

12—, Mr.—, g-d(= god), d-n (= damn), d— (= devil)

Mr. Y— of Daejeon. 대전의 Y 아무개 씨

Go to the d— [= devil]! 죽어버려라!; 꺼져라!; 될 대로 되라!

■ 참고— N 대시(short dash)와 M 대시(long dash)

대시를 그 길이가 하이픈의 1.5배인 short dash와 2배인 long dash로 구분하여 쓰기도 한다. short dash를 그 폭이 알파벳 N의 폭과 같다고 해서 'N 대시', long dash는 그 폭이 알파벳 M의 폭과 같다고 해서 'M 대시'라고도 부른다. M대시는 위에서 말한 보통의 대시를 가리키고, N대시는 하이픈 연결의 복합어를 포함하여 두 개 이상의 단어로 된 말 앞에 다른 단어를 붙여 새로운 단어를 만들 때 바로 뒤의 단어만을 수식하는 것이 아니고 복합어 전체를 수식하는 것임을 나타내기 위해 사용한다.

N 대시의 예) ex–mother-in-law 이혼한 부인 [남편]의 어머니 (전 장모, 전 시어머니), 이전 새어머니
※ 앞의 –은 N 대시이고 뒤의 2개의 는 하이픈이다.
anti–Free Trade Agreement rally 자유무역협정 (FTA) 반대 집회
the non–New York media 뉴욕지역 외의 언론매체

---

(6) 하이픈 (hyphen)

-(하이픈, 짧은 줄표, 붙임표)은 다음과 같이 사용된다.

1) 복합어 사이에

Asian-American   co-ed   cold-hearted   do-it-yourself

2) 같은 철자의 뜻이 다른 말을 나타낼 때

re-count 다시 세다   cf.) recount 자세히 얘기하다; 차례대로 얘기하다; 하나하나 열거하다
re-cover 다시 덮다   cf.) recover 회복하다
re-create 개조하다   cf.) recreate 휴양하다
re-enter 다시 들어가다   cf.) reenter 다시 넣다, 다시 가입하다, 재기입하다

3) 숫자 21~99를 영어로 쓸 때, 분수표현에

twenty-one 21   ninety-nine 99   one-half (= a half) 2분의 1

two-thirds 3분의 2   three and four-fifths 3과 5분의 4(3⁴/₅)

※ 대분수는 정수와 분수 사이에 and를 두어 읽는다.
  123/456 → one hundred and twenty-three over four hundred and fifty-six.
※ 두 자리 수 이상의 분수는 분자와 분모 사이에 over나 by를 쓰고 분자, 분모를 모두 기수로 읽는다.

4) 철자 (스펠링)를 나타낼 때
His name is spelled K-h-a-l-i-l.   그의 이름은 케이 에이치 에이 엘 아이 엘로 철자한다.

5) 말더듬음을 나타낼 때
"W-w-what?" he stammered.   "뭐, 뭐, 뭐라구?"하며 그가 말을 더듬었다.

6) 한 단어가 두 행에 걸쳐 있을 때 한 단어임을 나타내기 위해 앞부분 뒤에 하이픈을 한다.
Criticism must always profess an end in view on what appear to be the eluci-dation of works of art and the correction of taste.

7) 음절이 나뉨을 나타낼 때 (분철법)
▶ 사전에서는 보통 가운뎃점 (·) [a centered period]으로 표시한다.
o-to-rhi-no-lar-yn-gol-o-gy: otorhinolaryngology   이비인후과학

(7) 아포스트로피 (Apostrophe)
'(아포스트로피, 어깨점)는 속격 (소유격), 축약형, 숫자, 문자 (알파벳)의 복수형, 숫자의 생략을 나타낼 때 사용한다.

Tom's house 톰의 집   a girls' high school 여고

t's [= ts] t자 여럿, t자들   8's [= 8s] 8자 여러 개, 8자들

Ph.D.'s 박사학위를 가진 사람들   M.P.'s 또는 MP's 〈영〉 하원의원들

do not → don't   is not → isn't   should not → shouldn't   2017 → '17

– REVIEW EXERCISES –

1. 다음에서 밑줄 친 부분 중, 어법상 틀린 것은? [수능]

   Yesterday, I went to a bookstore (A) <u>to buy</u> a book about computers. I asked a clerk where (B) <u>did they have</u> books about computers. She said that (C) <u>they were</u> on the second floor. (D) <u>I was surprised that</u> there were a large number of books. It took me a long time (E) <u>to find one</u> that was for beginners like me.

※ Choose the one word or phrase that best completes the sentence. [2 ~ 4]

2. Never at any time, not even after his terrible loss on the exchange, _____ such contempt for himself as now.

   (A) had felt he   (B) felt he had   (C) had he felt   (D) he had felt

3. Solar heat penetrates more deeply into water than _____.

   (A) it is penetrating into the soil   (B) it does into soil
   (C) does it into soil   (D) that it does into soil

4. As in other jurisdictions, public safety determines the priority for snow removal in the district. Clearing and salting efforts focus first on major roads, commuter thoroughfare and designated Snow Emergency Routes. Streets that are narrow, steep, or shaded, receive special attention, scheduled for next day trash collection. Please be patient and allow sufficient time for snow operations to be implemented. [공무원 9급]

   (A) as do those streets   (B) do as those streets

(C) as those streets do   (D) do those streets as

5. Choose the best translation of the following Korean sentence.

   (다음의 한국어 문장을 가장 잘 번역한 것을 고르시오.)

   「어떤 숭고한 목적도 나쁜 수단을 정당화할 수는 없다.」

   (A) No lofty goal can justify bad means.

   (B) Noble aims can legitimate bad manners.

   (C) Even the finest purpose can advocate bad methods.

   (D) The most exalted objective can vindicate bad ways.

6. Choose the sentence that is not grammatically correct?

   Spatial ability <u>means an ability</u> to sort out the different components in an
   　　　　　　　　　　　(A)

   environment, to <u>separating</u> an element <u>from its context,</u> and to locate one-
   　　　　　　　　　(B)　　　　　　　　　　(C)

   self accurately in relation <u>to environmental features.</u>
   　　　　　　　　　　　　　　(D)

= 해설·정답 =

1. 【해설】
   (A) 'to buy about computers.(컴퓨터에 관한 책을 사기 위하여)'는 부사적용법으로 쓰인 to 부정사구로서 이상이 없다.
   (B) 'where ~computers.'는 Where did they have books about computers?라는 직접의문문이 종속절로서 문장의 목적어절로 들어간 경우이다. 직접의문문이 간접의문문이 될 때에는 평서문의 형태로 된다. 의문부사가 있는 직접의문문이 간접의문문이 되는 경우 '의문부사 + s + v'의 어순이 된다. 그러므로 did they have가 아니라 they had가 되어야 한다.
   (C) They는 복수인 books about computers를 받으므로 이상이 없고, 동사도 복수의 과거시제가 와야 하므로 were는 이상이 없다.
   (D) surprised는 that절을 그 보충어로 취할 수 있는 서술 형용사이다.
   (E) 가주어(it), 진주어 구문이다. 'to find ~.'은 앞의 가주어 It의 진주어로서 to 부정사가 명사적 용법으로 쓰인 경우이다.
   [해석] 어제, 나는 컴퓨터에 관한 책을 사기 위하여 서점에 갔었다. 점원에게 컴퓨터에 관한 책들이 어디 있는지를 물어보니, 여점원은 그 책들이 2층에 있다고 대답했다. 놀라울 정도로 많은 책들이 있었다. 나와 같은 초보자를 위한 책을 찾아내는데도 시간이 한참 걸렸다.
   〈정답〉 (B)

2. 【해설】
   부정의 부사구 (never at any time)가 문두로 나온 경우이다. 부정의 부사구를 문두에 놓을 경우 주어와 동사 (조동사)는 자리를 바꾼다. 'not even after his terrible loss on the exchange' (주식시장에서 엄청난 손실을 본 후에도 안 그랬는데)
   [해석] 그는 그 어느 때에도, 주식시장에서 엄청난 손실을 본 후에 조차도 느껴 본적 없는,

지금과 같은 자기 자신에 대한 경멸을 느껴본 적이 없었다.
〈정답〉(C)

3. 【해설】
특정되지 않은 이미 언급된 단수 명사를 가리킬 때는 one을 쓰나, 주어인 경우에는 it을 쓴다. 일반 동사는 대동사 do [does, did]로 받는다.
[해석] 태양의 열은 땅속보다 물속에서 더 깊이 스며든다.
〈정답〉(B)

4. 【해설】
as는 '양태' 부사절을 이끄는 접속사이다(~과 같이, ~이 그렇듯이). 접속사는 그것이 이끄는 절 앞에 와야 한다. 그러므로 정답이 될 수 있는 것은(A)와(C)이다. 빈칸 뒤에 those streets를 수식하는 형용사구가 오고 있으므로 those streets가 scheduled 앞에 놓여야 한다. 정답은(A)이다. 양태부사절의 주어인 those streets를 길게 수식하는 말(scheduled ~ collection)이 옴으로 인해 동사(여기서는 'receive special attention'을 대신하는 대동사 do)와 자리를 바꾼 문장이다.
[해석] 다른 관할구역들에서처럼 공중의 안전이 그 지역 제설작업의 우선순위를 결정합니다. 눈을 치우고 소금을 뿌리는 노력들은 우선 주요도로, 통근자 도로들 그리고 지정된 제설응급도로들에 중점을 둡니다. 다음날 쓰레기 수거가 예정된 도로들이 그렇듯이 좁거나 가파르거나 그늘진 도로들은 특별한 주의를 받습니다. 인내심을 가지시고 제설작업이 이행될 수 있는 충분한 시간을 주시기 바랍니다.
〈정답〉(A)

5. 【해설】
(A) lofty (숭고한, 고결한). 이상이 없다.
(B) '숭고한 목적들은 나쁜 수단을 정당하게 할 수 있다.' can을 cannot으로 해야 같은 의미가 될 수 있다.

(C) (B)와 같은 의미를 나타내고 있다. 역시 can을 cannot으로 해야 한다.

(D) exalted(고귀한, 숭고한), vindicate(정당화하다, 옹호하다; 주장하다) (B)나 (C)와 같은 뜻을 나타낸다. can을 cannot으로 고쳐야 한다.

〈정답〉 (A)

6. 【해설】

to 부정사구가 형용사구로서 A, B, and C의 형태로 나열되어 'an ability'를 후위 수식하고 있는 구조이다. 병치구문이므로 A, B, C에는 같은 문법범주의 어구가 와야 한다. 여기서 A(to sort ~)와 C(to locate ~)가 to 부정사로 되어 있으므로 B부분에도 to 부정사가 와야 한다. to 부정사는 'to + 동사원형'이므로 (B)의 separating을 separate로 고쳐야 한다. spatial(공간적인; 장소의, 우주의), sort out(식별하다.), component(성분, 구성요소), separate(분리하다, 분류하다, 식별하다.), in relation to ~(~에 관하여), feature(얼굴의 생김새; 특색; 지형).

[해석] 공간적 능력이란 한 배경 안에서 상이한 구성요소들을 구별하고, 그 배경으로부터 한 구성요소를 식별하며, 주위의 모습들에 관하여 (주위의 모습들 속에서) 정확하게 자신의 위치를 알아내는 능력을 말한다.

〈정답〉 (B)

제20장

기타(The others) II
– 단어, 발음, 강세, 억양, 끊어 읽기

1. 단어 (Word)

(1) 정의 (定義)

단어란 일정한 뜻을 가지는 말 (언어)의 기본단위를 말한다. 구체적으로는 사람의 사상, 감정, 동작, 상태나 사물의 감정, 동작, 상태 등을 언어로 표현한 최소한의 표시체계를 이른다. 명사, 대명사, 동사, 형용사, 부사, 접속사, 전치사, 관사, 감탄사의 8품사 및 관계사, 관사도 모두 단어이다.

(2) 영어단어의 구성요소

영어의 단어는 그 중심이 되는 부분인 어근과 부차적, 문법적 기능을 하는 부분인 접사로 이루어지는 것이 보통이다. 다만, 접사가 붙지 않고 한 개 또는 그 이상의 핵심어만으로 단어가 이루어 질 수도 있다.

1) 어근 (Root)

단어를 **형성할 때** 실질적인 의미를 가지고 단어의 중심부를 이루는 부분 (형태소)을 말한다. 즉, 어근은 2개 이상의 형태소가 합쳐져 단어가 만들어질 때 그 중심적인 뜻을 나타내는 부분을 가리킨다. 단어형성 (조어법)과 관련된 개념이다.

- audible: aud (hear) 〈어근〉 + ible (can) 〈형용사형 접미사〉

audible의 aud(i)는 단어의 중심 뜻 (hear)을 나타내는 부분인 어근이고, –ible은 어근에 붙어 특성, 상태나 가능 (can)의 뜻을 더하여 형용사를 만드는 기능을 하는 접미사이다.

- animate: anim (life) 〈어근〉 + ate (to make; state) 〈동사형 또는 형용사형 접미사〉
  여기서 anim은 단어의 중심적인 뜻 (life)을 나타내는 부분인 어근이고, -ate는 그 어근에 붙어 'to make'의 뜻을 더하여 동사를 만들거나, '상태 (state)'의 뜻을 더하여 형용사를 만드는 기능을 하는 접미사이다.

- composure: com (together) 〈접두사〉 + pos (place) 〈어근〉 + ure (state) 〈명사화 접미사〉
  여기서 com은 어근의 앞에 붙어 '함께(together)'의 뜻을 더해주는 기능을 하는 접두사이고 pos는 이 단어의 중심 뜻(place)을 나타내는 부분인 어근이고, ure는 단어(동사)에 붙어 '상태'의 뜻을 더하여 명사로 바꿔주는 기능을 하는 접미사이다.

■ 주요 어근

〈A〉

act, ag (to do); acro (high); aero (air); agogos (to lead); agon (to struggle); agro, agri (soil); alb, alp (white); algia (pain); ali (nourishment); alt (high); alter (other); amble (to walk); am, amore (to love, to like); ance (before); ang, anx (to hang); anim (life, mind); ann, enn (year); anthrop (man); pt, ept (to fit); aqua (water); arch (to rule; first); argus (to make clear); arm (arm, weapon); art (skill); asper (rough); aster (star, sky); audi (to hear); aux, aug (to increase); avi (bird); auto (one, elf), etc

ex) enact, agenda, acrobatics, aeronaut, pedagogy, protagonist, agrestic, albino, analgesia, aliment, altitude, altercation, circumambulate, amity, ancestor, strangle, animosity, annals, anthropology, aptitude, aquafarm, anarchy, archiplasm, argue, disarmament, artificial, asperse, asteroid, audit, auxiliary, aviation, autocracy, etc.

〈B〉

ball (to roll); ban (to prohibit); bar (stick); bas (bottom); bat (to beat); bell (beautiful); belli (war); bene, bibe (to drink); biblio (book); bio (life); blanc (white); bol, bl (to throw); bon (good); brace (arm); brev (short); burs (sack), etc.

ex) ballot, contraband, barrister, embarrass, basic, combat, embellish, bellicose, benevolent, imbibe, bibliography, antibiotic, blanch, metabolism, emblem, bonny, abbreviate, burst, reimburse, etc.

⟨C⟩

cad, cid (to fall); cal (heat); camp (field); cand, cens (white, light); cant, cent (to sing); cap, ceit, ceive, cept, cip (to take, to seize); capit, cipit (head); car (wheel, to roll); care, cure (care, concern); carn (meat); cause, cuse (reason); cave (hollow); cede, ceed, cess (to give up, to go); cel (sky); cell, eal, cult (small room); celer(speed, swift); cent (hundred); center (middle); cern, cert (to observe); charge (burden); chast, cast (pure); chiro (hand); chrom (color); chrono (time); cide, cis (to cut, to kill); cinema (move); cint (string); circ (round); civi (city); cite (to cry); claim, clam (to cry); clar (clear); clim (ladder, bend); clin, cliv (to bend); close, clude (to close); coll (neck); cord, card, cour, chore (heart), corp, corpor (body); cracy (to rule, to govern); cre, cret (bear, happen); cred (to believe), cosmos (universe); cover (cover); crim (guilt); cris, crit (discern); cruc (cross); cryptos (hidden); cub (small room); cult (care); cumb (to lie down); cur, cour, curs (to run); cuss, seism (to shake), etc.

ex) decadence, accidental, calorific, scamper, candid, incentive, cantillate, capacious deceitful, conceive, acceptable, incipient, capital, precipitate, career, careful, secure, carnal, caustic, excuse, excavate, precede, proceed, accessible, celestial, cellular, conceal, occult, celerity, centigrade, concentrate, discern, ascertain, discharge, chaste, castigate, chirography, chromosome, anachronism, aborticide, incisive, cinema, succinct, circulate, civilize, solicit, declaim, clarify, acclimate, decline, exclude, collar, cordial, cardinal, encourage, chord, corpulent, incorporate, bureaucracy, concrete, secrete, accredit, cosmonaut, uncover, criminate, crisis, hypercritical, crux, cryptonym, incubate, cultivate, encumber, concur, discourse, cursory, discuss, seismic, etc.

⟨D⟩

dactylo (finger); damn, demn (curse); date (to give, date); debt, debit (debt); dei, div (god); dem(o) (people); dent (tooth); derm (skin); dexter, dextr, droit (skillful); di, diurn (day); dign (worth); dic, dict (to say, to speak); doct, dox (to teach); dol (sadness, suffering); dom, domin (to rule); don, dos, dot, dow (to give); dorm (to sleep); dress (to arrange); drom (to run); duc, duct (to lead, to bring), dur (last), dynam (power), etc.

ex) dactylogram, damnation, condemn, dative, antedate, indebt, deify, demonstrate, divine, epidemic, indent, hypodermic, ambidextrous, adroit, diary, diurnal, indignity, abdicate, contradictory, indoctrinate, docile, orthodox, condole, indolent, domestic, dominate, donate, overdose, anecdote, dormant, redress, syndrome, anadromous, deduct, introductory, obdurate, dynamics, etc.

⟨E⟩

ego (myself); emp (to take); err (to stray), equ(i) (same); ergy (to work); err (to wander); esce (to begin); ss, est (be); eu (good, pleasant); ev, eter (time), etc.

　ex) **egocentric, exemplary, errant, equable, equivalent, synergy, aberration, adolescent, quintessence, majesty, eulogy, coeval, eternal, etc.**

⟨F⟩

fa, fess (to speak); face (face, side); fac(t), fect, fic(t), fit (to make); fan (to show); fare (to go); feb, fer, ferv, fev (to boil, heat, fever); fed, fid (to trust); fend (to strike); fer (to carry, to bring); fili (son); fin (end, limit), firm (solid, strong); fix (to fasten); flagr, flam (to fire); flat (to blow); flect, flex (to bend); flick, flict (to strike); flori (flower); flu, flux (to flow); foli (leaf); forc, fort (strong); found, fund (bottom); frag, fract (to break); franc, frank (free); front (forward); fug (flee); fum (smoke); funct (to perform), etc.

　ex) **fable, confess, surface, factory; effectual, beneficial, befit, fantastic, welfare, febrifuge, ferment, fervor, feverish, confederate, fidelity, defend, preferential, affiliate, infinite, confirm, fixate, flagrant, inflame, flatulent, reflection, flexible, flick, conflict, flourish, affluence, influx, portfolio, forcible, fortitude, profound, fundamental, fragment, fractious, franchise, frank, affront, fugitive, fumigate, perfunctory, etc.**

⟨G⟩

gal (song); gam (marriage); gastr (stomach); geo (earth); gemin (twin); gen, gon (born, produced); ger, gest (to carry, bear); glob (ball); gna (birth); gni, gno (know); gon (angle); gorg, gurg (throat, to eat); grac, grat (pleasing); grad, gress (go); gram, graph (writing); grav (heavy); greg (flock, gather), etc.

　ex) **gallant, amalgamate, polygamy, gastric, geometry, gemination, genealogy, epigone, exaggerate, gestate, globose, pregnant, precognition, prognosis, orthogonal, gorgeous, ingurgitate, gracious, gratuitous, gradual, aggression, diagram, autograph, gravitate, segregate, etc.**

⟨H⟩

hab, hib (to live, to have); hap (to fall); heli(o) (sun); hemato, hemo (blood); herb (grass); her, hes (to stick); herit (to heir); hibern (winter); hom(o) (earth, man); hor (straight); horr (shudder); hum(i) (moisture, liquid); hydr (water), hypno (sleep), etc.

　ex) **habit, prohibit, haphazard, heliocentric, hematology, hemostatic, herbivorous, hesitation,** inherent, inherit, hibernate, homicide, horizon, horrendous, humidity, dehydrate, hypnotize, etc.

⟨I⟩

iatr (healing); ibi (place, there); ident (same); idio (one's own); idol, icon (image); ign (fire); insul (island); iso (same); integr (whole); it (to go); itis (inflammation), etc.

ex) **pediatrician, alibi, identity, idiosyncrasy, idolize, iconic, ignite, insulation, isotope, integration, initiate, arthritis, etc.**

⟨J⟩

ject (to throw), journ (day); jud(to judge); junct, jug, join (to bind, to join); jur (to swear); jus (right, law); juvern, jun (young); juxta (next to, beside), etc.

ex) **conjecture, journal, judicious, adjunct, conjugal, adjoin, abjure, justify, juvenile, junior, juxtapose, etc.**

⟨K⟩

kin (to beget); klept (to steal), etc.

ex) **kindred, biblioklept, etc.**

⟨L⟩

la (people); labor (to work); lac (milk); lapse, lab (to slip); last (to last); lat (to carry, wide); late (side), latry (worship); lav, lu(v), lut (to wash); lax (loose, to allow); lect, leg, lig (to choose, to read); leg (law); leni (soft); leth (death, to forget); lev (light, smooth, to raise); lex (word, speech); liber (free); liber, libr (weight, balance); libr(book); lic (to entice, permissible); lid, lis (damage); lig (to bind); limin (threshold); lingua (language); linqu, lict (to leave, to lack); liqu (fluid); liter (letter); lith (stone); loc (place); log (word); logy, ology (study); long (long); loqu, locu (to talk); luc, lumin (light); lucr (money); luct (to struggle); lud, lus (to play); luna (moon); lute (yellow); lysis (to loose), etc.

ex) **laity, laborious, lactic, elapse, labile, elastic, ventilate, unilateral, pyrolatry, lavish, deluge, dilute, relax, select, illegible, eligible, legislature, lenient, lethal, lethargy, alleviate, levigate, lexicon, liberate, deliberate, equilibrium, librarian, elicit, derelict, licentious, collide, collision, obligation, eliminate, bilingual, delinquent, liquidate, obliterate, paleolithic, location, eulogy, geology, psychology, prolong, loquacious, elocution, lucid, illumination, lucrative, ineluctable, ineluctable, prelude, collusion, lunatic, luteous, analysis, etc.**

⟨M⟩

macro (large); macul (spot); mael (to grind); magn(i), maha, maga, maj (large, great); mal (bad); mamm (breast); man (to stay); mand, mend (to entrust, to command); mania (craving, insanity); man(u) (hand); mar (sea); marc, mark (sign); mascul (man); mater, matr, metr (mother); math (to learn); maxim (largest); meas (to measure); mechan (machine); med (to cure, middle); medic (to heal); mel (song, honey); melan (black); memor (to remember); men (to lead); mend (fault); mens (month, to measure); ment (mind); merc (money, goods); merg, mers (to dip); meta (to change); meter, metr (measure); micro (small); migra (to wander); millit (to fight); mim (to imitate); min (less, little; to project; to hang over); ming, mong, mix, mis (to mix); minister (to service); mir (to wonder); miser (wretched); mit, miss (to send); mne (to remember); mob, mot, mov (to move); mod (measure, manner); mol (to grand); moll (soft); moni, mini (to show, to indicate); mont, mount (to rise); mony (state); morph (shape); mors, mord (to bite); mort (death); mun (gift); mund (world); mut (to change); myst (mystery), etc.

ex) macroscopic, immaculate, maelstrom, magnificent, mahatma, megalomania, majority, maladjusted, mammiform, permanent, mandate, recommend, monomania, manual, mare liberum, marcando, markup, markdown, masculine, maternal, matrimony, metropolis, polymath, maximum, immeasurable, mechanic, remedy, medium, medicable, melody, mellow, melanian, commemorate, amenable, amendment, commensurate, mentality, mercenary, amerce, merger, immerse, metamorphism, thermometer, symmetry, microeconomics, immigrate, militant, demilitarized, mimic, diminish, minimal, prominent, imminent, mongrel, mingle, mixture, miscible, administration, admire, miserable, commitment, missile, amnesia, locomobile, motivate, remove, accommodate, modest, molar, mollify, admonish, reminiscence, montage, paramount, testimony, amorphous, morsel, mordacious, mortal, remunerate, mundane, immutable, mystify, etc.

⟨N⟩

narc (sleep, numbness); nas, nar (nose); nat, nasc (to be born); naut (to sail); nav (ship, to sail); necro (death); nect, nex (to knot); neg (to deny); neigh (near); neph, neb (cloud); nerv, neur (nerve); neutr (neither); noc, nox (to harm, night); noct, nox (night); nom (law, order); nomin, nom (name); norm (common); not (known); nov, neo (new); nud (uncovered); numer, number (number); nunc, nounce (to speak); nur, nutri (nourish); nyct (night), etc.

ex) narcotize, narcotic, nasal, nares, native, nascent, nautical, navy, navigation, necropsy, connect, annex, negligible, neighbor, nephogram, nebulous, nervous, neuralgia, neutral, innocuous, obnoxious, nocturne, equinox, astronomy, binomial, nomination, misnomer, abnormal, notorious, annotate, renovate, neology, nudity, outnumber enumerate, enunciate, denounce, nursery, innutrition, nyctalopia, etc.

⟨O⟩

obliv (to forget); **ocul** (eye); **od** (song); **od, hod** (road); **odi** (to hate); **odont** (tooth); **odor** (smell); **odyn** (pain); **omni** (all, many); **ont** (being); **onym** (name, word); **op** (eye, sight); **oper** (to work); **opt** (to choose); **ora** (to speak, pray); **orb** (circle); **ord** (order); **orex** (appetite); **organ** (instrument); **ori, ort** (to rise, to be born); **orient** (east, rising); **orn** (to decorate); **ornith** (bird); **ortho** (straight); **oscill** (to swing); **oss, oste** (bone); **ostrac** (shell); **ot** (ear); **oti** (ease); **ov** (egg); **oxy** (sharp, acid), etc.

ex) oblivion, oculist, rhapsody, odometer, method, odious, odontalgia, odor, anodyne, omniscient, anonymous, ontology, synonym, optical, cooperate, co-opt, optimum, oration, oracle, orb, orbit, coordination, anorexia, organic, aborigine, abortive, oriental, ornament, ornithology, orthopedics, oscillate, osseous, ostracize, otology, negotiate, oviparous, paroxysm, oxide, etc.

⟨P⟩

pac (peace); **pact** (to agree, to fasten); **pal** (pale); **pale** (ancient); **pan** (bread); **pap, pop** (father); **papilion** (butterfly); **para** (beside); **par** (equal, to arrange, to appear); **parl** (to say); **part** (to bear); **part** (part); **parthen** (virgin); **pass** (to step, to feel); **path** (path, to feel); **pater, patr** (father); **past** (dough, to feed); **pauci** (few); **paus** (to cease); **pector** (chest); **ped** (child); **ped, pod** (foot); **pel, puls** (to drive, push); **pelag** (sea); **pen** (almost); **pen** (penalty); **pend, pens** (to hang, to consider, to weigh, to pay); **pept, pepst** (to digest); **per** (to try out); **petit** (to seek, to desire); **pet** (small, little); **petro,** (모음 앞에서) **petr** (stone); **phag** (to eat); **phan, phen** (to appear); **pharmac** (drug); **phe, phas** (to say); **phil** (to love); **phob** (to fear); **phon** (sound); **phot, phos** (light); **phras** (speech); **phren** (brain); **phylac** (guard); **phyll** (leaf); **physi** (nature, body); **phyto** (plant); **pi** (holy, tender); **pict** (to paint); **pile** (heap); **pil** (hair); **plac** (to please); **plain** (to lament); **plan** (flat); **plant** (to plant); **plas** (to form); **plaud, plod** (to applaud, to strike); **pleb** (people); **plen, plet** (full); **ple, ply, plic, plex** (to fold, to fill); **plor** (to cry); **plum** (feather); **plus, plur** (more); **plut** (wealth); **pneum** (to breathe, lung); **pod, pus** (foot); **poly** (to sell); **pon, pos** (to place); **ponder** (weight); **popul, publ** (people); **port** (to carry); **port** (harbor, gate); **pot, pos** (to drink); **pot, poss** (to be able); **potam** (river); **poul, pull, pole** (chicken); **pract, pragm, prax** (to do); **prais, preci** (value, price); **prec** (to pray); **prehend, prehens, pris** (to take, to seize); **press, print** (to press); **prim, prin** (first); **priv** (single, separate); **prob, prov** (to test); **proli** (offspring); **propr, proper** (one's own); **proxi** (near); **pseud** (false); **psych** (mind); **pto** (to fall); **pub** (mature); **pud** (ashamed); **pugn** (to fight); **pun** (to punish); **pung, punct** (to prick); **pupa** (doll, child); **pur** (clear); **purg** (to clean); **put** (to think); **pyr** (fire), etc.

ex) pacifist, compact, pallid, paleolithic, companion, papal, pope, papilionaceous, paradigm, parable, parity, prepare, apparent, parley, patient, viviparous, participate, parthenogenesis, surpass, compassion, pathbreaking, sympathy, paternal, patriot, paste, pasture, paucity, menopause, pectoral, pediatrician, tripod, propel, repulsive, pelagic, archipelago, peneplain, penance, pendant, pensive, compensation, dyspepsia, pepstatin, expert, petition, petticoat, petty, petroleum, petrify, esophagus, pelagic, diaphanous, phenomenon, pharmacy, aphasia, euphemism, philosophy, acrophobia, cacophony, photograph, phosphorous, phraseology, periphrasis, phrenetic, prophylactic, chlorophyll, physiology, physique, phytoncide, phytophagous, pious, pity, picture, depict, compile, depilatory, implacable, plaintive, planish, transplant, plastic, protoplasm, plaudit, explode, plebiscite, plenitude, complete, supply, explicit, complex, implore, plume, surplus, plurality, plutocracy, pneumatic, hexapod, octopus, monopoly, postpone, deposit, ponderous, popularization, republic, transportation, port, portal, potion, polecat, symposium, potent, potentate, possible, hippopotamus, poultry, pullet, practical, pragmatic, apraxia, appraise, depreciate, precarious, depreciate, comprehend, apprehension, prison, impress, depression, reprint, primary, primitive, principal, privilege, deprive, approbation, improve, prolific, appropriate, property, approximate, pseudonym, psychotherapy, symptom, pubescent, impudent, pugnacious, impunity, pungent, puncture, puppet, pupil, purify, purge, dispute, pyromaniac, etc.

⟨Q⟩

quart (four); **qual** (what kind); **quant** (how much); **quer** (to complain); **quest, quer, quir, quis** (to ask, to seek); **quies** (to rest); **quot** (how many), etc.

ex) quarter, quality, quantity, querulous, question, conquer, inquire, inquisitive, acquiesce, quotient, etc.

⟨R⟩

rad (ray); **radic** (root); **ram** (branch); **range** (rank); **rap, rav** (to seize); **ras, rad** (to scrape); **rat** (reason); **reck** (to heed); **rect, reg** (to rule, straight, right); **ren** (kidney); **rept** (to creep); **ret** (net); **rhin** (nose); **rid, ris** (to laugh); **riv** (to flow); **rob** (oak, strong); **rode, ros** (to gnaw); **rog** (to ask); **rol, rot** (to turn, wheel); **rrh** (to flow); **rub** (red); **rupt** (to break); **rus, rur**

(country), etc.

ex) radiation, radical, ramification, arrange, rapacious, ravage, erase, abrade, ratify, rationalize, reckless, rector, direct, rectify, regime, regulate, renal, surreptitious, retina, rhinoceros, ridiculous, derision, rivalry, derive, robust, corroborative, rodent, erosion, interrogate, enroll, roll call, rotary, rotund, hemorrhage, rubric, abrupt, rustic, rural, etc.

⟨S⟩

sacr, secr (scared); sal (salt); sag, sap, sip (wise, taste); sal, sil, sult (to leap); salut (health); salv (safe); san, salub (healthy); sanct (holy); sanguin (blood); sat (enough); saur (lizard); scala (ladder); scend (to climb); schemat (form); schiz, schis (to split); schol (lecture); sci (to know); scintill (spark); scop (to look); scre, scru (to tear); scrib, script (to write); sculp (to carve); sect, sec, sev (to cut); sed, sid, sess(to sit); sem (sign, meaning); sembl (like); semin (seed); scend, scens, scent (to climb); sens, sent (to feel); sequ, secut (to follow); ser (series); sert (to join); serv (to serve); sever (serious); sign (mark); simil, simul (same, like); sinistr (left hand); sist (to stand, to set); skep (to look at, to examine); slip (to glide); smith (worker); soci (companion, to join); sol (single, alone); sol(ar) (sun); solu, solv (loosen); som, somat (body); somn (sleep); son (sound); sooth (true); soph (wise); sor (painful); soror (sister); sort (sort); spasm (convulsion); spec(t), spic (to look); sper (to hope); spers, spars (to strew); spher (ball); spir (breath, life); splend (to shine); spond, spons (to pledge); spor (to sow, seed); stat, stit (to stand, to set); stall (place); stell (star); steno (short, narrow); ster (solid); stig, sting, stinct (to prick, to bind); stil(a drop); stom (mouth); stone (stone); stor (to set up); strat (army); string, strict (to bind, to tie); struct (to build); suad, suas (to advise, to persuade); sue (follow); sui (self); sum, sumpt (to take); summ (highest point, to sum); sure (certain), etc.

ex) sacrifice, consecrate, saline, sagacious, sapient, insipid, salient, resilient, insult, salutary, salvage, sanitary, salubrious, sanctify, consanguinity, insatiable, dinosaur, escalation, ascend, transcend, schematic, schizophrenia, schism, scholastic, omniscient, scintillation, telescope, screed, scruple, prescribe, manuscript, sculpture, dissect, secant, sever, sedentary, preside, assiduous, session, semaphore, semantics, assemble, ensemble, dissemination, descend, condescension, ascent, sensation, sentimental, consequence, persecute, prosecute, serial, assert, servile, persevere, significant, undersign, assimilate, simulation, sinistral, resistant, skeptic, slippery, wordsmith, association, consociate, sole, solidary, consolidate, solar, solution, solvent, chromosome, psychosomatic, somnolent, resonance, soothsayer, sophisticated, sophomore, sore, sorority, assort, consort, spasm, spectator, perspicacity, desperate, disperse, sparse, spherical, inspiration, resplendent, respond, sponsor, sporadic, status, constitution, forestall, constellation, stenography, stenosis, cholesterol, instigate, stigma, stingy, distinction, distill, stomach, touchstone, restoration, stratocracy, stringent, district, construct, instruction, dissuade, suasion, pursue, suicide, presume, consumption, summit, summarize, assure, etc.

〈T〉

tac, tic (silent); tach, tact, tang, ting (touch); tail (to cut); tard (late, slow); techn (art, skill); tect, teg (to cover); tell, tal (to count, to relate); tempor (time); tempt, tent (to try); ten, tin, tain (to hold); term, termin (end, limit); tend, tens, tent (to stretch); tenu (thin); ter (three); terr (earth, frighten); test (witness); text (to weave); the (to look at); the, theo (god); therap (treatment); therm (heat); thes, thet (to place, to put); thrill (to pierce); tim (to fear); tire (order); tol (to praise, to support); tom (to cut); ton (to thunder); torp (numb); torr (to burn); tors, tort (to twist, to turn); tot (entirely); tox (poison); tract (to full, to drag); traumat (wound, blow); trem, trom (to drag, to draw); trench, trunc (to cut); trib (to bestow, to share); tric (petty, obstacle); trud, trus (to thrust); tu (guard, to look at); tub (pipe); tum (to swell); turb (agitate); typ (model, impression); tyrann (tyrant), etc.

ex) taciturn, reticent, attach, tactile, tangible, tingle, retail, tardy, technology, protect, protégé, teller, tale, contemporary, tempt, tentative, tenacious, abstinence, retain, determine, exterminate, tendency, extensive, attention, attenuate; ternary, territory, terrify, testify, textile, theater, atheist, theology, therapy, thermometer, thesis, synthetic, thrill, intimidate, entire, extol, toll, anatomy, astonish, monotony, torpid, torrid, torsional, torture, intoxicate, extraction, traumatic, tremendous, tromometer, trenchant, truncated, contribution, distribute, intricate, extrude, protrusion, tuition, intuition, tubbish, tubule, tumescent, tumult, turbulence, typical, tyrannical, etc.

〈U〉

ubiqu (everywhere); ultim (last); umbr (shade); und (wave); urb (city); us, ut (to use), etc.
ex) ubiquitous, ultimate, adumbrate, umbrage, abundant, abound, inundate, suburbs, abuse, utensil, etc.

〈V〉

vac (empty); vag (wander); val, vail (to be strong, worth); van (empty); vap (steam); var (diverse); vas (vessel, to go); vect, veh (to carry); veg (to enliven); velo (fast); ven, vent (to come); vend (to sell); vent (wind); ver (true); verb (word); verg (to lean); vers, vert (turn);

vertebr (joint, vertebra); via, vey, voy (way); vic (to change); vicin (neighbor); vid, vis (to look, to see); vig (lively); vil (cheap); vin (wine); vinc, vict (to conquer); visc (sticky); vit, viv (alive); voc, voke, vox (voice, to call); vol (will, to fly); volc, vulc (fire); volv, volu (to roll); vor (to eat); vulg (common); vuls (to tug, to pluck), etc.

ex) evacuate, vagrant, equivalent, invalid, available, evanescent, evaporate, various, vascular, pervasive, vector, vehement, vehicle, vegetation, velocity, develop, convene, prevent, vendor, ventilation, verify, verbal, proverb, divergent, versatile, extrovert, invertebrate, deviate, convey, convoy, vicarious, vicissitude, vicinal, provide, invisible, vigilant, vilify, vintage, invincible, victorious, viscid, vital, vivid, vociferous, revoke, vox populi, voluntary, volatile, volcanic, vulcanize, revolve, evolution, carnivore, vulgar, divulge, convulse, etc.

⟨W⟩

ward (to protect); wit, wis (to know), etc.
 ex) beware, reward, witty, wisdom, etc.

⟨Z⟩

zeal (fervor); zo (animal); zon (belt); zym (ferment), etc.
 ex) zealot, zealous, zoology, protozoan, zonal, horizon, enzyme, etc.

2) 접사 (affix)

단어의 중심부가 되지 못하고 단어의 중심부분 (어근이나 단어)에 붙어 단어를 형성하는 문법적인 기능을 담당하는 부분 (형태소)을 말한다. 접두사와 접미사가 있다.

① 접두사 (prefix)

❶ 정의

영어의 접두사는 단어나 어근, 어기의 앞에 붙어 일정한 뜻을 첨가하는 의존형태소이다. 접두사가 붙는 바탕이 되는 부분을 어기(base)라고 한다.

❷ 특성

i. 접두사는 일반적으로 어기의 품사를 바꾸지는 못하며, 강세를 받지 않는 접두사 a-,

be-, en-, em-을 제외한 모든 접두사에는 (가벼운) 강세를 두는 것이 보통이다.

ex) àntiauthòritárian, àutobiógraphy, còunteráct, èx-président, prèmatúre, pseùdo-intelléctual, sùpernátural, ùltravíolet, ùnháppy, díscord, hỳpercrítical, ínnocence, múltiply, nèoclássìcism, nónsense, pànacéa, pólyglòt, pòstgráduate, prótotỳpe, súperstrùcture, trìangle, únifòrm, etc.

ii. 단어에 접두사가 붙는 경우에도 그 품사가 바뀌지 않는 것이 보통이나 a-, be-, en-, de-, pre- 등의 접두사가 특정품사의 단어와 결합할 경우 그 품사를 바꾸기도 한다.

㉮ a-: 동사 → 형용사

a- + sleep(동사) = asleep (형용사)   a- + blaze (동사) = ablaze (형용사)

㉯ be-: 명사, 형용사, 동사 → 동사

be- + friend (명사) = befriend (동사)   be- + calm (형용사) = becalm (동사)

be- + come(동사) = become(동사)

㉰ de-, dis-: 명사 → 동사

de- + code(명사) = decode (동사)   de- + bark (명사) = debark (동사)

dis- + bar (명사) = disbar (동사)   dis- + figure (명사) = disfigure (동사)

㉱ en-: 명사 → 동사

en- + cage (명사) = encage (동사)   en- + gulf (명사) = engulf (동사)

en- + snare (명사) = ensnare (동사)

㉲ non-: 동사 → 형용사

non- + stop (동사) = nonstop (형용사)

non- + stick (동사) = nonstick (형용사)

㉳ pro-: 명사 → 형용사

pro- + choice (명사) = pro-choice (형용사)

pro- + life (명사) = pro-life (형용사)

pro- + growth (명사) = pro-growth (형용사)

㉠ un-: 명사 → 동사

un- + box (명사) = unbox (동사)   un- + horse (명사) = unhorse (동사)

iii. 종류 (예시)

㉮ 부정 (否定): (형용사·부사에 붙을 경우의) un-; non-; im-; in-; il-; ir-; dis-, etc.

ex) unhappy, impossible, innocence, irrational, dishonest, nonsense, etc.

㉯ 분리·제거·결여

: ab-; ab-; de-; dis-; (명사나 동사에 붙을 경우의) un-; se-; for- etc.

ex) abdicate, decode, discord, unkindness, unrest, undo, differ, dissect, forsake, etc.

㉰ 잘못·나쁨·거짓·좋음

: caco- (bad, wrong); dys- (bad); eu- (good); mis-, miso-, mal- (wrong(ly), bad(ly); anim- (bad(ly)); bene- (good, well); pseudo- (false), etc.

ex) cacophony, dyspepsia, eulogy, misconduct, misoneism, maltreat, animadvert, benevolent, pseudonym, pseudo-intellectual, etc.

㉱ 크기·정도

: arch(i)- (highest, worst); mini- (small); preter- (beyond, more than); semi- (half); sub- (below, under); super- (above, over); ultra-, hyper- (extremely), etc.

ex) archbishop, archenemy, miniature, preternatural, semiconductor, supernatural, substandard, ultraviolet, hypercritical, etc.

㉲ 공동·상반

: ambi-, amphi- (both, around); anti- (against, opposite); com-, con-, co-, col-, cor- (together, with); contra, contro, counter- (against, opposite); ob-, oc-, op- (against, toward); pro- (for, favoring), etc.

ex) ambidextrous, amphibious, anti-American, antithesis, collusion, compress, contemporary, cooperate, correlate, contradict, controversy, countervail, obnoxious, obstruct, occupant, oppress, pro-American, proponent, etc.

㉕ 유사·다름

: homo- (same); hetero- (other); syn- (same), etc.

ex) homogenize, heterogeneous, synchronous, etc.

㉖ 위치·방향

: ad-, ac-, af-, ag-, an-, ap-, as- (to, toward); cata-, kata- (down); de- (down, under); ecto- (out); em-, en- (into); endo- (into); enter-, entre- (between); eso-(within, into); exo- (outside); hypo- (below, under); in-, im-(in, into); inter- (between, among); peri- (around); sub- (under, below); re- (back); retro- (back, backward); sub-(under, below); super, sur- (over, above); tele-(far); trans- (across), etc.

ex) accede, adverse, affable, aggregate, annex, append, assent, catabolism, decadent, ectoblast, emblem, empathy, endemic, endocrine, entertain, entrepreneur, esoteric, exotic, hypostatic, incite, implicit, interplay, katabatic, perimeter, rebuff, retroactive, retrospective, submit, superstructure, surmount, teleguide, transition etc.

㉗ 시간·순서

: ante-, pre-, pro- (before); post- (after); proto- (first); ex- (former); re- (back), etc.

ex) antedate, prepare, postgraduate, problematic, protoplasm, ex-president, recant, etc.

㉘ 수

: demi-, semi, hemi- (half); mono-, solo-, uni- (one, single); bi-, di-, duo- (two, double); tri- (three); quadr-, tetra- (four); quint-, penta- (five); sexa-, hexa- (six); septa-, hepta- (seven); oct- (eight); nona- (nine); deca-, deci- (ten); cent-, hecto- (hundred); milli-, kilo- (thousand); multi-, poly- (many, much), etc.

ex) demigod, semitropical, hemisphere, monopoly, solitary, unionize, unicameral, bipolar, bicameral, dichotomy, duodenum, triple, quadruple, tetragon, multiply, polyglot, quintuple, pentagon, hexapod, septuple, heptachord, octopus, nonuple, decade, decimate, decuple, centenary, hecatomb, millipede, kilowatt, polyhedron, multiply, etc.

㉔ 기타

: **auto-** (self); **dia-** (thoroughly, completely), **holo-** (wholly); **neo-** (new); **pan-**, **omni-** (all, universal); **proto-** (first, original), etc.

ex) autobiography, diagnosis, heterodox, holoscopic, neoclassicism, pancosmism, omnibus, prototype, etc.

② 접미사(suffix)

❶ 뜻

영어의 접미사란 단어나 어근의 뒤에 붙어 그 단어의 품사나 어근의 의미를 변화시키는 등의 역할을 하는 의존형태소를 말한다. 파생접미사라고도 한다.

❷ 특성(굴절접사와의 차이)

i. 굴절접사는 단어의 품사나 의미를 바꾸는 일이 없으나 (파생)접미사는 단어의 품사나 의미를 바꾸기도 한다. 즉, 굴절접사가 붙는 경우는 새로운 단어형성이라고 볼 수 없으나, (파생) 접미사가 붙는 경우 새로운 단어를 형성하는 것이 보통이다.

※ 굴절접사란 특히 성, 수, 격, 시제, 비교 등 문장 내에서 다른 단어와의 특정한 관계를 나타낼 때 붙는 특수한 접사를 가리킨다. 굴절접사는 언제나 단어의 끝에 붙인다.

㉮ 굴절접사가 붙어도 단어의 품사나 그 의미를 바꾸지는 못한다.

ex) apple → apples   smile → smiled   early → earlier

※ 명사 apple에 복수의 굴절접사 -s가 붙을 경우 그 수만이 달라질 뿐 품사나 의미에는 변화가 없고, 동사 smile에 과거의 굴절접사 -(e)d가 붙을 경우 그 시제만이 달라질 뿐 품사나 의미에는 변화

가 없으며, 부사 early에 비교의 굴절접사 –er이 붙을 경우 그 급이 달라질 뿐 품사나 의미에는 변화가 없다.

㉯ 단어에 접미사가 붙어 새로운 단어가 만들어지는 경우 기존 단어의 품사나 의미가 바뀌는 일이 흔하다.

- form (명사) → form**al** (형용사) → formal**ize** (동사) → formaliz**ation** (명사)

※ 이처럼 접미사가 다양하게 붙어 그 단어의 품사를 변화시킬 수 있음을 알 수 있다.

- king (왕) → king**dom** (왕국, 왕정)

※ 이처럼 접미사가 붙으므로 품사의 변화는 없으나 새로운 의미의 단어가 될 수도 있다.

- organize (조직하다, 구성하다.) → organiz**ation** (조직, 구성; 체제; 유기체)

※ 이처럼 접미사가 붙으므로 인하여 품사도 변하고 그 의미도 달라질 수 있다.

ii. 굴절접사는 언제나 단어의 끝에 붙으며, 겹쳐서 쓰지 못하나, 접미사는 (여러 개) 겹쳐서 쓰 는 것도 가능하다. 접미사와 굴절접사는 겹쳐 쓸 수 있으며 이 경우에 굴절접사는 접미사의 뒤에 놓으며, 접미사는 어근 가까이에 놓인다.

- apple**s**
- Tom**'s** hat
- She sing**s**.
- He is runn**ing**.
- earli**er**
- fast**est**
- earli + er + est = earlierest (x)
- untouchables: un (접두사) + touch (어근) + able (형용사형접미사) + s (복수의 굴절접사)
- carefully: care(어근) + ful(형용사형접미사) + ly(부사화접미사)
- formalization: form(어근) + al(형용사화접미사) + ize(동사화접미사) + ation(명사화 접미사)

iii. 굴절접사의 부착은 의무적(obligatory)이고, 접미사의 부착은 선택적(optional)이다. 즉, 굴절접사는 특정 문장 내에서 특정 단어와의 특정한 관계를 나타내므로 굴절접사를 붙여야 하는 곳에는 반드시 붙여야 하나, (파생)접미사는 어떤 단어를 형성하기 위해 어근에 제각각의 정해진 형태의 접미사를 선택하여 붙일 수 있을 뿐, 어떤 특정한 경우에만 붙여야 하는 것이 아니다.

- He drinks ten cups of coffee in a day.   그는 하루에 열 잔의 커피를 마신다.

※ 반드시 drink에 3인칭 단수의 굴절접사 '-s'를 붙여야 하고, cup에 복수의 굴절접사 '-s'를 붙여야 한다.

- friend(단어) + ship(명사형 파생접미사)

※ 명사 friend에 ship이라는 접미사를 붙여 새로운 의미의 명사를 만들 수 있지만, 이는 일부의 명사 (dictatorship, membership 등)가 선택한 새로운 명사를 형성하는 한 모습일 뿐이며, 명사에 접미사를 붙여 새로운 명사를 만들 때는 반드시 ship을 붙여야 한다는 것을 의미하지는 않는다.

❸ 품사에 따른 접미사의 분류

i. 명사형 접미사

㉮ 행위자 (사람)를 나타내는 접미사

: -ant, -ent, -ar, -er, -or, -ee, -eer, -ian, -ic, -ist, etc.

ex) applicant, attendant, scholar, laborer, governor, employee, refugee, engineer, auctioneer, public, mechanic, technician, guardian, psychologist, etc.

㉯ (집합)신분, 상태, 영역, 학문을 나타내는 접미사

: -age, -dom; -ence, -ance, -ery; -hood, -ics, -ship, -tude; -logy, etc.

ex) assemblage, jewelry, machinery, stardom, kingdom, boyhood, experience, silence, freedom, wisdom, brotherhood, physics, mathematics, friendship, scholarship, solitude, aptitude, altitude, anthropology, physiology, etc.

㉰ 더 작은 개념을 나타내는 접미사 (지소사)

: -et, -ette; -ie, -i, -y; -kin, -ikin, -kins; -let; -ling, etc.

ex) cigarette, duckling, birdie, doggie, auntie, daddy, manikin, darling, booklet, cutlet, etc.

ii. 동사형 접미사

㉮ -ate (to make, to cause)

ex) agitate, concentrate, facilitate, investigate, isolate, locate, operate, translate, etc.

㉯ -en (to make, to become, to have)

ex) darken, hearten, lengthen, ripen, sadden, strengthen, weaken, etc.

㉰ -er (반복의 의미를 나타냄)

ex) flicker, recover, waver, etc.

㉱ -ify/ fy (to make, to become, to fill with)

ex) beautify, glorify, liquefy, purify, rectify, signify, simplify, satisfy, etc.

㉲ -ize (to cause, to make, to become)

ex) civilize, criticize, decentralize, familiarize, hospitalize, idolize, legalize, memorize, monopolize, organize, realize, sanitize, vitalize, etc.

iii. 형용사형 접미사

㉮ 소속, 소유를 나타내는 형용사 접미사

: -an, -ed, -ese

ex) Korean, simple-minded, chinese, etc.

㉯ 유사성을 나타내는 형용사 접미사

: -ish, -like, -y

ex) foolish, childlike, silky, etc.

㉰ 모양·성질·상태를 나타내는 형용사 접미사

: -ate, -al, -esque, -ful, -ic, -ical, -ile, -ous, -ory

ex) moderate, delicate, annual, remedial, picturesque, forgetful, meaningful, successful, economic, fantastic, historic, logic, magic, optimistic, economical, logical, mechanical, fertile, docile, ambitious, conscious, ominous, preparatory, sensory, etc.

iv. 부사형 접미사

㉮ 정도, 방법을 나타내는 부사접미사: -ly

ex) certainly, completely, extremely, fairly, etc.

㉯ 양태 (모습·상태)를 나타내는 부사 접미사: -wise

ex) clockwise, crabwise, lengthwise, etc.

❹ 품사 전환과 관련한 접미사의 분류

i. 명사화 접미사

㉮ 명사 → 명사: -acy, -cracy, -er, -ery, -ism, -let, etc.

- demo + cracy → democracy

ex) diplomacy, democracy, laborer, machinery, scenery, slavery, heroism, terrorism, islet, etc.

㉯ 동사 → 명사: -al, -ar, -ation, -ance, -ant -ent, -ing, -ee, -er, -ery, -ment, -sion, -ure, etc.

- arrive + al → arrival

ex) arrival, approval, beggar, liar, civilization, formalization, acceptance, assistance, inhabitant, dependent, president, running, swimming, employee, runner, writer, bakery, recovery, robbery, improvement, movement, discussion, creature, exposure, pleasure, etc.

㉰ 형용사 → 명사: -ce, -cy, -dom, -ery, -ism, -ity, -ness, -ship, etc.

- brave + ery → bravery

ex) diligence, bankruptcy, freedom, bravery, facility, industrialism, socialism, goodness, kindness, hardship, etc.

ii. 동사화 접미사

㉮ 명사 → 동사: -en, -ize

- heart + en → hearten

ex) hearten, strengthen, hospitalize, memorize, etc.

㉯ 형용사 → 동사: -ate, -en, -ise, -ize, etc.

- active + ate → activate

ex) activate, thicken, weaken, civilise, familiarize, etc.

㉰ 동사 → 동사: -er

- chat + er → chatter

ex) chatter, flicker, etc.

iii. 형용사화 접미사

㉮ 명사 → 형용사: -al, -ate, -ed, -ful, -ish, -less, -some, -y, -ly, etc.

- fortune + ate → fortunate

ex) normal, postal, traditional, fortunate, passionate, colored, cultured, winged, childish, foolish, beautiful, careful, colorful, hopeful, careless, colorless, endless, hopeless, troublesome, cloudy, sunny, windy, snowy, sweaty, rainy, roomy, chilly, daily, friendly, weekly, yearly, etc.

㉯ 동사 → 형용사: -able, -ible, -ed, -en, -ing, -ive, etc.

- comfort + able → comfortable

ex) comfortable, eatable, divisible, sensible, bored, tired, given, spoken, interesting, exciting, waiting, comparative, creative, etc.

㉰ 형용사 → 형용사: -ish

- old + ish → oldish

ex) narrowish, oldish, reddish, etc.

iv. 부사화 접미사: 형용사 → 부사: -ly

- gradual + ly → gradually

ex) gradually, happily, roughly, slowly, usually, etc.

(3) 단어 형성 (word-formation)

1) 의의

종래에 없었던 새로운 사물, 사건, 관념 등을 나타내기 위해 새로운 단어를 만들어내는 것을 단어형성[어(휘)형성; 조어법(造語法)]이라고 한다. 단어 형성의 모습에는 다양한 형태들이 있을 수 있으나 주요 어휘형성법에는 다음과 같은 것들이 있다.

2) 종류

① 파생(법)(derivation)

기존 단어나 어근을 어기로 하여 거기에 접사(접두사, 접미사)를 붙여서 새로운 단어를 만드는 방법을 말한다. 주요 내용은 앞의 접사 부분을 참고 하기 바란다.

■ **영(zero) 파생**

1. 의의

접사의 첨가 없이, 즉 어떤 품사의 단어가 형태의 변화 없이 다른 품사로 쓰이는 것을 말한다. 어휘 형성의 한 형태인 전환(Conversion)과 같은 것으로 보기도 한다.

2. 형태

(1) 동사 → 명사

ex) acclaim, advance, aid, answer, attack, award, bore, call, cheat, collapse, command, commute, cough, cure, defeat, dislike, drink, drop-out, dump, go-between, guess, find, help, make-up, meet, need, pass, praise, rebel, refill, rescue, smile, spy, sting, surprise, support, suspect, sweep, turn, walk, whisper, etc.

(2) 명사 → 동사

ex) arm, axe, badger, beggar, bicycle, bone, book, bottle, brake, brain, bridge, cage, can, captain, carpet, center, chair, chopper, coast, coat, commission, copy, cripple, dog, drum, dust, echo, experience, father, file, finance, fish, flood, fool, fork, gesture, grease, ground, hammer, head, holiday, ink, joke, knife, knight, land, list, mail, man, mask, milk, mirror, mother, motion, model, mushroom, nurse, orphan, pattern, race, rival, padlock panic, peel, pity, picture, people, pocket, powder, ring, rope, salt, scalp, screw, shadow, ski, skin, steam, stone, surface, tower, treasure, tutor, usher, vacation, view, wax, weekend, weed, widow, winter, witness, wreck, etc.

(3) 형용사 → 동사
ex) better, dirty, empty, slow, total, dim, idle, blind, tame, busy, warm, clear, cool, calm, dry, etc.

(4) 형용사 → 명사
ex) creative, craze, doble, gay, given, nasty, etc.

(5) 동사 → 형용사
ex) abstract, frequent, moderate, perfect, etc.

(6) 기타(품사에 따라 강세를 달리하는 것)
다음 단어들은 명사로 쓸 경우 악센트를 앞에 두고, 동사로 쓸 경우에는 악센트를 뒤에 둔다.
ex) conduct, conflict, convert, convict, digest, export, extract, import, insult, object, permit, produce, protest, record, subject, torment, transfer, etc.

② 합성(법)(compounding)

둘 또는 그 이상의 단어를 결합시켜 새로운 하나의 단어를 만드는 법을 말한다. 만드는 방법이 쉽고 간단하며, 또한 누구나 쉽게 이해할 수 있다는 점에서 현재의 주류가 되는 단어형성법이라고 할 수 있다. 복합(법)이라고도 한다. 복합명사, 복합형용사, 복합동사 등은 모두 이 합성법에 의해 만들어진 것들이다. 단어들의 결합인 면에서 합성어와 구(句)를 구별하기가 쉽지 않은데, 보통, 일상적·습관적으로 많이 쓰는 단어의 (문법 구조적) 결합이라면 구이고, 특정한 뜻을 나타내기 위해 의도적·형식적 결합으로 볼 수 있는 것은 합성어라고 보는 견해가 가장 설득력이 있다고 본다.

❶ 합성어의 모양 (형태)   ☞ p. 42[2](복합명사), p. 405[2] (복합형용사) 참조

❷ 합성어의 품사

i. 합성명사 (compound noun): 두 개 이상의 단어가 합쳐져서 된 명사
ex) airplane, fountain pen, lipstick, add-up, phytoncide, etc.

ii. 합성형용사 (compound adjective): 두 개 이상의 단어가 합쳐져서 된 형용사

ex) ever-green, han-made, heart-warming, etc.

iii. 합성동사 (compound verb): 두 개 이상의 단어가 합쳐져서 된 동사

ex) overeat, understand, outdo, etc.

iv. 합성부사 (compound adverb): 두 개 이상의 단어가 합쳐져서 된 부사

ex) meanwhile, nevertheless, sometimes, double-quick, flat-out, off-hand, over-night, etc.

v. 합성대명사(compound pronoun): 두 개 이상의 단어가 합쳐져서 된 대명사

ex) myself, anyone, everybody, somebody, nobody, etc.

vi. 합성접속사 (compound conjunction): 두 개 이상의 단어로 이루어진 접속사

ex) although, unless, until, whenever, as if, now that, so that, as soon as, as well as, etc.

vii. 합성전치사(compound preposition): 두 개 이상의 단어로 이루어진 전치사

ex) into, onto, because of, in spite of, etc.

③ 그 밖의 단어형성법

❶ 신어창조법(Neologism)

기존 단어와는 전혀 관계없는 새로운 단어를 창작해 내는 방법을 말한다. 새로운 어근을 창조한다는 의미에서 어근창조(root-creation)라고도 한다. 기업의 제품이나 광고, 상표, 의성어(onomatopoeia) 등에서 주로 볼 수 있다.

ex) Kodak, Kleenex, nylon, Teflon, Xerox; bowwow (멍멍), chit-chat (잡담), ding-don (땡땡), giggle (킥킥 웃음), hum (윙윙거림), splash (첨벙, 튀기는 소리), tick-tack (똑딱), thud (털썩, 쿵), etc.

❷ 전환법 (Conversion)

기존 단어형태 그대로 다른 기능 [품사]및 의미로 전환하여 사용하는 방법을 말한다.

▶ 앞의 영(zero)파생 참조

❸ 단축법 (Clipping or Shortening)

단어의 일부를 생략하여 나머지 일부만으로 전체의 의미로 사용하거나 변질된 뜻으로 사용하는 방법이다. 단어의 앞부분을 생략하기도 하고(aphesis), 뒷부분을 생략하기도 하며(apocope), 때로는 앞뒤 부분을 생략하고 단어의 가운데 부분만을 사용하기도 한다. 뒷부분을 생략하여 쓰는 경우가 가장 흔하다.

i. 단어의 뒷부분을 생략하고 앞부분만을 쓰는 예

ex) ad <미, 입말> 광고 ← advertisement

　　coed <미, 입말> (남녀공학의) 여학생; <영> 남녀공학학교 ← co-education

　　gym <입말> 체육관 ← gymnasium; gymnastics

　　lab <입말> 연구실 ← laboratory

　　memo <입말> 비망록, 메모 ← memorandum

　　photo <입말> 사진 ← photograph

　　pop <입말> 대중가요 ← popular music

　　pub <영, 입말> 술집, 대폿집 ← public house

　　taxi 택시 ← taxicab <taxi를 생략하여 cab으로도 사용함>

　　zoo 동물원 ← zoological garden

ii. 단어의 앞부분을 생략하고 뒷부분만을 쓰는 예

ex) omnibus → bus　　violoncello → cello　　telephone → phone

　　airplane → plane　periwig → wig(가발)

iii. 앞뒤 부분을 생략하고 가운데 부분을 쓰는 예

ex) influenza → flu ⟨입말⟩ 독감   detective → tec ⟨속어⟩ 탐정, 형사

iv. 기타 (단축 + 변형)

ex) bicycle → bike ⟨입말⟩ 자전거   facsimile → fax 모사전송기, 팩시밀리

microphone → mike ⟨입말⟩ 마이크   refrigerator → fridge ⟨입말⟩ 냉장고

❹ 혼성법 (Blending)

관련된 단어에서 그 일부를 떼어내어 서로 결합시켜 새로운 단어를 만드는 방법을 말한다. 결합되는 한 부분은 단어 그대로를 쓰기도 한다.

ex) ballute ⇐ ballon + parachute   brunch ⇐ breakfast + lunch
    escalator ⇐ escalade + elevator   hi-fi ⇐ high fidelity
    Eurailpass ⇐ European + rail + pass Eurasia ⇐ Europe + Asia
    liger ⇐ lion + tiger   motel ⇐ motorists' hotel
    medicare ⇐ medical care   newscast ⇐ news + broadcast
    slide ⇐ slip + glide   smog ⇐ smoke + fog
    tigon ⇐ tiger + lion

❺ 역형성 (Back-formation)

기존단어의 요소 (어근, 접사)를 잘못 파악하여 접사라고 생각되는 부분을 떼어내고 다른 품사의 단어를 만들어낸 경우이다. 즉, -er, -ar 등으로 끝나는 단순어를 -er, -ar을 접미사로 보거나, 어근의 일부를 접미사로 잘못보고 이를 떼어내고 그 앞부분을 어근으로 하여 새로운 단어를 만들어낸 경우이다.

※ 예를 들면, 명사 beggar나 peddler는 파생어가 아닌 단순어인데 -ar이나 -er을 접미사로 착각하여 이를 떼어 내고 beg, peddle라는 동사로 사용하는 경우나, peas의 경우 단일 어근의 단순어인데 -s를 복수의 굴절접사로 보고 이를 떼어낸 형태 pea를 단수로 사용하는 경우도 있다.

ex) begger → beg   burglar → burgle   commuter → commute

editor → edit   escalator → escalate   diagnose → diagnosis
automation → automate   donation → donate   injunction → injunct
emotion → emote   location → locate   darkle → darkling
nestling → nestle   sideling → sidle

❻ 머리글자어(법)(Acronyms)

긴 단어 (복합어)를 구성하는 단어들의 첫 글자만을 결합하여 새 단어를 만드는 방법이다. 정부기관명, 국제기구명, 방송사, 전문용어 등에 많이 쓰이고 있다. 이때 새 단어의 발음은 글자를 알파벳으로 각각 발음하는 경우, 한 단어처럼 통합하여 발음하는 경우, 첫 글자만을 알파벳으로 발음하고 나머지는 한 단어처럼 통합하여 발음하는 경우가 있다.

i. 각 글자를 알파벳으로 발음하는 경우

ABC: American Broadcasting Company (미국방송사, ABC방송사)

ATM: automated[automatic] teller machine (현금 자동입출금기)

BBC: British Broadcasting Corporation (영국방송사, BBC방송사)

CNN: Cable News Network 《미》 뉴스전문 케이블방송망, CNN방송사)

D.M.Z.: demilitarized zone (비무장지대)

C.I.A. [CIA]: Central Intelligence Agency 《미》 중앙정보부)

F.B.I. [FBI]: Federal Bureau of Investigation 《미》 연방수사국)

V.I.P.: very important person (요인, 귀빈, 중요인물)

ii. 한 단어처럼 발음하는 경우

LAN [læn]: Local Area Network (근거리통신망)

laser [léizəːr]: light amplification by stimulated emission or radiation
[유도 방출에 의한 빛의 증폭; 유도 방출에 의한 빛을 이용한 기계 (레이저기)]

NATO [néitou]: North Atlantic Treaty Organization (북대서양 조약 기구, 나토)

PIN [pin]: personal identification number (은행카드의 비밀번호)

radar [réidɑːr]: radio detecting and ranging (전파 탐지기; 전파탐지법)

UNESCO (Unesco) [juːnéskou]: United Nations Educational, Scientific and Cultural Organization (유엔 교육과학문화기구, 유네스코)

UNICEF (Unicef) [júːnəsèf]: United Nations International Children's Emergency Fund (유엔 아동기금, 유니세프)

※ 현재는 1953년 개칭된 United Nations Children's Fund(유엔 아동기금)를 사용하나 약칭은 그대로 'UNICEF'를 씀.

iii. 첫글자는 알파벳으로 발음하고 나머지는 단어처럼 발음하는 경우

APEC [éipek]: Asia-Pacific Economic Cooperation (Conference).

아시아태평양 경제협력 (회의)

OPEC [óupek]: Organization of Petroleum Exporting Countries

석유수출국 기구

■ 참고- 주요 복합어 (하이픈 연결의 복합어를 중심으로)

1. 복합명사 (compound noun)

⟨A⟩

all-out strike 전면[총] 파업   all-out war 총력전, 전면전(general war)
all-points bulletin 전국 지명수배 ※ ⟨약⟩ APB
armed forces (육·해·공의) 군대   arms control 군비축소[제한]   arms race 군비경쟁

⟨B⟩

base salary 기본급 B-boy ⟨속어⟩ 랩(rap)음악 광
black market 암[불법거래]시장   B-movie[film] B급 영화(저예산 영화)
bottom line 총결산; 결론, 요점   box office 매표소   brain trust 두뇌위원회
break-in period (자동차·기계 등의)시운전 기간; (신입사원 등) 수습 기간
brown bag ⟨미, 일상어⟩ 갈색 종이봉투; 갈색 종이봉투에 담은 점심도시락

⟨C⟩

chief executive officer 최고경영자(CEO)   chief information officer 최고 정보책임자
come-on ⟨미, 속어⟩ 유혹; 유혹하는 것; 싸구려 상품; 경품(prize); 사기꾼, 바람잡이

coming-out (상류 계급 여성의) 사교계 정식 데뷔; 동성애자임을 공식적으로 밝히는 일
cover-up 은폐; 은폐공작; 알리바이; (수영복 등의 위에 입는) 여성용 겉옷의 총칭
customs inspections 세관검사   cutting edge (날붙이의) 날; (말·글 등의) 신랄함; 최첨단

⟨D⟩

discount certificate[voucher] 할인권
do-all 허드레꾼, 잡역부(factotum)   do-it-yourself 손수하기, 손수 만드는 취미
don't-know ⟨설문 조사에서⟩ 모른다고 대답하는 사람, 태도 보류자
double-talk ⟨입말⟩ 남을 어리벙벙하게 하는 허튼 소리; 앞뒤가 안 맞는 이야기
drag-out ⟨입말⟩ 오래 끌기, 질질 끌기; 길게 계속[이야기]하기; ⟨미, 입말⟩ 댄스파티
dressing-down 엄한 질책, 호된 꾸지람; 구타, 채찍질
drive-in 드라이브인[차에 탄 채 이용할 수 있는 영화관·은행·상점 등]

⟨E⟩

early bird 일찍 일어나는 사람; (모임 따위에) 다른 사람보다 빨리 오는 사람
economy-size vehicle 소형차   editor-in-chief 편집장(= chief editor)
eligibility period 보험유효기간   endangered species 멸종 위기의 생물[종(種)]
executive board 중역회의   ex-convict 전과자   expiration date 만료일, 유통기한
eye-catcher 눈길을 끄는 것[사람]; 젊고 매력 있는 여자

⟨F⟩

fast food 즉석음식   four-wheel drive 4륜구동 (차) cf.) four-wheel-drive 4륜구동의
fill-in 빈 곳을 메우는 것[사람]; ⟨입말⟩ 대리인, 대행자, 대용[대체]품
focus group 표본 집단   follow-up 사후점검; 추적, 추구; 후속기사; ⟨의학⟩ 추적조사
full-turn key 일괄수주·발주 방식   futures market 선물시장

⟨G⟩

gas station attendant 주유원   gat-up ⟨미, 속어⟩ 권총강도
get-rich-quicker 일확천금을 꿈꾸는 사람
get-out 손익 분기점, 채산점; ⟨입말⟩ 회피(책)   get-up 차림새, 복장; 외관; (책의) 장정
going-over 철저한 조사[검사, 점검, 심문]; ⟨미, 입말⟩ 엄하게 혼내는 일
Global Positioning System 전 지구(全地球)위치확인 시스템 [GPS]
good-looker 미녀, 미남, 매력이 있는 것   good-neighborhood 선린관계, 우호관계

⟨H⟩

hand-me-down ⟨미⟩[reach-me-down ⟨영⟩] 물림 옷; 기성복; 헌 옷
has-been 한창때가 지난[한물 간] 사람, 시대에 뒤떨어진 사람[물건]
hard line (정치상의) 강경노선, 강경책   hard news (정치·경제 등의) 딱딱한 뉴스
hide-and-seek 숨바꼭질   high-pressure selling 강매
high profile 고자세; 명확한 태도, 선명한 입장
cf.) high-profile 고자세의; 명확한 태도의, 선명한 입장의
high-rise 고층건물 high-up(s) 사회적 지위가 높은 사람

⟨I⟩

information session 정보회의   information-sharing 정보공유
intelligence quotient 지능지수(I.Q)   intelligence test 지능검사
intensive care 집중치료   intensive care unit 집중치료실; 중환자실

⟨J⟩

jack-up ⟨미⟩ 증가, 인상   jam-up 교통체증, 정체; 혼잡
Joe Six-pack (깡통 맥주 6개 들이를 사 갖고 귀가하는) 보통의 미국인 남자; 노동자
Johnny-on-the-spot 사태에 즉각 대처할 수 있는 사람, 즉각 일해 주는 사람; 알맞은 때에 알맞은 곳에 있는 사람; ⟨미, 입말⟩ 휴대용 변기
junk food 정크 푸드(칼로리는 높지만 영양가가 낮은 스낵 종류); 인스턴트식품; 아무 쓸모없는 것

⟨K⟩

knock-down-drag-out 가차 없는 싸움; 철저한 논쟁
know-it-all[= know-all] 박식한 체하는 사람

⟨L⟩

lead-up (다른 일의) 사전 준비가 되는 것; 앞서가는 것   leading man 주역[주연] 남자 배우
line(-)up (사람·물건의) 정렬; 정렬한 사람[것: ⟨경기⟩ (축구·야구 따위에서) 진용, 타순
long-short (story) 긴 단편소설, 중편소설   look-alike 매우 흡사한 사람[것]

⟨M⟩

mán-máde calámity 인재(人災)   mán's mán 남자다운 남자, 남자 중의 남자
match-up 균형(이 잡혀 있음); 결합, 짝지음; 겨룸상대(대전); 비교, 대조
meet-and-greet ⟨유명인과 팬 사이의⟩ 만남과 대화의 행사; 손님의 마중[환영]
middle-of-the-roader 중도파[온건파]의 사람   minority affairs 소수자 문제

mock-up 실물 크기의 모형   mock-up stage 실험 단계

⟨N⟩
new media ⟨최근의 다양한⟩ 새로운 정보전달 수단
niche market 틈새시장   non-profit group 비영리 단체
nosedive 수직강하; ⟨입말⟩ 폭락   nursing home 사설요양원

⟨O⟩
once-over (the) 대충 훑어봄, 대강의 조사; (a) (청소 등) 날림
one-off ⟨영⟩ 1회성의 일[것]   operating manual 작동설명서, 사용설명서
over-the-counter medicine 의상의 처방 없이 살 수 있는 약

⟨P⟩
pat-down ⟨미⟩ (옷을 입은 채로 하는) 몸수색(frisking)
pick-me-up 기운을 돋우는 음료[음식]; 흥분[강장]제   pilot study 예비조사
pop-up (펼치면) 그림이 튀어나오는 책; 입체 식의 것; 튀어 오르게 하는 장치
presidential primary ⟨미⟩ 대통령 예비 선거   private man 사인(私人); 서민
pull-up 급히 세우기; 정지, 휴식; 주차장, 휴게소; (수평 비행으로부터의) 급상승; 턱걸이 (chin-up)

⟨Q⟩
quality control 품질관리   quack (doctor) 돌팔이 (의사)
question-and-answer session 질의응답시간

⟨R⟩
red-hot ⟨미⟩ 흥분한 사람; 과격한 급진주의자; 여자를 동반하지 않은 남자
right-hand man 심복, 오른팔 같은 사람   round-trip ticket 왕복 표
runner-up 차점자

⟨S⟩
scale-down (임금 등) 일정 비율의 삭감[할인]; 규모 축소
share-out 분배, 배급   shoot-'em-up 총격전 (= shoot-up ⟨입말⟩)   shoot-down 격추
shoot-out 총격전; ⟨미⟩ (군대간의) 분쟁; (경기 등의) 대접전; ⟨미, 입말⟩ 논쟁
short-term casuals 단기 임시직원   shout-up ⟨입말⟩ 시끄러운 토론
sit-in[= sit-down] 연좌항의   sit-down strike 연좌파업
sit-in demonstration 연좌데모   stand-down 휴지, 중지, (일시적) 활동 중지; 작전 중지; 일시해고

start-up 개시, 시동   start-up company 창업(創業)
(the) state of the art 최첨단 기술 (수준)
stick-in-the-mud 등신; 보수적인 사람; 시대에 뒤진 사람(old fogy)
summing-up[= sum-up] 요약, 개괄; 약술(略述)

⟨T⟩

teach-in ⟨입말⟩ (정치·사회 문제에 관한 대학에서의) (비판)토론집회
the low-down 실정, 내막; 기밀정보   the new-rich ⟨집합적⟩ 벼락부자
thumbs-down 거절, 불찬성; 비난   thumbs-up 승인, 찬성; 격려
tie-up 정체, 불통, 휴업; 교통 체증; 긴박한 상황[일]; ⟨입말⟩ 협력, 제휴; 연고, 관련
touch-up 수정, 가필; (건축물 등의) 작은 변경   trade barrier 무역장벽

⟨U⟩

up-and-comer 장래가 유망한 사람   up-or-down vote 부동표(浮動票) (floating vote)
utility man 하급 배우, 단역(端役); 만능 보결선수

⟨V⟩

valet parking 대리주차   ventilation facilities 통풍설비   voter turnout 투표율

⟨W⟩

well-being 행복, 행복한 삶; 안녕, 복지, 번영   well-off 유복한 사람들
warm-up 준비운동, 사전연습; 일의 시초, 시작
wrap-up 간추린 뉴스; 요약; 결말, 결론; ⟨미, 속어⟩ 선뜻 사는[파는] 사람

⟨Y⟩

you-know-what 그것 말이야.
※ 자명하거나 입 밖에 내기 싫은 것을 가리킬 때 쓴다.
young man 청년; ⟨보통 one's youngman으로⟩ (누구의) 애인

2. 복합형용사 (Compound Adjective)

⟨A⟩

across-the-board[= all-encompassing, all-embracing, all-inclusive] 전면적인
※ across-the-board changes 전면적 변화 an across-the-board pay raise 일괄 임금 인상
an all-embracing definition 포괄적 정의
after-hours 근무[영업] 시간 후의; 근무시간 외의; 24시간 영업하는

※ after-hours store 24시간 영업하는 가게
all-or-nothing[= all-or-none] 전부가 아니면 전무의, 타협 없는
all-out 총력을 기울이는; 전면적인; 철저한(complete)   all-powerful 전능의, 최강의
all-time 전대미문의, 미증유의   all-party 초당파의
all-up 총계의, 전체의; 〈영 입말〉 다 끝난; 끝장난   all-year 연중(무휴)의
authority-conscious 권위의식이 강한 ※ authority-conscious person 권위의식이 강한 사람

〈B〉

back-to-back 〈명사 뒤에서〉 등[벽]을 맞댄; 연속적인, 잇따른
blow-by-blow 하나하나 차례대로 보고하는; 매우 상세한
※ blow-by-blow account[description]: 매우 상세한 진술[묘사]
bombed-out 폭격으로 완전히 파괴된; 큰 타격을 입은
bone-tired 기진맥진한   booked-out 표가 매진된, 예약이 다 된; 만원의
bottom-up 일반인의, 비전문가의; 상향식의   brand-new 새것의; 아주 새로운; 신품의
broadly-based 광범위한; 많은 종류의 broken-hearted 가슴이 미어질 듯한; 상심한; 실연한
built-in 붙박이로 만들어 놓은; 짜 맞추어 넣은; 고유의(inherent), 타고난
※ built-in furniture 붙박이 가구
built-up 짜 맞춘, 겹쳐서 쌓은; 건물이 빽빽이 들어찬
※ a built-up area 건물이 빽빽이 들어선 지역
bumper-to-bumper 〈자동차가〉 꼬리를 문; 〈교통이〉 정체된
※ bumper-to-bumper traffic (자동차가 꼬리를 문) 교통 정체
bumper-to-bumper warranty 모든 부분에 대한 무상수리 보증

〈C〉

caffeine-free 카페인 없는 camera-wise 〈미〉 카메라 앞에 익숙한
cat-and-dog 사이가 나쁜, 견원지간의; 〈속어〉 극히 투기적인
carbon-copy 꼭 같은   card-carrying 회원[당원]증을 가진, 정식의; 〈구어〉 진짜의
carry-along 휴대용의   catch-as-catch-can 수단을 가리지 않는, 닥치는 대로의
chin-up 용감한, 불굴의   chock-full 꽉 들어찬   cholesterol-rich 콜레스테롤이 많은
come-from-behind 역전의, 선두를 제친
computer-steered 컴퓨터가 조정하는   crime-busting 범죄를 줄이는
cross-border 국경을 넘는; 국가 간의, 국제적인 customs-free 무관세의
cut-and-come-again 마음껏 먹을 수 있는; 풍족한
cutting-edge 칼날의; (말·글 등이) 신랄한; 최첨단의

⟨D⟩

die-hard 끝까지 버티는; 완고한   demand-oriented 수요에 중점을 둔
do-it-yourself 스스로 하는; 자작의; 초심자가 손수 하는, 초심자도 할 수 있게 설계된
※ do-it-yourself furniture 직접 만든 가구
down-and-out 무일푼의, 아주 몰락[쇠약]해 버린; 녹아웃 된 (권투 선수)
down-market ⟨영⟩ 저소득층용의, 대중용의; 싼   down-the-line 완전한; 전면적인; 철저한
down-to-earth 현실적인, 실제적인; 실용적인; 세상 물정에 밝은
※ a down-to-earth person 현실적인 사람 a down-to-earth approach 현실적 접근
dress-up 정장을 요하는 ※ **a dress-up dinner 정장 만찬회**
drive-in[up] ⟨미⟩ 차를 탄 채로 들어가는, 드라이브인의 ※ **drive-in theater[movies] 자동차 극장**
duty-free 관세가 없는; 면세의 break ※ **a duty-free shop 면세점**   duty-free zone 면세지역

⟨E⟩

economy-size 값싸고 편리한[작은]; 표준상품보다 크고 값이 싼
※ economy-size cars 값싸고 작은 차들
edge-of-the-seat 자신도 모르게 몸을 앞으로 내밀 정도로 매혹적인
E-free ⟨식품이⟩ 첨가물이 없는   emotionally-dominated 감정에 지배되는
ever-evasive 좀처럼 잡기가 어려운, 좀처럼 잡히지 않는; 좀처럼 알아내기 어려운
ex-service 퇴역한, 제대한   eye-catching 눈길을 끄는
eye-opening 괄목할 만한, 훌륭한; (음료 따위가) 정신이 나게 하는, 잠을 깨우는

⟨F⟩

far-fetched 빙 둘러서 말하는; 무리한(forced); 부자연스러운; 억지스러운
far-flung 널리 퍼진, 광범위한; 멀리 떨어진 ※ a far-flung network of contacts 광범위한 연결망
fill-in 일시적인; 대리의[대리에 의한], 대용품의; 설명의, 설명에 의한
fly-by-night 무책임한, 믿을 수 없는; 눈앞의 이익만 챙기는; 일시적인; 불안정한
※ fly-by-night operation 무책임한 경영
forward-based ⟨미사일 등이⟩ 전진 기지에 배치된
free-for-all 누구나 참가할 수 있는; 입장 자유의
free-living 기분 내키는 대로 살아가는; 미식가의   free-of-charge 공짜의, 무료의
fuel-efficient 연비가 좋은(= high-mileage)
full-blown 만발한; 무르익은; 본격적인; ⟨돛이⟩ 바람을 가득 안은
full-faced 얼굴이 둥근, 볼이 탐스러운; 정면의, 정면을 향한
full-hearted 자신 있는; 열심인   full-out 전면적인; 본격적인(complete)
full-scale 실물 크기의; 본격적인; 전력을 다하는, 총력을 기울인; 전면적인

full-rigged 전 장비를 갖춘   full-round 철저한, 고른   full-size 보통[표준] 크기의
full-weight 정량의   future-oriented 미래 지향적인

⟨G⟩

get-rich-quick 일확천금의
※ get-rich-quick billionaire 일확천금의 억만장자   get-rich-quick fever 한탕주의
gilt-edged 금테의; 가장자리에 금을 칠한; (어음·증권·출연자 따위) 최상급의, 일류의
※ gilt-edged securities[shares, stock]우량증권[주식]
go-for-the-jugular ⟨입말⟩ (논쟁에서) 급소를 찌르는
good-neighbor 선린(善隣)의, 우호적인   good-sized 대형의, 꽤 큰
government-backed[sponsored] 국가의 지원[후원]을 받는
green-growing 녹음이 짙어가는   growth-oriented 성장 지향의

⟨H⟩

hand-me-down ⟨미⟩[reach-me-down ⟨영⟩] 만들어 놓은, 기성복의; 헌 옷의; 독창성 없는
hand-picked (과일 따위) 손으로 딴; 제 손으로 고른; 엄선한, 고르고 고른
※ hand-picked players 고르고 고른 선수들
hands-free 손을 사용하지 않아도 되는   hands-off 무간섭(주의)의; ⟨기계 등⟩ 자동의
hands-on 실제 훈련의, 실제의; 실천의; 실무에 참가하는; 참견하는, 간섭하는
hang-on-the-wall 벽걸이식의
※ a hang-on-the-wall television 벽걸이식 텔레비전
happy-go-lucky 태평스러운, 낙천적인
hard-and-fast ⟨규칙 등이⟩ 엄중한(strict); 명확한, 엄밀한
hard-boiled 단단하게 삶은; 단단하게 풀칠한; ⟨일상어⟩ 무감각한; 정에 얽매이지 않는; 현실적인; ⟨미⟩ (문학) 비정한, 순 객관적으로 표현하는
hard-core 핵심의; 단호한, 철저한; ⟨실업·빈곤 등이⟩ 장기에 걸친; 만성적인; 중독성의.
hard-lining 강경 노선을 취하는   hard-nosed 콧대 센, 고집 센; 빈틈없는; 비정한
hard-of-hearing 귀가 먼, 난청의   hard-pressed 시달리는; 곤경에 빠진, 곤궁한
hard-to-get 얻기[구하기] 어려운; 귀한
※ hard-to-get tickets 구하기 어려운 표
hard-to-get written material 일반에게 공개하지 않는 정보
She's just playing hard-to-get. 그녀는 그냥 한 번 튕겨보는 거야.
high-flying 높이 나는, 고공비행의; 포부가 큰; 고가(高價)의
high-handed 고압적인, 고자세의   high-profile 고자세의; 명확한 태도의, 선명한 입장의
history-making 역사적인; 역사에 남을

⟨I⟩
ill-at-ease 불편 [불안]한 (uneasy)　　　ill-behaved 버릇없는 (= ill-mannered)
ill-conditioned 성질이 나쁜, 심술궂은; 몸이 편찮은 〈병이〉 악성인
in-depth 면밀한, 상세한; 철저한; 심층의
※ an in-depth study 면밀한 연구 in-depth news coverage 심층취재
interest-free 무이자의　　　　　　　iron-barred 철벽의
I-don't-care '나는 관심 없어'라고 하는 (투의)(= I-don't-give-a-damn)
※ her 'I-don't-care' attitude 그녀의 '나는 관심 없어' 라고 하는 (투의) 태도

⟨J⟩
jam-packed 〈미 입말〉 빽빽하게 넣은, 콩나물시루처럼 꽉 찬
jerry-built 날림으로 지은; 급히 만든; 빈약한 ※ jerry-built house 날림으로 지어진 집
jumped-up 〈영 입말〉 신흥의, 벼락출세의, 벼락부자의; 우쭐대는

⟨K⟩
kind-hearted 친절한; 마음씨 고운, 인정 많은　kiss-and-make-up 화해의
knock-down-drag-out 가차 없는, 철저한　knocked-down 조립식 부품으로 된, 조립식의
know-it-all 다 아는 체하는; 똑똑한 체하는
※ Only fools are know-it-all. 바보들만이 다 아는 척한다.

⟨L⟩
labor-intensive 노동 집약적인　　　　　　lace-up 〈구두가〉 끈으로 묶는
larger-than-life 실물보다 큰; 실제보다 과장된　laser-guided 레이저가 유도하는
last-minute 최종 순간의; 마지막 판의; 임시변통의
※ a last-minute goal 마지막 순간에 들어간 골
life-and-death 생사에 관계되는, 지극히 중요한 ※ life-and-death decision 생사가 걸린 결정
left-handed 왼손잡이의; 서투른; 어정쩡한, 성의 없는; 신분 차이가 나는 (결혼);
※ left-handed marriage 신분이 맞지 않는 결혼　left-handed compliment 겉치레의 칭찬
lesser-known 별로 유명하지 않은　　live fire 실탄 사용의
long-lasting 장기간에 걸친; 효과가 비교적 오래 지속되는 (= long-acting)
※ long-lasting materials 오래가는 직물
long-range 원대한, 장기의 ※ a long-range plan 장기 계획　a long-range outlook 장기적인 전망
long-run 장기간에 걸친; 장기 공연 [흥행]의; 긴 안목으로 본　long-running 장기간에 걸친
lovey-dovey 〈입말〉(맹목적으로) 사랑한, 홀딱 반한; 매우 달콤한, 닭살 돋는
low-key 자제하는, 감정을 내색하지 않는

⟨M⟩
made-up 만들어 낸, 날조한(fabricated); 완성된; 결심한; 화장한
make-believe 거짓의; 가공(架空)의, 공상의   make-do 임시변통의; 대용의
make-or-break 성패가 걸린, 운명을 좌우하는   man-made 인조의, 인공의(artificial); 합성의
middle-of-the-road 중도, 중용의, 온건한; 무난한
money-oriented 금전 지향적인, 황금만능의   money-saving 돈을 절약하는, 비용을 절감하는

⟨N⟩
native-born 그 나라 태생의, 본토박이의   near-related 밀접하게 관련이 있는
never-to-be-forgotten 언제까지나 잊혀 지지 않는
※ a never-to-be-forgotten day 잊을 수 없는 날
never-say-die 불굴의, 지기 싫어하는; 완고한
※ a never-say-die spirit 불굴의 정신
now-it-can-be-told 이제야 말할 수 있는
nuclear-armed 핵으로 무장한; 핵장비의   nuclear-free 비핵의, 핵무기 없는

⟨O⟩
off-road 일반 [포장] 도로를 벗어난; ⟨차량이⟩ 일반 [포장] 도로 밖에서 사용되는 [사용하게 만든]
oft-quoted 자주 인용되는   oft-repeated 자주 반복되는
oil-based 유성(油性)의   oil-dependent 석유에 의존하는
once-in-a-lifetime 일생에 한 번의; 천재일우의
※ once-in-a-lifetime chance 일생에 한 번밖에 없는 기회
once-over-lightly 표면적인, 피상적인; 대강 해치우는
one-way 일방통행의; 편도의; 일방적인
※ one-way traffic 일방통행a one-way street 일방통행 도로
a one-way ticket 편도 차[비행기]표
out-and-out 전적인, 철저한(thorough)   out-of-body 자신의 육체를 떠난, 육체이탈의
out-of-stock (일시적으로) 재고가 떨어진   out-of-this-world 현실에서 동떨어진; 엉뚱한
out-of-work 실직 중인over-the-hill 인생의 전성기가 지난
over-the-road 장거리 도로[육로] 수송의
ozone-destroying 오존(층)파괴의, 오존층을 파괴하는

⟨P⟩
paid-up 회비를 납부한; 지급을 끝낸   panic-stricken 공황에 빠진; 당황한
patch-up 임시변통의, 미봉책의   pent-up 갇힌, 억압된; 울적한

penny-wise 푼돈을 아끼는   people-oriented 인간 중심의, 인간 우선의
plugged-in 플러그로 접속한; 생활의 중요 부분을 전기 통신에 의존하는; 〈입말〉 앞선, 정세에 밝은; 유행에 민감한; 흥분한
pneumonoultramicroscopicsilicovolcanoconiosis 규폐증, 진폐증
precision guided 정밀유도의
※ precision guided munitions[bombs] 정밀유도병기[정밀유도탄]

〈Q〉
quick-tempered 성미가 급한; 성마른, 화를 잘 내는   quick-witted 재치 있는; 눈치 빠른

〈R〉
radar-equipped 레이더를 장착한   reality-based 실화에 근거한
record-breaking 기록을 깨는, 기록을 경신하는; 전례없는 [공전의]
※ a record-breaking victory 공전의 승리
red-hot 새빨갛게 달아오른; 극도의, 극단의; 몹시 흥분한; 〈정보 등이〉 최신의; 선정적인
※ red-hot anger 격노 red-hot tips 최신 비밀 정보
right-minded [= right-hearted] 올바른, 정직한, 충실한   risk-taking 위험을 감수하는
run-down 지친, 기진맥진한; 건강을 해친; 쇠약해진; 침체된; 황폐한
※ You look pretty run-down. 너는 몹시 피곤해 보이는 구나.
a run-down area [town] 몹시 황폐한 지역 [마을]

〈S〉
satellite-guided 위성이 유도하는   scale-up 일정률로 증가하는
see-through 비쳐 보이는; 빛이 통과하는
※ a see-through blouse 속이 훤히 비치는 블라우스 see-through look 속이 비치는 패션
shirt-off-his-back 매우 헌신적인; 지나치게 동정심이 많은.
stand-up 서있는, 곧은; (칼라 등이) 바로 선; 선채로 하는[먹는]; 〈싸움이〉 당당한; 요란하게 치고받는; 〈희극 배우가〉 혼자 연기하는, 입담을 주로 하는
state-of-the-art 최신식의; 최첨단의
※ state-of-the-art computer 최신식 컴퓨터   state-of-the-art facilities 최첨단 시설
statute-barred 공소시효가 지난
step-down 단계적으로 감소하는, 체감하는; 전압을 낮추는 〈opp. step-up〉
stepped-up 속력을 증가한, 강화된   stick-in-the-mud 재간이 없는, 독창성이 없는; 보수적인
stressed-out 스트레스로 지친; 스트레스가 쌓인
study-till-you-drop 녹초가 되어 쓰러질 때까지 공부시키는

※ study-till-you-drop policies 녹초가 되어 쓰러질 때까지 공부시키는 방식
Sunday-go-to-meeting 나들이용의, 가장 좋은
※ Sunday-go-to-meeting clothes 가장 좋은 옷

⟨T⟩
take-along 휴대용의; 여행자용의   take-charge 관리 능력 있는, 지도자로서의 자질을 가진
take-home 집으로 가져가는; 집에서 하는, 숙제용의
※ take-home pay 실제수령 급료
tax-free 면세의, 비과세의   tell-all 모든 것을 털어 놓은
※ tell-all book 자서전, 고백서
terror-warning 테러를 경고하는
test-fired 시험발사된   test-tube 시험관 안에서 만들어낸; 체외 인공수정의
thank-you 감사를 나타내는, 사은(謝恩)의
※ thank-you letter 감사의 편지
toe-to-toe 정면으로 맞선, 정면으로 반대하는; 얼굴을 맞대고
trumped-up ⟨죄·재판 등이⟩ 날조된, 조작된

⟨U⟩
under-the-table ⟨거래 등이⟩ 비밀리의   up-and-coming 활동적인, 수완이 좋은; 진취적인, 유망한
up-from-the-ranks 낮은 신분 [지위]에서 출세한   up-to-date 최신(식)의, 최근의; 첨단의
up-to-the-minute 극히 최근의; 가장 참신한

⟨V⟩
value-for-your-money 돈에 합당한 가치를 갖는; 돈을 절약하는; 알뜰한
※ value-for-your-money shopping 알뜰한 쇼핑

⟨W⟩
walk-in 예약 없이 출입하는; 대형의; 길에서 곧장 방으로 들어갈 수 있는
※ a walk-in patient 예약하지 않은 환자
watered-down 물을 탄; ⟨밀도·강도 등이⟩ 약화된, 둔화된
weak-to-the-wall 약육강식의   well-advised 생각이 깊은; 분별 있는, 신중한
well-read 책을 많이 읽은; 박식한; (in) ~에 정통한
※ a well-read person 학식 있는 사람   well-read in physics 물리학에 정통한
would-be: ~이 되려고 하는, 지망의, 예비의; 자칭의; ~할 작정인, ~할 의도였던
※ a would-be author 작가 지망자   a would-be wife 예비주부

⟨Y⟩
year-long 1년이 된, 1년에 걸친; 1년간 계속되는; 몇 해 계속되는
※ a year-long investigation 1년간의 조사   three-year-long service 3년간의 복무

⟨Z⟩
zero-based ⟨예산 따위를⟩ 백지화시켜 재심하는; 재검토한
zone defense ⟨농구 등⟩ 지역 방어

3. 복합부사 (compound adverb)

두 개 이상의 단어로 이루어진 부사를 말한다. 복합형용사를 그대로 쓰거나 거기에 -ly를 붙여 만드는 것이 많다. abroad, downstream, meanwhile, moreover, nevertheless, nowadays, sometimes 등 처럼 하나의 단어로 굳어진 것도 있다.

ex) across-the-board 포괄적으로; 전반적으로   back-to-back 연속해서, 잇따라
catch-as-catch-can 수단을 가리지 않고, 닥치는 대로   chock-full 꽉 차서, 가득히
cold-heartedly 무정하게, 냉담하게   downstream 흐름에 따라, 하류로
down-market ⟨영⟩ 저소득층용으로, 대중용으로; 싸게
down-the-line 완전히, 전면적으로, 철저히
freeheartedly 거리낌 없이; 솔직하게   full sail 돛을 다 올리고; 총력으로
full-time 전시간제로, 상근으로; 전임으로 ※ full-tilt ⟨일상어⟩ 전속력으로; 전력을 기울여
half-heartedly 건성으로, 하는 둥 마는 둥하게, 데면데면하게
heart-stoppingly 아슬아슬하게   interest-free 무이자로
out-and-out 아주, 철저히   right-down 철저하게   single-mindedly 외곬으로
toe-to-toe 정면으로 맞선 자세[태도]로; 정면으로 맞서서
whole-heartedly 진심으로, 일념으로; 열심히, 착실하게

4. 복합동사 (compound verb)

2개 이상의 단어가 합쳐져서 하나의 동사를 이루는 것을 말한다. 복합(합성)동사의 단어들 사이에는 하이픈(-)을 넣어 쓰는 것도 있고, 하이픈 없이 쓰는 것도 있다.
baby-sit[⟨미⟩ baby-watch] 남의 애를 봐주다; 감시하다, 지켜보다;
backdate ~의 날짜를 거슬러 올라가게 하다; ~까지 소급시키다.
break through 강행 돌파하다. ~사이에서 나타나다[새어들다]; 극복하다; 위반하다.
breast-feed 아이를 모유로 키우다. 젖을 주다; ⟨입말⟩ 응석부리게 하다.
carbon-date (방사성 탄소로) 연대를 측정하다.   co-host 공동으로 사회를 보다.
come from behind 선두를 추월하다; 역전(승)하다.
do over ⟨입말⟩ 새로 칠하다, 개장(改裝)하다; ⟨미, 입말⟩ 되풀이하다, 다시 하다.

double-book 〈취소대비〉 예약을 이중으로 받다.
drop out 낙제하다, 중퇴하다; 낙오하다; 도피하다, 이탈하다; (경기에서) 빠지다; 없어지다.
freeze-dry 냉동 건조하다.　　press-gang 강제 징집하다
hard-sell 적극적으로[끈질기게] 판매하다.　　hard-surface 〈도로를〉 포장하다.
have it both ways 양다리 걸치다.
headhunt 〈미, 속어〉 인재를 발굴하다.(스카우트하다.)　　hitchhike 히치하이크를 하다.
hot-dog 여봐란 듯한 태도를 취하다; 곡예 같은 묘기를 보이다.
ill-affect 나쁜 영향을 미치다.　　ill-treat 학대하다; 냉대하다; 혹사시키다.
mass-produce 대량 생산하다, 양산하다.　　nose-dive 수직강하하다; 〈입말〉폭락하다, 격감하다.
one-up 한 수 위로 나오다; 한 수 앞서다; 1점차로 앞서다.
overbook (vt.) 예약을 정원 이상으로 받다; (vi.) 예약을 너무 많이 받다.
pay down ~을 맞돈으로 지불하다; 〈미, 입말〉 (월부 따위의) 계약금을 지불하다.
press down 억누르다; 무게를 더하다. ~(페달, 클러치)을 밟다.
put through ~을 성취하다; ~을 실행하다; (전화) ~을 연결하다; ~(의안 등)을 통과시키다.
re-lease 다시 임대하다. cf.) release: ~을 해방하다.
self-administer 자기 관리하다.　　shunpike 〈미〉 유료 고속도로를 피해 샛길로 가다.
skyrocket 급속도로 올라가다, 치솟다.　　snowball 눈뭉치를 던지다; 눈덩이 식으로 커지다.
spotlight 집중조명하다　　test-market 시험 판매하다.　　test-fire 시험발사를 하다.
trick-or-treat 〈미〉 trick or treat 놀이를 하다; trick or treat에 참가하다.
※ trick or treat 〈미, 어린이들의 놀이 구호〉 (할로윈 날에 어린이들이 이웃집 앞에서 외치는 소리) 장난칠까요 아니면 사탕 주실래요.
upgrade 향상시키다.　　upstart 갑자기 일어서다[나타나다]; 갑자기 일으키다.
zero-base 〈예산 따위〉 백지화시켜 재심하다; 일[문제]를 출발점에서부터 재검토하다.

2. 발음 (Pronunciation)

(1) 앞에

영어의 단어는 자음과 모음을 나열하여 만든다. 영어 alphabet 26자 중에서 자음은 b, c, d, f, g, h, j, k, l, m, n, p, q, r, s, t, v, w, x, y, z이고, 모음은 a, e, i, o, u이다. 자음 중

r, w, y는 자음이면서 모음적 성격을 많이 띠므로 반자음 (or 반모음)이라고 한다. 또한, b, d, g, j, l, m, n, r, v, w, y, z는 목의 성대를 울리면서 나는 소리인 유성음이고, c, f, h, k, p, q, s, t, x는 목의 성대를 울리지 않고 나는 소리인 무성음이다.

■ 음소(phoneme) / 음운(phoneme) / 음절(syllable)

A. 음소 (音素)

음소란 뜻을 구별할 수 있게 하는 소리의 가장 작은 조각을 말한다.(낱소리) 즉, 서로 유사 한 말의 발음에서 서로를 다른 것으로 구별 할 수 있게 하는 소리의 가장 작은 부분이라고 할 수 있는데, 결국 그것은 특정의 자음과 모음으로 나타내어진다. 예를 들어 bat, pat을 발음할 때 두 단어를 구별해 줄 수 있게 하는 것은 자음 b와 p이다. 음소는 소리를 나누어 보아서 어떤 뜻을 가진 말로 인식할 수 있게 하는 가장 작은 부분이라 할 것이므로 소리를 나눈 마디라 하여 분절음소라고도 한다. 이에 반해 세기 (강세), 길이 (장음), 높낮이 (억양) 등은 그것을 부분 부분으로 쪼개어 파악할 수는 없다고 하여 초분절음소라고 한다.

B. 음운(音韻)

음운은 여러 뜻으로 쓰이고 있는 데, 음절, 음소, 자음과 모음, 음절 + 초분절음소, 음소 +초분절음소 등이 그것이다. 음소, 음운의 개념은 아직도 확고하게 정립된 것은 없다 할 것이다. 보통 음의 동화 (Assimilation), 음의 이화 (Dissimilation), 음의 탈락 (Elision), 음의 첨가 (Epenthesis) 등의 음운현상이라고 할 때의 음(운)은 자음과 모음을 가리킨다고 보아도 무리는 없다.

C. 음절(音節)

일반적으로 (사전 상으로) 하나의 완전한 것으로 느껴지는 소리의 마디를 음절(音節)이라고 한다. 즉, 특정한 말(단어)에 있어서 서로 구별되는 하나의 완전한 소리 부분을 음절이라고 한다. 음절의 개념 역시 확고하게 정립되어진 것은 없다 할 수 있다. 다만, 사전 상의 정의에 따라서 우리말에서 음절의 개념을 정의해 본다면 자음과 모음으로 결합되어 어떠한 소리임을 누구나 구별할 수 있는 소리의 최소단위라고 할 수 있다. 가령, '열심히 노력해라.'는 '열씸히 노려케라.'로 소리 나는데 열/씸/히/노/려/케/라/ 라는 일곱 개의 소리 하나하나가 바로 음절이라 할 것이다. 영어에서는 보통 모음에 의해서 특정한 소리로 구별되는 부분의 소리를 하나의 음절로 본다. 영어에서 음절은 하나의 모음을 기준으로 자음이 앞에 결합되든, 뒤에 결합되든 하나의 음절로 파악하는 것이 일반적이다. 그러므로 영어 단어의 음절수는 그 모음 수에 의해 파악하는 것이 보통이다.

   ex) cat: 모음이 1개 (a) → 1음절어
        submit → sub/mit: 모음이 2개(u, i) → 2음절어
        important → im/por/tant: 모음이 3개(i, o, a) → 3음절어

> interesting → in/ter/est/ing: 모음이 4개(i, e, e, i) → 4음절어
> aristocracy → ar/is/toc/ra/cy: 모음이 5개(a, i, o, a, y) → 5음절어

(2) 발음기호와 발음법

발음기호는 꺾쇠괄호(square bracket) 즉 '[ ]'안에 넣어 표기하는 것이 원칙이다.

1) 모음발음기호

① [a]/ [aː]

❶ [a](아)

▶ 우리말의 [아]보다 약간 짧게 발음한다.

ex) body [bádi/bɔ́di], box [baks/bɔks], clock [klɑk/klɔk], opera [ɑ́pərə/ɔ́p-], olive [ɑ́liv/ɔ́liv], etc.

❷ [aː](아아)

▶ 입 안쪽에서 [아아]하고 길게 발음한다.

ex) argument[ɑ́ːrgjəmənt], ask[ɑːsk/æsk], father[fɑ́ːðər], march[mɑːrtʃ], palm[pɑːm], etc.

② [æ](애)

▶ 우리말의 [애]보다는 입을 더 크게 벌려 발음한다.

ex) act[ækt], apple[ǽpl], bad[bæd], glass[glæs/glɑːs], happy[hǽpi], marry [mǽri], etc.

③ [e](에 또는 애)

▶ 우리말의 [에]와 [애]의 중간정도의 소리이다.

ex) bed[bed], center[séntər], end[end], every[évriː], fell[fel], then[ðen], etc.

④ [i]/[iː]의 발음

❶ [i](이에)

▶ 우리말 [이에]를 빨리 발음한다는 식으로 발음한다.

ex) give[giv], enjoy[endʒɔ́i], is[iz], milk[milk], interesting[íntəristiŋ], etc.

❷ [iː](이ー)

▶ 우리말 [이]를 약간 늘려 발음한다.

ex) easy[íːzi], evening[íːvniŋ], key[kiː], police[pəlíːs], sleep[sliːp], week[wiːk], etc.

⑤ [ou](오우)

▶ 이중모음. 입술을 둥글게 한 다음 [o]에 힘을 주어 발음한 다음, [u]는 약하게 재빨리 붙여 발음한다.

※ **이중모음**: 하나의 음절이 두 개의 모음으로 발음되는 것. 즉, 한음절의 발음 도중 발성위치가 이동하면서 다른 모음발음이 나는 것을 말한다.

ex) boat[bout], control[kəntróul], know[nou], moment[móumənt], oak[ouk], ocean[óuʃən], old[ould], omit[oumít], only[óunli], open[óupən], photo[fóutou], shoulder[ʃóuldəːr], etc.

⑥ [u]/[uː]의 발음

❶ [u](우 또는 으)

▶ 우리말 [우]보다 짧게 발음하고 혀는 이에 닿지 않게 한다.

ex) book[buk], cook[kuk], could[kud], good[gud], look[luk], put[put], shook[ʃuk], took[tuk], wool[wul], etc.

❷ [uː](우으)

▶ 우리말의 [우]보다 더 입술을 앞으로 내밀면서 발음한다.

ex) food[fuːd], fool[fuːl], lose[luːz], loose[luːs], school[skuːl], soup[suːp], two[tuː], zoo[zuː] etc.

⑦ [ʌ](어)

▶ 우리말의 [어]보다 입을 크게 벌려 발음한다.

ex) bus[bʌs], cup[kʌp], dove[dʌv], much[mʌtʃ], just[dʒʌst], umbrella[ʌmbrélə], etc.

⑧ [ə](어)

▶ 우리말 [어]를 약하게 발음한다.

ex) above[əbʌ́v], about[əbáut], ago[əgóu], album[ǽlbəm], today[tədéi/tudéi], etc.

⑨ [ɔ]/[ɔː]

❶ [ɔ](오 또는 어)

▶ 우리말 [오]와 [어]의 중간정도의 소리이다.

ex) obvious[ɑ́bviəs/ ɔ́bviəs], object[ɑ́bdʒikt/ ɔ́bdʒikt], odds[ɑdz/ ɔdz], operate[ɑ́pərèit/ ɔ́pərèit], stop[stɑp/ stɔp], etc.

❷ [ɔː](오~)

▶ 우리말의 [오] 보다 입을 더 크게 벌려 [아]에 가깝게 발음한다.

ex) all[ɔːl], because[bikɔ́ːz/ bikɑ́z/ bikʌ́z/ bikɔ́z], bought[bɔːt], cause[kɔːz], fall[fɔːl], often[ɔ́(ː)ftən/ ɑ́ftən], office[ɔ́(ː)fis/ ɑ́fis], small[smɔːl], talk[tɔːk], walk[wɔːk], etc.

▷ aw는 거의 [ɔː]로 발음이 난다.

ex) awe, awesome, awful, claw, draw, hawk, jaw, law, saw etc.

⑩ [ɔi](오이 혹은 어이)

▶ 이중모음.

ex) boy[bɔi], enjoy[endʒɔ́i], oi l[ɔil], toy[tɔi], voice[vɔis], etc.

⑪ [ai](아이)

▶ 이중모음.

ex) buy[bai], eye[ai], idea[aidíːə], life[laif], night[nait], right[rait], side[said], tie[tai], etc.

⑫ [ei](에이)

▶ 이중모음. [e]를 강하게 발음하며 이어서 [i]를 빨리 발음한다.

ex) age[eidʒ], day[dei], lat e[leit], eight[eit], play[plei], rain[rein], say[sei], table[téibl], etc.

⑬ [au] (아우)

▶ 이중 모음. 입을 반쯤 벌리고 [a]를 강하게 발음하고 이어서 [u]를 빨리 발음한다.

ex) blouse[blaus/blauz], down[daun], house[haus], now[nau], out[aut], ow [au, uː], etc.

⑭ 기타

❶ [aːr]

▶ [a]에 [r]음의 여운을 남기면서 길게 발음한다.

ex) art[ɑːrt], star[stɑːr], etc.

❷ [ɛ](에)

▶ [e]발음과 거의 비슷하다.

ex) air[ɛər], stair[stɛəːr], etc.

❸ [ər] (어ㄹ)

▶ [ə]음에 [r]음의 여운을 남기면서 발음한다.

ex) perhaps[pərhǽps], perpetual[pərpétʃuəl], etc.

❹ [əːr](얼)

▶ [ə]에 [r]음의 여운을 남기면서 길게 발음한다.

ex) fur[fəːr], shirt[ʃəːrt], etc.

❺ [ɔːr](올)

▶ [ɔ]에 [r]음의 여운을 남기면서 길게 발음한다.

ex) or[ɔːr], story[stɔ́ːri], warm[wɔːrm], etc.

❻ [o](오)

▶ 우리말의 [오]발음과 같다.

ex) momentous[mo(u)méntəs], omit[o(u)mít], etc.

2) 자음발음기호

① [p](푸/ 프)

▶ 무성음. [p]가 앞에 올 때는 입을 다문 다음 성대를 울리지 않게 발음하고 ([푸/프), 뒤에 올 때

는 소리를 내지 않는다.

ex) page[peidʒ], pool[puːl], pump[pʌmp], help[help], hope[houp], cap[kæp], etc.

② [f](프/ 흐)

▶ 무성음. 윗니를 아랫입술 안쪽에 대고 성대가 울리지 않도록 발음한다.

ex) father[fάːðər], fish[fiʃ], fool[fuːl], coffee[kɔ́ːfi/ kάfi/ kɔ́fi], phone[foun], etc.

③ [b] (브)

▶ 유성음. [p]와 같은 식으로 하되 성대를 울리면서 발음한다.

ex) big[big], body[bάdi/ bɔ́di], job[dʒab/ dʒɔb], bear[bɛər], table[téibl/ teibəl], library[láibrèri/ láibrəri/ láibrəri] etc.

▷ [b]는 양 입술을 모은 상태에서 발음하고, [v]는 아랫입술을 윗니에 대었다 떼면서 발음한다.
ex) base/vase, bet/vet, ban/van, boys/voice

④ [v](브)

▶ 유성음. [f]와 같은 방식으로 발음하되 성대가 울리도록 한다.

ex) vase[veis/ veiz / vɑːz], very[véri], violin[vàiəlín], give[giv], live[liv], television[téləvìʒən], etc.

⑤ [t](트/츠)

▶ 무성음. 혀끝을 윗니의 잇몸에 대었다 떼면서 발음하되 성대가 울리지 않게 한다.

ex) train[trein], trip[trip], together[təgéðəːr], town[taun], tent[tent], about[əbáut], etc.

⑥ [d](드)

▶ 유성음. [t]와 같은 식으로 하되 성대를 울려준다.

ex) do[duː/ du/ də], different[dífərənt], drink[driŋk], down[daun], round [raund], etc.

20장 기타(The others) II   475

⑦ [k] (크)

▶ 무성음. 혀의 뒷부분이 입천장 뒷부분(연구개)에 닿도록 하여 입김을 강하게 내불며 발음한다.

ex) keep[kiːp], cold[kould], kind[kaind], milk[milk], quite[kwait], uncle[ʌ́ŋkəl], etc.

⑧ [g](그)

▶ 유성음. [k]와 같은 방식으로 발음하되 성대를 울려준다.

ex) game[geim], girl[gəːrl], glass[glæs/ glɑːs], gold[gould], good[gud], gum[gʌm], again[əgén/ əgéin], foggy[fɔ́(ː)gi/ fɑ́gi], etc.

⑨ [θ](쓰)

▶ 무성음. 윗니와 아랫니 사이에 혀끝을 가볍게 대고 발음하되 성대가 울리지 않도록 한다.

ex) think[θiŋk], thousand[θáuzənd, birthday[báːrəðèi], cloth[klɔ(ː)θ/ klɑθ], fifth[fifθ], north[nɔːrθ], etc.

⑩ [ð](뜨)

▶ 유성음. [θ]와 같은 방식으로 발음하되 성대를 울려준다.

ex) the[(자음 앞) ðə/(모음 앞) ði], this[ðis], those[ðouz], brother[brʌ́ðər], smooth[smuːð], weather[wéðəːr] etc.

⑪ [s](스/ 쓰)

▶ 무성음. 혀끝을 윗니 뒤에 놓은 다음 입김을 불며 발음하되 성대가 울리지 않도록 한다.

ex) small[smɔːl], see[siː], salt[sɔːlt], sun[sʌn], place[pleis], dress[dres], also[ɔ́ːlsou], etc.

⑫ [z](즈)

▶ 유성음. [s]와 같은 방식으로 발음하되 성대를 울려준다.

ex) zen[zen], zigzag[zígzæ̀g], zone[zoun], zoo[zuː], crazy[kréizi], dogs[dɔ(ː)gz/ dɑgz], easy[íːzi], lazy[léizi], etc.

⑬ [ʃ] (쉬)

▶ 무성음. 혀의 앞부분을 윗니의 잇몸 뒤에 닿지 않게 하여 혀를 약간 뒤로 빼면서 발음한다.

ex) she[ʃiː], shirt[ʃəːrt], short[ʃɔːrt], shower[ʃáuəːr], dish[diʃ], fresh[freʃ], etc.

⑭ [tʃ](취)

▶ 무성음. 혀를 윗니의 잇몸에 대어 숨을 막았다가 갑자기 떼면서 발음한다.

ex) child[tʃaild], chair[tʃɛər], picture[píktʃər], teacher[tíːtʃəːr], catch[kætʃ], etc.

⑮ [ʒ](지)

▶ 유성음. [ʃ]와 같은 식으로 발음하되 성대를 울리게 한다.

ex) decision[disíʒən], television[téləvìʒən, pleasure[pléʒər], usual[júːʒuəl], etc.

⑯ [dʒ](쥐)

▶ 유성음. [tʃ]와 같은 방식으로 발음하되 성대를 울려 준다. ge-, ju-의 발음은 거의 [dʒ 쥐]로 난다.

ex) German[dʒə́ːrmən], joke[dʒouk], just[dʒʌst], orange[ɔ́(ː)rindʒ/ árindʒ], general[dʒénərəl], etc.

⑰ [l]의 발음

❶ [을/엘]로 발음되는 경우

▶ 유성음. l다음에 모음이 오는 경우로서 혀끝을 윗니의 잇몸에 바싹대고 혀의 양쪽으로 숨을 내뱉으며 발음한다.

ex) black[blæk], blue[bluː], flat[flæt], law[lɔː], lice[lais], low[lou], etc.

❷ [에-엘/ 으-얼]로 발음되는 경우

▶ 유성음. l 다음에 자음이 오거나 l이 단어 끝에 오는 경우로서, 혀끝이 윗니의 잇몸에 닿으려는

순간에 발음한다.

ex) all [ɔːl], build [bild], help [help], heel [hiːl], pool [puːl], etc.

⑱ [r](르)
▶ 유성음. 혀끝을 입천장으로 올리되 입천장에는 닿지 않게 하고 입모양을 둥글게 하여 발음한다.

ex) raw[rɔː], rest[rest], right[rait], row[rou], rub[rʌb], etc.

⑲ [m](므)
▶ 유성음. 입을 다물고 코로 숨을 내보내며 발음한다.

ex) map[mæp], moon[muːn], farm[fɑːrm], summer[sʌ́mər], tomato[təméitou/təmɑ́ːtou], etc.

⑳ [n](느)의 발음
▶ 유성음. 혀끝을 윗니의 잇몸에 붙이고 콧소리로 발음한다.

ex) night[nait], never[névəːr], noon[nuːn], dinner[dínər], run[rʌn], etc.

㉑ [ŋ](응)의 발음
▶ 유성음. 혀의 뒷부분이 뒤 입천장 (연구개)에 닿게 하여 콧소리로 발음한다.

ex) ink [iŋk], think [θiŋk], feeling [fíːliŋ], ring [riŋ], along [əlɔ́ːŋ/ əlɔ́ŋ], young [jʌŋ], etc.

㉒ [h](흐)의 발음
▶ 무성음. 입을 벌리고 혀가 어디에 닿지도 않은 상태에서 입안 공기를 내 불면서 발음한다.

ex) hair[hɛər], hot[hɑt/ hɔt], him[him], heat[hiːt], ahead[əhéd], etc.

㉓ [w](우)
▶ 반모음. 유성음. [u]보다 더 입술을 둥글게 하고 혀는 입천장으로 올리되 입천장에는 닿지 않게 하여 성대를 울리며 발음한다.

ex) wall[wɔːl], wood[wud], world[wəːrld], question[kwéstʃən], queen[kwiːn], etc.

㉔ [j](야/ 여/ 요)
> ▶ 반모음. 유성음. 입을 살짝 벌리고 혀의 중간 부분이 앞 입천장(경구개)에 닿도록 하며 발음한다.
>
> ex) year[jiəː/jəːr], yes[jes], yellow[jélou], your[juəːr/jɔːr], cube[kjuːb], huge[hjuːdʒ/juːdʒ], useful[júsfəl], etc.

(3) 알파벳의 발음

1) A [ei 에이]

A는 [ɑ 아], [æ 애], [ɔ: 오], [ə 어], [i 이], [ei 에이]로 발음된다.

① [ɑ 아]로 발음되는 경우

ex) are[ɑːr], arm[ɑːrm], argue[ɑ́ːrgjuː], march[mɑːrtʃ], watch[watʃ/ wɔːtʃ], etc.

② [æ 애]로 발음되는 경우

ex) and[ənd, nd, ænd], advertisement[ædvərtáizmənt/ ædvə́ːrtis-/-tiz-], bad[bæd], happy[hǽpi], marry[mǽri], etc.

③ [ɔ: 오]로 발음되는 경우

> ▶ ll, lk, lt앞에 놓인 a는 보통 [ɔː]로 발음된다.
>
> ex) all[ɔːl], walk[wɔːk], salt[sɔːlt], etc.

④ [ə 어]로 발음되는 경우

ex) about[əbáut], ago[əgó], America[əmérikə], banana[bənǽnə], Pacific [pəsífik], particular[pərtíkjələ], etc.

⑤ [i 이]로 발음되는 경우

ex) baggage[bǽgidʒ], manage[mǽnidʒ], surface[sə́ːrfis], village[vílidʒ], etc.

⑥ [ei 에이]로 발음되는 경우

ex) age [eidʒ], angel [éindʒəl], Asia [éiʒə/-ʃə], date [deit], play [plei], rain [rein], say [sei], etc.

2) B [biː 비이]

B는 [b ㅂ]로 발음 된다. 위아래 입술을 붙였다 떼면서 성대를 울리면서 발음한다.

ex) baby [beib], busy [bízi], job [dʒoub], library [láibrèri/ -brəri/ -brər], table [teibl/-əl], etc.

3) C [siː 씨이]

① c의 발음

c는 [s ㅅ], [ㅆ], [k ㅋ]로 발음된다.

❶ [s ㅅ]으로 발음되는 경우

ex) chance[tʃæns/ tʃɑːns], prince[prins], etc.

❷ [ㅆ]로 발음되는 경우

▶ c가 악센트가 있는 모음 앞이나 e, i, y앞에 올 때 [ㅆ]로 발음된다.

ex) Caesar[síːzər], city[síti], cinema[sínəmə], center[séntə], cider[sàidər], bicycle[báisikəl/ -sàikl], etc.

❸ [k ㅋ]으로 발음되는 경우

ex) case[keis], Capital[kæpitl], clock[klɑk/ klɔk], cut[kʌt], etc.

② ch의 발음

ch는 [tʃ ㅊ], [ʃ 쉬], [k ㅋ]로 발음된다.

❶ [tʃ ㅊ]로 발음되는 경우

ex) chore[tʃɔːr], chin[tʃin], charity[tʃǽrəti], etc.

❷ [k ㅋ]로 발음되는 경우

ex) chasm[kǽzəm], chemistry[kemistri], choir[kwaiər], chord[kɔːrd], psychology saikɑ́lədʒi/ saikɔ́lədʒi], stomach[stʌ́mək], etc.

❸ [ʃ 쉬]로 발음되는 경우

ex) chauffeur[ʃóufər], chef[ʃef], chivalry[ʃívəlri], machine[məʃíːn], moustache[mʌ́stæʃ/ məstæʃ], etc.

4) D [diː 디이]

D는 [d ㄷ]로 발음된다.

ex) date[deit], debate[dibéit], diagnosis[dàiəgnóusis], dilate[dailéit/diléit], dormant[dɔ́ːrmənt], double[dʌ́bəl], drafty (= <영> draughty)[drǽfti/ drɑ́ːfti], duplicity[djuːplísəti], etc.

5) E [iː 이이]

① e의 발음

e는 [i 이], [e 에]로 발음된다.

❶ e는 대개 [i 이]로 발음된다.

ex) English[íŋgliʃ], goodie[gudi], lie[lai], pretty[príti], etc.

❷ [e 에]로 발음되는 경우

ex) enemy[énəmi], America[əmérikə], etc.

❸ 묵음인 경우

▶ 2음절 단어의 끝에 e가 올 때에는 발음되지 않는다.

ex) make[meik], hope[houp], save[seiv], take[teik], etc.

② -ed의 발음

❶ [d 드]: 유성음 다음에서

ex) begged[begd] (beg의 과거형), called[kɔːld], closed[klouzd], etc.

❷ [t 트]: 무성음 다음에서

ex) ceased[siːst](cease의 과거형), clapped[klæpt](clap의 과거형), marked [mɑːrkt], mixed[mikst], touched[tʌtʃt], walked[wɔːkt], etc.

❸ [id 이드]: -d, -t 다음에 ed가 올 때

ex) ended[endid], needed[ni:did], treated[tri:tid], etc.

> ①, ②의 예외로서 다음과 같은 단어는 [id]로 발음된다.
> ex) blessed[blesid, blest(미)], crooked[krukid], dogged[dɔ́(:)gid, dɑ́g-], naked[neikid], ragged[rægid], wretched[rétʃid], etc.
> ※ blessed가 형용사가 아닌 동사 bless의 과거, 과거분사로 쓰일 때는 [blest]로 발음된다.
> Blessed [blesid] are the poor in spirit.
> He is blessed [blest] with a good memory. 그는 좋은 기억력이 있다.

③ ex의 발음

❶ [eks 엑쓰]: ex에 강세를 줄 때

ex) excellent[éksələnt], exhibition[èksəbíʃən], exit[éksit/ égzit], exodus[éksədəs], expert[ékspəːrt], etc.

❷ [iks 익쓰]: ex에 강세를 주지 않을 때

ex) exceed[iksíːd], except[iksépt], excuse[ikskjúːz], export[íkspɔːrt] (수출, 수출품), export[ikspɔ́ːrt] (vt. 수출하다.), extreme[ikstríːm], etc.

❸ [igz 이그ㅈ, egz 에그ㅈ]: 모음 앞에서

ex) exact[igzækt], example[igzæmpəl], exist[igzíst], exhaust[igzɔ́ːst], exhibit[igzíbit], exhort[igzɔ́ːrt], exile[égzail/ éksail], existentialism[ègzisténʃ(ə)liz(ə)m/eksiténʃ(ə)liz(ə)m] (실존주의), exordial[egzɔ́ːrdial/ iksɔ́ːrdial] (서론의, 머리말의), etc.

6) F [ef 에프]

F는 [f 피]로 발음된다.

ex) face[feis], fall[fɔːl], fare[fɛər], flower[flάuər], follow[fɑlou/ fɔ́lou], etc.

7) G [dʒiː 지이]

① g의 발음

g는 [g ㄱ], [dʒ ㅈ, 찌]로 발음된다.

❶ [g ㄱ]으로 발음되는 경우

　　ex) gather[gǽðə], gild[gild], go[gou], good[gud], govern[gʌ́vərn], gray[= grey(영)][grei], guard[gɑːrd], guess[ges], etc.

❷ [dʒ ㅈ, ㅉ]로 발음되는 경우

　　ex) generate[dʒénərèit], geography[dʒiːɑ́grəfi/ dʒiɔ́grəfi], germ[dʒəːrm] (미생물, 조짐; 근원), danger[déindʒər], emerge[imə́ːrdʒ], garage[gərɑ́ːdʒ], etc.

❸ 묵음인 경우

　　n앞의 g는 발음되지 않는다.

　　ex) gnaw[nɔː], gneiss[nais] (편마암), gnostic[nɑ́stik/ nɔ́stik], etc.

② gh의 발음

　　묵음, [g ㄱ]나 [f ㅍ]로 발음된다.

❶ 묵음인 경우

　　ex) dough[dou], drought[draut] (= drouth[drauθ]), plough[= plow(미)][plau], etc.

❷ [g ㄱ]로 발음되는 경우

　　ex) aghast[əgǽst/əgɑ́ːst], ghost[goust], etc.

❸ [f ㅍ]로 발음되는 경우

　　ex) cough[kɔ(ː)f/ kɑf], draught (= draft)[dræft/drɑːft], laugh[læf/lɑːf], rough [rʌf], tough[tʌf], etc.

8) H [eitʃ 에이치]

h는 [h ㅎ]로 발음된다.

① [h]로 발음되는 경우

　　ex) happy[hǽpi], height[hait], hear[hiər], human[hjúːmən], etc.

② 묵음인 경우

　　ex) forehead[fɔ́rid/ fɑ́rid/ fɔ́ːrhèd], heir[ɛər], honest[ɑ́nist/ ɔ́nist], hour [áuər], honor (=

honour)[ánər/ɔ́nər], etc.

9) I [ai 아이]

i는 [i 이], [ai 아이]로 발음된다.

① [i]로 발음되는 경우

ex) did[did], kid[kid], etc.

② [ai]로 발음되는 경우

ex) hide[haid], kind[kaind], mind[maind], wild[waild], etc.

10) J [dʒei 제이]

j는 g와 같은 [dʒ 즈]발음이지만 g보다 강한 발음(이중모음이 따르는 발음)이 된다.

ex) Jane [dʒein 줴인], jewelry [= jewellery (영)] [dʒúːəlri 쥬얼리], judge [dʒʌdʒ 줘지], etc.

11) K [kei 케이]

① 보통 [k ㅋ]로 발음된다.

ex) kangaroo[kæ̀ŋgərúː], kept[kept] (keep의 과거형), Korea[kəríːə/ kouríːə], etc.

② s 다음에 오는 k는 [ㄲ]로 발음된다.

ex) sky[skai], ski[skiː], skill[skil], skirt[skəːrt], etc.

③ k가 묵음이 되는 경우

▶ n앞에서 묵음이 된다.

ex) knee[niː], knife[naif], know[nou], knock[nɑk/ nɔk], etc.

12) L [el 엘]

l은 [l 리]로 발음된다.

ex) laboratory[lǽbərətɔ̀:ri/ ləbɔ́rətəri], latent[léitənt], like[laik], leave[li:v], low[lou], etc.

13) M [em 엠]

m은 [m 미]으로 발음된다.

ex) man[mæn], mail[meil], mean[min], minute[mainjú:t/ minjú:t], moot[mu:t], mother[mʌ́ðə:r], etc.

14) N [en 엔]

① n의 발음

[n ㄴ]으로 발음된다.

ex) name[neim], narrow[nǽrou/nǽrə], near[niər], neutral[nju:trəl], night[nait], noise[nɔiz], none[nʌn], nurse[nə:rs], etc.

② ng의 발음

❶ [ŋ 잉]으로 발음되는 경우

ex) bring[briŋ], longing[lɔ́(:)ŋiŋ/ láŋiŋ], singing[síŋiŋ], etc.

❷ [ŋg 응ㄱ]으로 발음되는 경우

ex) anger[ǽŋgər], monger[mʌ́ŋgər], longer[lɔ́:ŋgər/ lɔ́ŋgər] (long의 비교급), etc.

❸ [ndʒ 인지]로 발음되는 경우

ex) angel[éindʒəl], danger[déindʒər], strange[streindʒ], etc.

15) O [ou 오우]

① o의 발음

[ou 오우], [a 아], [ɔ 오], [ə 어], [ʌ어], [u 우] 등으로 발음된다.

❶ [ou 오우]로 발음되는 경우

  ex) go[gou], old[ould], only[óunli], open[óupən], over[óuvər], cold[kould], sold[sould)], told[tould], etc.

❷ [ɑ 아]로 발음되는 경우

  ex) object[ɑ́bdʒikt/ ɔ́bdʒikt], obvious[ɑ́bviəs/ ɔ́bviəs], odd[ɑd/ ɔd], olive [ɑ́liv/ɔ́liv], hobby[hɑ́bi/ hɔ́bi], sorry[sɑ́ri/ sɔ́ːri], etc.

❸ [ɔ(ː) 오]로 발음되는 경우

  ex) off[ɔ́ːf/ ɑf/ ɔf], oil[ɔil], ought[ɔ́ːt], etc.

❹ [ə 어]로 발음되는 경우

  ex) objective[əbdʒéktiv], oblige[əbláidʒ], society[səsáiəti], variety[vəráiəti], etc.

❺ [ʌ 어]로 발음되는 경우

  ex) onion[ʌ́njən], other[ʌ́ðər], double[dʌ́bəl], dove[dʌv], etc.

❻ [u(ː) 우]로 발음되는 경우

  ex) do[duː/ du/ də], to[tuː/ tə/ tu], etc.

② oo의 발음

[u], [úː], [ʌ], [ɔ́ː] 등으로 발음된다.

❶ [u 우]로 발음되는 경우

  ex) book[buk], brook[bruk], cook[kuk], good[gud], foot[fut], look[luk], stood[stud], wood[wud], wool[wul], etc.

❷ [uː 우ー]로 발음되는 경우

  ex) balloon[bəlúːn], cool[kuːl], food[fuːd], moon[muːn], proof[pruːf], shoot [ʃuːt], soon[suːn], spoon[spuːn], etc.

❸ [ʌ 어]로 발음되는 경우

  ex) blood[blʌd], flood[flʌd], etc.

❹ [ɔː 오ー]로 발음되는 경우

  ex) door [dɔːr], floor [flɔːr], etc.

③ ou의 발음

[au 아우], [u 우], [ʌ 어], [ou 오우] 등으로 발음된다.

ex) house[haus], could[kud/ kəd], rough[rʌf], though[ðou], etc.

16) P [piː 피이]

① [p 프]나 [f 프]로 발음된다.

ex) palm[pɑːm], pace[peis], pack[pæk], pause[pɔːz], pedestrian[pədéstriən], public[pʌ́b-lik], phase[feiz] (단계, 국면), philosophic[fìləsɑ́fik/-sɔ́fik], etc.

② -sal, -seu, -sy 앞에서 묵음이다.

ex) psalm[sɑːm], pseudonym[súːdənim] (익명, 필명), psychology[saikɑ́lədʒi/ -kɔ́l-], etc.

17) Q [kjuː 큐우]

q는 [k 크]로 발음된다.

ex) quack[kwæk], quadruple[kwɑdruːpəl/ kwɑ́dru-], qualification[kwɑ̀ləfikéiʃən/kwɔ̀l-], quantitative[kwɑ́ntətèitiv/ kwɔ́ntə-], queen[kwiːn], question[kwéstʃən], quick[kwik], quiet[kwáiət], quite[kwait], quell[kwel], quirk[kwəːrk] (핑계, 변덕), quote[kwout], etc.

18) R [ɑːr 아알]

r은 [r 르]로 발음된다.

ex) rabid[rǽbid] (맹렬한, 열광적인; 외고집인), race[reis], raw[rɔː], read[riːd], root[ruːt/ rut], rub[rʌb], storm[stɔːrm], hear[hiər], etc.

19) S [es 에스]

① s는 [s ㅅ 또는 씨], [z 즈], [ʒ 쩌, 줘], [ʃ 슈] 등으로 발음된다.

❶ [S ㅅ 또는 씨]로 발음되는 경우

▶ s 다음에 모음이 올 때 그리고 sc는 [ㅆ] 발음이 난다.

ex) spacious[spéiʃəs], sports[spɔːrt], sacred[séikrid], saw[sɔː], simulate[símjəlèit], sovereign[sávərin/ sʌ́v-], subsid[səbsáid], subtle[sʌ́tl], succeed[səksíːd], suit[suːt], scene[siːn], science[sáiəns], etc.

❷ [ʃ]로 발음되는 경우

ex) shape[ʃeip], shed[ʃed], sheet[ʃiːt], shine[ʃain], shrewd[ʃruːd], shut[ʃʌt], sure[ʃuər], etc.

❸ [z 즈]로 발음되는 경우

ex) desire[dizáiər], houses[háuziz]), lose[luːz], nose[nouz], rose[rouz], possess[pəzés], season[síːzən], hers[həːrz], etc.

❹ [ʒ 지]로 발음되는 경우

ex) measure[méʒəːr], pleasure[pléʒər], visual[víʒuəl], etc.

② −sion의 발음

−sion은 [ʃən 션], [ʒən 전]으로 발음된다.

❶ [ʃən 션]으로 발음되는 경우: 「자음 + sion」일 경우

ex) confession[kənféʃən], discussion[diskʌ́ʃən], expansion[ikspǽnʃən], omission[oumíʃən], passion[pǽʃən], etc.

❷ [ʒən 전]으로 발음되는 경우: 「모음 + sion」일 경우

ex) allusion[əlúːʒən] (암시,언급), confusion[kənfjúːʒən], explosion[iksplóuʒən], television[téləvìʒən], etc.

20) T [tiː 티이]

① t는 [t 트]나 [tʃ 치]로 발음된다.

❶ [t 트]로 발음되는 경우

ex) tag[tæg], talk[tɔːk], tear[tiəːr / tɛəːr], ton[tʌn], top[tɑp/ tɔp], tyrant [táiərənt], etc.

❷ [tʃ 치]로 발음되는 경우: t가 u앞에 올 때

ex) mutual [mjúːtʃuəl], nature [néitʃər], pasture [pǽstʃər/pɑ́ːstʃər], picture [píktʃər], etc.

② th의 발음

th는 [θ 쓰], [ð 드]로 발음된다.

❶ [θ 쓰]로 발음되는 경우

ex) author[ɔ́ːθər], bath[bæθ/bɑːθ] (목욕, 욕실), breath[breθ], cloth[klɔ(ː)θ/klɑθ], death[deθ], south[sauθ], thunder[θʌ́ndəːr], wealth[welθ], width[widθ/ witθ], worth[wəːrθ], etc.

> ▷ 주의
> 1. bathe[beið] v. 목욕시키다, 적시다, 씻다./bathing[béiðiŋ] n. 목욕하기 a. 목욕용의
> 2. breathe[briːð] v. 호흡하다./breathing[bríːðiŋ] n. 호흡, 숨결, 미풍, 열망

❷ [ð 드]로 발음되는 경우

ex) clothe[klouð], clothing[klouðiŋ], worthy[wə́ːrði], smooth[smuːð], soothe [suːð], southern[sʌ́ðəːrn], with[wið/ wiθ], etc.

③ -ths의 발음

❶ 장모음, 이중모음 다음의 ths는 [ðz 드즈]로 발음된다.

ex) baths[bæðz/bæθs/bɑːðz/bɑːθs], mouths[mauðz] cf.) mouth's[mauθs]

❷ 「자음 + ths」나 다음의 단어는 [θs 쓰스]로 발음된다.

ex) growths[grouθs], months[mʌnθs], deaths[deθs,] faiths[feiθs], etc.

④ -tion의 발음

-tion은 [tʃən 천]이나 [ʃən 션]으로 발음된다.

❶ [tʃən 천]으로 발음되는 경우

ex) combustion[kəmbʌ́stʃən], digestion[didʒéstʃən/dai-], exhaustion[igzɔ́ːstʃən], question[kwéstʃən], etc.

❷ [ʃən 션]으로 발음되는 경우

　　ex) action[ǽkʃən], audition[ɔːdíʃən], composition[kɑ̀mpəzíʃən/ kɔ̀m-], contribution[kɑ̀n-trəbjúːʃən], nation[néiʃən], etc.

21) U [juː 유우]

u는 [juː 유우], [u 우], [ʌ 어], [əː 어어]로 발음된다.

① [juː 유우]로 발음되는 경우

　　ex) unanimous[juːnǽnəməs], unity[júːnəti], use[juːs], usual[juːʒuəl/-ʒwəl], unite[juːnáit], cute[kjuːt], music[mjuːzik], etc.

② [ʌ 어]로 발음되는 경우

　　ex) umbrella[ʌmbrélə], under[ʌndər], utter[ʌtər], but[bʌt/bət], cut[kʌt], hut[hʌt], up[ʌp], urge[əːrdʒ], etc.

③ [u 우]로 발음되는 경우

　　ex) lure[luər], sure[ʃuər], put[put], rule[ruːl], etc.

④ [əː 어어]

　　ex) urban[ə́ːrbən], urgent[ə́ːrdʒənt], etc.

22) V [viː 뷔이(미), 브이(영)]

v는 [v ㅂ]로 발음된다.

　　ex) vacant [véikənt], vague [veig], value [vǽljuː], vary [véəri], vein [vein], verge [vəːrdʒ], versatile [və́ːrsətl/ və́ːrsətàil], vicious[víʃəs], vindicate [víndəkèit], vital [váitl], vocal [vóukəl], volunteer [vɑ̀ləntíər/ vɔ̀l-], vouch [vautʃ] (보증하다, 증인이 되다.), etc.

23) W [dʌ́blju(ː) 더블유우]

w는 [w 우]로 발음된다.

    ex) wade[weid], wage[weidʒ], waive[weiv], warp[wɔːrp], weary[wíəri], weigh[wei], wharf[hwɔːrf], whip[hwip], window[wíndou], wood[wud], etc.

24) X [eks 엑스]

x는 [eks 엑스], [s ㅅ, ㅆ], [z ㅈ], [gz 그즈]로 발음된다.

    ex) x-axis[éksæksis] x-radiate[éksrèidieit], deluxe[dəlúks/-lʌ́ks], wax[wæks], xerosis[ziəróusis], xylophone[záiləfòun], example[igzǽmpl/igzɑ́ːmpəl], etc.

25) Y [wai 와이]

y는 [j 야/ 여/ 요], [ai 아이]로 발음된다.

    ex) yacht[jɑt/jɔt], yak[jæk], yard[jɑːrd], yawn[jɔːn], yearn[jəːrn], yellow[jelou], yield[jiːld], youth[juːə], buy[bai], cycle[saikl], etc.

26) Z [ziː/zed 지이(미)/제트(영)]

z는 [z 즈] 발음이 난다.

    ex) zeal [ziːl], zebra [zíːbrə], zenith [zíːniə/ zéniə] (천정; 절정; 전성기), zero [zíərou], zoology [zouʌ́lədʒi/ zouɔ́lədʒi], zone [zoun], zoom [zuːm], sneeze [sniːz], etc.

27) 묵음(Silent letters)

우리말은 글자의 음을 거의 완전히 발음하는 글자와 소리가 가장 일치하는 언어라고 할 수 있다. 이에 반해 영어는 단어의 알파벳을 모두 발음하기가 어렵고 축약·탈락 등 음운현상도 우리말에 비해 심하다 할 것이다. 다음과 같은 경우 단어의 일정 자음은 발음이 되지 않는다.

① b가 묵음일 때: t앞, m뒤에서

    ex) bomb[bɑm/bɔm] ※ bombard[bɑmbɑ́ːrd/ bɔmbɑ́ːrd]

climb[klaim], comb[koum], debt[det], doubt[daut], dumb[dʌm], lamb[læm], limb[lim], plumber[plʌ́mər], subtle[sʌ́tl], thumb[θʌm], tomb[tuːm], etc.

② c가 묵음일 때: s뒤, t앞에서

ex) black[blæk], deck[dek], indict[indait], muscle[mʌ́səl], scene[siːn], scent[sent], science[sáiəns], etc.

③ d가 묵음일 때

ex) handkerchief[hǽŋkərtʃif], handsome[hǽnsəm], sandwich[sǽndwitʃ/ sǽnwidʒ/ sǽndwidʒ], Wednesday[wenzdi/ wenzdei], etc.

④ g가 묵음일 때: n 앞에서

ex) assign[əsáin], design[dizain], foreign[fɔ́ːrən/ fɑ́rən], gnarl[nɑːrl], gnaw[nɔː], reign[rein], resign[rizáin], sign[sain], etc.

⑤ gh가 묵음일 때: 어미, t나 b 앞에서

ex) bough[bau], brought[brɔːt], caught[kɔːt], daughter[dɔ́ːtər], drought[draut](= drouth), fought[fɔːt] (fight의 과거·과거분사), height[hait], knight[nait], light[lait], neighbor(-bour)[néibər], night[nait], plough(= plow)[plau] (쟁기), sigh[sai], straight[streit], thorough[θə́ːrou], thought[θɔːt], tight[tait], weight[weit], etc.

⑥ h가 묵음일 때: 어두나 자음 뒤에서

ex) exhaust[igzɔ́ːst], exhibit[igzíbit], forehead[fɔ́ːrid/ fɔ́ːrhèd], ghost[goust], honest[ɑ́nist/ɔ́nist], honor(-our)[ɑ́nər/ɔ́nər], rhyme(= rime)[raim] (운문, 시), rhetoric[rétərik], etc.

⑦ k가 묵음일 때: n 앞에서

　　ex) knee[niː], knife[naif], knit[nit](vt. 실을 뜨다, 짜 맞추다.), knight[nait], knock[nɑk/nɔk], knot[nɑt/ nɔt] (매듭, 고), know[nou], etc.

⑧ l이 묵음일 때: d, k, f, m 앞에서

　　ex) almond[ɑ́ːmənd/ǽlmənd], calf[kæf/ kɑːf], calm[kɑːm], chalk[tʃɔːk], colonel [kə́ːrnəl] (육군 대령, 연대장), folk[fouk], half[hæf/hɑːf], palm[pɑːm] (손바닥), psalm[sɑːm] (찬미가), salmon[sǽmən] (연어), etc.

⑨ n이 묵음일 때: 어미의 m다음에서

　　ex) autumn[ɔ́ːtəm], column[kɑ́ləm/kɔ́ləm], condemn[kəndém], damn[dæm], hymn[him], solemn[sɑ́ləm/ sɔ́ləm] (엄숙한), etc.

⑩ o가 묵음인 경우

　　ex) buoy[búːi/ bɔi] (부표, 찌; 부표를 달다.), leopard[lépəːrd], etc.

⑪ p가 묵음일 때: ps, pt, pn에서

　　ex) corps [kɔːr(z)] (<복수의 의미로 쓸 때 [kɔːrz]로 발음> 군단, 부대), cupboard [kʌ́bərd], pneumonia [njumóunjə/njumóuniə], psalm [sɑːm], psychology [saikɑ́lədʒi/ saikɔ́lədʒi], receipt [risíːt], etc.

⑫ s가 묵음일 때: l앞에서

　　ex) aisle[ail] (복도), island[áilənd] (n. 섬, vt. 고립시키다.), isle[ail] (섬), viscount [vaikaunt], etc.

⑬ t가 묵음일 때: f, s뒤, ch앞에서

　　ex) catch[kætʃ], castle[kæsl/kɑːsl], chestnut[tʃésnʌt], Christmas[krísməs], fasten[fæsn/

fɑːsn], hasten[heisn], kitchen[kítʃən], listen[lísən], mortgage[mɔ́ːrgidʒ], soften[sɔ́ːfən], whistle[hwísəl], etc.

⑭ w가 묵음일 때: r앞, o앞, s뒤에서
ex) two[tuː], write[rait], wrong[rɔːŋ/rɑŋ], wrap[ræp], wrestling[resliŋ], wretched[rétʃid], wrist[rist], wrinkle[ríŋkəl], answer[ǽnsər/ɑ́ːnser], sword[sɔːrd], etc.

(4) 동음이의어 (Homonym)
각 단어가 발음은 같으나 뜻이 다른 말을 가리킨다.

- [əsént]: ascent / assent   ■ [əláud]: allowed / aloud   ■ [bai]: by / buy
- [bluː]: blue / blew (blow의 과거)   ■ [kɔːt] caught / court (안뜰, 법정)
- [sent]: cent (센트, 푼돈) / scent (냄새, 향기) / sent (send의 과거·과거분사)
- [diər]: dear / deer (사슴, 수사슴)   ■ [fɑ́ːðər]: father / farther
- [fláuər]: flour (밀가루, 분말) / flower   ■ [faul]: foul (불결한, 부정한) / fowl (가금, 닭고기)
- [hɛər]: hair / hare (산토끼)   ■ [hiər]: here / hear   ■ [hai]: Hi. / high (높은)
- [houl]: hole / whole (전부의)   ■ [hɔːrs]: horse / hoarse (목쉰)
- [ail]: isle / aisle (복도)   ■ [kiː]: key / quay (선창, 부두, 방파제)
- [njuː]: knew (know의 과거) / new   ■ [miːt]: meet / meat (고기, 알맹이)
- [nou]: no / know   ■ [wʌn]: one / won (win의 과거·과거분사)
- [áuər]: our / hour   ■ [peil]: pail (들통, 버킷) / pale (창백한, 희미한)
- [pɛər]: pair / pear 배 (먹는 배)   ■ [piːs]: peace / piece
- [rait]: right / write   ■ [roud]: road / rode (ride의 과거)   ■ [siː]: see / sea
- [sou]: sew (바느질 하다) / sow (씨를 뿌리다)
    ※ sew − sewed[soud] − sewed, sewn[soun]
    sow − sowed[soud] − sowed, sown[soun]
- [siːn]: scene (장면, 광경) / seen (see의 과거분사)

- [soul]: sole (오직 하나의, 유일한) / soul
- [sʌm]: some / sum (총계, 총액)
- [ðɛəːr, ðəːr]: there / their
- [tuː]: too / two
- [weit]: wait / weight
- [sʌn]: son / sun
- [swiːt]: suite / sweet
- [θruː]: through / threw (throw의 과거)
- [vein]: vain (헛된, 무익한) / vein (정맥)
- [wiːk]: week / weak
- [wud]: wood / would

(5) 같은 철자이면서 발음도 다르고 뜻도 다른 말 (Heteronym)

- abuse[əbjúːz] vt.
  [əbjúːs] n. 남용, 오용, 악용; 학대, 혹사
- affect[əfékt] vt. ① ~에게 영향을 주다; 감동시키다.
  ② ~인 체하다, 즐겨 ~을 사용하다.
  [ǽfekt] n. 감동, 정서
- alternate[ɔ́ːltərnit/ ǽltərnit] a. 번갈아 하는, 교체 [교대]의; n. 대리인, 대역
  [ɔ́ːltərnèit/ ǽltərnèit] vi. 번갈아 일어나다; 교체 [교대]하다; 엇갈리다.

- attribute[ətríbjuːt] vt. ~의 탓으로 하다, ~가 있다고 생각하다.
  [ǽtribjuːt] n. 속성, 특질, 특성; 상징; 한정사
- August[ɔ́ːgəst] n. 8월
  [ɔːgʌ́st] a. 당당한, 존엄한
- axes[ǽksiz] n. ax(e)[ǽks] (손도끼)의 복수형
  [ǽksiːz] n. axis[ǽksis] (굴대, 축, 지축, 잎줄기, 제2경추)의 복수형
- bow[bou] n. 활, 활의 사수; (악기의) 활; v. 활 모양으로 휘(어지)다; 활로 켜다.
  [bau] n. 절, 경례, 뱃머리(= bow oar); v. 머리를 숙이다, 절하다, 굴복하다.
- bowed[baud] a. 굽은, 머리를 숙인
  [boud] a. 활을 가진, 활 모양을 한
- buffet[bʌ́fit] n. 타격 (= blow) ;(운명의) 장난; 속도초과로 인한 비행기의 진동

vt. 치다, 때려눕히다; (운명이) 농락하다; vi. 싸우다, 고투하다.

[búfei] n. 간이식당, 식당, 뷔페

[bəféi/ buféi/ bʌ́fit] n. 찬장. (식당 등의) 카운터

[buféi] a. 뷔페식의

- close[klouz] n. 끝, 결말; 마감. 근접; (음악) 마침(표), 겹세로줄(‖).

  vt. (눈을) 감다, 닫다(shut); 종결하다; vi. (문) 닫히다; 완결하다.

  [klous] a. 가까운, 친밀한 (= intimate); 유사한; 닮은 ad. 밀접하여, 비밀히

  n. 울안의 땅(= enclosure); 〈영〉 구내, 경내, 교정

- combine[kəmbáin] vt. ~을 결합시키다, ~을 겸하다; vi. 결합하다; 겸비하다; 연합하다.

  [kámbain/ kɔ́mbain] n. 기업합동, 카르텔; (정치상의) 합동; 〈농기계〉 콤바인

- conduct[kándʌkt/ kɔ́ndʌkt] n. 행위, 품행; 지휘; 안내; 경영, 관리

  [kəndʌ́kt] v. 안내하다, 호송하다; 지도하다; 경영하다; 집행하다; 행동하다.

- conflict[kánflikt/ kɔ́nflikt] n. 투쟁, 전투; 충돌; (마음의) 갈등

  [kənflíkt] vi. 투쟁하다, 다투다; 충돌하다; 모순되다, 양립하지 않다.

- content[kəntént] a. ~에 만족하는; 감수하는; vt. 만족시키다. n. 만족

  [kántent/ kɔ́ntent] n. 내용, 알맹이; 목차, 목록

- contest[kántest/kɔ́ntest] n. 논쟁, 경쟁, 경연; 다툼.

  [kəntést] vt. 싸우다, 논쟁하다, 이의를 제기하다; vi. 다투다, 경쟁하다.

- contract[kántrækt/kɔ́ntrækt] n. 계약, 계약서; 약혼; v. 계약하다, 도급 맡다.

  [kəntrǽkt] v. (약혼.친교) 맺다; (나쁜 습관에) 물들다; 병에 걸리다; 축소하다.

- convert[kənvə́ːrt] v. 전환하다, 전화(轉化)시키다; 개심시키다; 환산하다, 환전하다.

  [kánvəːrt/kɔ́nvəːrt] n. 개심자, 개종자, 전향자

- converse[kənvə́ːrs] vi. 서로 이야기하다.

  [kənvə́ːrs/kánvəːrs] a. 역(逆)의, 거꾸로의; 전환한

  [kánvəːrs] n. 역, 반대; 전환; 반대의 진술

- convict[kənvíkt] vt. 유죄를 선언하다; ~에게 과오를 깨닫게 하다.

  [kánvikt/kɔ́nvikt] n. 죄인, 죄수, 기결수

- **crooked[krúkid]** a. 꼬부라진, 비뚤어진; (늙어) 허리가 꼬부라진; 부정직한
  [krukt] a. (목, 손가락 따위가) 굽은, 기운
- **deliberate[dilíbərit]** a. 계획적인, 고의의; 생각이 깊은, 신중한, 침착한
  [dilíbərèit] vt. 숙고하다; ~을 심의하다; vi. 숙고하다; 협의하다.
- **desert[dézərt]** n. 사막, 황무지; 자극이 없는 장소[환경] a. 사막의, 불모의(= barren)
  ※ deserted[dézərtid] a. 사람이 살지 않는, 황폐한, 버림받은
  [dizə́ːrt] v. (처자를) 버리다, 돌보지 않다(= abandon); 도망하다, (신념 따위를) 버리다; (희망이) 없어지다, 사라지다.

  n. 상(벌)받을 만한 자격, 공과; 당연한 보답, 응분의 상[벌]; 미덕
- **digest[didʒést/dàidʒést]** v. 소화하다; 이해하다; 숙고하다; (모욕 따위) 참다; 요약하다.
  [dáidʒest] n. 요약, 개요, 요약[축약]판, 법률집
- **dove[dʌv]** n. 비둘기; (외교정책) 비둘기파[온건파]의 사람, 반전론자.
  ⟨opp.⟩ hawk (매파, 강경파) ※ my dove 사랑하는 그대여 (= my darling)
  [douv] ⟨미⟩ dive (물속에 뛰어들다) 의 과거
- **drawer[drɔ́ːər]** n. 제도사(製圖士), 어음 발행인
  [drɔːr] n. 서랍 * drawers[drɔːrz] 속옷; 속바지, 팬츠
- **excuse[ikskjúːz]** vt. 용서하다; 변명하다; vi. 용서를 빌다[해주다], 변명이 되다.
  [ikskjúːs] n. 변명, 해명; 핑계; 사과; 명목뿐인 것, 빈약한 예
- **house[haus]** n. 집, 가정; 가족, 가계, 혈통; 의사당, ⟨the House⟩ 의회
  [hauz] vt. 숙박시키다; 숨겨 주다; 수용하다; 간수하다; vi. 묵다, 살다.
- **incense[ínsens]** n. 향; 향내[연기]; 아첨; v. 향을 피우다, 분향하다.
  [inséns] vt. 몹시 성나게 하다, 격앙시키다.
- **intern[intə́ːrn]** vt. 억류[구금]하다 (in), 강제 수용[격리]하다.
  [íntəːrn] n. 수련의(修鍊醫), 인턴(= interne); vi. 인턴으로 근무하다.
- **invalid[ínvəlid]** a. 병약한, 환자의; 망가져가는 ※ an invalid diet 환자용 식사
  n. 병자, 환자; v. 병약하게 하다, 병약해지다.
  [invǽlid] a. 빈약한, 쓸모없는; 논리적으로 모순된; 실효성이 없는, 무효의.

- laminate[lǽmənèit] v. 얇은 판자로 만들다, 박판(薄板)을 씌우다.

    [lǽmənit] a. 얇은 판자[조각] 모양의; n. 박판 제품

- lather[lǽðəːr/ lɑ́ːðəːr] n. 비누의 거품. (horse) 거품 같은 땀, 흥분[동요] 상태

    v. 비누거품을 칠하다, 땀투성이가 되다; 후려치다; 흥분시키다.

    [lǽθəːr/ lɑ́ːθəːr] n. 윗가지를 엮는 사람

    ※ 윗가지(= 외대): 흙집의 벽이나 지붕에 흙을 바르기 위해 수숫대, 나뭇가지 등을 엮어 만드는 자리나 이엉.

- lead[liːd] v. 이끌다, 인도하다; 인솔하다; 끌어 들이다; a. 선도하는, 주요기사의

    [led] n. 납, 연필의 심, (납) 탄알; v. 납으로 씌우다, 납을 채워 메우다.

- minute[mínit] n. 분, 잠시(moment); (the ~) 현재, (각도의) 분; 각서 (= note)

    vt. ~의 시간을 정밀하게 재다; 초고를 작성하다; 적어두다, 기록하다.

    a. 곧 할 수 있는, 즉석에서 만드는

    [mainjúːt/minjúːt] a. 자디잔, 하찮은; 상세한, 정밀한; 세심한

- moderate[mɑ́dərèit/ mɔ́dərèit] a. 삼가는, 절제하는(= temperate); 온건한; 적당한; 싼. / vt. 알맞도록 하다; 완화하다; 경감하다; 조절하다.

    [mɑ́dərət/ mɔ́dərət] n. 온건한 사람, 온건주의자, (정치) 중도파

- object[ɑ́bdʒikt/ ɔ́bdʒikt] n. 물체, 사물; 목적, 목표; 대상, 객관; 목적어.

    [əbdʒékt] v. 반대하다, 항의하다; 불평을 품다, 싫어하다.

- perfect[pə́ːrfikt] a. 완전한, 결점이 없는, 굉장한; (문법) 완료의; n. 완료시제

    [pə(ː)rfékt] 완성하다, 수행하다; 완전히 하다; 개선[개량]하다; 숙달시키다.

- permit[pəːrmít] v. 허락하다, 허가하다, 인가하다; 방임하다.

    [pə́ːrmit/pəːrmít] n. 면허[허가]장; 증명서; 허가, 면허

- polish[pɑ́liʃ/pɔ́liʃ] v. 닦다, ~의 윤을 내다, ~을 다듬다; n. 광택; 세련, 품위

    Polish[póuliʃ] a. 폴란드 (Poland)의, 폴란드 사람[말]의; n. 폴란드어

- present[prézənt] a. 출석하고 있는; 현재(시제)의, 오늘날의; 당면한; n. 선물; 현재.

    [prizént] v. 선물하다, ~에게 주다; 소개하다, 인사시키다.

- primer[prímər/práimər] n. 첫걸음(책), 초보(독본), 입문서

    [práimər] n. 도화선, 뇌관

- **produce[prədjúːs]** vt. 산출하다, 낳다; 제작하다; 제출하다, 연출하다.
  [prάdjuːs/próudjuːs] n. 산출액; (집합적) 농산물; 작품, 제품; 성과, 결과
- **project[prədʒékt]** v. 계획하다, 설계하다; 발사하다, 내던지다; 투영하다; 이해시키다.
  [prάdʒekt/prɔ́dʒ-] n. 안, 계획, 설계, 예정; 계획사업, 연구계획[과제]
- **rebel[rébəl]** n. 반역자; a. 모반한, 반역의, 반역적[반항적]인
  [ribél] v. 모반하다, 배반하다; 반항하다; 소름끼치다.
- **record[rékərd/rékɔːrd]** n. 기록, 등록; 공판기록, 의사록; 증거(품); 경력; 성적
  [rikɔ́ːrd] v. 기록하다; 등기[등록]하다; 녹음[녹화]하다; 표시하다.
- **recreation[rèkriéiʃən]** n. 휴양, 기분전환, 오락
  re-creation[rìːkriéiʃən] n. 재창조, 개조(물)
- **refuse[rifjúːz]** v. 거절하다, 거부하다; (여성이) 청혼을 거절하다; ~하려 하지 않다.
  [réfjuːs/ refjuːz] n. 폐물, 나머지, 허섭스레기; a. 지질한, 폐물의
- **relay[ríːlei]** n. 신참, 새로운 공급; 갈아타는 말; 이어달리기, 중계통신
  [ríːlei/riléi] v. 중계하다; 새 사람[것]으로 바꾸게 하다; ~에 새 재료를 공급하다.
  ※ re-lay[rìːléi] vt. 다시 놓다, 다시 부설하다; 고쳐 칠하다; 다시 부과하다.
- **rerun[ríːrʌ̀n]** n. 재 상영, 재방송; 〈컴퓨터〉 재실행
  [rìːrʌ́n] vt. 재상영하다, 재방송하다, 〈컴퓨터〉 재실행하다.
- **reside[rizáid]** vi. 살다, 존재하다; (성질이) 있다; (권리 등이) ~에 귀속하다.
  re-side[rìːsáid] vt. (난방을 위해 집의) 널빤지를 갈아 대다.
- **resign[rizáin]** v. 사임하다, 그만두다; 포기하다, 양도하다; 따르다, 복종하다.
  re-sign[rìːsáin] vt. 다시 서명[조인]하다.
- **resume[rizúːm/ rizjúːm]** v. 다시 차지하다; 회복하다; 다시 시작[계속]하다.
  [rèzuméi] n. 요약, 〈미〉 이력서
- **row[rou]** n. 열, 줄; (양쪽에 집이 늘어선) 거리; (수학 행렬) 행; 노 젓기; v. 노를 젓다.
  [rau] n. 법석, 소동; 말다툼; (영국) 큰소리, 소음; ~와 말다툼하다, ~와 싸우다.
- **separate[sépərèit]** v. 분리하다; 식별하다, 분류하다; 제대시키다.
  [sépərit] a. 갈라진, 분리된, 분산된, 단독의; n. 갈라진 것, 분책

- **sewer[sóuəːr]** n. 바느질하는 사람, 재봉사, 재봉틀
  [sjúːəːr] n. 하수구, 하수도; (해부) 배설 구멍; v. 하수구를 설치하다.
- **slough[slau]** n. 진창길, 질퍽한 데; v. 진창에 처넣다; ⟨미⟩ 감금하다, ~을 체포하다.
  ※ [sluː] ⟨미국⟩ 저습지, 늪지대; 절망, 궁지; 구렁텅이; 형사
  [slʌf] (= sluff) n. 허물; ⟨비유⟩ 버린 습관[편견]; ⟨의학⟩ 딱지 (= scab)
  v. 탈락하다, 허물 벗다; 서서히 무너지다; 도망치다.
- **sow[sou]** v. 씨를 뿌리다; 퍼뜨리다, 유포하다(= disseminate).
  [sau] n. 암퇘지, (곰 따위의) 암컷; ⟨속어⟩ 추녀 (醜女)
- **subject[sʌ́bdʒikt]** a. 지배를 받는, 복종하는, 걸리기 쉬운; 조건으로 하는
  n. 국민, 신하; 주제, 문제; 제목; 학과, 과목; 주어, 주체.
  [səbdʒékt] v. 복종[종속]시키다; 당하게[받게] 하다; 맡기다, 넘겨주다.
- **tear[tiəːr]** n. 눈물; (pl.) 비애; 물방울; vi. 눈물을 흘리다[머금다].
  [tɛəːr] vt. 찢다, 잡아 뜯다, 우격으로 떼어 놓다; 상처 내다; 분열시키다.
- **use[juːs]** n. 사용, 이용(법);소비, 사용권; 효과; 쓸모; 습관, 관습
  [juːz] v. 쓰다, 사용[이용]하다; 소비하다; 대우하다, 다루다.
- **wind[wind/waind (시어)]** n. 바람, 강풍; 바람 불어오는 쪽; 비밀누설; 소문, 허풍
  vt. ~을 바람에 쐬다, 통풍하다; 낌새를 채다.
  [waind] v. 꼬불꼬불 구부러지다, 굽이치다; 휘감기다; 에둘러서 ~하다; n. 굴곡
- **wound[wuːnd/ waund (시어)]** n. 부상, 상처; v. 상처를 입히다, 감정을 해치다.
  [waund] wind (구부러지다)의 과거.과거분사

3. 악센트 (Accent) [강세와 억양]

(1) 앞말

악센트란 말을 함에 있어 어느 한 부분을 다른 부분들에 비해 두드러지게 발음하는 것을 말한 다. 즉, 한 음절을 다른 음절들에 비해 강하거나, 길게 발음하거나, 높게 발음하는 것을 가리킨다. 악센트를 두는 것은 단어, 구, 절, 문장의 모든 부분을 균등한 세기로 발음하기 어려운 이유도 있지만, 나타내고자하는 뜻을 더욱 강조하거나, 심적 상태를 더욱 강하게 표현하기 위한 이유도 있다. 악센트는 크게 보아 어느 음절을 주변 다른 음절보다 강하게 발음하는 강세 악센트(강세)와 어느 음절을 다른 음절보다 높거나 낮게 발음하는 고저 악센트(억양)로 구분할 수 있다. 다만, 악센트를 단지 강세의 의미로 쓰기도 한다.

(2) 강세 (stress)

1) 뜻

강세(強勢)란 어느 음절(syllable)을 주변 음절에 비해 특히 강하게 발음하는 것을 말한다.

2) 강세의 종류

강세에는 하나의 단어가 고유하게 갖는 단어 강세(word stress)와 구 속에서 단어가 갖게 되는 구 강세(phrase stress), 그리고 문장 속에서 단어가 갖게 되는 문장 강세(sentence stress)가 있다.

① 단어 강세(word stress)가 오는 곳

어느 한 음절(의 모음)에 강세가 온다.

> ■ 단어의 강세표시 기호
>
> 단어의 강세를 표기하는 방식에는 학자마다 여러 가지 기호를 사용하고 있으나 현재 가장 널리 쓰이고 있는 표기 방식은 3종류로 구분하여 표기하는 방식이다
> A. 제1강세(Primary Stress): ´ (가장 세고 높은 발음을 나타낸다.)
> B. 제2강세(Secondary Stress): ` (강세를 두지 않는 것 보다는 다소 세고 높은 발음을 나타낸다.)
> C. 약(강)세(Weak Stress): 무기호 (가장 약하고 낮은 발음을 나타낸다.)

❶ 다음과 같은 어미로 끝나는 낱말은 그 앞 음절에 제1강세가 온다.

i. -tion

ex) competition[kàmpətíʃən], invention[invénʃən], question[kwéstʃən], station[stéiʃən], relation[riléiʃən], realization[rìːəlizéiʃən], revolution[rèvəlúːʃən], vacation[veikéiʃən/və-], etc.

ii. -sion

ex) conclusion[kənklúːʒən], confusion[kənfjúːʒən], dismission[dismíʃən], discussion[diskʌ́ʃən], invasion[invéiʒən], television[téləvìʒən], etc.

iii. -tial

ex) confidential[kànfədénʃəl], essential[isénʃəl], preferential[prèfərénʃəl], presidential[prèzədénʃəl], etc.

iv. -ious

ex) ambitious[æmbíʃəs], delicious[dilíʃəs], ferocious[fəróuʃəs], licentious[laisénʃəs], etc.

v. -ciency, cient

ex) deficiency[difíʃənsi], efficiency[ifíʃənsi], efficient[ifíʃənt], sufficient[səfíʃənt], etc.

vi. -ity, ety

ex) ability[əbíləti], anxiety[æŋzáiəti], gaiety[géiəti], piety[páiəti], possibility[pɑ̀səbíləti], rapidity[rəpídəti], etc.

vii. -sive

ex) decisive[disáisiv], exclusive[iksklúːsiv], expensive[ikspénsiv], etc.

viii. -ical

ex) botanical[bətǽnikəl], logical[lɑ́dʒikəl/ lɔ́dʒ-], philosophical[filəsɑ́fikel/-sɔ́f-], etc.

ix. -ic

ex) arithmetical[ӕriθmétikəl], energetical[ènərdʒétikəl], heroic[hiróuik], pacific[pəsífik], etc.

▷ (주의) arithmetic[əríθmətik], catholic[kǽθəlik], lunatic[lúːnətik], politic[pɑ́litik/ pɔ́l-]

x. -logy

ex) anthropology[ӕnθrəpɑ́lədʒi], biology[baiɑ́lədʒi], psychology[saikɑ́lədʒi], geology[dʒiɑ́lədʒi], technology[teknɑ́lədʒi], etc.

xi. -pathy

ex) apathy[ǽpəθi], sympathy[símpəθi], theopathy[θiɑ́pəθi], etc.

xii. -graphy

geography[dʒiɑ́grəfi], biography[baiɑ́grəfi], photography[fətɑ́grəfi], etc.

xiii. -ian

ex) Canadian[kənéidiən], Italian[itǽljən], librarian[laibréəriən], musician [mjuzíʃən], etc.

xiv. -cial

ex) facial[féiʃəl], official[əfíʃəl], racial[réiʃəl], social[sóuʃəl], etc.

xv. -nomy

ex) astronomy[əstrɑ́nəmi/-trɔ́n-], economy[ikɑ́nəmi], taxonomy[tӕksɑ́nəmi], etc.

xvi. -ible

ex) audible[ɔ́ːdəbl], edible[édəbl], inflexible[infléksəbl], permissible[pərmísəbl], etc.

▷ 흔히 쓰이는 2음절에 (제1) 강세가 있는 단어

ex) Koréa, anóther, attáck, compláin, compúter, enjóy, excúse, hotél, idéa, América, Japán

② 다음과 같은 어미로 끝나는 낱말은 그 음절에 (제1) 강세가 온다.

- **-ee**: employee[implɔ́ii:/ èmplɔii:́], absentee[æ̀bsəntí:], refugee[rèfjudʒí:], etc.
  cf.) committee[kəmíti]
- **-eer**: career[kəríər], pioneer[pàiəníər], volunteer[vàləntíər/ vɔ̀l-], etc.
- **-ese**: Cantonese[kæ̀ntəní:z], Chinese[tʃainí:z/-ní:s], Japanese[dʒæpəní:z/-s], etc.
- **-oo**: bamboo[bæmbú:], taboo[təbú:/ tæ-], etc.
  cf.) cuckoo[kú(:)ku:]
- **-oon**: balloon[bəlú:n], typhoon[taifú:n], etc.
- **-esque**: grotesque[groutésk], picturesque[pìktʃərésk], Romanesque[ròumənésk], statuesque[stætʃuésk], etc.
- **-ette**: cigarette[sìɡərét], coquette[koukét], dinette[dainét], farmerette[fɑ̀:rmərét], leatherette[lèðərét], etc.

③ 다음과 같은 어미로 끝나는 (3음절 이상) 낱말은 그 전전 음절에 (제1) 강세가 온다.

❶ –ate
  ex) accurate[ǽkjurət], advocate[ǽdvəkèit], agitate[ǽdʒitèit], candidate[kǽndidèit, /-dət], delicate[délikət/-kit], etc.

❷ –tude
  ex) gratitude[ɡrǽtətjù:d], solitude[sálətjù:d], multitude[mʌ́ltətjù:d], etc.

❸ –able
  ex) applicable[ǽplikəbəl/ əplíkə-], fashionable[fǽʃənəbl], revocable[révəkəbl], etc.

④ any–, every, no–, some–, tele–에는 (제1) 강세가 온다.
  ex) anything [éniθìŋ], everybody [évribɑ̀di,-bʌ̀di], nowhere [nóuhwεər], somebody[sʌ́m-bɑ̀di, sʌ́mbʌ̀di], telephone [téləfòun], etc.

⑤ a-, an-, be-, in-, im-, re-, to-와 같은 접두어에는 강세가 오지 않는다.

ex) about[əbáut], across[əkrɔ́ːs/ əkrǽs], agree[əgríː], along[əlɔ́ːŋ], around [əráund], before[bifɔ́ːr, bəfɔ́ːr], away[əwéi], become[bikʌ́m], behind[biháind], belong[bilɔ́ːŋ, biláŋ], beside[bisáid], between[bitwíːn, bətwíːn], important [impɔ́ːrtənt], instead[instéd], repeat[ripíːt], return[ritə́ːrn], together[təgéðər], etc.

2) 품사에 따른 단어 강세의 위치

① 명사와 동사의 형태와 (제1) 강세의 위치가 같은 것

ex) accord[əkɔ́ːrd], barrack[bǽrək], canvass[kǽnvəs], comment[kɑ́ment], consent[kənsént], dispute[dispjúːt], doctor[dɑ́ktər/dɔ́ktər], effect[ifékt], herald[hérəld], mistake[mistéik], neglect[niglékt], report[ripɔ́ːrt], respect[rispékt], etc.

② 명사와 동사의 형태는 같으나 강세의 위치가 다른 것

명사는 앞에 동사는 뒤에 제1강세가 오는 경우(名前動後)

- **conduct**: n.[kɑ́ndʌkt|kɔ́n-] / vt.[kəndʌ́kt]
- **conflict**: n.[kɑ́nflikt|kɔ́n-] / vi.[kənflíkt]
- **convict**: n.[kɑ́nvikt|kɔ́n-] / vt.[kənvíkt]
- **digest**: n.[dáidʒest] / vt.[didʒést, dai-]
- **extract**: n.[ékstrækt] / vt.[ikstrǽkt]
- **export**: n.[ékspɔːrt] / vt.[ikspɔ́ːrt]
- **import**: n.[ímpɔːrt] / v.[impɔ́ːrt]
- **insult**: n.[ínsʌlt] / v.[insʌ́lt]
- **object**: n.[ɑ́bdʒikt/ɔ́b-] / v.[əbdʒékt]
- **record**: n.[rékərd] / v.[rikɔ́ːrd]
- **permit**: n.[pə́ːrmit/pəːmít] / vt.[pəːrmít]
- **produce**: n.[prɑ́djuːs/próu-] / v.[prədjúːs]
- **protest**: n.[próutest] / vi.[prətést]

- **subject**: n.[sʌ́bdʒikt] / v.[səbdʒékt]
- **torment**: n.[tɔ́ːrment] / vt.[tɔːrmént]
- **transfer**: n.[trǽnsfəːr] / vt.[trænsfə́ːr]

③ 동사에서 변화한 명사의 강세는 보통 동사의 강세에 따른다.

- **accede**[æksíːd] vi. 동의하다, 취임하다, 계승하다.
  accession[ækséʃən] n. 근접, 도달; 취득, 상속; 취임
- **accept**[æksépt] vt. 받아들이다. / **acceptance**[ækséptəns]n. 수용, 수납
- **accommodate**[əkɑ́mədèit] vt. ~에 편의를 도모하다; 조정하다; 숙박시키다; vi. 순응하다.
  accommodator[əkɑ́mədèitər] n. 조절기, 조정자
- **account**[əkáunt] vt. ~라고 생각하다, 간주하다; vi. 설명을 하다(for), 밝히다.
  accountancy[əkáuntənsi] 회계일, 회계학
- **activate**[ǽktəvèit] vt. 작동시키다, 활성화하다.
  activator[ǽktəvèitər] 활동적이게 하는 사람, 활성제
- **assist**[əsíst] vt. 지원하다; 출석하다, 돕다. / **assistant**[əsístənt] 조수, 보조자
- **believe**[bilíːv] vt. 믿다, ~라고 생각하다. vi. 존재를 믿다, 가치를 인정하다.
  belief[bilíːf] n. 확신, 이념; 신뢰, 신용; 신앙
- **create**[kriéit] v. 창조하다, 창시하다. / **creator**[kriéitər] n. 창조자, 창작가; 신
- **depart**[dipɑ́rt] vi. 출발하다. / **departure**[dipɑ́ːrtʃər] n. 출발, 떠남
- **detect**[ditékt] vt. 탐지하다. / **detective**[ditéktiv] 탐정
- **equip**[ikwíp] vt. 설치하다. / **equipment**[ikwípmənt] n. 장비, 설비; 준비, 채비
- **inquire**[inkwáəir] v. 묻다. / **inquiry**[inkwáiəri] n. 조사.
- **judge**[dʒʌ́dʒ] v. 판가름하다, 재판하다. / **judgement**[dʒʌ́dʒmənt] n. 재판
- **succeed**[səksíːd] vt. 성공하다; 번창하다; 계속되다; 상속하다, 계승하다; ~에 대신하다.
  success[səksés] 성공

3) 두개 이상의 단어의 결합시의 강세의 위치 [구 강세 (phrase stress)]

① 명사복합어

❶ 「(보통의) 형용사 + 명사」 형태의 명사복합어

i. 형용사가 <u>명사의 특성을 강조</u>하는 「형용사 +명사」의 명사복합어는 형용사에 강세를 둔다. 또, 관용적으로 쓰이는 「형용사 + 명사」 형태의 명사복합어는 보통 형용사에 제1강세를 두고 명사에 제2강세를 둔다.

ex) an Énglish tèacher 영어 선생님　　a Gréen house 온실　　a bláckboard 칠판

　　a líghthòuse 등대　　　　　　　a shórthànd 속기　　　a smóking ròom 흡연실

　　the Blúe Hòuse 청와대　　　　　The White Hòuse 백악관

ii. 형용사가 명사를 단순 수식하는 형태로 결합한 명사복합어는 명사에 강세를 두는 것이 일반 적이다.

ex) an English téacher 영국인 선생님　　a mad dóctor 미친 의사

　　a short hánd 짧은 손　　　　　　　a smoking róom 연기가 나고 있는 방

　　a blue hóuse 파란 집　　a white hóuse 하얀 집　　a light hóuse 밝은 집

❷ 「~ing + 명사」 형태의 명사복합어　☞ **동명사와 현재분사의 구별(p. 223[1]) 참조**

i. '동명사 + 명사' 형태의 명사복합어 (복합명사)

▶ '동명사 + 명사'에서 동명사는 수식하는 명사의 '용도, 목적' (~하기위한)을 나타낸다. 동명사에 제1 강세를 두고 명사에 제2 강세를 두는 것이 보통이다.

ex) a dáncing gìrl 여자무용수　a díning ròom 식당　drínking water 음료수

　　a líving room 거실　　　　　a párking plàce 주차장(= a párking lòt)

　　swímming suìte 수영복　　　síghtsèeing toùr 관광여행

　　a sínging teacher 노래지도 강사　túrning-point 전환점

　　a wáiting room 기다리는 곳

ii. '현재분사 + 명사' 형태의 명사복합어 (명사구)

▶ '현재분사 + 명사'에서 현재분사는 수식하는 명사의 '동작, 상태' (~하고 있는)를 나타낸다. 명사에 제1 강세를 둔다.

ex) a dancing gírl 춤추고 있는 소녀 (= a girl who is dancing)

a smoking róom 연기 나고 있는 방 (= a room which is smoking)

a sleeping báby 자고 있는 아기 (= a baby who is sleeping)

boiling wáter 끓고 있는 물 (= the water which is boiling)

❸ 「명사 + 명사」 형태의 명사복합어

i. '명사 +명사'가 복합명사로 일반화된 것은 명사를 띄어 쓰는 경우든 하나로 합쳐 쓰는 경우든지 앞의 명사에 제1 강세를 두고 뒤의 명사에 제2 강세를 두는 것이 보통이다. 이때의 앞 명사는 뒤 명사를 꾸미기 보다는 그 말의 특성을 나타낸다.

ex) báseball, bréakfast, cléanùp, fíreman, grásshòpper, grándfàther, grándmòther, grándpàrent, hómeròom, hómetòwn, a lády dòctor (= a gynecologist 부인과 의사), mídnìght, nótebòok, pásspòrt, políceman, ráinbòw, ráincòat, súnsèt, súbwày, wéekènd, cár fàctory, pén pàl, stóp sìgn (일시정지 표지), róse gàrden (백악관의 장미 정원), schóol gàte, etc.

ii. '명사 + 명사'에서 앞의 명사가 뒤의 명사를 꾸며주는 형태로 결합한 경우에는 뒤의 명사에 강세를 두는 것이 일반적이다. (명사구)

a lady dóctor 여의사   a rose gárden 장미꽃이 피어있는 정원

stop sígn 정지 신호, <미> 일단정지표지.   a toy cár 장난감 자동차

❹ 기타 명사복합어의 강세

i. 명사 + 형용사: 명사와 형용사에 각각 제1강세를 둔다.

ex) Attórney géneral, cóurt-mártial, Gód Almíghty, súm tótal, tíme immemórial, héir appárent, etc.

ii. 명사 + 동사: 명사에 제1 강세를 두고 동사에 제2 강세를 두는 것이 보통이다.
ex) bírth-contròl, máke-dò, nósеblèed, sélf-sérvice, sélf-súpport, súnshìne, etc.
※ 'self + 동사' 형태의 복합어에는 self와 동사에 각각 제1 강세를 두는 것이 보통이다.

iii. 명사 + 부사·전치사: 명사와 부사·전치사에 각각 제1 강세를 두는 것이 보통이다.
ex) hángerón, lóoker-ón, rúnner-úp, etc.

iv. 대명사 + 명사: 대명사와 명사에 각각 제1 강세를 둔다.
ex) shé-cát, hé-cát, hé-góat, shé-góat etc.

v. 형용사 + 명사: 띄어 쓸 경우에는 형용사와 명사에 각각 제1 강세를 두고, 한 단어로 쓸 경우에는 형용사부분에 제1 강세를 두고 명사 부분에 제2 강세를 두는 것이 보통이다.
ex) fást fóod, néw tówn, gréenhòuse, híghwày, nóbleman, sóftwàre, etc.

vi. 동사 + (대)명사: 동사에 제1 강세를 두고 (대)명사에 제2 강세를 둔다.
ex) bréakfast, cúre-àll, héal-àll, píckpòcket etc.

vii. 동사 + 동사: 앞의 동사에 제1 강세를 두고 뒤의 동사에 제2 강세를 두는 것이 보통이다.
ex) gó-gò, stóp-gò, mákebelìeve, máke-wòrk etc.

viii. 동사 + 부사: 동사에 제1 강세를 두고 부사에 제2 강세를 둔다.
ex) áddùp, bréakìn, bréakdòwn, cómebàck, cóme-ìn (표를 사려고 서 있는 사람의 줄), cút-òff (잘라내기, 절단; 지름길; 마감, 기한), gétùp (외관, 옷차림), gíve-ùp, gó-betwèen, hóldùp (강탈), píckùp (습득물, 소형화물차), púsh-ùp, rúnawày, sít-ùp, etc.

> ▷ '동사 + 부사'가 동사구인 경우에는 부사에 (제1)강세를 둔다.
> ex) come ín, cut óff (잘라내다, 중단하다, 가로막다); give úp, get úp, get dówn, hold úp (치켜 들다.), pick úp, run áway, see óff, stand úp, wake úp, etc.

ix. 동사 + 전치사: 동사에 강세를 둔다.

ex) arríve at, cáll at, cáre for, cóntact with, gét to, láugh at, lísten to, lóok after, lóok at, spéak with, wáit for, etc.

x. 부사·전치사 + 명사: 부사·전치사에 제1 강세를 두고 명사에 제2 강세를 둔다.

ex) áfterhèat, býstànder, ín-cròwd, óut-pàrty, úpgràde etc.

xi. 부사 + 동사: 부사에 제1 강세를 두고 동사에 제2 강세를 둔다.

ex) íncome, óutcòme, úpstàrt etc.

xii. 어군(語群): 단어의 핵심 뜻을 나타내는 부분에 (제1) 강세를 둔다.

ex) commánder-in-chíef, dó-it-yoursélf, fáther-in-law, forgét-me-not, góod-for-nóthing, lóve-in-a-míst, mérry-go-round, míght-have-been, móther-in-low, páy-as-you-gó, tóuch-me-not, whát-do-you-call-it, whát-is-it

② 형용사복합어의 강세

❶ '형용사 + 형용사 (과거분사, 현재분사 포함)' 형태의 복합형용사

: 두 형용사에 각각 (제1) 강세를 두는 것이 보통이다.

ex) blúe-bláck, réd-hót, blúe-éyed, góod-nátured, míddle-áged, góod-lóoking, éasy-góing, etc.

❷ '부사 + 형용사 (분사 포함)' 형태의 복합형용사

: 부사와 형용사에 각각 (제1) 강세를 둔다.

ex) fást-chánging, fúll-grówn, hárd-éarned, wéll-beháved, wéll-máde, etc.

❸ '명사 + 형용사 (과거분사, 현재분사 포함)' 형태의 복합형용사
: 명사에 제1 강세를 두고 형용사에 제2 강세를 두거나 명사, 형용사에 각각 제1강세를 두기도 한다.
ex) snów-whíte, páin-kìlling, héart-wàrming, góvernment-òwned, mán-máde, térror-strìcken, etc.

4) 문장 강세(sentence stress)

단어 각각의 강세와는 별개로 한 문장 내에서 의미 전달에 있어 중점이 되는 단어들을 세게 말하게 되는데 이를 문장(에서의) 강세라고 한다.

① 의미전달에 있어서 중점이 되는 단어들에 강세를 둔다. 일반적으로 내용적 의미를 나타내는 내용어[명사, 지시대명사, 의문사, 동사, 형용사, 부사]에는 강세를 두고, 문법적 기능을 나타내는 기능어[관사, 인칭·관계대명사, 전치사, 접속사, 조동사, be동사, have동사 등]에는 강세를 두지 않는다.

Í will gó to Séoul.	나는 서울에 갈 겁니다.
She is véry prétty.	그녀는 대단히 예쁘다.
Thís is hér bóok.	이것은 그녀의 책이다.
Whát do you wánt?	당신은 무엇을 원하나요?
I am glád that you cáme báck.	네가 돌아와서 기쁘다.
I have líved in thís hóuse thírty yéars.	나는 30년 동안을 이집에서 살아왔다.

② 문장의 끝에 오는 be동사, have동사, 조동사에는 강세를 둔다.
Are you stúdent? – Yés I ám.
Have you séen a dólphin? – Yés I háve.
Will you gó thére with her? – Yés I wíll.

③ 의문사가 있는 의문문에서는 핵심 대답을 나타내는 단어에 강세를 둔다.

Hów óld are you? – I am séventeen years old.

Whére do you cóme from? – I am from Koréa.

④ 둘 이상의 형용사가 명사를 꾸며 줄 경우

❶ 일반적으로 명사에 가장 가까운 형용사에 강세를 둔다.

She wéars new yellow wóolen clóthes.   그녀는 새것인 노란색 모직 옷을 입고 있다.

※ 대등한 수식정도를 나타낼 때는 양 쪽 다 강세를 둔다.
He has a bríght and beaútiful gírlfriend. 그에게는 명랑하고 예쁜 여자 친구가 있다.

❷ 중심을 두어 말하고자 하는 형용사에 강세를 준다.

He is a tíght-lipped pérson.   그는 입이 무거운 사람이다.

❸ 두 개의 형용사가 결합하여 하나의 명사로 쓰일 때에는 앞의 형용사에 강세를 둔다.

I bought a shórt-short at the secondhand bookstore.

나는 헌책방에서 장편(掌篇)소설 한 권을 샀다

⑤ 두개의 동사가 연속될 경우 일반적으로 뒤의 동사에 강세를 둔다.

Come and gét it. 자, 와서 먹어라.   Come (and) sée me tomórrow. 내일 찾아와라.

(3) 억양 (intonation)

1) 뜻

억양(抑揚)이란 말을 할 때의 소리의 높낮이의 변화(= 음조)를 가리킨다. 구체적으로는 심적상태를 표현하는 말하는 방식으로 명령문, 의문문, 감탄문등에서 말머리나 말꼬리를 올리거나 내리는 것을 가리키는 것이 보통이다. 보통, 평서문은 전체적으로 비슷한 높낮이로 말하고, 조동사로 시작하는 의문문은 문장의 끝을 올리며, 의문사로 시작하는 의문문은 끝을 내리고, 감탄문은 감탄의 대상(내용)을 나타내는 낱말을 올려준다.

2) 억양의 종류 (형태)

① 하강 음조(falling intonation)

문장의 끝이 내려가는 음조(내림조)를 말한다. 마지막 문장의 강세가 있는 단어에서 올려 주었다가 내려준다. 〈평서문, 명령문, 의문사가 있는 의문문의 경우〉

❶ 평서문

I love **you**.   She likes to go to **Par**is.   It is very im**por**tant.

❷ 명령문

Be **quiet**.   Do your **best**.   Sit **down**.

❸ 의문사가 있는 의문문

What are you **look**ing at?	무엇을 보고 있어요?
Where do you **live**?	어디에 사세요?
When will you be coming **back**?	언제 돌아오실 건가요?

❹ be동사가 있는 의문문

i. be동사로 시작하는 의문문은 그 끝을 올려 준다. 그리고 그 대답이 긍정일 때는 be동사에 강세를 주고 부정일 때는 not에 강세를 준다.

"Are you a **student**?" – "Yes, I **am**." / "No, I am **not**."

ii. 「~은 어떤 상태인가?」의 뜻을 나타내는 경우 be동사를 높인 다음, 끝을 내려준다.

How **are** you?   What **are** you doing?

iii. 특정한 대상이 무엇인가를 묻는 경우는, 묻고자 하는 대상에 강세를 두면서 끝을 높여 말 한다.

Who are **you**?	당신 누구요?
What is **he**?	그는 무엇을 하는 사람이죠?

What's **that**? 그것은 무엇이죠?

② 상승 음조 (rising intonation)

문장의 끝부분이 올라가는 음조 (올림조)를 말한다. 마지막 문장 강세가 있는 단어에서부터 올려준다. 〈일반의문문, 사람이름을 부를 경우〉

Are you a **Korean**? 당신은 한국인입니까?
Will you **do** me a favor? (= Will you **do** a favor for me?) 부탁 좀 할까요?
Mr. **Kim**, good to see you again. 김 선생님, 다시 만나 반갑습니다.
Good **morning**, Tom?

③ 기타

❶ 감탄문이나 강조문은 감탄, 강조의 대상 (또는 내용)을 높여 준다.

How **kind** of you!   What a beautiful **girl** she is!
I think **She** is very **pretty**? 나는 그녀가 매우 예쁘다고 생각한다.
He does it better than I (do). 그는 그 일을 나보다 더 잘한다.

❷ and나 or로 연결되어 있을 경우 (선택의문문) 그 앞에서 올리고 뒤에서는 올렸다가 내려준다.

I like **apples**, **pears**, and **oranges**.   Are you a **student**, or a **teacher**?
Which do you like **better**, **apples** or **oranges**?

❸ 부가의문문의 경우

i. 확인적 의미를 갖는 부가의문문은 주절의 핵심이 되는 말을 올려준 뒤 부가의문문은 그 끝을 내려주는 것이 일반적이다.

"You are a **student**, aren't you?" 당신은 학생이죠?
− "No, I am **not** a student, but an **office worker**."
아니오, 저는 학생이 아니고 회사원입니다.
Mary is **kind**, isn't she? 메리는 친절하지요?

ii. 상대방의 의향을 묻거나 동의를 이끌어내려는 부가의문문은 그 끝을 올려준다.
Let's go to eat, shall we?   밥 먹으러 갑시다.
Open the window, will you?   창문을 여세요, 네?

iii. 되묻는 사람이 묻는 사실을 이미 알고 있을 때는 끝을 내리고, 모르고 되물을 때는 그 끝을 올린다.
You're a Korean, aren't you?   당신은 한국인이죠?
You're a Korean, aren't you?   당신은 한국인인거 맞죠?

4. 끊어 읽기 (Breath group)

(1) 의의
긴 영어 문장을 말할 경우 숨을 쉬거나, 의미전달을 명확하게 하기 위해 적절한 곳에서 **끊어 읽기**를 한다.

(2) 원칙
구 (전치사구, 준동사구)나 절 (접속사절, 관계사절)의 앞·뒤에서 끊어 읽는 것이 원칙이다.

1) 주어 앞에 오는 부사구와 부사절은 주어 앞에서 끊어 읽는다.
Yesterday/ he went/ to America.   어제 그는 미국에 갔다.
To tell the truth,/ I don't like him.   사실대로 말하면 나는 그를 좋아하지 않는다.
When I left the room/ he entered it.   내가 그 방을 나서자마자 그가 들어섰다.

2) 주어가 긴 경우 주어 다음에서 끊어 읽는다.

The book /on the desk/ is hers.　　　　　　　그 책상위에 있는 책은 그녀의 것이다.
Whether he is rich (or not)/ is irrelevant.　　그가 부자이고 아니고는 상관이 없다.

3) 목적어가 긴 경우 그 앞에서 끊어 읽는다.

I don't know / what to do next.　　　　　　　나는 다음에 무엇을 해야 할지를 모르겠다.
I hope / to see you again.　　　　　　　　　　당신을 다시 볼 수 있기를 바랍니다.
I will expect / that he will pass the examination.
　　　　　　　　　　　　　　　　　　　　　　　나는 그가 시험에 합격할 것으로 기대한다.

4) 형용사구·절 (관계사절) 앞에서 끊어 읽는다.

He has no house / to live in.　　　　　　　　그는 지낼 집이 없다.
The girl / reading a book / is my sister.　　책을 읽고 있는 그 소녀는 내 여동생이다.
I love the girl / who is beautiful.　　　　　　나는 아름다운 그 소녀를 사랑한다.

▷ 주어를 꾸며주는 형용사절(구)는 그 뒤에서 끊어 읽는다.
　The girl I met yesterday/ was my classmate Jane.

5) 부사구, 부사절 (접속사) 앞에서 끊어 읽는다.

He studied hard/ to pass the exam.　　　　그는 시험에 합격하기 위하여 열심히 공부했다.
The problem was so difficult/ that I could not solve it.
　　　　　　　　　　　　　　　　　　　　　　　그 문제는 너무 어려워서 내가 풀 수가 없었다.

6) 진주어, 진목적어 앞에서 끊어 읽는다.

It is very difficult / for me / to do the work.　　내가 그 일을 하는 것은 너무 어렵다.
I found it true/ that he had said so.　　나는 그가 그런 말을 한 것이 사실이라는 것을 알았다.

7) 끼움구나 끼움절의 앞과 뒤에서 끊어 읽는다.

He is, / **so far as I know,**/ a reliable man.

　　　　　　　　　　　　　　　　내가 아는 한에 있어서 그는 믿을만한 사람이다.

How old / **do you think**/ she is ?　　　　　　　　그녀가 몇 살로 보여?

영어의 음운현상

※ (단어, 구, 절, 문장의) 발음에 있어서 인접한 음들 사이에 일어나는 여러 현상을 말한다.

1. 동화(Assimilation)

하나의 음(운)이 인접한 다른 음을 닮아가는 현상을 말한다. 발음을 편리하게하기 위한 언어의 일반적 현상이다.

(1) 순행동화 (progressive assimilation)
뒤에 오는 음이 앞의 음을 닮아 변하는 현상을 말한다.

1) 복수형 접미사 '-s'가 무성음 k, p, t로 끝나는 단어에 붙는 경우에는 동화되어 무성음 [s] 로, 유성음 b, d, g로 끝나는 단어에 붙는 경우에는 동화되어 유성음 [z]로 발음된다.

ex) **bolts[boults]**: s가 앞의 무성음 t의 영향으로 무성음 [s]로 발음된다.

balls[bɔːlz]: s가 앞의 유성음 l의 영향으로 유성음 [z]로 발음된다.

cat's eye: s가 앞의 무성음 t의 영향으로 무성음 [s]로 발음된다.

dog's tail: s가 앞의 유성음 g의 영향으로 유성 [z]로 발음된다.

dance[dæns/ dɑːns] + s: dances[daænsiz]

※ [s], [z], [ʃ], [ʒ], [tʃ], [dʒ]로 발음되는 말에 붙는 s는 [iz]로 발음된다.
 box [bɑks/ bɔks] – boxes [bɑksiz/ bɔksiz]   breeze [briːz]– breezes [briːziz]
 bench [bentʃ] – benches [bentʃiz]   dish [diʃ] – dishes [diʃiz]

2) 과거형 굴절접사 -ed는 무성음으로 끝나는 단어나 어간의 뒤에 붙는 경우에는 무성음 [t]로 발음되고, 유성음으로 끝나는 단어나 어간의 뒤에 붙는 경우에는 유성음 [d]로 발음된다.

look [luk] + ed → looked [lukt]

ex) stopped [stapt/ stɔpt], ceased [siːst], …

believe [bilíːv, bə-] + (e)d → believed [bilíːd]

ex) deceived [disíːvd], begged [begd],

(2) 역행동화 (regressive assimilation)

앞의 음이 뒤의 음을 닮아 변하는 현상을 말한다.

ex) has [hæz] to [hæs tu]

sit [sit] + down: sit down [sidaun]

※ [t]가 [d]로 변하고 같은 자음이 겹치므로 [d]를 하나 생략한 경우이다.

gone past [gɔ(ː)m pæst]

※ [t], [d], [n]은 뒤의 [p], [b], [m]이 올 때 [p], [b], [m]으로 발음되는 경우가 있다.

(3) 상호동화 (reciprocal assimilation)

앞의 음과 뒤의 음이 서로 닮아 하나의 새로운 음을 형성하는 현상을 말한다.

ex) [d] + [j] → [ʤ]: did you [did ju] → [diʤu]　　could you[kud ju] → [kuʤu]

[t] + [j] → [tʃ]: want you [wɔnt ju] → [wɔntʃu]　　not yet [nat jet] → [natʃet]

[s] + [j] → [ʃ]: kiss you [kis ju] → [kiʃu]　　this year [ðis jər] → [ðiʃər]

[z] + [j] → [ʒ]: because you [bikʌz ju] → [bikʌʒu]　　has yet [hæz jet] → [hæʒet]

2. 이화 (Dissimilation)

동화현상과는 반대로 같거나 유사한 두 음이 인접해 있을 경우 두 음중 하나가 생략되거나 다른 음으로 바뀌는 것을 가리킨다. 이화가 가장 많이 일어나는 음은 [r], [ə]이다.

ex) surprise [sərpráiz] → [səpráiz]   governor [gʌvərnər] → [gʌvənər]

library [láibrèri] → [láibèri]   temperature [témpərətʃər] → [témpətʃər]

laboratory [lǽbərətəri] → [lǽbətəri]

environment [inváiərənmənt] → [inváiərəmənt]

3. 축약(Reduced Forms)

음을 간략히 줄이거나 더 편한 음으로 바꿔서 발음하는 것을 말한다.

ex) am [æm] → [əm], [m]   can [kæn] → [kn]   could [kud] → [kd]

have [hæv] → [əv]   has [hæz] → [hə(z)], [ə(z)]

your [juər] → [jer]   their, they're [ðɛər] → [ðər]

from [frʌm/ frɑm] → [fəm], [fm]   and [ænd] → [ənd], [nd], [n]

how are you [hau ər ju] → [hauərje]   where are you [weər ər ju] → [weərjə]

is there [iz ðɛər] → [izɛər]   what does he [hwat dʌz hiː] → [watdezi]

where does she [weər dʌz ʃiː] → [weərdəʃi] where has he [weər həz hi] → [weərəzi]

have you been [hæv juː bin] → [əvje bin]

What have you done [wat hæv juː dan] → [warəvjə dan]

a cup of coffee [ə kʌp əv kafi] → [ə kʌpə kafi]   kind of [kaind əv] → [kain(d)ə]

much of it [mʌtʃ əv it] → [mʌtʃə vit]   go to [go tuː] → [go tə], [gorə]

got to [gat tuː] → [gat tə], [garə]　　have to [hæv tuː] → [hæf tə] (hafta)
have got to [hæv gɑt tuː] → [v garə] ('ve gotta)　　has got to [hæz gɑt tuː] → [s garə]
going to [gouiŋ tuː] → [goin tə] (goin' to), [gontə], [gonə] (gonna)
need to [nːid tuː] → [nːi(d) tə], [niːrə]
ought to [ɔːt tuː] → [ɔːt tə], [ɔːtə] (oughtta), [ɔːrə]
used to [juːst tuː] → [justə] (useta)
want to [want tuː] → [want tə], [wantə], [wanə] (wanna)
wants to [wants tuː] → [wan(t)s tə] (wansta)
wanted to [wantid tuː] → [wan(t)id tə], [wanirə]

4. 탈락 (Elision)

일정한 어구의 발음에서 자음이나 모음이 생략되는 현상을 말한다.

(1) 자음탈락
어구 사이에 자음이 이어지는 발음인 경우 하나만 발음한다. 보통은 앞 자음을 발음하지 않는다.

1) 어구 사이에 같은 자음이 이어지는 경우
ex) cold drink[kould driŋk] → [kouldriŋk]　　take care[teik kɛər] → [teikɛər]
　　some more[sʌm mɔːr] → [sʌmɔːr]　　bus stop[bʌs stɑp] → [bʌstɑp]
　　next time[nekst taim] → [neks taim]　　went to[went tuː] → [wentuː]
　　with that[wið ðæt] → [wiðæt]

2) 다른 자음이라도 발음할 때 혀끝의 위치가 같거나 유사하게 발음되는 자음이 이어지는 경우

ex) best friend[best frend] → [bes frend]　　must do[mʌst duː] → [mʌs duː]
　　round trip[raund trip] → [raun trip]　　sit down[sit daun] → [sidaun]
　　finished the[finiʃt ðə] → [finiʃðə]　　next day[nekst dei] → [neks dei]
　　bathed[beiðd] → [beid]　　helpful[hélpfəl] → [hélfəl]
　　months[mʌnθs] → [mʌns]　　depths[depθs] → [deps]
　　sixth[siksθ] → [sikθ]　　obvious[ábviəs] → [áviəs]

3) 자음 사이의 d음의 생략

d음은 자음사이에서 거의 발음하지 않는 경향이며 l, n음 뒤에서도 종종 생략된다.

ex) old story[ould stɔːri] → [oul stɔːri]
　　behind story[biháind stɔːri] → [biháin stɔːri]
　　diamond ring[dáiəmənd riŋ] → [dáiəmən riŋ]
　　world history[wəːrld hístəri] → [wəːrl hístəri]
　　kindness[káindnis] → [káinis]
　　secondly[sékəndli] → [sékənli]
　　commandment[kəmǽndmənt] → [kəmǽnmənt]
　　weekend[wíːkènd] → [wíːkèn]

4) 자음 사이의 t음의 생략

자음 뒤의 끝나는 음일 때도 종종 생략된다.

ex) different from[difərənt frʌm] → [difərən frʌm]
　　just now[dʒʌst nau] → [dʒʌs nau]　　best seller[best selər] → [bes selər]
　　aren't[aːrnt] → [arːn]　　wasn't[wʌznt] → [wʌzn]
　　won't[wount/wʌnt] → [woun/ wʌn]　　acts[ækts] → [æks]
　　crafts[kræfts] → [kræfs]　　faults[fɔːlts] → [fɔːls]

guests[ges<u>ts</u>] → [ge<u>ss</u>]   texts[tek<u>sts</u>] → [tek<u>ss</u>]

exactly[igzǽ<u>kt</u>li] → [igzǽ<u>k</u>li]   softly[sɔ́(ː)<u>ft</u>li] → [sɔ́(ː)<u>f</u>li]

recently[ríːsə<u>nt</u>li] → [ríːsə<u>n</u>li]   restless[rés<u>tl</u>is] → [rés<u>l</u>is]

5) 자음 사이의 p음의 생략

ex) attempt[ətém<u>p</u>t] → [ətémt]   empty[ém<u>p</u>ti] → [émti]

symptom[sím<u>p</u>təm] → [símtəm]

6) 모음발음 사이의 r음의 생략

빠르게 발음하는 경우 모음 사이의 r발음은 거의 생략된다.

ex) caramel[kǽ<u>r</u>əməl] → [kǽəməl]   conference[kɑ́nfə<u>r</u>əns] → [kɑ́nfəns]

general[ʤénə<u>r</u>əl] → [ʤénəl]   parallel[pǽ<u>r</u>əlèl] → [pǽəlèl]

(2) 모음탈락

빠르게 발음하는 경우 다음과 같은 경우 모음발음이 흔히 생략된다.

1) 동일 모음발음이 이어질 때

모음 하나만을 좀 더 길게 발음한다.

ex) be even[bi ivən] → [biːvən]   she eats[ʃi its] → [ʃiːts]

2) 다른 모음발음이 이어질 때(이중모음 발음일 때)

ex) may I[mei ai] → [meːai]   about[əba<u>u</u>t] → [əbaːt]

potato[pəté<u>i</u>tou] → [pətétou]   labor[lé<u>i</u>bər] → [lébər]

period[píːə<u>r</u>iəd] → [píːriəd]   go[go<u>u</u>] → [goː]

various[vé<u>ə</u>riəs] → [vériəs]

3) 강세를 받는 음절 뒤에 강세를 받지 않는 음절이 두 개 이어질 때 가운데 음절의 [ə]의 생략

ex) company[kʌ́mpəni] → [kʌ́mpni]   deliberate[dilíbərit] → [dilíbəit]
    excellent[éksələnt] → [ékslənt]   family[fǽməli] → [fǽmli]
    history[hístəri] → [hístri]   interesting[íntəristiŋ] → [íntristiŋ]
    natural[nǽtʃərəl] → [nǽtʃrəl]   salary[sǽləri] → [sǽlri]
    several[sévərəl] → [sévrəl]

5. 첨가 (Addition)

일정한 말의 발음에 있어 발음을 보다 자연스럽게 하기 위해 모음이나 자음을 넣어 주는 것을 말한다.

(1) 모음첨가

1) [i] 첨가

① 명사의 복수형 접미사 -s 앞에서: 어근, 단어의 끝 자음과 복수형 접미사 -(e)s의 발음이 유사하게 날 때

ex) ass[æs] → asses[ǽsiz]   bus[bʌs] → buses[bʌ́siz]
    dish[diʃ] → dishes[[diʃiz]   judge[dʒʌdʒ] → judges[dʒʌ́dʒiz]

② 동사의 과거형 접미사 -ed 앞에서: d와 t로 끝나는 동사에 ed를 붙이는 경우의 발음에

ex) mend[mend] → mended[mendid]   mind[maind] → minded[maindid]
    rest[rest] → rested[restid]   want[wɔ(:)nt] → wanted[wɔ(:)ntid]

2) [ə] 첨가

[i, e, ei, ɛ, æ]의 모음발음 뒤에 l, r 음이 오는 경우

ex) bill[bil] → [biəl]   fill[fil] → [fiəl]   ill[il] → [iəl]

  still[stil] → [stiəl]   skill[skil] → [skiəl]   until[əntíl] → [əntíəl]

  aisle[ail] → [aiəl]   smile[smail] → [smaiəl]   style[stail] → [staiəl]

  feel[fiːl] → [fiːəl]   meal[miːl] → [miːəl]   appeal[əpíːl] → [əpíːəl]

  oil[ɔil] → [ɔiəl]   soil[sɔil] → [sɔiəl]   well[wel] → [weəl]

  smell[smel] → [smeəl]   tell[tel] → [teəl]   mail[meil] → [meiəl]

  prevail[privéil] → [privéiəl]   tale[teil] → [teiəl]

(2) 자음 첨가(침입 자음)

1) [ŋ] 뒤에 [k]가 첨가되는 경우

ex) length[leŋkə]   strength[streŋkə]

2) [n] 뒤에 [t]를 첨가하는 경우

▶ 미국식 발음에서는 [n]과 [s, ʃ]사이에 [t]를 첨가하는 경우가 많다.

ex) chance[tʃæns] → [tʃænts]   once[wʌns] → [wʌnts]

  patience [péiʃəns] → [péiʃənts]   prince[prins] → [prints]

  ancient[éinʃənt] → [éintʃənt]   conscience[kánʃəns] → [kántʃəns]

  attention[əténʃən] → [əténtʃən]   intention[inténʃən] → [inténtʃən]

  comprehension[kámprihenʃən] → [kámprihentʃən]

  dimension[diménʃən] → [diméntʃən]

  confidential[kanfidénʃəl] → [kanfidéntʃəl]

  essential[isénʃəl] → [iséntʃəl]   differential[difərénʃəl] → [difəréntʃəl]

  financial [finǽnʃəl] → [finǽntʃəl]   potential [pouténʃəl] → [pouténtʃəl]

3) [r] 첨가

모음으로 끝난 단어에 다시 모음으로 시작하는 단어를 이어서 빠르게 발음할 때 [r]을 첨가 하는 경우도 있다.

ex) go ahead[gou əhed] → [go rəhed]　　go away[gou əwei] → [go rəwei]
　　idea of it[aidiːə əv it] → [aidiərəvit]　　sky over[skai ouvər] → [skai rouvər]
　　try again[trai əgen] → [trai rəgen]

6. 연음(Linking)

자음 발음으로 끝나는 말 뒤에 모음 발음으로 시작하는 말이 올 경우 자음과 모음이 결합되어 하나의 음절처럼 소리 나는 현상을 말한다. 탈락과 첨가가 같이 일어나기도 한다.

(1) 모음 발음 [ə]가 앞말의 자음 뒤에 붙어 발음되는 경우

ex) come again[kʌm əgen] → [kʌmə gen]　　far away[fɑːr əwei] → [fɑːrə wei]
　　think about[θiŋk əbaut] → [θiŋkə baut]
　　walked away[wɔːkt əwei] → [wɔːktə wei]

(2) 앞말의 끝 자음이 뒤 말의 모음과 연결되어 새로운 음절처럼 발음되는 경우

ex) an office[ən afis] → [ə nafis]　　all in all [ɔːl in ɔːl] → [ɔ lin ɔːl]
　　come on[kʌm ɔn] → [kʌ mɔn]　　does he [dʌz hiː] → [dʌ ziː]
　　finds it[fainz it] → [fain zit]　　hold on [hould ɔn] → [hol dɔn]
　　not at all[nat æt ɔːl] → [na ræ rɔːl]　　there is [ðɛər iz] → [ðɛə riz]
　　with us[wið ʌs] → [wi ðʌs]　　pick it up [pik it ʌp] → [pi ki rʌp]

7. 위치 바꿈 (Metathesis) [음위전환]

인접한 두 음의 위치를 바꾸어 발음하는 경우를 말한다. 급하게 말할 때나 어린아이들의 말에서 많이 발생하는 현상이다.

ex) elevate[éləveit] → [évəleit]   from[frəm] → [fərm]
　　introduce[intrədjúːs] → [intərdjús]   leprosy[léprəsi] → [lépərsi]
　　library[láibreri] → [láiberi]   pronounce[prənáuns] → [pərnáuns]
　　relevant[réləvənt] → [révələnt]

찾아보기(Index)

※ [ ] 안의 숫자는 본권(제3권) 외의 권의 수를 표시합니다.
  예) 378[1] 〈제1권의 378쪽〉, 378[2] 〈제2권의 378쪽〉

[ㄱ]

가감승제의 표현 / 378[2]
가목적어 it / 170[1], 266[2]
가목적어를 취하는 제5형식 동사 / 268[2]
가정문 / 34[1]
가상법 / 380[1]
가정법 / 34[1], 380[1]
가정법과거 / 387[1]
가정법과거완료 / 392[1]
가정법미래 / 386[1]
가정법과 조건문의 차이 / 381[1]
가정법의 (직설법에 대한) 특성 / 380[1]
가정법현재 / 382[1]
가정법현재동사가 쓰이는 예 / 384[1]
가정법에서의 생략 / 384[1]
가정법의 화법전환 / 558[1]
가주어 it / 15[1], 166[1], 220[1], 265[2]
각자의 소유와 공동의 소유 / 79[2]
간결성 / 406
간접명령문 / 35[1], 373[1]
간접목적어 / 59[1], 131[1] 등
간접수식 / 286[2], 301[2]

간접양보명령문 / 378[1]
간접의문문 / 33[1], [3][1], 331[1] 등
간접화법 / 539[1] 등
감탄문 / 365, 35[1] 등
감탄어구, 감탄사 / 26[1], 40[1]
감탄문의 화법전환 / 555[1]
감탄부호 / 365, 367, 35[1], 36[1]
강세 / 501
강조 / 368 등
결과관계 전치사 / 234
결과의 부사절을 이끄는 종속접속사 / 150
'경고·통지'형 동사 / 104[1]
곁눈질하는 수식어 / 412
고유명사 / 26[2]
고유명사의 보통명사화 / 27[2]
고유명사의 속격 / 78[2]
고유형용사 / 53[2], 121[2], 280[2]
공급 동사 / 106[1]
공통관계 구문 / 396
과거분사 / 271[1] 등
과거분사형 / 60[1] 등
과거분사가 목적격 보어일 경우 / 281[1] 등

과거시제 / 329[1] 등
과거완료시제 / 352[1] 등
과거완료진행시제 / 357[1] 등
과거진행시제 / 331[1]
과거형 / 60[1], 329[1] 등
관계대명사 / 20 등
관계대명사와 전치사 / 52
관계대명사의 격 / 21
관계대명사의 생략 / 55
관계대명사의 이중제한 / 55
관계대명사절 / 15, 53[1]
관계대명사 that의 생략 / 44
관계대명사 which의 생략 / 38
관계대명사 whom의 생략 / 32
관계부사 / 63 등
관계부사절 / 15, 63, 53[1] 등
관계부사의 생략 / 75
관계한정사 / 99[2]
관계형용사 / 59, 282[2]
관계형용사절 / 16, 53[1]
관계사 / 11, 16[1], 52[1]
'관련·비교' 동사 / 110[1]
관사 / 15[1], 104[2] 등
관사를 붙이지 않는 경우 / 130[2]
관사의 반복 / 140[2]
관사의 임의적 생략 / 139[2]
관용되는 'It is p.p that ~'의 형식 / 600[1]

교착어 / 14[1]
구 / 47[1]
구 강세 / 507
구동사 / 74[1]
구전치사 / 185
군집명사 / 20[2]
굴절 / 15[1], 60[1]
굴절어 / 15[1]
굴절접사 / 444, 15[1], 42[1]
국민 개개인의 표현 / 54[2]
국민전체의 표현 / 53[2]
귀결절 / 381[1] 등
규칙동사 / 61[1]
규칙 비교변화 / 552[2], 587[2]
규칙(변화) 복수형 / 48[2]
'금지·억제'동사 / 107[1]
기본시제 / 318[1]
기수 / 372[2] 등
기수사 / 99[2]
기수형용사 / 368[2] 등
기원문 / 36[1], 367
기원문의 화법전환 / 557[1]
끊어 읽기 / 515
끼움어구 / 27[1], 404
끼움절과 관계대명사의 격 / 23

찾아보기

[ㄴ]

남성 / 69[2]

논리성 / 408

느낌표 / 539[1]

능격 구문 / 627[1]

능동태 / 577[1]

능동태문 / 577[1]

능동태의 문장을 수동태의 문장으로 전환하는 방법 / 578[1]

[ㄷ]

단모음 / 552, 63[1], 218[1] 등

단문 / 8[1], 235[1], 284[1], 561[1]

단·복수가능 집합명사 / 21[2]

단수취급 집합명사의 용법으로만 쓰이는 것 / 24[2]

단순동명사 / 230[1]

단순미래시제 / 332[1]

단순부정사 / 200[1]

단순분사구문 / 295[1]

단순전치사, 단일전치사 / 184

단순형식어 / 17[1]

단어 / 40[1], 430

단어형성 / 450

단일접속사, 단순접속사 / 98

단자음 / 63[1] 등

단축법 / 453

대과거시제 / 354[1]

대동사 / 399 등

대등절 / 51[1], 100 등

대명사 it / 261[2]

대명사 (the) same / 171[2]

대명형용사 / 281[2]

대부정사 / 393, 206[1]

대시 / 422

대용형, 대형태 / 398

도치 / 383 등

도달시제 / 319[1]

독립부사 / 487[2]

독립부정사구문 / 187[1]

독립분사구문 / 288[1]

독립소유격 / 253[2]

독립속격 / 79[2]

독립요소, 독립어구 / 26[1]

동격 / 82[2] 등

동격어 / 82[2] 등

동격어구 / 27[1]

동격으로 사용된 부정사 / 171[1]

동격의 of / 87[2] 등

동등비교 구문 / 589[2]

동명사 / 218[1] 등

동명사구 / 47[1] 등

동명사의 부정 / 234[1]

동명사의 의미상의 주어 / 225[1]

동사 / 58[1] 등
동사구 / 26[1], 83[1] 등
동사의 변화형 / 60[1]
동사의 형태변화, 동사의 활용 / 60[1]
동사-형용사 / 267[1]
동사형 접미사 / 46[1], 446
동사화 접미사 / 448
동음이의어 / 494
동의·확인의 대용형 / 404
동일인, 동일사물의 서로 다른 성질·상태를 비교하는 비교구문 / 607[2]
동작수동태 / 580[1]
동족목적어 / 121[1]
동화 / 518
등위상관접속사 / 112
등위상관접속사 both A and B / 112
등위절/ 100, 112, 29[1], 51[1]
등위접속사 / 99, 26[1] 등
때(시간)의 부사절을 이끄는 종속접속사 / 130

[ㄹ]

라틴어에서 온 비교급 형용사 / 584[2]

[ㅁ]

막연한 상황의 목적어 it / 264[2]
막연한 상황의 주어 it / 264[2]

매달린 수식어 / 410
머리글자어(법) / 455
명령문, 명령법 / 34[1], 372[1] 등
명령문의 강조 / 379[1]
명령문의 수동태 / 378[1], 621[1]
명령문의 화법전환 / 552[1]
명사 / 36[1], 13[2]
명사구 / 47[1]
명사·대명사의 격 / 37[1]
명사보어 / 92[1]
명사상당어구 /179, 193, 39[1], 92[1], 172[1], 83[2], 460[2]
명사의 복수형 / 47[2]
명사의 성 / 69[2]
명사의 속격 / 74[2]
명사절 / 11, 120, [52[1] 등
명사절을 동명사구로 전환하는 법 / 235[1]
명사절을 이끄는 종속접속사 / 120
명사형 접미사 / 446, 45[1]
명사화 접미사 / 446
명확성 / 409
모음 / 469 등
모음발음기호 / 471
목적·의도관계전치사 / 231
목적의 부사절을 이끄는 종속접속사 / 148
목적격 / 37[1]
목적격 보어 / 58[1], 139[1], 221[1], 280[1]

찾아보기 531

목적격 보어가 절인 경우 / 150[1]

목적격 보어로 'as + 명사/ 형용사'를 취하는 동사 / 142[1]

목적격 보어로 'for + 명사/ 형용사'를 취하는 경우 / 142[1]

목적어 / 21[1], 59[1], 95[1] 등

목적용법 / 180[1]

묘출화법/ 563[1]

무거운 것은 뒤에 / 265[2]

무관사 최상급, the없이 쓰이는 최상급 / 620[2]

무리조동사 / 422[1], 496[1]

무리접속사 / 99, 118

무리접속사 as far as / 119

무리접속사 as long as / 119

무리접속사 as soon as / 118

무리접속사 (A) as well as B / 118

무생물주어 구문 / 375

무성음 / 470 등

무인칭 독립분사구문 / 291[1]

묵음 / 491[1]

문자와 글자 / 41[1]

문장 / 19[1] 등

문장 강세 / 511

문장과 절 / 50[1]

문장부사 / 487[2]

문장부호, 구두점 / 414

문장의 요소 / 19[1]

물질명사 / 28[2]

물질명사의 보통명사화 / 31[2]

물질명사의 수량표시 / 29[2]

물질형용사 / 280[2]

미래시제, 미래형 / 332[1] 등

미래진행시제, 미래진행형 / 341[1]

미래완료시제, 미래완료형 / 358[1]

미래완료진행시제, 미래완료진행형 / 361[1]

[ㅂ]

반모음/ 470

반자음 / 470

발음 / 469

배수 형용사 / 284[2], 368[2]

배수사 / 368[2] 등

배수사를 사용한 비교, 배수비교 / 370[2]

법 / 370[1]

법은 시제에 우선한다 / 397[1]

법조동사 / 429[1] 등

병렬구문, 병치구문 / 102

병치법 / 408

보어 / 21[1], 85[1] 등

보통명사 / 16[1] 등

보통명사의 추상명사로의 전용 / 17[1]

보통명사의 형용사 대용 / 18[1]

복문 / 29[1] 등

복문의 화법전환 / 561[1]
복수명사의 속격 / 77[2]
복수취급 집합명사 / 20[2]
복합관계사 / 11
복합관계대명사 / 76
복합관계부사 / 83
복합관계형용사 / 80
복합동사 / 468
복합명사 / 456, 42[2]
복합명사의 복수형 / 59[2]
복합명사의 속격 / 79[2]
복합부사 / 468
복합어 / 506, 15[1], 46[1], 59[1] 등
복합형용사/ 460, 404[2]
복합형용사의 비교변화 / 556[2]
부가의문문 / 337, 33[1]
부대상황 / 94[1], 297[1] 등
부사 / 39[1], 419[2]
부사가 보어 역할을 하는 경우 / 422[2] 등
부사구 / 49[1]
부사나 전명구가 목적격 보어로 쓰이는 경우 / 150[1], 422[2]
부사의 비교변화 / 587[2]
부사적 대격, 부사적으로 쓰이는 명사 / 199
부사적 소사 / 151[1], 443[2]
부사적 용법 / 180[1] 등
부사절을 이끄는 종속접속사 / 130, 26[1] 등

부사형 접미사 / 447, 46[1]
부사화 접미사 / 449
부사절 / 16, 99, 53[1]
부사절의 동명사구문으로의 전환법 / 242[1]
부정관사 / 123[2] 등
부정명령문 / 375[1]
부정문 / 347 등
부정문의 수동태 / 620[1]
부정부사 not의 용법/ 347
부정사 / 163[1] 등
부정사구 / 47[1] 등
부정사·동명사 모두를 목적어로 취할 수 있는 타동사 / 119[1]
부정사의 의미상의 주어 / 194[1]
부정사의 부정 / 203[1]
부정사의 진행형 / 203[1]
부정사의 태 / 198[1]
부정수량한정사 / 98[2]
부정수량형용사 / 283[2]
부정어 no의 용법 / 351
부정의문문 / 329
부정한정사 / 98[2]
부정형용사 / 282[2]
분리관계전치사 / 249
'분리·구조' 동사 / 109[1]
분리 부정사/ 208[1]
분사 / 267[1] 등

분사구 / 48[1]
분사구문 / 284[1] 등
분사구문을 만드는 방법 / 285[1]
분사구문의 강조 / 304[1]
분사구문의 부정 / 304[1]
분사(구문)의 시점표시 / 295[1]
분사형용사 / 279[2]
분수의 표현 / 376[2]
분화복수명사 / 63[2]
불규칙 동사 / 64[1]
불규칙(변화)복수형 / 52[1]
불규칙 비교변화 / 558[2], 589[2]
불완전 자동사 / 85[1] 등
불완전 타동사 / 139[1] 등
불완전 타동사 문장의 수동태 / 612[1]
비교급 / 551[2] 등
비교급 + and + 비교급 / 611[2] 등
비교, 대조, 정도의 뜻을 나타내는 부사절을 이끄는 종속접속사 / 166
비교변화 / 551[2] 등
비교·비유관계 전치사 / 241
비인칭대명사 / 263[2]
비제한적 동격 / 84[2]
비제한적 용법, 계속적 용법 / 25 등
빈도부사 / 450[2]

[ㅅ]

사실을 나타내는 동사 / 111[1]
사역동사 / 145[1], 613[1] 등
상관접속사 / 112 등
상대비교 구문 / 617[2]
'상·벌'동사 / 106[1]
상승 음조 / 514
상시복수명사, 절대복수명사 / 60[2]
상태 동사 / 316[1]
상태수동태 / 581[1]
상호대명사 / 261[2]
상호동화 / 519
상호복수명사 / 65[2]
생략 / 591
서두의 there / 460[2]
서법 / 28[1], 370[1] 등
서법조동사, 법조동사 / 429[1]
서수 / 374[2] 등
서수사 / 99[2]
서수형용사 / 368[2] 등
서술어 / 19[1], 58[1]
서술용법 / 176[1], 277[1], 301[2]
서술형용사 / 286[2], 302[2] 등
서술형용사가 만드는 특별한 문장형식
                                    / 302[2]
서술형용사의 보충어 / 311[2] 등
선택의문문 / 345, 33[1]

선행사 / 18, 51[1]
선행사의 생략 / 74
설득 동사 / 108[1]
성상형용사 / 279[2]
세미콜론 / 419
셀 수 있는 명사, 가산명사 / 14[2]
셀 수 없는 명사, 불가산명사 / 15[2]
소수 / [2] 382
소유격 / 21, 38[1], 153[2] 등
소유관계 전치사 / 241
소유대명사 / 80[2], 253[2] 등
소유한정사 / 98[2]
소유형용사 / 282[2]
수단·도구관계 전치사 / 235
수동명령문 / 378[1], 621[1]
수동부정사 / 199[1], 606[1]
수동완료동명사 / 234[1]
수동태 / 577[1]
수동태의 시제 / 586[1]
수동태문의 주어 / 591[1]
수동태문의 주어가 될 수 없는 목적어 / 598[1]
수동태문의 행위자 / 592[1]
수량·값·비율관계 전치사 / 238
수사 / 283[2], 372[2]
수식어구 / 409, 23[1]
수사의문문, 반어의문문 / 344

수여동사 / 59[1], 131[1]
수의 일치 / 516[1]
수 한정사 / 99[2]
순행동화 / 518
술부 / 22[1], 204[1] 등
술어 동사
 / 20[1], 22[1], 59[1], 164[1], 382[1] 등
시제 / 316[1]
시간관계 전치사 / 201
시간부사 / 448[2] 등
시제의 일치 / 530[1]
시제조동사 / 421[1], 428[1]
신어 창조법 / 452

[O]

아포스트로피 / 424
알파벳의 발음 / 479
악센트 / 51
양보관계 전치사 / 247
양보명령문 / 376[1]
양보의 부사절을 이끄는 종속접속사 / 153
양태부사 / 454[2], 551[2] 등
양태의 뜻을 나타내는 부사절을 이끄는 종속접속사 / 168
어간 / 42[1]
어근 / 430, 42[1]
어기 / 440, 42[1]

어색한 분리 / 413
어순 바꿈 / 382
억양 / 512
여성 / 69[2]
역행동화 / 518
역형성 / 454
연결어구, 연결사 / 25[1]
연도 관련 읽기·쓰기 / 384[2]
연음 / 523
열등비교 구문 / 592[2]
영어단어의 구성요소 / 430, 41[1]
영어상의 외래어의 복수형 / 55[2]
영어의 음운현상 / 518
영 파생 / 450
예외관계 전치사 / 242
완료시제, 완료형 / 319[1], 342[1]
완료시제의 수동태 / 588[1]
완료진행시제, 완료진행형 / 320[1] 등
완료(형)부정사 / 201[1]
완료(형)분사구문 / 296[1]
완료(형)동명사 / 233[1], 428[1]
완전자동사 / 70[1]
완전자동사 + 전치사 / 74[1]
외치문 / 166[1], 599[1] 등
외치변형 / 265[2]
완전타동사 / 95[1] 등
우등비교 구문 / 592[2]

우분지 언어 / 17[1]
원형부정사 / 145[1], 164[1] 등
원급을 사용한 비교 구문 / 594[2]
원급의 비교구문을 사용한 '최상'의 뜻 표현 / 598[2]
원인·이유관계 전치사 / 228
유도부사 / 460[2]
유사관계대명사 / 48
유사보어, 의사보어, 준보어 / 94[1]
유성음 / 470
음소 / 470
음운 / 470
음절 / 470
의사분사, 유사분사 / 268[1]
의문대명사 / 241[2]
의문문 / 326, 31[1]
의문문의 수동태 / 617[1]
의문문의 화법전환 / 548[1]
의문부사 / 242[2], 472[2]
의문사 / 242[2]
의문사가 있는 의문문 / 330, 32[1]
의문사절 / 14, 194, 113[1]
의문사절이나 whether[if]절이 서술형용사의 보충어로 쓰이는 경우 / 356[2]
의문한정사 / 98[2]
의문형용사 / 242[2], 282
의지미래 / 334[1] 등

의지를 표시하는 동사 / 114[1]
이중모음 / 472 등
이중 복수명사 / 63[2]
이중목적어 / 376
이중부정 / 362
이중비교 구문 / 617[2]
이중속격 /80[2], 255[2]
이중자음 / 63[1]
이중전치사 / 189
이화 / 519
인용부호 / 539[1] 등
인칭 / 153[2]
인칭대명사 / 153[2]
인칭대명사의 격 / 153[2]
인칭대명사의 나열 순서 / 158[2]
일반의문문, 의문사가 없는 의문문
 / 326, 31[1]
일반분사구문 / 288[1]
일부 부정과 전부 부정의 표현들 / 353

[ㅈ]

자격·기능관계 전치사 / 240
자동사 / 59[1] 등
자동사의 과거분사 / 272[1]
자동사의 기능을 하는 동사구 / 83[1]
자동사의 수동태 / 607[1]
자동사의 현재분사 / 270[1]

자음 / 469
자음발음기호 / 474
잘못 놓인 수식어 / 410
장모음 / 63[1] 등
장소, 방향의 부사절을 이끄는 종속접속사
 / 142
장소 [위치·방향]관계 전치사 / 21
장소표시 부사 / 446[2]
재귀대명사 / 255[2]
재귀동사 / 260[2]
재귀목적어 / 123[1]
재귀용법 / 256[2]
재료, 원료관계 전치사 / 237[1]
전달동사 / 539[1]
전달문, 전달부 / 539[1]
전성전치사, 파생전치사 / 191
전위수식 / 275[1], 293[2]
전제절 / 381[1]
전치사 / 39[1], 179
전치사구 / 49[1], 179
전치사구를 보충어로 취할 수 있는 서술형용사 / 311[2]
전치사적 부사 / 442[2], 181
전치사의 목적어 / 193
전치사의 목적어를 주어로 하는 수동태
 / 602[1]
전치사의 생략 / 198

전치한정사 / 102[2]
절 / 50[1]
절대속격 / 79[2]
절대비교(급) / 617[2]
절대최상급 / 625[2]
접두사 / 440, 43[1]
접미사 /444, 45[1]
접사 / 440, 43[1]
접속사 / 98, 16[1], 39[1]
접속부사 / 480[2]
접속사와 접속부사 / 100
정관사 / 107[2]
정도 용법 / 185[1]
정도부사 / 453[2] 등
정형동사와 비정형동사 / 163[1]
제거·박탈 동사 / 제거·박탈[1]
제한적 동격 / 84[2]
제한적 용법 / 24
조건명령문 / 375[1]
조건 용법 / 185[1]
조건의 부사절을 이끄는 종속접속사 / 159
조동사 / 421[1]
존재 동사 / 327[1]
존재문 / 461[2]
종속절 / 11, 120, 50[1]
종속절을 이끄는 말 / 16
종속절의 동명사구문으로의 전환 / 235[1]

종속접속사 / 99, 120, 26[1]
종요소 / 23[1]
좌분지 언어 / 17[1]
주격 / 37[1], 153[2], 245[2]
주격보어 / 85[1] 등
주부와 술부 / 22[1]
주어 / 19[1] 등
주어가 있는 명령문 /379[1]
주어부 / 461[2]
주어지향부사, 주어수식부사 / 471[2]
주요소 / 19[1]
주절 / 51[1] 등
준동사 / 163[1] 등
준동사의 수동태 / 606[1]
준동사의 의미상의 주어로 쓰이는 there 의 용법 / 294[1]
준부정어 / 357
준 조동사 / 496[1]
준(법)조동사 / 421[1]
중간태 / 626[1]
중문, 대등문 / 29[1] 등
중문의 화법전환 / 559[1]
중성명사 / 72[2]
지각동사 / 145[1], 178[1] 613[1] 등
지시대명사 / 158[2] 등
지시부사 / 456[2]
지시부사 that / 456[2]

지시한정사 / 98[2]

지시형용사 / 281[2]

직설법 / 34[1], 370[1]

직접목적어 / 131[1], 169[1], 591[1] 등

직접명령문 / 372[1]

직접수식 / 286[2]

직접화법 / 539[1] 등

진목적어 / 148[1], 170[1], 266[2]

진행시제 / 319[1] 등

진행시제의 수동태 / 587[1]

진행형을 쓸 수 없는 동사 / 326[1]

집합명사 / 20[2]

[ㅊ]

참여사 / 267[1]

처단·처분 동사 / 108[1]

철자 / 423, 495, 61[1], 123[2]

첨가 / 522

첨가어 / 14[1]

초점부사 / 470[2]

총칭(일반) 인칭 / 155[2]

최상급 / 551[2], 618[2] 등

최상급을 사용한 비교 구문 / 618[2]

추상명사 / 33[2]

추상명사의 보통명사화 / 35[2]

축약 / 519

충고·협의 동사 / 110[1]

[ㅋ]

콜론 / 421

콤마 / 414

[ㅌ]

타동사 / 59[1]

타동사구 / 74[1], 100[1] 등

탈락 / 520

타동사의 현재분사 / 270[1]

타동사의 과거분사 / 272[1]

태 / 577[1]

통성명사 / 71[2]

[ㅍ]

파생(법) / 450

'판명'을 나타내는 동사 / 91[1]

8품사 / 36[1]

평서문 / 31[1]

피리어드 / 418

피전달문, 피전달부 / 539[1]

[ㅎ]

하강 음조 / 513

하이픈 / 44[2], 423 등

한정용법 / 173[1], 274[2], 289[2] 등

한정사 / 97[2]

한정사의 어순 / 100[2]

한정형용사의 일반적 어순 / 295[2]

합성(법) / 451[1]

허사 / 17[1], 460[2]

현수분사구문 / 290[1]

현재분사가 목적격 보어일 경우 / 280[1]

현재분사형 / 60[1]

현재시제, 현재형 / 321[1]

현재완료시제, 현재완료형 / 342[1]

현재완료시제와 과거시제와의 비교 / 343[1]

현재완료진행시제, 현재완료진행형 / 351[1]

현재진행시제, 현재진행형 / 325[1]

형식어 / 15[1], 17[1], 461[2]

형식조동사 / 422[1], 424[1]

형용사 / 38[1], 279[2]

형용사구 / 48[1]

형용사(구)와 명사 사이의 수의 일치 / 529[1]

형용사보어 / 93[1]

형용사 상당어구 / 93[1]

형용사의 명사적 용법 / 19[2], 401[2]

형용사의 목적어 / 302[2]

형용사의 불규칙 비교변화 / 558[2]

형용사의 서술용법 / 301[2]

형용사의 한정용법 / 289[2]

형용사적 대격, 형용사적으로 쓰이는 명사 / 200

형용사절 /15, 52[1] 등

형용사절을 이끄는 종속접속사 / 129

형용사절의 동명사구문으로의 전환법 / 244[1]

형용사 접미사 / 284[2]

형용사형 접미사 / 46[1], 447

형용사화 접미사 / 449

형태소 / 42[1], 430 등

호격어구 / 27[1]

혼성법 / 454

혼합가정법 / 395[1]

혼문 / 30[1]

화법 / 539[1]

후위수식 / 276[1], 297[2]

후치한정사 / 99[2]

[A]

a로 시작하는 형용사 / 301[2]

Abraham Lincoln / 123, 169, 26[2], 103[2]

according to / 189, 251

Alexander Pope / 165[1]

almost와 most의 비교 / 222[2]

all the more / 570[2]

all the same / 172[2]

as ~ as ever / 532[2]

as far as / 119, 165

as if, as though + s + 가정법동사 / 399[1]

(as) likely as not / 602[2]

as long as / 119, 164, 601[2]

as often as not / 603[2]

as it were / 392[1]

at + 최상급 / 625[2]

[B]

be + 서술형용사 + about ~ / 317[2]

be + 서술형용사 + at ~ / 321[2]

be + 서술형용사 + for ~ / 324[2]

be + 서술형용사 + of ~ / 311[2]

be + 서술형용사 + on ~ / 328[2]

be + 서술형용사 + to ~ / 330[2]

be + 서술형용사 + with ~ / 334[2]

be busy (in) + ~ing / 251[1]

be equal to + ~ing / 246[1]

be far from + ~ing / 254[1]

be going to / 339[1], 501[1] 등

be likely to / 503[1]

be on the point of + ~ing / 251[1]

be opposed to + ~ing / 245[1]

be suppose to + 동사원형 / 500[1]

be sure of + ~ing / 258[1], 317[2]

be thankful + to부정사 / 352[2]

be thankful[grateful] + A + for + B(~ing) / 250[1]

be + to부정사 / 179[1], 504[1] 등

be used to + 동사원형 / 499[1]

be[get, become] used to + ~ing / 246[1], 499[1]

be worth + ~ing / 251[1]

[C]

can의 용법 / 430[1]

cannot (help, choice) but + 동사원형 / 192[1], 437[1]

cannot help + ~ing / 254[1], 437[1]

cannot + 동사원형 + too + 형용사, 부사 / 506[2]

cattle형 집합명사 / 23[2]

Charles Talbut Onions / 59[1]

come, go + near + ~ing / 253[1]
compared with / 292[1], 586[2]
considering[considered] (that) / 163, 292[1]
contribute to + ~ing / 245[1]
could의 용법 / 437[1]
could와 was able to의 차이 / 438[1]

[D]

dare / 493[1]
devote [dedicate] + A + to + B(~ing) / 245[1]
do anything but [except, save] + 동사원형 / 192[1]
do nothing but [except] + 동사원형 / 192[1]

[E]

each other와 one another / 188[2]
Editorial의 'we' / 156
en으로 끝나는 형용사 / 289[2]
Erich Maria Remarque / 291[2]
even if / 154
even though / 154
except와 except for의 차이 / 245

[F]

fall to + ~ing / 247[1]
family형 집합명사 / 21[2]
feel like + ~ing / 250[1]
Fiona Mactaggart / 85

[G]

give rise to + ~ing / 245[1]
granted [granting] that / 293[1]
go ~ing / 258[1]
go on + ~ing / 258[1]

[H]

had best + 동사원형 / 192[1]
had better + 동사원형 / 191[1]
'had + p.p.'가쓰이는 경우 / 356[1]
have (ever) been (to) ~ / 345[1]
have + difficulty + (in) + ~ing / 257[1]
have got / 348[1]
have no alternative but to + 원형 / 254[1]
have one's hands full [busy] ~ing / 256[1]
have yet to do / 426[1], 523[2]
have의 특수한 용법 / 614[1]
Hornby / 70[1]
How about ~ing …? / 246[1]

how 감탄문 / 366

[I]

in case (that) / 161
in + ~ing / 249[1]
it's about time that / 392[1], 405[1]
instead of + ~ing / 253[1]
in that / 148
introductory 'there' /461[2]
it goes without saying + ~(that) / 249[1]
it is (high) time ~ (that) / 392[1]
it is (of) no use [good] + ~ing / 248[1]
'it ~ that …' 강조 구문 / 370, 268[2]
I wish [wished] + 가정법 / 397[1]

[J]

judging from / 190, 292[1]
just now / 350[1]

[K]

King Sejong / 330[1], 74[2], 114[2], 116[2], 426[2], 579[2], 310[3]

[L]

like so many / 359[2]
like so much / 361[2]
like, love, prefer, hate + ~ing / 256[1]
little better than / 367[2], 612[2]
little less than / 367[2]
little more than / 367[2]
look forward to + ~ing / 247[1]
lose no time (in) ~ing / 257[1]

[M]

make 의 특수한 용법 / 615[1]
make a point of + ~ing / 252[1]
make the most [best] of / 222[2]
may as well + 동사원형 / 193[1], 449[1], 604[2]
may have p.p. / 330
may well + 동사원형 / 138, 333 등
might have p.p. / 444[1]
much [about] the same / 172[2]
much less / 615[2]
much more / 615[2]
must have p.p. / 487[1]
must와 have to / 485[1]

[N]

need not have + p.p. / 491[1]
neither more nor less than / 238[2], 497[2], 571[2]

never [cannot] A without B(~ing) / 253[1]

no fewer than / 363[2]

no less than / 613[2]

no little / 365[2]

no longer, no more / 614[2]

no more than / 612[2]

no other than / 615[2]

no other ~ than / 615[2]

none but / 235[2]

none the + 비교급/ 616[2]

not a few / 212[1], 363[2]

not a little / 214[2]

not because ⋯, but because / 145

not do better than + 동사원형 / 192[1]

not do other [better] than + 동사원형 / 192[1]

not fewer than / 363[2]

not more than / 612[2]

not less than / 613[2]

not much more than / 497[2]

not so much A as B / 361[2], 603[2]

not so much as / 514[2]

now that / 147

[O]

of one's own + ~ing / 249[1]

once in a long while / 535[2]

on [upon] + ~ing / 249[1]

only a little / 214[2], 366[2], 367[2]

ought의 용법 / 468[1]

out of / 190, 228

[Q]

quite a little / 214[2]

[P]

Paternal의 'we' / 156[2]

police형 집합명사 / 22[2]

provided [providing] (that) / 163[1]

[R]

remember, forget, regret + ~ing / 255[1]

Royal의 'We' / 155[2]

[S]

second [next] to none / 625[2]

seeing (that) / 293[1], 147[2]

Shakespeare / 563[2], 241[3], 253[3], 349[3]

should have p.p. / 463[1]

skill in + ~ing / 256[1]

Socrates / 422, 78[2], 591[2]

SOV형 언어 / 13[1]

speaking [talking] of / 292[1]

supposing / 293[1]

SVO형 언어 / 13[1]

so long as / 601, 119, 164

so far as / 119, 165

such ~ as와 such ~ that / 166[2]

[T]

take one's time (in) ~ing … / 257[1]

take to + ~ing/ 247[1]

taking everything into consideration / 292[1]

than없이 비교급만 쓰는 경우 / 608[2]

that이 관계부사로 쓰일 경우 / 73

that절을 보충어로 취할 수 있는 서술형용사 / 355[2]

the + 비교급 / 609[2]

there의 용법 / 461[2]

there가 준동사의 의미상의 주어로 쓰일 경우 / 469[2]

There is no ~ing / 248[1]

the same as / 172[1]

to부정사를 보충어로 취할 수 있는 서술형용사 / 344[2]

'to be +명사·형용사' 형태의 목적보어에서 'to be'의 생략 / 143[1]

too + apt + to / 507[2]

too ~ to부정사 / 204[1]

try + ~ing / 256[1]

turn one's attention to + ~ing / 246[1]

[U]

unless와 if ~ not의 차이 / 160

up to / 189, 312

used to와 would / 497[1]

[W]

what 감탄문 / 365

What do you say to + ~ing / 246[1]

When it comes to + ~ing / 247[1]

Why don't you (~)? / 475[2]

Why not + 동사원형 ~? / 194(1), 475[2]

'Will you ~?'와 'Won't you ~?' / 338[1]

with + 목적 + 분사 / 302[1]

with a view to + ~ing / 245[1]

without + ~ing / 250[1]

would + have +p.p. / 479[1]

would rather + 동사원형 / 193[1]

Would you mind ~ing? / 255[1], 482[1]

Would you mind one's ~ing? / 483[1]

영문법 대계 Ⅲ

펴낸날 2017년 5월 25일

지은이 김강석
펴낸이 주계수 | **편집책임** 윤정현 | **꾸민이** 윤정현
펴낸곳 밥북 | **출판등록** 제 2014-000085 호
주소 서울시 마포구 월드컵북로 1길 30 동보빌딩 301호
전화 02-6925-0370 | **팩스** 02-6925-0380
홈페이지 www.bobbook.co.kr | **이메일** bobbook@hanmail.net

ⓒ 김강석, 2017.
ISBN 979-11-5858-275-3 (세트) (14740)
ISBN 979-11-5858-278-4 (14740)

※ 이 도서의 국립중앙도서관 출판시도서목록(CIP)은 e-CIP 홈페이지(http://www.nl.go.kr/cip)에서 이용하실 수 있습니다. (CIP2017012338)

※ 이 책은 저작권법에 따라 보호받는 저작물이므로 무단전재와 복제를 금합니다.
※ 책값은 표지 뒷면에 표기되어 있습니다.

학창시절 영어 포기자였던 지은이는 학교를 졸업 후 수험과 문학 공부를 위해 영어공부를 다시 시작했다. 하지만 기존의 영문법 학습서들을 통하여 영어를 공부하면서 수많은 시간을 들여도 시험성적은 크게 나아지지 않았고 영문학 원서를 제대로 읽을 수 있는 수준에는 결코 도달할 수가 없었다. 그리하여 직접 영어를 찾아 나서기로 작정하였다. 먼저 지은이 자신이 쉽게 알아볼 수 있는 영문법 정리 노트를 만들어 보기로 하고 국내외의 이론서, 논문, 잡지, 사전 등을 참조하여 영문법을 총정리하여 보았다. 그리고 본격적으로 영어를 연구하고 가르치면서 기존의 영어학습서를 통해서는 일반 학습자가 영문법을 제대로 이해하는 데에는 한계가 있을 수밖에 없음을 알았고, 또 영어를 가르치는 분들도 그 학습서들의 한계를 넘어서지 못하는 경우가 많음을 알 수 있었다. 정리 노트의 쪽의 수가 차츰 늘어가면서 문득 지은이와 같은 처지에 있는 모든 영어학습자들이 보이지 않는 그 한계를 넘어 포기하지 않고 끝까지 읽어낼 수 있는 영문법 책이 있으면 좋겠다는 생각을 하게 되었다. 그리고 이제 그 오래고 숨이 가빴던 영어를 찾아가는 여정의 상세한 기록을 본서에 담아 내놓는다.

– 머리말 중

국내의 어떤 다른 영문법 학습서보다 독학은 물론 영어 실력(읽기, 쓰기, 말하기)을 증진시킬 수 있는 가장 효율적인 책이라고 확신한다. 중학생, 고등학생, 대학생, 수험생과 일반인은 물론 영어를 가르치는 선생님들께도 필독서로 추천한다.

– 감수자 영문학박사 이정희